한반도 중서부 지방 신석기 문화 변동
: 시간의 흐름과 생계 · 주거 체계의 변화

• 소상영 蘇相永

1968년 서울에서 출생하여 한양대학교 사학과를 졸업한 후(1991), 동 대학 문화인류학과에서 석사(1999) 및 박사학위(2013)를 취득하였다. 또한 한국방송통신대학교에 편입하여 중문학사학위(2010)도 받았다. 한국문화재보호재단, 기전문화재연구원, 고려문화재연구원 등을 거쳐 현재 충청문화재연구원 조사연구실장, 한양대학교 문화인류학과 겸임교수로 재직하고 있다.

주로 한국 신석기시대를 대상으로 글을 쓰고 있으며, 탄소연대측정법을 활용한 편년연구와 통계학의 고고학적 활용방법에도 깊은 관심을 가지고 있다. 주요 논문으로는 「Holocene 자연환경과 한반도 중서부 신석기시대 유적의 입지변화」, 「14C연대분석을 통한 중서부지방 신석기시대 편년연구」, 「14C연대 분석을 통해 본 후기구석기시대 편년 시론」 등이 있다.

韓半島 中西部 地方 新石器 文化 變動

한반도
중서부 지방
신석기
문화 변동

초판인쇄일   2016년 7월 25일
초판발행일   2016년 7월 30일
지 은 이   소상영
발 행 인   김선경
책 임 편 집   김소라
발 행 처   도서출판 서경문화사
            주소 : 서울시 종로구 이화장길 70-14 105호
            전화 : 743-8203, 8205 / 팩스 : 743-8210
            메일 : sk8203@chol.com
등 록 번 호   제300-1994-41호
ISBN   978-89-6062-190-9   93900
ⓒ 소상영, 2016

* 파본은 구입처에서 교환하여 드립니다.

정가 29,000

한반도 중서부 지방 신석기 문화 변동
: 시간의 흐름과 생계 · 주거 체계의 변화

소상영 지음

서경문화사

1985년 고등학교 2학년 시절 지독한 사춘기를 겪던 나는 매사를 비뚤어지게 보는 반항기 충만한 꼬마였다. 세상사 모든 것이 맘에 들지 않았던 작은 아이는 이유를 알고 싶었고, 그 열쇠는 철학에 있다고 믿었다. 운 좋게 집이 서점을 하고 있었기에 닥치는 대로 철학책을 읽어 댔고 철학과를 가리라 마음먹었다. 그러던 어느 날 우연히 EBS의 'TV 교양국사'라는 프로그램을 보게 되었는데, 어떤 교수가 설명하는 백제사의 내용이 이상하리 만치 마음을 사로잡았다. 그날 이후 꿈은 백제사 전공에 사학과 진학으로 바뀌었다.

시간이 지나 1987년 한양대학교 사학과에 입학하게 되었다. 그러나 앞에 놓인 현실은 고대사 전공교수가 한명도 없다는… 물론 신입생 시절에는 술 먹기도 바빴고, 연일 시위에 정신 없는 나날이었다. 더군다나 연애까지 했으니… 그러다 모든 것이 끝나고 혼자 있는 시간이 길어지자 미래에 대한 걱정이 들기 시작했다.

전공교수가 한명도 없는 상황에서 제대로 공부를 할 수 있을까? 고대사를 전공하면 밥이나 먹고 살 수 있을까? 다시 시험을 봐서 다른 학교로 갈까? 생각은 꼬리에 꼬리를 물었다. 얼마 지나지 않아 재수를 결심하려고 할 즈음 새로운 사실을 알게 되었다. 우리학교에 박물관이 있다는 것. 더군다나 백제 하남위례성으로 추정되는 이성산성을 발굴하고 있다는 사실.

앞뒤 잴 것 없이 박물관으로 달려가 이성산성 2차 발굴에 참가했던 날로 부터 어느덧 거의 30년이 흘러 버렸다. 이성산성은 기대와는 다르게 신라 성이었고, 안면도 고남리 패총 발굴조사를 계기로 신석기시대로 관심을 돌린 나는 오늘 이 책을 세상에 내 놓게 되었다. 이 책은 박사학위논문을 제목만 살짝 바꿔서 낸 것에 불과하다. 또 무슨 내 신석기시대 연구의 정수가 담겨 있다고 자랑할 만 하지도 않다. 그래도 나이 40이 넘어 입학한 박사과정을 3년만에 졸업하게 해 준 글이라는 점에서는 자부심을 느끼고 있다.

사실 내 꿈은 일반인도 쉽게 읽고 이해할 수 있는 선사시대에 관련된 책을 쓰는 거다. 글 솜씨가 허락한다면 소설 형태로 써 보고픈 마음도 있다. 그래서 이 어려운 고고학 용어와 표들로 도배된 박사논문을 책으로 출판한다는 게 그다지 마음에 들지는 않는다. 그래도 앞으로 신석기시대를 전공하려는 사람들에게 약간의 영감이라도 줄 수 있기를 바래본다.

이 책의 대상 지역은 한반도 중서부 지방이다. 신석기시대 연구에서 중서부 지방은 현재 행정구역상 평안남도, 황해도, 경기도, 충청도를 포괄하고 전라북도의 일부지역까지 포함한다. 하지만 이 책에서는 자료의 한계라는 핑계로 북한지역은 거의 손대지 못해서 주로 경기도, 충청도 신석기시대에 대해 서술했다. 책의 내용은 그동안 발굴된 고고학 자료에 이론적인 틀을 가지고 시간의 흐름에 따른 신석기시대 문화변동을 역동적으로 그려보려고 시도하였다. 필자의 의도가 얼마나 잘 실현되었는지를 판단하는 것은 이제 독자들의 몫일 것이다.

부록으로 ^{14}C연대 분석을 통해 본 한반도 신석기시대 편년과 ^{14}C연대 집성표를 수록하였다. ^{14}C연대는 최대한 모두 담으려고 노력하였지만, 지금 글을 쓰고 있는 중에도 늘어나고 있고 아무래도 개인적으로 모으다 보니 빠진 것도 많을 것이다. 빠진 자료가 있으면 이메일(gon91@hanmail.net)로 연락 주시기를 부탁드린다. 또한 엑셀로 정리된 파일을 한국신석기학회 홈페이지(http://www.neolithic.or.kr)의 게시판에 올려놓았으니 많은 활용 부탁드린다. 혹시 홈페이지에서 다운이 어려우신 분들은 역시 이메일로 연락주시면 보내드리도록 하겠다.

다른 책들 특히 박사학위논문을 출간하는 경우에 장황하게 늘어놓은 감사의 글들이 촌스럽다고 느껴져 나는 안 쓸 거라고 생각한 적이 있었다. 하지만 너무 감사한 분들이 많아서 도저히 어쩔 수가 없다. 먼저 필자에게 책을 읽고 글 쓰는 즐거움을 알려주신 중학교 시절 이숙경 선생님을 이야기 하지 않을 수 없다. 손에 잡히는 데로 소설책을 읽어대기만 하던 아이에게 일주일에 2권씩 책을 추천해 주시고 독후감을 읽고 같이 토론해주시던 선생님… 이제는 어디계신지 무얼하시는지도 알 수 없지만 상영이는 인생에 첫 번째 스승임을 늘 잊지 않고 있습니다.

김병모 선생님! 처음 고고학의 세계로 이끌어주셨고 오랜 기간 스승으로 때론 보스로 함께 했었다. 그 고마움이란 어떤 말로도 다할 수 없을 것이다. 배기동 선생님! 석사과정 땐 무지 많이 혼나고 박사과정 땐 과분할 만큼의 칭찬을 주셨다. 선생님과의 수업, 대화 그 모든 것이 10년이라는 공백을 이겨내고 다시 공부에 매진할 수 있는 힘이 되었다. 필자의 박사학위논문을 지도해주신 임효재, 신숙정, 이준정 선생님에게도 고마움을 전하지 않을 수 없다. 임효재 선생님은 필자의 석사, 박사학위 논문 모두의 심사위원장을 맡아 주셨고, 신숙정, 이준정 선생님은 재미없고 지루한 필자의 글을

꼼꼼히 읽고 수정해 주셨다.

　동기와 선·후배들에 대한 고마움도 빠질 수는 없다. 지금은 다른 길을 가고 있지만 87번 학번 동기 김승! 이 친구와 함께 지냈던 발굴 현장, 박물관 생활은 평생 잊지 못할 추억이다. 선배이자 선생님, 때로는 같은 길을 가는 동료인 안덕임, 심광주, 안신원, 정석배 선생님들에게도 고마운 인사를 전한다. 무늬만 후배일 뿐 친구 같은 유병린, 김충배 선생도 필자를 이 바닥에 버티고 있게 하는 큰 힘이 되었다.

　너무 늦게 돌아온 탕자를 따뜻하게 받아주신 우리 신석기학회 회원 여러분들에 대한 감사도 잊어서는 안될 것 같다. 특히 능력도 없는 사람을 총무라는 중책(?)을 맡겨 2년 동안 학회를 위해 봉사하는 영광(?)을 안겨주신 신종환, 하인수 전임회장님 두 분에게 필설로 다할 수 없는 사무치는 고마운 마음을 전한다.

　쓰다 보니 감사한 분들이 너무나 많다. 그래도 언급하지 않을 수 없는 분들이 있어 더 적을 수밖에 없다. 직접 가르침을 받은 적은 없지만 마음속 스승이자 인생의 멘토와 같은 최병현 선생님… 늘 필자에게 자극을 주고 새로운 영감의 원천이 되는 안승모, 김장석, 임상택, 이영덕, 구자진 선생님… 모두에게 책머리를 빌어 감사의 마음을 표한다.

　우리 삼남매 사람구실 하도록 길러주신 부모님… 어머니 사랑합니다. 너무 일찍 하늘로 가신 아버지 죄송합니다. 그리고 감사합니다. 한군데 정착하지 못하고 이리저리 떠도는 남편에게 못마땅한 기색을 전혀 숨기지 않는(?) 아내… 미안하오! 내 어찌 당신의 고마움을 모르겠소. 표현이 잘 안될 뿐이오. 그래도 안 버리고 데리고 살아줘서 고맙소. 눈에 넣어도 안 아프다는 말, 먹는 것만 봐도 배부르다는 말이 거짓말이 아니라는 걸 깨닫게 해준 두 딸… 아빠가 진짜 사랑한다.

2016년 공주 동학사 언저리에서

소 상 영

I. 머리말

한반도 중서부 지방 신석기 문화에 대한 본격적인 연구는 한영희(1978), 임효재(1983)로부터 시작되었다고 할 수 있다. 이들의 연구는 1970년대 암사동 유적의 발굴 성과와 북한의 자료를 바탕으로 한 것이며, 중서부 지방 신석기시대 편년의 기초를 마련했다는 데 큰 의의가 있다. 하지만 암사동 유적 발굴보고서의 발간이 늦어지고 뚜렷한 유적의 조사례가 늘지 않으면서 이 지역 신석기시대 연구는 상당 기간 침체기를 겪을 수밖에 없었다.

중서부 지방의 신석기 연구가 침체기를 벗어나기 시작한 시기는 1990년대 중반 이후부터이다. 암사동 유적의 발굴보고서가 1994년부터 발간되었고, 산발적이나마 신석기 유적의 발굴조사가 내륙 및 도서 지역에서 증가했기 때문이다. 이 지역 신석기시대 연구가 본격적으로 활성화되는 시기는 2000년대 부터라고 할 수 있다. 이는 1990년대 후반부터 대규모 국토 개발에 따른 발굴조사를 통해 이전 시기와는 비교할 수 없는 많은 자료의 증가에 힙 입은 바 크다. 특히 2000년대 중반 이후 대규모 발굴조사가 해안 및 도서 지역으로 확대되면서 경기, 인천 지방의 해안 및 도서 지역에서 조사된 다수의 취락 유적은 이 지역 신석기문화 전반에 대한 새로운 시각을 요구하게 되었다.

중서부 해안 및 도서 지역의 신석기시대 유적은 1990년대까지 주로 패총 유적이 조사되었으며, 주거지의 발견 예는 매우 드물었다. 석기의 출토수도 많지 않고 종류도 단순하며, 패류를 제외한 동물유체가 출토되는 패총도 거의 없었다. 따라서 이지역 생계·주거 체계를 바라보는 시각은 수렵채집을 기반으로 한 이동 생활에 초점을 맞추어 생각해 왔다. 그러나 신석기 전기부터 후기까지 출현하는 대규모 취락유적의 새로운 조사 성과와 조, 기장을 중심으로 한 재배작물의 출토례가 증가함에 따라 이 지역의 생계·주거 체계는 초기농경이 포함된 수렵·채집사회로 정주를 기반으로 이루어졌음을 반증하고 있다. 또한 내륙 지역의 신석기시대 취락은 시간의 흐름에 따라 한강, 임진강과 같은 큰 강 주변의 자연제방에서 지류 주변의 구릉으로 이동하는 모습을 보여준다. 이와 같이 중서부 지방 신석기시대의 고고학 자료는 1990년대까지의 시각과는 완전히 다른 양상으로 전개되고 있다.

하지만 여전히 대다수의 연구들은 주거지, 토기, 석기 등의 개별적인 주제에 대한 기술에 머물고 있으며, 종합적인 연구는 매우 드문 것이 사실이다. 따라서 본고는 그동안 축적된 고고학 자료를 바탕으로 古환경연구, 민족지·역사적 자료를 종합적으로 분석하여 한반도 중서부 지방 신석기시대 생계·주거 체계 변동 과정을 고찰하고자 한다.

1. 연구 대상 지역

본고에서 다루는 지역적 범위는 한반도의 중서부 지방이다. 이 지방의 신석기 문화는 한반도의 신석기시대 문화권을 4개의 광역권으로 구분할 때, 첨저 또는 원저의 저부를 가진 빗살무늬토기가 가장 먼저 출현하여 전 시기에 걸쳐 대부분을 차지하는 특징을 가지고 있다. 현재의 행정구역상으로 평안남도, 황해도, 경기도, 충청도를 포괄하며 전라북도의 일부 지역을 포함한다. 수계를 기준으로 하면 대동강, 임진강, 한강, 금강 일대를 말한다.

중서부 지방 신석기시대 연구는 1970년대까지는 북한학자들에 의해 주도되었다. 남한에서의 본격적인 연구는 1980년대부터이며 특히 편년 연구는 북한학자의 연구성과를 토대로 이루어져왔다. 그러나 북한은 1970년대 이후 전반적인 고고학의 침체로 새로운 자료의 추가가 거의 없으며, 기존의 자료도 유적 전체가 발굴된 경우는 찾아보기 어려워 전반적인 유적의 양상을 파악하기에는 부족하다. 또한 ^{14}C연대측정 자료도 전혀 보고되지 않아 1990년 후반부터 대규모 발굴조사의 증가에 따라 많은 자료가 축적된 남한 지역과 비교 검토하기에는 한계가 있다. 따라서 본고의 연구 대상 지역은 남한 지역을 주 대상으로 하며, 북한의 자료는 보조적으로 활용하도록 하겠다. 연구 대상 지역은 임진강, 한강, 금강 유역 일대이며, 현재의 행정 구역상으로 경기도(서울·인천 포함), 충청도와 전라북도 일부 지역을 포함한 내륙과 해안 및 도서 지역으로 이루어져 있다. 이 지역의 문화상은 큰 틀에서 유사하게 전개되지만, 임진강 및 한강과 금강 유역이 지역적 차이를 보이며, 내륙과 해안 및 도서 지역도 차이를 보인다. 따라서 본 연구대상 지역은 (1) 경기 내륙 지역(임진강·한강 유역), (2) 경기 해안 및 도서 지역, (3) 충청 내륙 지역(금강 유역), (4) 충남 해안 및 도서 지역(전북 일부 포함) 등 4개의 소지역으로 구분할 수 있다. 현재의 행정 구역을 기준으로 소지역을 구분하는 것은 엄밀한 의미로 당시의 문화적 범위나 경계를 반영하는 것은 아니지만, 고고학 자료와 대체로 일치하고 있어 큰 문제는 없을 것으로 판단된다. 또한 수계를 기준으로 구분했을 때 보다 명확한 지역적 범위를 떠올릴 수 있다는 점에서도 유용하다.

2. 연구 목적 및 책의 구조

본 연구는 한반도 중서부 지방 신석기시대 생계·주거 체계 변동 과정을 종합적으로 검토하는 것을 목적으로 작성하였다. 한반도 중서부 지방의 신석기문화는 넓게 보아 중국 동북 지역과 러시아 연해주 일대를 포함하여 수렵·채집 경제를 기본으로 하는 동북아시아의 유문 토기 문화권에 속한다고 할 수 있다. 하지만 다른 지역의 토기문화가 평저 토기를 중심으로 전개되는 것과는 다르게 중서부 지방은 첨(원)저 토기의 전통이 신석기시대 내내 유지되는 특징을 가지고 있다(임상택 2006). 또한 중서부 지방은 한반도에서 재배작물의 출토 양상과 도구 세트로 볼 때 가장 먼저 초기농경이 보편화 된 지역으로 판단된다. 이와 같은 특징을 가진 중서부 지방의 신석기문화는 기원전 3,500년을 전후한 시기에 남한 각지로 확산된다. 따라서 중서부 지방 신석기시대 생계·주거 체계를 이해하는 것은 한반도 남부 지방 신석기문화의 전반적인 변동 과정은 물론 신석기-청동기 전환 과정을 밝히는 데도 기본적이라고 하겠다.

생계·주거 체계는 인간이 생존하기 위해 주어진 환경에서 필요한 자원을 효과적이고 안정적으로 공급하기 위한 모든 전략으로 정의할 수 있다. 생계·주거 체계는 인간 생활 전반에 깊은 영향을 끼쳐 문화를 형성하는 기본 토대가 되며 물질 문화에 1차적으로 반영된다. 고고학은 기본적으로 유적, 유구, 유물 등으로 불리는 물질 자료를 통해 과거문화를 이해하고자 하는 학문이다. 따라서 이러한 물질자료를 통해 생계·주거 체계의 변화상을 파악 할 수 있으며, 이는 당시 문화의 변동 과정을 종합적으로 이해하기 위한 중요한 부분을 차지한다. 문자로 기록된 자료가 없는 선사시대를 이해하기 위해서 남겨진 물질자료가 기본 연구 대상이 됨은 당연한 것이며, 기본적으로 당시 사람들의 생계·주거 체계를 반영하고 있기 때문이다. 인간의 생계·주거 체계는 1차적으로 주어진 환경에 어떻게 적응하느냐에 따라 달라진다고 할 수 있다. 또한 시간의 흐름에 따른 인지의 발달, 집단 규모의 변화 등에 따라 다양한 양상으로 나타나기도 한다. 생계·주거 체계의 변화는 같은 환경이 주어진다고 해도 다양한 적응 양식이나 개인 또는 집단의 선택에 따라 다르게 나타날 수도 있다. 따라서 본고는 중서부 지방 생계·주거 체계의 변동 과정을 환경의 변화에 대한 인간의 다양한 적응 양식이라는 관점에서 고찰하고자 한다.

본 연구의 목적 달성을 위해 II장에서는 그 동안 원론적인 검토 차원에서 다루어졌던 古환경 연구 성과를 적극적으로 활용할 것이다. 문화의 변동 과정이 환경의 변화와 밀접한 관련이 있음은 주지의 사실로, 대부분의 발굴조사보고서에도 이와 관련된 분석 자료들을 수록하고 있다. 그러나 분석 결과가 고고학적인 추론과 상관없이 단지 분석을 위한 분석으로 끝나는 경우가 많으며, 대부분의 논문에서도 환경 연구의 중요성만이 강조될 뿐 이를 중요한 분석 도구로 이용한 사례는 찾아보기 어렵다. 따라서 본 고에서는 지리학, 지형학, 지질학, 기후학 등 관련 학문의 연구 성과(기후변화, 해수면 변동, 갯벌의 형성 등)를 적극 활용하여 홀로세(Holocene)의 환경 변화와 신석기시대 생계·주거체계 변동과의 관계를 설명하고자 한다.

다음 Ⅲ장에서는 시간의 흐름에 따른 생계·주거 체계 변화의 기준을 설정하기 위한 상대 편년 및 분기안을 제시할 것이다. 중서부 지방 신석기시대 편년 연구는 토기 문양의 변화를 중심으로 전개되어 왔으며, ^{14}C연대측정 자료를 보조적으로 활용해 왔다. 기존의 편년은 학자에 따라 3~5분기로 구분되는데, 세부적인 점에서 일부 차이는 있지만 대체적인 흐름에는 큰 차이가 없다. 필자도 대체적인 상대 편년의 흐름에는 동의하나, 문양의 변화를 중심으로 설정된 상대 편년은 객관성을 확보하기 어려우며 각 연구자의 주관적 판단에 따라 좌우되는 경우도 많다. 따라서 본고에서는 최근 많은 데이터가 축적되고 있는 ^{14}C연대측정 자료 분석을 편년의 기준으로 설정하고 이에 따른 유적의 입지 및 생계 경제의 변화를 중심으로 한 편년안을 제시하고자 한다.

Ⅳ·Ⅴ장에서는 분기별 생계·주거 체계의 변동 과정을 파악하기 위해 물질 문화의 변화상을 살펴볼 것이다. 먼저 도구 및 동·식물유체 등 생계 전략과 직접적인 관련을 가진 유물 복합체의 출토 현황을 파악하고, 도구의 다양도 분석을 실시할 것이다(Ⅳ장). 다음은 취락을 중심으로 한 유적·유구의 분포 및 배치 구조를 검토하여 전체적인 생계·주거 체계의 변동 과정을 이해하는 기본 틀로 활용할 것이다(Ⅴ장). 마지막으로 Ⅵ장에서는 이와 같은 고고학 자료의 분석 결과를 바탕으로 생계·주거 체계의 변동 과정을 시기 및 소지역별로 검토한 후 이를 종합하고자 한다. 이를 위해 고고학 자료만으로 파악하기 어려운 부분을 추론하기 위해 민족지·역사적 자료도 적극 활용될 것이다.

3. 연구 방법론 및 이론적 배경

1) 편년 및 분기 설정

우리나라 신석기시대의 편년 및 분기 설정은 주로 토기의 문양을 대상으로 형식학, 순서배열법과 일부 표식적인 토기를 기준으로 한 교차 편년을 통해 연구되어 왔다. 형식학과 순서배열법은 고고학의 기본적인 연구 방법의 하나로 신석기시대뿐만 아니라 모든 시대의 편년 연구에 널리 사용되어 온 것은 주지의 사실이다. 특히 중서부 지방의 신석기시대 유적과 같이 층위상이나 유구간 중복이 거의 없는 경우에 거의 전적으로 형식학과 순서배열법에 의존한 편년 연구가 진행되고 있다.

하지만 문양의 변화가 시간적 흐름을 반영하고 있다는 전제 아래에서 진행된 중서부 지방 편년 연구는 연구자들의 관점에 따라 차이가 발생 할 수밖에 없으며, 이러한 문제를 객관적으로 검증할 수 있는 방법도 없다. 문양의 변화는 시간적인 속성만을 반영하는 것이 아니며, 집단과 지역에 따른 공간적 속성도 무시할 수 없다. 남한 중기 신석기시대 유적에서 출토된 토기문양을 다차원척도법으로 분석한 연구 결과에 따르면 인접하거나 동일 수계상에 분포한 유적일수록 토기 문양의 유사도가 높게 나타나고 있어 문화 접변에 따라 문양이 공간적으로 유사하거나 다르게 나타나는 현상을 잘 보여주고 있다(김장석 2004). 따라서 문양이 가지고 있는 공간적 속성은 배제된 채 수립되고 있는 현재의 신석기시대 편년은 논리적으로 수긍하기 어렵다.

따라서 본고에서는 최근 대규모 발굴조사의 증가와 함께 빠르게 축적되고 있는 ^{14}C연대측정 자료를 분석하여 편년 및 분기 설정에 활용하고자 한다. 현재 ^{14}C연대측정 자료는 편년 연구에 상한과 하한을 설정하는데 주로 이용되고 있으며, 세부적인 구분에 있어서는 연구자의 편년 관에 맞지 않는 측정치는 아무런 검증 없이 무시되곤 한다. 또한 기관에 따른 측정치의 차이, 해양리저브 효과, 고목 효과 등 부정적인 측면이 강조되면서 활용도는 높지 않은 실정이다.

^{14}C연대측정 방법은 다양한 원인에 따른 오류 가능성이 존재하지만, 통계적인 방법으로 산출된 연대로 검증이 가능하다는 장점이 있다. 아직 오차 범위가 100~300

년 정도로 넓어 세밀한 구분은 어렵지만, 중복 관계가 없거나 층위상의 차이를 보이지 않는 동일 유적 내 유구간의 상대 편년을 설정하는데도 활용 될 수 있다. 따라서 연구자의 주관에 따라 좌우되기 쉬운 현재의 편년 연구보다 객관성을 담보할 수 있다. 이에 본고에서는 그동안 제한적으로 활용되었던 ^{14}C연대측정 자료를 주 분석 대상으로 하여 중서부 지방 상대 편년을 설정하고자 한다.

2) 도구 다양성 측정 방법[1]

본고에서는 유적의 성격을 파악하기 위한 방법론의 하나로 도구의 다양성을 측정하였다. 도구 다양성이란 생태학의 생물 다양성을 차용한 것으로 유적의 기능 및 성격을 추정하기 위해 측정하는 것이다.

생태학에서 다양성을 측정하는 가장 간단하고 오래된 방법은 종 풍부도(species richness)를 산출하는 것이다. 즉, 한 서식처에서 몇 개의 종이 나타나는 가를 계산하는 것으로 당연히 종의 수가 많을수록 풍부도는 높다고 하겠다. 따라서 일정 지역에 서식하는 모든 종의 수를 조사 할 수 있다면 정확한 풍부도를 산출 할 수 있다. 그러나 모든 종의 수를 조사하는 것은 많은 시간과 경비가 소요되기 때문에 실제 측정은 표본 조사를 통해 이루어진다. 이러한 이유로 풍부도는 종종 표본 크기에 좌우되며, 많은 수의 희소종이 있는 경우 표본 크기가 클수록 풍부도가 높게 측정되기 쉽다. 고고학에서도 이러한 결과는 이미 잘 알려져 있어 유물의 수량이 많을수록 종류도 많이 나타나는 확률이 커져 풍부도가 유물 수량과 정비례하는 현상이 발생한다(김장석 · 양성혁 2001). 따라서 풍부도만으로 다양성을 추정하는 것은 오류를 범하기 쉽다.

다양성을 측정하는 또 다른 개념은 균등도(evenness)이다. 앞에서 설명했듯이 고고

---

1 본고에서 다양성측정에 대한 개념과 계산법은 『생태학』 6판[Krebs, C. J.,(이준호 · 이문일 역), 2011, 바이오 사이언스] 19장 공간적 군집 구조 : 생물 다양성(pp.377~400)과 같은 책 부록Ⅲ 이질성 척도로서의 종 다양성(pp.568~569)을 참조한 것으로 본문에 별도의 주는 표시하지 않았다.

표 I -1. 유물 출토의 예

유물의 종류	유적1		유적2		유적3	
	수량	빈도	수량	빈도	수량	빈도
유물A	34	0.340	70	0.700	97	0.970
유물B	33	0.330	20	0.200	2	0.020
유물C	33	0.330	10	0.100	1	0.010
계	100	1.000	100	1.000	100	1.000

학에서 풍부도는 유물 종류의 수에 따라 측정된다. 예를 들어 세 유적에서 〈표 I -1〉과 같이 유물이 출토되었다고 가정해 보자.

이 경우 유물의 풍부도는 세 유적 모두 3으로 동일하다. 그러나 직관적으로 보아도 유적1의 경우가 유물의 분포가 균일하여 다양성이 가장 높고 유적3의 경우는 유물A가 집중적으로 출토되어 다양성이 낮은 것을 쉽게 판단할 수 있다. 이와 같은 예는 극단적인 경우이기는 하나, 풍부도만으로 다양성을 평가 할 수 없다는 것을 잘 보여준다. 이를 보완하기 위한 것이 균등도이며, 군집 내에서 균등도는 종류가 더 많을 때 그리고 각 종류의 수가 고르게 분포할 때 더 높게 나타난다. 균등도는 종의 수와 상대적 빈도의 관계를 결합하여 계산된 다양성 지수로, 몇 가지 측정법 중 가장 널리 사용되는 것은 다음과 같은 수식에 의해 계산되는 새넌-위너 함수(Shannon-Wiener function)이다.

$$H = - \sum_{i=1}^{s} (p_i)(\log_2 p_i)$$

H = 이질성(종 다양성) 지수, S = 유물의 종 수, p_i = 종 비율(상대빈도)

이 수식에 따라 세 유적 유물복합체의 이질성(heterogeneity)을 계산하면,

$$H = -[(p1)(\log_2 p1)+(p2)(\log_2 p2)+(p3)(\log_2 p3)$$
$$1.585 = -[(0.340)(\log_2 0.340)+(0.330)(\log_2 0.330)+(0.330)(\log_2 0.330) : 유적1$$
$$1.332 = -[(0.700)(\log_2 0.700)+(0.200)(\log_2 0.200)+(0.100)(\log_2 0.100) : 유적2$$
$$0.222 = -[(0.970)(\log_2 0.970)+(0.020)(\log_2 0.020)+(0.010)(\log_2 0.010) : 유적3$$

과 같이 계산된다. 이질성(heterogeneity) 지수는 유적1이 1.585로 가장 높고 유적3이 0.222로 가장 낮아 유적1의 다양성이 가장 높은 것으로 볼 수 있다. 이와 같은 이질성 지수로부터 각 유물 범주에 유물이 얼마나 균등하게 분포하는 가를 나타내는 균등도(evenness)를 다음과 같은 계산식에 따라 산출할 수 있다.

$$H_{max} = -S(\frac{1}{S}\log_2[\frac{1}{S}]) = \log_2 S$$

$$E = \frac{H}{H_{max}}$$

H_{max} = 최대 종 다양성, S = 유물의 종수, E = 균등성 지수

따라서 〈표Ⅱ-2〉와 같이 3종의 유물 복합체로 구성된 최대종 다양성은, $H_{max} = \log_2 3 = 1.585$ 임으로 각 유적의 균등도는,

$$1.000 = \frac{1.585}{1.585} : 유적 1$$
$$0.840 = \frac{1.332}{1.585} : 유적 2$$
$$0.140 = \frac{0.222}{1.585} : 유적 3$$

으로 계산될 수 있다. 균등도는 0.000~1.000 까지의 범위로 계산되며, 0.000의 경우 전체 유물 종류 중 한 종류의 유물만이 출토되는 경우 이며, 1.000은 모든 종류의 유물이 동등하게 출토된 경우를 나타낸다. 따라서 균등도가 1.000에 가까울수록

유물의 다양성이 높고, 0.000에 가까울수록 유물의 다양성이 낮다고 평가할 수 있다. 본고에서는 이와 같이 풍부도와 균등도를 지표로 활용하여 유적별 도구의 다양성을 추정하고자 한다.

3) 생계 · 주거 체계 연구를 위한 이론적 배경

(1) 최적 채이 이론(最適 採餌 理論, optimal foraging theory)

동물에게 식량 자원은 시간과 공간적으로 골고루 분포하지 않는다. 따라서 동물은 어떤 유형의 먹이를 먹을 것인지 어디에서 어떻게 얼마 동안 먹이를 찾을 것인지와 같은 많은 결정을 내려야 한다. 동물들은 생명 유지를 위해 먹이를 일정 비율 이상 섭취해야만 하기 때문에, 먹이를 찾아서 먹을 수 있는 효율(양, 찾는 시간, 처리 시간 등)을 극대화하는 것은 매우 중요하다. 최적 채이 이론(optimal foraging theory)은 이와 같이 동물이 먹이를 획득하는데 상대 이익(에너지 획득율)을 극대화하는 행동을 설명하기 위해 고안된 것으로 진화 생태학에서 발전된 개념이다[Krebs (이준호 · 류문일 역) 2011]. 인류학과 고고학에서는 진화 생태학의 최적 채이 이론을 도입하여 식량자원 획득에 걸리는 시간, 처리 시간, 칼로리 등을 계량화하여 모델을 수립하고 이에 대한 검증을 통해 수렵 · 채집 사회의 생계 · 주거 체계를 연구하는 데 활용하고 있다.

채이(foraging)는 인간에 의해 직접 경작되거나 길러지지 않은 음식물이나 다른 자원을 이용하는 포괄적인 전략을 의미하는 것으로 일반적으로 사냥, 어로, 채집에 사용되는 기술을 수반한다(Winterhalder 1981). 따라서 고고학에서는 수렵 · 채집 사회였던 구석기시대 연구에 주로 활용되며, 초기농경이 일부 시작되기는 했지만 수렵 · 채집 사회를 유지했던 우리나라 신석기시대 연구에도 최적 채이의 개념은 유용하게 활용될 수 있다.

이 이론은 인간의 행위에 대한 기능적인 접근과 모델을 세우고 검증하는 것에 초점이 맞추어져 있기 때문에 문화 연구에 고려되어야 할 다양한 다른 요소들에 접근하는 것을 제한할 수도 있다. 또한 현실 세계의 수렵 · 채집인(사실 다른 동물도 유사하다)

들은 자연 환경의 변화를 완전히 파악할 수 없기 때문에, 모델을 통해 제시된 최적 채이와 일치하는 행위가 나타나지 않는 경우도 많으며, 에너지나 칼로리와 상관없이 문화적인 금기로 인해 특정 식량 자원을 선호하거나 회피하는 행위를 보이기도 한다(Kelly 1995, Winterhalder 1981). 따라서 적응과 선택을 통한 자원의 최적화된 이용이라는 관점만으로 문화를 파악하는 것은 지나친 일반화의 오류를 범할 가능성도 있다. 하지만 고고학에서는 남겨진 물질 자료를 통해 과거 문화를 연구하는 것이며, 물질 자료의 기능적 속성을 환경에 대한 인간의 적응과 선택이라는 관점에서 분석하는 것이 당시 생계·주거 체계를 이해하는 가장 기본적인 접근 방법이라고 할 것이다. 따라서 최적 채이 이론을 바탕으로 우리나라 신석기시대 생계·주거 체계에 접근하는 것은 실질적이고 유용한 정보를 제공해 줄 수 있다고 판단된다.

최적 채이 이론의 방법론을 선사시대 생계·주거 체계 연구에 적용하기 위해서는 당시 집단의 인구수와 활동 범위, 활용 가능한 자원의 수량과 분포 양상, 실제 인간이 활용한 자원의 수량과 획득에 걸리는 시간, 상대 빈도 등 다양한 변수를 계량화해야 한다. 하지만 고고학 자료의 한계 때문에 현실 세계의 수렵·채집 사회를 연구하는 것과 같이 이와 같은 변수를 계량화하여 분석하는 것은 어렵다. 주거지와 취락의 규모 등으로 대체적인 인구수를 추정 할 수는 있겠지만, 취락을 구성하는 주거지의 동시기성이 전제되어야 하는 문제가 있다. 고환경 연구를 통해 자원의 대략적인 분포 양상은 추정 할 수 있지만 인간이 활용한 자원의 수량과 상대 빈도를 추정하는 것은 우리나라 고고학 자료의 현실에선 거의 불가능에 가깝다. 패총을 제외한 유적에서 자연유체는 소량의 식물유체 만이 출토될 뿐 동물유체가 출토된 경우는 거의 찾아보기 어렵기 때문이다. 패총에서 출토된 동물유체는 계량화 할 수는 있지만 이 역시 제한된 정보만이 제공될 뿐이다. 이와 같은 한계로 인해 본고에서 이 이론의 방법론을 분석의 도구로 활용하지는 않는다. 다만 환경에 대해 인간은 최적화된 적응을 통해 상대 이익을 극대화 하려고 행동한다는 최적 채이 이론의 개념을 생계·주거 체계의 변동 과정을 설명하는 기본 틀로 활용하고자 한다.

(2) 우리나라 신석기시대 사회의 성격

자원의 시·공간적인 편재 현상을 극복하기 위해 수렵·채집인들은 일반적으로 이동 전략을 사용한다. 이동 전략은 크게 거주 이동(residential mobility)과 조달 이동(logistical mobility)으로 구분할 수 있다. 거주 이동은 자원의 획득을 위해 집단 전체가 자원 집중처로 이동하는 전략을 말한다. 일반적으로 자원이 주변 지역에 균일하게 분포하는 경우에 주로 채택되며, 이동의 편의와 비용의 최소화를 위해 집단의 규모는 작게 유지된다. 따라서 거주 이동에 따라 남겨진 유적은 일반적으로 단순한 유구 구성과 유물 복합체의 양상을 보인다(Binford 1980, Kelly 1995, 임상택 1998, 김장석·양성혁 2001).

조달 이동은 필수 자원(예를 들어 물)이 제한적으로 분포하거나 공간에 따른 자원의 편재가 심한 경우에 채택되는 전략으로 필수 자원이 위치한 지역에 근거지를 두고 집단 일부가 자원 집중처로 이동하여 필요한 자원을 획득하여 근거지로 돌아오는 전략을 의미한다(Binford 1980, Kelly 1995, 임상택 1998, 김장석·양성혁 2001). 거주 이동 전략에 비해 집단의 규모는 크게 유지되는 것이 일반적이며, 농경사회와 같이 영구적인 정착은 아니지만 비교적 정주 기간이 길다. 따라서 조달 이동에 따라 남겨진 유적은 일반적으로 복잡한 유구 구성과 유물복합체의 양상을 보인다.

이동 전략의 개념을 처음 소개한 임상택은 우리나라의 해안 지역이 여러 자원을 동시에 활용할 수 있는 입지 조건을 보이고 있어 거주 이동 보다는 조달 이동이 주로 이용되었을 것으로 판단하였다. 이러한 전제하에 패총의 층위와 유구 및 출토 유물을 분석하여 유적의 성격을 근거지형과 임시캠프형으로 분류하였다(임상택 1998). 이준정은 유적의 성격을 조달 이동 전략에 바탕을 둔 근거지와 임시캠프형으로 분류하는 것은 우리나라 패총의 다양한 성격을 반영하기에는 너무 단순하다고 비판하며, 호주 안바라족에 대한 민족지 연구와 두 가지 이동 전략을 접목하여 새로운 모델을 제시하였다(이준정 2002). 이준정은 패총 유적의 성격을 조달 이동 전략에 따라 남겨진 근거지, 거주 이동 전략에 따른 단기 거주지, 두 가지 이동 전략에서 공통적으로 남겨질 수 있는 가공 유적의 세 형태로 구분한 후 유물의 다양성 분석을 통해 유적의 성격을 제시하였다(표 I-2).

이동 전략의 차이에 따른 패총 유적 성격에 대한 분류는 우리나라 신석기시대 생

표 I –2. 이동 전략에 따른 유적 유형 및 파악 기준(김은영 2006, p.12)

이동전략 \ 유적 유형				근거지	단기 거주지	가공유적
거주이동전략					거주유적	자원획득장소
자원조달이동 전략				거주유적	야영지	자원획득장소
유적 구분기준						
도구의 다양성	행위의 다양도			高	←―――→	低
비 생계행위의 존재				有	←―――→	無
기능상 분화되고 정교한 도구의 제작			행위의 지속성	多	←―――→	少
주거지 존재				有	←―――→	無
자원의 다양도		행위의 계획성		高	←―――→	低
유적의 계절성, 재사용 여부				少	多	多
동물 유존체 부위별 대표성(유용도)				高	←―――→	低

계·주거 체계 연구에 진일보한 시각을 제시하였다고 하겠다. 그러나 연구 대상이 패총 유적에 한정되어 있고 이동 전략이라는 측면에서만 생계·주거 체계를 해석하고 있어 전반적인 신석기시대 사회의 성격을 파악하기에는 한계가 있다.

최근 중서부 지방 신석기시대 취락 유적의 발굴 성과는 이동 전략만으로 유적의 성격을 해석하는 것 보다 정주(sedentism)의 측면도 함께 고려되어야 함을 보여준다. 정주의 개념은 연구자에 따라 다양하지만, 적어도 집단의 일부가 같은 지역에서 연중 거주하는 것으로 정의 할 수 있을 것이다. 정주는 민족지 자료로 볼 때 농경과 직접적으로 연결되는 것은 아니며, 해양자원이나 식물자원을 주 식량자원으로 사용하는 경우에도 나타날 수 있다(표 I –3). 물론 단순히 근거지 주변의 자원이 풍부하다는 것이 정주로 연결된다고 말할 수는 없다. 주변 자원이 일 년 내내 효율적으로 이용

표 I -3. 수렵 · 채집사회의 성격(Kelly 1995, p.294)

	단순 수렵채집 사회	복합 수렵채집 사회
환경	예측할수 없거나 다양함	예측가능성이 높거나 다양성이 낮음
주 식량원	육상동물	해양자원 또는 식물
취락규모	작음	큼
거주지이동	중간 또는 높음	낮거나 없음
인구	식량자원에 비해 상대적으로 낮은 인구밀도	식량자원에 비해 상대적으로 높은 인구밀도
식량저장	없거나 낮음	높음
사회조직	공동체 없음	혈연공동체
정치조직	평등	재산 또는 혈연에 기초한 계급제도
전문화	낮음	일반적
영역권	사회적영역 방어	경계선 방어
전쟁	드뭄	일반적
노예제도	없음	빈번함
경쟁	허용되지 않음	조장됨
자원소유권	비 배타적	엄격한 관리(배타적)
교역	일반적 상호교환	부의 상징물, 특수물품

될 수 있거나, 자원의 계절적 편재를 해결하기 위해 식량자원을 저장할 수 있을 때 수렵 · 채집 집단은 농경 없이 기존의 전략을 유지하며 정주화 될 수 있다. 이러한 경우 식량자원은 강화된 조달 이동 전략으로 공급되며, 수렵 · 채집 집단이 정주화 되는 것은 좁은 지역 보다는 좀 더 넓은 범위의 자원 상황에 따라 결정될 가능성이 높다. 민족지 자료로 볼 때 수렵 · 채집 집단의 정주화 경향은 자원집중 지역에 대한 배타적 점유로 이어져 여러 집단이 공유하던 자원 획득처를 감소시켜 이웃한 집단의 정주화를 이끄는 역할을 한다(Kelly 1995).

본고에서는 이와 같이 이동과 정주의 양 측면을 모두 고려한 유적의 유구 및 유물 복합체 분석을 통해 중서부 지방 신석기시대 사회의 생계 · 주거 체계의 변동과 사회의 성격에 대해 밝히고자 한다.

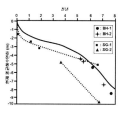

한반도 중서부 지방 신석기 문화 변동

Ⅱ. 자연 환경의 변화와 유적의 입지

1. 자연 환경

　인간을 포함한 모든 생물은 주어진 환경에 적응하여 살아간다. 물론 동일한 환경이라고 해서 모든 생물이 같은 적응 전략을 보이지는 않는다. 특히 인간은 오랜 진화 과정을 거치면서 발달된 인지 능력을 통해 일정 부분 환경을 제어하고 있기도 하다. 하지만 인간이 적응 전략을 선택하는 가장 큰 변수는 환경임을 부인할 수는 없으며, 선사시대 문화 변동을 연구하는데 당시 환경에 대한 이해가 선행되어야 함은 당연하다.

　계측 기록은 물론 단편적인 서술 기록마저 없는 선사시대의 환경은 오로지 자연과학적 방법을 통해 연구되고 있다. 신석기시대는 지질학적 연대로 신생대 제4기의 마지막 시기인 홀로세(Holocene)에 시작된다. 이 시기 환경의 전모를 현재까지의 연구 결과로 파악하기에는 역부족이지만 이전 시기인 플라이스토세(Pleistocene)에 비해서는 다양한 자료를 이용할 수 있어 연구 결과가 빠르게 축적되고 있다(황상일·윤순옥 2011). 이 장에서는 기후 변화와 해수면 변동에 대한 자연지리학의 연구 성과를 통해 중서부 지방 신석기시대 환경 변화에 대해 살펴보고자 한다.

1) 기후 환경 변화

세계적으로 古기후 환경(특히 제4기)변화 연구는 해양, 호수, 빙하의 퇴적물을 분석 대상으로 한다. 그러나 우리나라 고기후 변화 연구는 주로 저습지의 퇴적물을 대상으로 이루어져 왔다. 이는 우리나라가 다른 나라들에 비해 자연호수가 드물고 남아 있는 지역도 농경으로 상당 부분 훼손되어 있는 경우가 많기 때문이다(박정재 2008).

고기후 환경을 파악하기 위한 연구 방법 중 가장 오랫동안 활용되고 널리 알려진 방법은 화분 분석이며, 이외에도 규조류 분석, 나무나이테 분석, 안정동위원소 분석 등이 있다. 우리나라에서는 주로 화분 분석을 통해 홀로세 기후 환경을 연구해왔으며, 최근 들어 탄소안정동위원소 분석도 시작되고 있다.

(1) 화분 분석2

우리나라 화분화석 연구는 주로 전나무속(Abies), 오리나무속(Alnus), 자작나무속(Betula), 서어나무속(Carpinus), 개암나무속(Corulus), 가문비나무속(Picea), 이엽송(Pinus Diploxylon), 참나무속(Quercus), 버드나무속(Salix), 피나무속(Tilia), 느릅나무속(Ulmus) 등 목본류(AP, Arboreal pollen)의 생태학적 특징을 통하여 기후 및 자연 환경 변화의 특성을 밝히고 있다. 이 중 오리나무속, 참나무속, 소나무속이 한반도 홀로세에 검출되는 목본류의 80~90% 정도를 차지하고 있어 화분대의 구분은 대체로 이 세 목본류를 기준으로 하고 있다. 또한 목본류와 초본류의 비율(NAP/AP)도 기후 및 자연 환경의 특성을 반영하며 인간의 영향에 의해 나타나는 문화 지표 식물을 통해 인위적인 영향(농경 등)을 파악하는 데 효과적인 것으로 알려져 있다.

오리나무속은 비교적 온난하고 습윤한 지역을 선호하며, 충적지 습지 및 호수와 같은 저지대에 주로 서식한다. 소나무속은 산지 사면이나 표토가 얇은 토지, 나대지 등 건조하기 쉬운 환경에서 잘 성장하며 냉량·건조한 기후와 건륙화 등의 환경

---

2 본 장의 내용은 필자의 이전 논문(소상영 2011) II-1장의 내용에 이후 연구내용을 추가하여 정리한 것이다.

변화를 반영한다. 참나무속은 소나무속에 비해 두꺼운 토양층에서 잘 성장하며 온난·습윤한 환경을 반영한다(윤순옥·황상일 2010).

　실제로 우리나라의 홀로세 화분 연구는 참나무속과 소나무속의 우점 관계를 주 대상으로 기후 변화를 해석한 것이 대부분이라 할 수 있다. 이는 화분 분석 연구가 토탄층과 같이 물에 의해 퇴적된 층을 주 대상으로 하고 있기 때문이며, 오리나무속은 충적지 습지와 같은 저지대에 주로 서식하는 특징을 통해 기후의 습윤 정도나 해수면 변화를 파악하는데 활용되고 있다. 따라서 우리나라 화분대의 구분은 연구자나 대상 지역에 따라 약간의 차이는 있으나 기본적으로 참나무속과 소나무속의 우점 여부를 통해 화분대를 크게 구분하고 각 분대별로 다시 아분대로 세분 한다.

　우리나라 홀로세의 전체적인 화분대 구분은 표준적인 안은 없으나, 동해안 지역을 대상으로 한 조화룡(1979)의 연구에 따르면 홀로세의 화분대는 해진 극상기인 약 6,000 BP를 경계로 두 기로 구분된다. 화분대 I 시기(약 10,000~6,000 BP)에는 참나무속이 우점 하여 온난·습윤한 환경으로 파악하였으며, 화분대 II 시기(6,000 BP~현재)에는 소나무속이 우점하여 기후가 상대적으로 냉량·건조해진 것으로 판단하였다. 또한 화분대 II 시기는 인간 활동 및 자연 환경 변화에 따라 세 시기의 아분대로 구분하였다.

　중서부 지방의 화분 분석 연구는 고고학 유적의 발굴조사와 병행하여 이루어진 경우가 많아 그 결과는 발굴조사보고서의 부록으로 실리거나, 자연 지리학자들에 의해 개별 논문으로 발표되고 있으며, 종합적인 분석이나 비교가 이루어진 경우는 많지 않다. 이에 본 글에서는 경기, 충남 지역을 대상으로 종합적인 분석 내용이 실린 주요 논문들을 중심으로 중서부 지방 홀로세 환경 변화에 대해 살펴보고자 한다. 경기도 평택시 현덕면 황산리 일대의 습지성 이탄 퇴적층의 화분 분석 자료를 이용한 연구에서는 홀로세 초기와 중기 동안 평택 지역의 고기후 및 퇴적 환경을 복원하였다(전창표 외 2009). 모두 38개의 시료로부터 목본 화본은 23속, 초본 화본은 3과 15속이 확인되었으며, 조류 및 균류와 같은 비화분 유기질 미화석도 검출되었다.

　퇴적 단면은 화분의 군집 변화에 근거하여 3기의 화분대로 구분되었다. 화분대

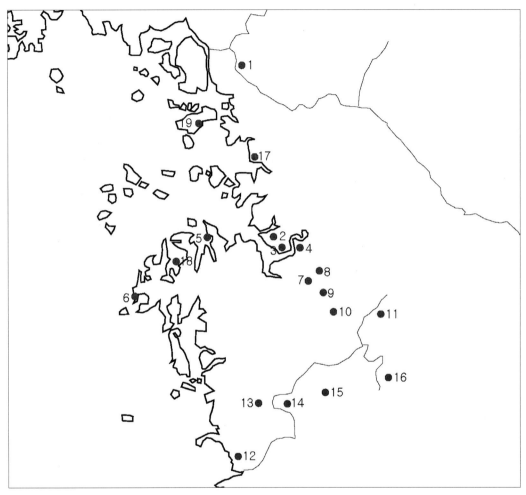

그림 Ⅱ-1. 중서부 지방 주요 화분 및 해수면 변동 연구 지역(소상영 2011, p.4)
(1.일산 가와지곡 2.평택 희곡리,내곡리 3.평택 현화리,내기리 4.평택 송화리 5.아산만 대호방조제 6.태안 천리포수목원
7.천안 불당동 8.천안 백석동 9.천안 청수 10.천안 운전리 11.청원 소로리 12.서천 오석리 13.부여 구룡평야
14.부여 월함지,궁남지,가탑리 15.공주 안영리 16.대전 갑천,장대 17.안산 신길동 18.충남 가로림만 19. 인천 운서동)

Ⅰ(10,600~8,000 BP)에서는 참나무속(39%)이 우점종으로 산출되고 해양성 조류가 화분대 전반에 걸쳐 검출되는 것으로 보아 냉량·온대의 습윤한 기후 조건하에 낙엽활엽수림이 넓게 발달하였고 이 지역이 과거에 조간대 환경이었음을 나타내고 있다. 화분대 Ⅱ(8,000~6,200 BP)는 낙엽활엽수림과 침엽수림의 혼합림이 형성된 시기로 온난·온대의 건조한 기후를 반영하고 있다. 또한 화분대 Ⅰ기와 달리 해양성 조류가 출현하지 않는 것으로 보아 해양의 영향에서 벗어난 것으로 판단된다. 화분대 Ⅲ(6,200~4,800 BP)은 침엽수와 낙엽활엽수가 혼합된 식생으로 온난·온대하고 습윤한 기후로 추정된다. 저지대에서는 양치식물이 크게 번성하였고 담수성 수생식물의 화분이 양호하게 검출되는 것으로 보아 육상 습지로의 전이가 일어났음을 시사하고 있다. 윤순옥(1997)은 일산 가와지 새말 일대의 토탄층의 화분과 규조류 등의 미화석 분석을 통해 크게 3기의 화분대로 나누어 홀로세의 환경 변화를 설명하였다. 화분대 GWJ-Ⅰ기는 약 8,000~4,200 BP에 이르는 시기로 오리나무속이 70~90%를 차지하고 참나무속이 10~30%를 차지하여 빠른 해면 상승과 해진의 영향으로 매우 습윤한 시기로 설명하였다. 화분대 GWJ-Ⅱ기는 4,200~2,300 BP 사이의 시기로 해수면 하강 및 지하수면 하강으로 건륙화된 환경하에 소나무속이 증가하고 포자류와 초본류가 우점하는 시기이다. 화분대 GWJ-Ⅲ기는 약 2,300~1,800 BP까지의 시기로 해진의 영향과 인간의 자연 환경에 대한 간섭으로 인해 초본류의 비율이 증가하는 시기로 설명 하였다.

인천 영종도 남부 해안 충적평야의 퇴적층을 대상으로 한 연구에서는 약 8,900 BP 이후의 환경 변화에 대해 분석하였다(박지훈·박경 2012). JS-Ⅰ기(약 8,920~8,470 BP)는 소나무속과 참나무속이 우점하고 전나무속과 가문비나무속이 일부 포함된 냉온대 침활혼효림으로 현재에 비해 상대적으로 한랭·건조한 것으로 파악된다. 하지만 주변 지역에 비교 자료가 없어 조사 지점의 국지적인 양상인지, 영종도 일대의 일반적인 양상인지는 확실 하지 않다. JS-Ⅱ기(약 8,470~4,060 BP)는 소나무속이 우점하는 침엽수림 시대이며, JS-Ⅲ기(약 4,060~4,040 BP)는 소나무속, 참나무속, 서어나무속이 우점하는 침활혼합림 시대이다. JS-Ⅱ·Ⅲ기는 JS-Ⅰ기보다 상대적으로 온난 습윤했으며 현재와 유사한 기후로 추정된다. JS-Ⅳ기(약 4,040~920 BP)와 JS-Ⅴ기(약 920

BP~현재)는 소나무속이 우점하는 침엽수림 시대로 한랭·건조한 기후를 반영한다. 특히 JS-Ⅴ기는 목본류보다 초본류의 비율이 높고 메밀속(*Fagopyrum*)의 화분이 연속적으로 출현 하는 것으로 보아 이 지역에 농경이 본격화된 시기로 추정하였다.

충남 태안군 소원면 의항리 천리포 수목원내 논의 시추 자료를 분석한 연구(장병오외 2006)에서는 9,300 BP~현재까지의 식생 변천사를 4개의 화분대로 나누어 설명하고 있다. 화분대 1기(Zone CHL-Ⅰ. *Quercus stage*)는 9,300~6,200 BP에 걸치는 시기로 냉온대 낙엽활엽수림이 성립하는 시기로 비교적 온난하고 습윤하여 참나무속이 우점하는 시기로 보고 있다. 화분대 2기(Zone CHL-Ⅱ. *Quercus-Pinus stage*)는 약 6,200~4,600 BP의 시기로 계절성의 강화로 강수량이 여름에 더욱 집중되어 나타나고 전형적인 냉온대 중부/산지형 식생이 유지되는 시기로 보았다. 화분대 3기(Zone CHL-Ⅲ. *Pinus-Quercus stage*)는 약 4,600~1,160 BP의 시기로 한랭·건조한 기후로 인해 환경이 악화되어 소나무속이 증가하고 참나무속이 감소하는 식생의 변화를 보인다. 화분대 4기(Zone CHL-Ⅳ. *Pinus stage*)는 약 1,160 BP~현재까지의 시기로 소나무속의 압도적인 우세를 보이며 참나무속은 현저히 감소한다. 이 시기는 인간의 간섭에 의한 식생 변화가 두드러지는 시기로 벼과를 중심으로 한 초본류가 급증한다.

박지훈·이상헌(2008)은 1982년부터 2008년 사이에 충남 지역을 대상으로 화분분석이 이루어진 18개 지점에 대한 자료를 종합 분석하고 이를 일본의 표준 화분대와 비교하여 홀로세의 환경 변화를 연구하였다. 이들의 연구에 따르면 충남 지역의 RⅠ기(홀로세 초기)는 시기적으로 약 10,100~8,500 BP로 냉온대 북부 침엽-낙엽활엽수의 시기이다. 이 시대의 식생 환경은 평야부에서는 습윤한 토지 환경의 영향으로 오리나무속이 우점했으며, 구릉대 하부에서는 참나무속과 소나무속의 혼합림이 우점했다. 이 시기의 기후는 만빙기보다는 상대적으로 온난했지만 RⅡ기 보다는 한랭 건조했다. RⅡ기(홀로세 중기)는 시기적으로 약 8,500~4,600 BP로 전형적인 냉온대성 낙엽활엽수림 시대이다. 이 시기의 기후는 현재와 유사하며, RⅠ기에 비해 상대적으로 온난 습윤했다. RⅢ기(홀로세 후기)는 약 4,600 BP에서 현재에 이르는 시기로 두 기의 아분대로 구분된다. RⅢa기는 약 4,600~1,180 BP에 이르는 시기로 침엽-낙엽-활엽 혼합림 시대이다. 이 시기는 RⅡ기에 비해 소나무속이 증가하는 것으로

표 Ⅱ-1. 중서부 지방 홀로세 화분대 구분과 식생

구분	시기(BP)	식생과 환경
CW-Ⅰ기	10,000~8,500	침엽-낙엽 활엽수, 소나무속, 오리나무속, 참나무속 우점, 온난습윤, CW-Ⅱ기보다 상대적 한랭 건조
CW-Ⅱ기	8,500~4,600	참나무속-오리나무속 우점, 온난습윤
CW-Ⅲ기	4,600~1,200	참나무속-오리나무속 우점(소나무속 증가), 한랭건조
CW-Ⅳ기	1,200~현재	소나무속의 압도적 우세, 인간의 자연간섭으로 인한 초본류의 증가

보아 다소 한랭 건조했을 가능성이 높다. RⅢb기는 시기적으로 약 1,180 BP에서 현재에 이르는 시기로 자연에 대한 인간의 간섭이 본격화 되는 시기이다. 이 시대의 식생 환경은 평야부에서 오리나무속이 쇠퇴하여 소규모 형태로 생육했고, 구릉대 하부에서는 인위적인 영향으로 참나무속이 주가 되는 냉온대 낙엽활엽수림이 파괴되고 소나무속으로 교체되는 경향을 보인다.

위에서 살펴본 화분 분석 결과에 따른 결과를 정리하면 〈표Ⅱ-1〉과 같이 크게 4기의 화분대(CWⅠ~Ⅳ기)로 구분할 수 있다.[3] CW-Ⅰ기는 침엽-낙엽활엽수와 혼재하는 시기이며 대체적으로 온난·습윤한 기후이지만, 참나무속이 우점하는 CW-Ⅱ기보다는 상대적으로 한랭·건조한 시기라고 할 수 있다. CW-Ⅲ기는 소나무속의 증가를 통해 볼 때 기후가 서서히 한랭·건조한 시기로 변해 가는 것을 알 수 있으며, CW-Ⅳ기는 농경의 확대 등을 통해 자연 환경에 대한 인간의 간섭이 본격화 되는 시기임을 알 수 있다. 기후가 한랭·건조화 경향으로 변해가는 4,600 BP 경은 중서부 지방 취락의 입지가 크게 변화하는 시기와 유사하여 주목된다.

---

3 〈표Ⅱ-1〉에서 화분대 구분 시기는 박지훈·이상헌(2008)의 연구를 기준으로 하였다. 다른 연구자들의 화분대 구분이 한 개의 조사 지점과 홀로세의 일부 기간만을 대상으로 한 것에 비해 이 연구는 18개 지점에 대한 조사 결과를 종합하였고, 홀로세 전 기간의 화분대를 구분하였기 때문이다.

(2) 안정동위원소 분석

안정동위원소(stable isotope)는 동위원소 가운데 방사성동위원소를 뺀 나머지 원소를 말한다. 동위원소란 원자번호는 같지만 질량수가 다른 원소로 화학적으로 분리할 수 없음으로 자연 상태에서 동일 원소의 존재비는 일정하다(정혜경 외 2010). 세계적으로 안정동위원소 분석법은 고기후 환경을 복원하는 데 매우 유용한 연구 방법으로 활용되고 있으나 우리나라에서는 아직 시작 단계에 머물러 있다. 일반적으로 홀로세의 기후 변화는 플라이스토세에 비해 뚜렷하지 않아 화분 분석 결과만으로는 미세한 변화 추이를 파악하기는 어렵다. 안정동위원소 분석은 과거의 온도 변화를 비교적 정량적으로 보여주기 때문에 보다 뚜렷한 변화 양상을 파악할 수 있다(박정재 2008).

여러 동위원소 분석법 중 고기후 환경 변화에 주로 사용되는 방법은 산소동위원소 분석법과 탄소동위원소 분석법이 있다. 우리나라에서 산소동위원소 분석은 패총 출토 조개류의 분석을 통해 채집의 계절성 연구(안덕임 1997, 2010)에 활용되고 있으나 고기후 추정에 활용된 연구는 찾아보기 어렵다.

탄소안정동위원소를 이용한 고기후 추정은 퇴적층의 유기물에서 나타나는 $^{13}C/^{12}C$비($\delta^{13}C$)의 변화를 통해 분석된다. 일반적으로 대기 중 이산화탄소량이 적은 빙하기 혹은 건

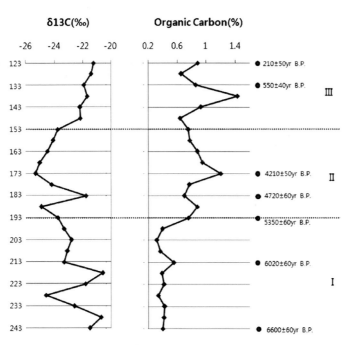

그림 Ⅱ-2. 영종도 퇴적층의 $\delta^{13}C$값과 토양 유기 탄소(정혜경 외 2012, p.317)

조기로 C4 식물이 우점하는 시기에는 퇴적층의 $\delta^{13}C$값이 높고, 이산화탄소량이 많은 간빙기 혹은 습윤기로 C3 식물이 우점하는 시기에는 퇴적층의 $\delta^{13}C$값이 낮다는 점을 이용하여 고기후를 추정한다. 같은 식물의 경우에도 건조한 지역에 비해 강우량이 많은 지역에서 $\delta^{13}C$값이 낮게 나타나는 현상을 통해 퇴적층의 주위 환경과 기후 변화를 유추할 수 있다. 또한 삼림이 제거되고 농경지가 확대되는 시기에는 C4식물이 우점하여 $\delta^{13}C$값이 높아지는 점을 이용하여 연구 지역에서 농경이 본격화되는 시기도 유추해 볼 수 있다(박정재 2008). 우리나라에서 탄소안정동위원소 분석을 통한 연구는 강원도 양구의 대암산 고층 습원인 용늪의 이탄층을 대상으로 실시된 바 있으나 최하층의 연대가 1,900 BP로 측정되어 홀로세 후기의 기후 변화만을 보여주는 아쉬움이 있다(강상준 · Takahito Yoshioka 2005).

탄소안정동위원소를 이용하여 신석기시대 기후 변화를 추정할 수 있는 연구는 인천 영종도 해안 충적평야의 퇴적층을 대상으로 한 연구가 유일하다고 할 수 있다(정혜경 외 2010). 퇴적층의 전체 두께는 243cm(해발고도 683~440cm)이며, 이중 객토된 것으로 보이는 상부 0~123cm 구간을 제외한 퇴적층을 분석하였다. 분석을 위한 시료는 5cm 간격으로 채취하여 탄소안정동위원소 분석과 총유기탄소량, ^{14}C연대측정을 실시하였다. 연구 지역의 퇴적층은 ^{14}C연대측정 결과 약 6,600±60~210±50 BP까지 퇴적되었다. 연구자들은 분석값에 따라 전체 퇴적상을 3개의 구간으로 나누어 분석 결과를 설명하고 있다(그림Ⅱ-2 참조). 이로 미루어 볼 때 6,600±60 BP 이후의 영종도 일대의 기후 변화를 크게 3시기로 구분할 수 있다.

Ⅰ시기(6,600±60~5,350±60 BP)는 저지대에는 오리나무림, 구릉지에는 졸참나무림이 우점하여 전체적으로 온난·습윤한 환경이었던 것으로 추정되며, 기후가 약습윤(약건조)에서 습윤으로 바뀌는 시기는 약 6,020±60 BP 경으로 추정된다. Ⅱ시기(5,350±60~2,200 BP)는 3,000 BP 이전에는 Ⅰ시기와 비슷한 식생을 보이다가 이후에는 구릉지에 소나무림이 우점하는 현재와 비슷한 기후 환경을 보여준다. Ⅱ시기에 속하는 퇴적층은 전 구간에서 가장 낮은 $\delta^{13}C$값을 나타내 C3형 식물이 우점했던 것으로 추정된다. 지표하 183cm에서 $\delta^{13}C$값이 갑자기 올라가고 유기 탄소량이 감소하여 일시적으로 약습윤(약건조)로 환경이 변하는 시기도 있지만, 전반적으로 Ⅰ구간보다 상대

적으로 습윤한 환경이었던 것으로 추정된다. 특히 4,210±50 BP를 전후로 한 퇴적층(지표하 173~168cm)이 가장 습윤했던 시기로 판단되며, 이후는 점차 약습윤 환경으로 변하가는 것으로 추정된다. Ⅲ시기(2,200~210±60 BP)는 Ⅱ시기에 비해 $\delta^{13}C$값이 크게 높아지는 경향으로 볼 때 C4형의 식생이 우세한 것으로 나타난다. 이로 미루어 볼 때 Ⅲ시기는 Ⅰ, Ⅱ시기에 비해 상대적으로 건조하거나 농경지 확대에 따른 영향으로 추정된다.

영종도 해안 충적평야의 퇴적층 탄소동위원소 분석은 주변 지역의 화분 분석 결과와 전반적으로 유사한 양상이다. 하지만 화분 분석으로 파악하기 어려운 미기후의 변화를 좀 더 자세하게 설명할 수 있음을 보여준다. 물론 이 분석 결과만을 가지고 신석기시대 기후 환경 변화를 일반화하기는 어렵기 때문에 앞으로 여러 지역에서의 연구 결과가 축적되어야 할 것이다.

2) 해수면 변동

해수면 변동 연구는 우리나라 신석기시대 환경 변화를 추정하는 데 중요한 부분을 차지한다. 서해안의 해수면 변동은 갯벌의 형성과도 밀접한 관련이 있으며, 하천 하류 지역의 지형 형성에 결정적인 영향을 준다. 즉 해수면 변동은 해안 및 도서 지역뿐만 아니라 육지의 환경 변화에도 큰 영향을 미치는 것이다. 또한 우리나라와 같이 지각 변동에 의한 해수면의 변화가 미약한 지역에서는 기온의 변화와 밀접한 관련이 있다. 우리나라 해수면 변동 연구는 1969년 박용안(Park 1969)이 김제 지역의 토탄층에 대한 ^{14}C연대측정 결과로 해수면 변동 곡선을 작성한 이후 여러 학자들에 의해 실시되어 왔다.

Park and Bloom(1984)은 서해안의 각 지역 퇴적층의 연대측정을 통해 약 8,500~5,000 BP 사이에 해수면은 −8m 평균 고조선으로부터 −2m까지 비교적 빠르게 상승하였으며, 이후 현재에 이르기까지 점진적으로 상승한 것으로 보고되었다(그림 Ⅱ-3).

전북 곰소만, 경기 평택과 충남 대천 등 서해안 지역 퇴적층의 ^{14}C연대측정 결과를 바탕으로 작성된 해수면 변동 곡선(그림Ⅱ-4 참조)에 따르면 약 8,000~5,500 BP 사이에 평균 해수면은 -7m에서 -5m 까지 비교적 급격한 상승(연평균 1.3mm)을 하며, 이후 시기는 현재까지 연평균 0.9mm로 완만한 상승 곡선을 보여준다.

충남 가로림만 조간대의 퇴적 환경과 홀로세 해수면 변동 곡선에 대한 연구(신동혁 1998)에 따르면 약 8,150 BP에서 현재까지의 해수면 변동은 대략 6단계로 구분된다. 1단계는 8,150~7,750 BP 사이로 약 400년 동안 해수면은 -10.9m에서 -1.7m로 9.2m 상승하였으며 비교적 급격한 상승을 보여준다. 2단계는 7,750~7,550 BP로 해수면은 200년 동안 -1.7m에서 -4.6m로 약 2.9m 낮아졌다. 3단계는 7,750~6,700 BP에 이르는 시기로 해수면은 850년 동안 -4.6m에서 -0.9m로 3.8m 상승하였으나 상승 속도는 1단계보다 매우 완만하다. 4단계는

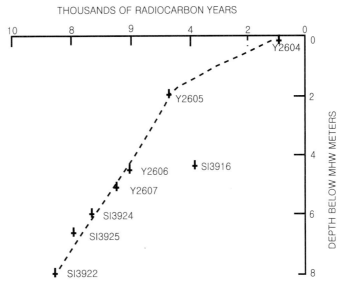

THOUSANDS OF RADIOCARBON YEARS

그림Ⅱ-3. 서해안의 Holocene 해수면 변동곡선
(Park and Bloom 1984, p.193)

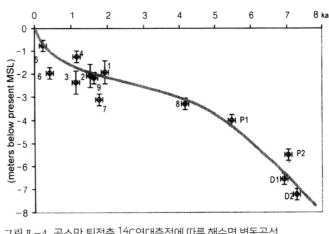

그림Ⅱ-4. 곰소만 퇴적층 ^{14}C연대측정에 따른 해수면 변동곡선
(양우헌 · 소광석 2008, p.19)

Ⅱ. 자연 환경의 변화와 유적의 입지 35

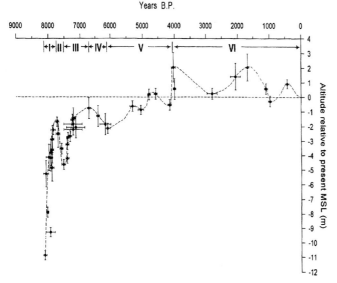

그림 Ⅱ-5. 가로림만의 해수면 변동곡선(신동혁 1998, p.159)

6,700~6,100 BP로 해수면은 -0.8m에서 -2.1m로 1.3m 하강하였다.

5단계는 6,100~4,050 BP에 이르는 시기로 해수면은 -2.1m에서 2.0m로 4.1m 상승하였다. 5단계 기간 동안 해수면은 꾸준히 상승한 것은 아니라 2차례 정도 소폭의 하강 시기가 있었던 것으로 관찰되지만, 이러한 높이 변화가 퇴적 환경에 근거한 평균 해수면 산출시 발생하는 고도 보정값과 비슷한 수

치를 나타내고 있어 실제로 해수면 하강이 있었는지에 대해서는 단정하기 어려운 것으로 보고 있다. 6단계는 4,050 BP~현재에 이르는 시기로 평균 해수면은 2.0m에서 현재 수준으로 약 2m 가량 하강하였다. 그러나 6단계 기간 동안 해수면은 일정한 속도로 하강한 것은 아니며 1,700 BP경에 다시 해수면이 2m까지 상승한 후 현재 수준으로 하강한 것으로 나타난다.

경기도 평택 도대천 유역의 퇴적층을 분석한 연구(황상일 외 1997)에 따르면 최종 빙기 이후 홀로세의 해수면 상승은 7,000 BP 경에 도대천 유역에 이른 후 1~2m 정도의 상승과 하강을 반복하며, 6,000 BP 경에 현재보다 같거나 조금 높은 수준의 해수면이 형성되었다. 〈그림 Ⅱ-6〉의 그래프를 보면 약 6,400 BP 경에는 현재보다 해수면이 1m 이상 높았던 시기도 있었던 것으로 추정된다.

일산 지역의 퇴적층 분석 자료를 바탕으로 해수면 변동을 연구 한 황상일(1998)의 연구 결과에 따르면 이 지역의 평균 해수면은 약 7,000 BP에 해발 4.45m에 이르렀으며, 5,000 BP 경에는 5.5m까지 상승한 후 약 3,200 BP 까지 거의 정체하다가 약

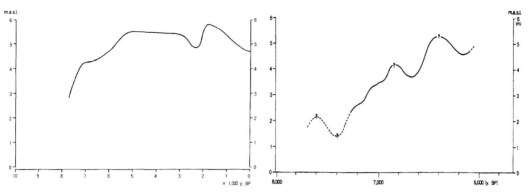

그림 Ⅱ-6. 일산 지역(황상일 1998, p.159) 및 평택 도대천 유역(황상일 외 1997, p.417) 홀로세 해수면 변동곡선

2,300 BP 경에는 4.85m까지 하강한다. 이후 해수면은 다시 상승하여 5.8m까지 상승한 후 다시 하강한다. 이를 현재의 평균 해수면과 비교하면 약 7,000 BP 경에 현재와 유사한 높이의 해수면에 도달하였고 이후 꾸준히 상승하여 5,000~3,200 BP 사이에는 현재보다 0.8m 높았고 약 1,800 BP 경에는 현재보다 1.2m 정도 높았던 것으로 보고되었다.

서해안을 대상으로 한 홀로세 해수면 변동에 대한 연구를 보면

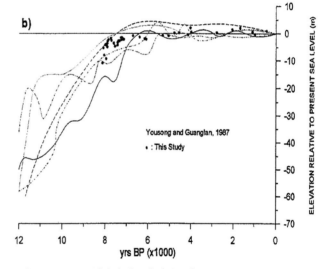

그림 Ⅱ-7. 중국 동해안의 해수면 변동곡선(신동혁 1998, p.163)

크게 두 가지 입장으로 대별됨을 알 수 있다. 전자는, 홀로세 동안 일시적인 해수면의 하강이나 현재 보다 해수면이 높았던 고해수면 시기는 존재하지 않았던 것으로 보는 입장이다(Park and Bloom 1984, 양우헌 1996 등) 후자는, 홀로세 동안 해수면은 지속적인 상승이 아니라 일시적인 정체 또는 하강시기가 있으며, 현재보다 2~3m 높았던

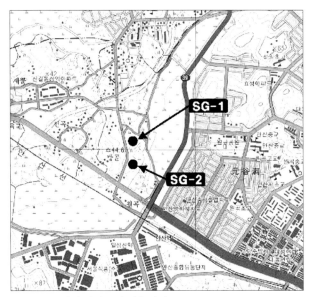

그림 Ⅱ-8. 안산 신길 유적 시추 지점(정갑식 외 2009, p.312)

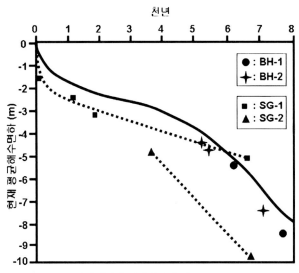

그림 Ⅱ-9. 곰소만과 신길 유적의 해수면 변동(정갑식 외 2009, p.333) *SG=신길, BH=평택안화리

고해수면이 존재했었다는 입장이다 (황상일 1988, 신동혁 1998). 우리나라의 서해안과 해수면 변동 곡선이 유사할 것으로 생각되는 중국 동해안의 해수면 변동 곡선을 보면 홀로세 동안 여러 차례 상승과 하강을 반복하고 있으며, 특히 6,000 BP 이후에 현재보다 해수면이 높았던 시기가 여러 차례 반복됨으로 볼 때 후자의 입장이 합리적인 것으로 판단된다(그림 Ⅱ-7). 한편으로 해수면의 변화는 변동 요인이 지역에 따라 다르게 적용되고 연대측정값 및 고도 보정에 따른 오차 등을 감안할 때 서해안 전체에 적용 가능한 해수면 변동 곡선을 도출하기는 어려운 것이기도 하다(신동혁 1998). 안산 신길동 유적 주변의 갯벌 퇴적층을 대상으로 한 해수면 변동 곡선의 경우에 동일한 지역을 대상으로 했음에도 불구하고 시료를 채취한 지점에 따라 해수면 변동 곡선이 다르게 나타나는 점은 서해안 전체에 적용할 수 있는 표준적인 해수면 변동 모델을 제시하기 어렵다는 점을 단적으로 보여준다(정갑식 외 2009).

지금까지 살펴본 서해안의 해수

면 변동 연구는 현재 해수면 보다 높은 고해수면의 시기가 있었느냐 없었느냐에 차이는 있지만 꾸준히 해수면이 상승했음을 보여주고 있다. 또한 5,000 BP을 전후한 시기까지는 해수면이 비교적 빠르게 상승하였고 이후에는 상승 속도가 둔화되었음을 보여준다.

갯벌은 해수면 상승이 점진적이고 퇴적물이 육상으로부터 적당히 공급되어야만 형성된다. 해수면의 상승이 매우 빠르게 진행되면 바닷물 깊이의 증가에 의한 퇴적 공간의 증가가 퇴적물의 공급량 보다 크게 되어 퇴적되는 입자가 그 공간을 채울 수 없어 퇴적층이 형성되기 어렵다(박수철·고철환 2009). 이와 같은 관점에서 볼 때 우리나라 서해안의 갯벌은 7,000 BP을 전후한 시기에 형성되기 시작하여 해수면 상승이 현저하게 둔화되는 5,000 BP 경에 현재와 유사한 형태의 갯벌이 형성되었을 것으로 추정된다. 김여상(1988)에 따르면 서해안 갯벌을 형성하는 퇴적층 아래에 위치하는 반고결 상태의 산화 퇴적층 상부토탄층의 연대가 약 7,000 BP로 측정되어 이러한 점을 반증하고 있다. 갯벌은 생물 생산성이 지구상에 가장 높은 생태계 가운데 하나로서 수많은 동식물 등이 서식한다. 따라서 서해안에서 갯벌의 형성은 해안 및 도서 지역에 신석기인이 거주하는 데 매우 풍족한 자원 환경을 제공했을 것이다.

서해안의 해수면 변동은 갯벌의 형성 뿐 아니라 서해로 흘러들어가는 큰 하천 주변의 지형 형성에도 큰 영향을 주었다. 한강의 주변 지역에 현재와 같은 범람원이 형성되기 시작하는 시기는 최종 빙기의 만기(약 15,000 BP)와 홀로세 기후 최적기(7,500~5,000 BP)의 전반적인 해수면 상승과 깊은 관련이 있다. 이 시기는 해수면의 빠른 상승으로 인해 한강의 하곡에는 하성 퇴적 작용이 현저해지고 해수면의 상승으로 인해 배수가 점점 불량해 짐으로써 현재와 같은 범람원이 형성되었던 것으로 이해된다(신숙정 외 2007, 채현석 2008). 이와 같은 기후 환경하에서 한강과 같이 서해로 흘러들어가는 큰 하천변에 자연제방이 형성되었고, 해수면의 빠른 상승이 멈추는 6,000~5,000 BP를 전후 한 시기에 신석기인의 활동이 본격화 되는 것을 알 수 있다.

이상으로 해안 충적지의 퇴적층을 대상으로 실시된 화분 분석, 탄소안정동위원소 분석을 통해 홀로세의 기후 변화와 해수면 변동에 따른 지형의 변화에 대해 살펴보았다. 아직까지 신석기시대 자연 환경 변화를 구체적으로 파악하기에는 분석 자료가 부족한 것이 사실이다. 하지만 중서부 지방 신석기시대 기후와 식생의 변화, 갯벌의 형성, 강 하류 범람원의 형성 시기에 대한 기본적인 자료로서 활용 가치는 높다고 하겠다. 다음 절에서는 중서부 지방 신석기시대 유적의 분포와 입지에 대해 살펴보고, 자연 환경과 유적 입지 변화의 관련성을 검토하고자 한다.

2. 유적의 분포와 입지

현재까지 중서부 지방에는 약 200여 곳의 신석기시대 유적이 지표 및 발굴조사를 통해 알려져 있다. 유적을 종류별로 분류하면 주거지, 패총, 수혈, 야외노지, 동굴 유적 등이 있으며, 주거지와 패총이 대부분을 차지한다. 〈그림 II-10〉은 중서부 지방의 신석기시대 주요 유적을 표시한 것이다. 그림에서 보는 것과 같이 신석기시대 유적은 청천강, 임진강, 한강, 금강 수계를 중심으로 내륙과 해안 및 도서 지역에 고루 분포하며, 특히 한강을 중심으로 한 경기도 일대에 가장 높은 밀집도를 보인다. 이는 한강 하류역에 비교적 큰 규모의 섬들이 입지하는 것과 관련이 있으며 신석기시대 당시의 상황을 일정 정도 반영한다고 할 수 있다. 하지만 경기도 일대에 국토 개발이 집중되어 다른 지역에 비해 대규모 발굴조사가 많이 이루어진 영향도 무시할 수 없을 것이다. 중서부 지방의 신석기시대 유적은 ^{14}C연대측정 결과로 볼 때 한반도의 다른 지역과는 달리 기원전 5,000년을 상회하는 유적을 찾아 볼 수 없다.[4] 위에서 살펴본 기후 변화와 해수면 변동 연구 결과로 볼 때 서해안의 갯벌이 안정화되고 강 하류에 범람원이 형성되는 시기가 6,000 BP경임을 감안하면 일견 수긍이

---

4 초지리(별망) 패총 노지 바닥에서 채집한 목탄에서 10,548±64 BP, 10,440±95 BP의 연대 측정치가 제시된바 있다. 하지만 출토된 토기의 문양이 시도패총과 유사한 점으로 볼 때 이와 같은 연대를 취하기는 어렵다. 보고서에도 시료 오염의 가능성은 없으나 유적의 추정 연대와는 무관한 것으로 기술되어 있다(서울대학교 1978, p.41 참조).

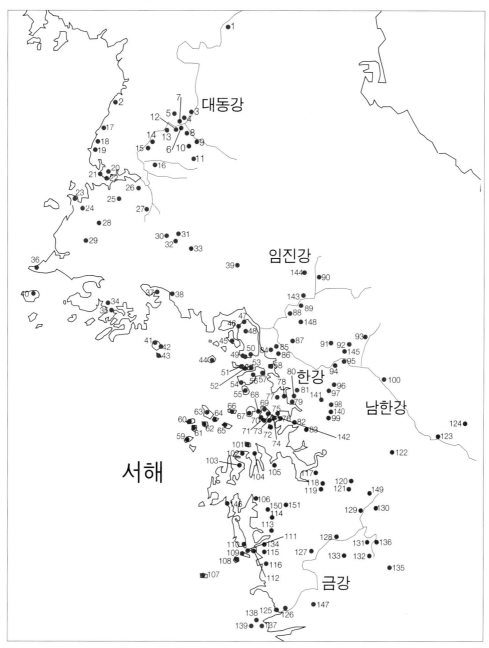

그림 Ⅱ-10. 중서부 지방 신석기시대 유적 분포 현황

표 Ⅱ-2. 중서부 지방 취락 유적 목록(유적 번호는 그림 Ⅱ-9와 동일함. ( )주거지수)

일련 번호	유적 번호	유 적 명	입지	일련 번호	유적 번호	유 적 명	입지
주거지+(야외노지, 수혈)							
1	1	덕천 남양리(2)	자연제방	28	92	남양주 호평동(3)	구릉
2	2	증산 용덕리(1)	구릉	29	94	서울 암사동(30)	자연제방
3	3	평양 표대(5)	자연제방	30	95	하남 미사동(1)	자연제방
4	4	평양 남경(5)	자연제방	31	96	성남 사송동1(1)	구릉
5	5	평양 장촌(2)	구릉	32	97	성남 판교동(1)	구릉
6	6	평양 금탄리(5)	하안단구	33	99	용인 농서리(8)	구릉
7	7	평양 청호리(1)	자연제방	34	141	용인 상현동(1)	구릉
8	16	송림 석탄리(1)	구릉	35	105	당진 우두리(2)	구릉
9	31	봉산 마산리(12)	자연제방	36	150	예산 목리·신리(1)	구릉
10	32	봉산 지탑리(3)	자연제방	37	106	해미 기지리 (공주대3, 충남연2)	구릉
11	35	청단 소정리(17)	구릉	38	113	홍성 상정리(1)	구릉
12	48	강화 삼거리(1)	구릉	39	114	홍성 송월리(1)	구릉
13	56	영종도 는들(1) 젓개마을(3) 운서동3(2) 운북동(1) 삼목도3(17)	구릉	40	146	태안 달산리(1)	구릉
				41	115	보령 관창리(4)	구릉
				42	117	아산 성내리(4)	구릉
14	57	영종도 중산동 (고려2, 중앙3, 한강4)	구릉	43	118	아산 백암리(3)	구릉
				44	119	아산 풍기동(2)	구릉
15	70	대부 북동(19)	구릉	45	120	천안 백석동(1)	구릉
16	142	대부 동동(3)	구릉	46	121	아산 장재리(6)	구릉
17	79	안산 신길동(24)	구릉	47	122	음성 금석리(1)	구릉
18	81	시흥 능곡동(26)	구릉	48	124	제천 신월동(1)	구릉
19	82	화성 석교리(26), 향남2(1)	구릉	49	127	청양 학암리(1)	구릉
20	83	화성 가재리(1)	구릉	50	128	공주 신관동(1)	구릉
21	84	김포 구래리1(2), 2(6)	구릉	51	129	청원 쌍청리(1)	구릉
22	85	김포 운양동(1)	구릉	52	130	청주 봉명동(2)	구릉
23	86	김포 신곡리(1)	구릉	53	131	대전 관평동(1)	구릉
24	88	문산 당동리(4)	구릉	54	133	옥천 대천리(1)	구릉
25	148	파주 대능리(39)	구릉	55	147	익산 신룡리(1)	구릉
26	90	연천 삼거리(6)	자연제방	56	149	청원 영하리(1)	구릉
27	91	남양주 덕송리(4)	구릉	57	151	예산 효림리(1)	구릉

일련번호	유적번호	유 적 명	입지	일련번호	유적번호	유 적 명	입지
			주거지+패총				
1	18	온천 궁산(5)	구릉	6	77	오이도 뒷(1)·가운데살막(3)	구릉
2	41	대연평도 까치산(1)	구릉	7	125	서찬 장암(2)	구릉
3	42	모이도(2)	구릉	8	137	군산 가도(4)	구릉
4	54	용유도 을왕동AB(6)	구릉	9	138	군산 노래섬(1)	구릉
5	56	영종도 운서동I(58)	구릉	10	139	군산 띠섬(2)	구릉

표 Ⅱ-3. 중서부 지방 패총 유적 목록(유적 번호는 그림 Ⅱ-9와 동일함)

일련번호	유적번호	유 적 명	입지	일련번호	유적번호	유 적 명	입지
1	19	온천 용반리	구릉	22	61	옹진 울도	구릉
2	21	온천 광양리	구릉	23	62	옹진 문갑도	구릉
3	26	온천 학월리	구릉	24	63	옹진 덕적도	구릉
4	36	용연 몽금포	구릉	25	64	옹진 소야리	구릉
5	37	해주 용당포	구릉	26	65	옹진 대이작도	구릉
6	38	해주 남산	구릉	27	66	옹진 자월도	구릉
7	40	백령도 말등·용기	구릉	28	67	영흥도 외1리	구릉
8	43	소연평도	구릉	29	68	옹진 선재도	구릉
9	44	우도	구릉	30	69	안산 대부도 북동·구봉이·말부흥	구릉
10	45	석모도	구릉				
11	46	강화 인화리	구릉	31	71	안산 대부도 흘곶·남동	구릉
12	47	강화 북성리	구릉	32	72	화성 제부도	구릉
13	50	강화 사기리	구릉	33	73	화성 탄도	구릉
14	51	옹진 모도	구릉	34	74	화성 불도	구릉
15	52	옹진 시도	구릉	35	75	화성 고포리 어섬	구릉
16	53	옹진 신도	구릉	36	76	화성 지화리	구릉
17	54	용유도 을왕동1	구릉	37	77	시흥 오이도(신포동 등)	구릉 해안사주
18	55	옹진 무의동	구릉	38	78	시흥 옥구도	구릉
19	58	옹진 장금도	구릉	39	80	안산 초지리 별망	구릉
20	59	옹진 백아도	구릉	40	101	당진 대난지도	구릉
21	60	옹진 굴업도	구릉	41	102	서산 대죽리 1~3	구릉

일련 번호	유적 번호	유 적 명	입지	일련 번호	유적 번호	유 적 명	입지
42	103	보령 웅도	구릉	47	110	안면도 고남리	구릉
43	104	보령 초락도	구릉	48	111	보령 효자도리	구릉
44	107	보령 외연도	구릉	49	112	보령 송학리	구릉
45	108	보령 삽시도	구릉	50	116	보령 소송리	구릉
46	109	보령 원산도	구릉	51	126	보령 도삼리	구릉

되는 결과이기도 하다. 그러나 후기구석기시대가 끝나고 5,000년 이상의 기간 동안 이 지역이 인간의 공백지대로 남아 있었다는 것은 납득하기 어렵다. 해안 및 도서 지역의 경우 해안선의 급격한 상승으로 인해 기원전 5,000년 이전의 유적이 바다 아래에 수장되었을 가능성도 배제할 수 없으나, 내륙 지역에서 유적이 발견되지 않는 점은 풀기 어려운 수수께끼이다.

　성춘택(2009)은 후빙기 한반도 남부지역에 유적이 나타나지 않는 현상을 서해의 형성으로 대표되는 급격한 환경변화에 따라 당시 수렵채집민이 조달 이동을 높이고 집단의 수가 현저하게 감소한 결과로 설명하고 있다. 이와 같은 해석과 한강 하류의 지형이 안정화 되는 시기를 감안하면 기원전 5,000년 이전의 유적이 거의 나타나지 않는 것을 어느 정도 이해 할 수도 있다. 하지만 여전히 오랜 시기동안 공백 지대에 가까웠던 중서부 지방에 주변 지역과는 형태와 문양이 상이한 토기 문화가 완성된 형태로 갑자기 등장한 것은 여전히 합리적인 설명이 불가능하다.

　한영희(1996)는 중서부 전기 구분계 토기의 원류를 압날계 문양을 구연부에 한정해서 시문한 토기로 상정하고 동체부에 어골문이 추가되기 시작하면서 구분계 토기가 발생한 것으로 보고 있다. 하지만 그도 밝혔듯이 이는 문양론적 입장에서의 추론에 불과하며, 아직 이와 같은 토기가 구분계 토기보다 선행하는 유적에서 발견된 예는 없다. 田中聰一(2000)도 한영희의 견해를 받아들여 구연부와 동체부에 문양이 새겨진 토기를 3부위 구분계 토기보다 선행하는 것으로 보고 있지만 근거는 희박하다. 한편 이동주(1996·1997·1999)는 중서부 지방의 빗살무늬토기가 압인문계 동해안 오산리식 토기 문화와 남해안 영선동식 토기 문화가 남해안에서 결합하는 과정에서 발

표 Ⅱ-4. 중서부 지방 기타 유적 목록(유적 번호는 그림 Ⅱ-9와 동일함)

일련 번호	유적 번호	유 적 명	입지	일련 번호	유적 번호	유 적 명	입지
수혈·야외노지				10	23	은율 운성리	구릉
1	144	연천 횡산리	하안단구	11	24	과일 덕안리	구릉
2	145	남양주 덕소리	구릉	12	25	은율 장연리	구릉
3	54	용유도 남북동	해안사구	13	26	안악 판오리	구릉
4	56	영종도 송산, 삼목도I	해안사구	14	27	은율 판오리	구릉
5	96	판교 사송동 2	자연제방	15	28	은율 군량리	구릉
6	98	신갈동 만골	구릉	16	29	향교골	구릉
7	123	충주 소동리	사면세방	17	30	봉산 송산리	구릉
8	132	대전 둔산동	구릉	18	33	본산토성	구릉
9	134	보령 관산리	구릉	19	34	연백 용동리	구릉
10	135	대전 노은동	구릉	20	39	연산 주암리	구릉
11	136	대전 상서동	구릉	21	143	연천 학곡리	자연제방
유물산포지				22	40	강화 여차리	구릉
1	8	사동구역 미림동	구릉	23	140	용인 상갈동	구릉
2	10	중화 진파리	구릉	24	87	일산 가와지곡	저습지
3	12	선교구역 선교동	구릉	25	89	파주 주월리	자연제방
4	13	평남 토성동	구릉	26	93	가평 대성리	자연제방
5	14	평남 석암동	구릉	27	100	양평 앙덕리	자연제방
6	15	평남 원암리	구릉	동굴			
7	17	온천 안석리	구릉	1	9	상원 대동리	구름
8	20	용강 연도리	구릉	2	11	금천 대흥리, 용곡리	구름
9	22	용강 신녕리	구릉				

생하여 중서부 지방으로 전파된 것으로 보고 있다. 이는 기존의 중서부 지방 빗살무
늬토기의 기원지를 문양 형태의 단순한 유사성을 근거로 시베리아나 발해만에서 찾
거나 문양론적으로 가상의 단계를 설정하여 자생설을 주장하는 견해에 비해 획기적
이고 참신한 주장임에는 분명하다. 하지만 이 견해를 받아들인다면 대동강 유역이
한강 유역보다 후행하는 결과가 되며, 종주어골문이 횡주어골문보다 늦은 단계에
출현해야 하는데 이는 실제 고고학 자료와는 부합되지 않는다. 결국 이 문제는 1970

년대 이후 정체된 북한 지역의 자료가 증가되어야 실마리가 잡힐 것으로 판단된다.[5]

유적의 입지는 크게 해안 및 도서 지역과 내륙으로 나누어 살펴볼 수 있다. 해안 및 도서 지역에서는 영종도 송산, 남북동과 같은 일부 야외노지 유적이 해안 사구에 위치하는 것을 제외하면 대부분의 유적은 해안과 인접한 지역의 구릉에 위치한다. 취락, 패총, 야외노지 등의 유적은 전시기에 걸쳐 발견되지만. 취락은 시간의 흐름에 규모가 줄어드는 경향이 나타나며, 패총 및 야외노지 유적은 증가하는 경향을 보인다.

내륙 지역은 기원전 3,500년을 전후한 시기를 기준으로 유적의 입지에 변화가 나타남을 알 수 있다(소상영 2011). 전기 유적은 발굴 조사된 수가 많지 않지만, 대체로 대동강, 임진강, 한강 등 큰 강 주변의 자연제방에 위치하는 경향을 보인다. 이 시기에 금강 유역의 자연제방에는 별다른 유적이 보이지 않는데, 이는 금강 유역이 중기 이후에 이르러서야 점유되었을 가능성도 있으나, 전북 해안의 가도, 노래섬 등에서 5,000 BP 전후의 절대 연대가 측정되는 것으로 보아 향후 유적이 발견될 가능성도 배제 할 수는 없다. 임상택(2006)은 이 시기를 초기농경의 도입이라는 새로운 자원 획득 방식이 추가됨에 따라 집단의 안정화가 이루어지는 시기로 설명하고 있는데, 최근 초기농경의 시기가 전기까지 소급될 수 있는 자료가 증가하는 추세(국립문화재연구소 2015)와 농경에 유리한 하천의 자연제방에 암사동, 삼거리와 같은 대규모 취락 유적이 분포하는 것은 이러한 관점에서 이해될 수 도 있을 것이다.

중기 이후에는 암사동, 미사리, 삼거리와 같이 자연제방에 위치한 취락은 대부분

---

5 안승모(2015)는 기후최적기에 난류가 서해를 북상함에 따라 영선동식 토기를 사용하던 남해안의 어로민이 북상하여 중서부 지방 전기의 빗살무늬토기문화를 형성하였다는 가설을 제시하였다. 이는 중서부 지방에 초창기~조기의 토기가 전혀 발견되지 않고 전기에 완성된 형태의 빗살무늬토기가 등장한다는 점, 영선동식 토기의 문양구성이 중서부 지방 토기와 연결된다는 점에 주목한 것이다. 이러한 주장은 중서부 지방에서 전형적인 영선동식 토기가 거의 발견되지 않는다는 문제는 있지만, 적극적인 어로의 증거가 확인되는 연평도 일대의 패총에서 남부지역 계통의 토기가 다수 출토되는 것으로 볼 때(이영덕 2013) 충분히 가능한 가설로 판단되며 앞으로 신중한 검토가 필요할 것이다.

사라지고, 구릉으로 이동하는 양상을 보여준다. 또한 이전 시기와 달리 취락의 규모는 매우 축소되어 한강 유역 일대의 취락은 3~4기 내외의 방형주거지로 구성되어 있으며, 금강 유역에는 대천리, 관평동 등과 같이 장방형주거지 1~2기 만이 입지하는 경우가 많다. 용인 농서리 유적을 예외로 들 수 있겠으나, 이 역시 조사된 주거지는 8기에 불과하며, 장방형과 방형주거지간에 시기차도 있는 것으로 보여 동시기의 취락으로 인정하기는 어려울 것으로 판단된다(소상영 2012b). 이 시기는 중서부 지방의 독특한 빗살무늬토기 문화가 전국적으로 확산되는 시기로 이해되지만 중심 지역은 해안 및 도서 지역에 위치한다. 이와 같이 중서부 지방의 신석기인의 생활 중심지가 해안으로 이동하는 경향은 후기 이후에는 더욱 심해진다. 이 시기에 이르면 해안 빛 도서 지역 취락의 규모도 축소되며, 내륙 지역에서는 취락은 거의 보이지 않고 수혈 및 포함층 유적만이 나타난다. 말기에는 해안 및 도서 지역의 취락도 거의 해체되어 야외노지 및 패총이 주로 잔존하고, 내륙 지역에서 신석기시대 유적은 거의 사라진다. 결론적으로 중서부 지방 신석기문화는 기원전 3,500년을 전후한 시기에 해안 및 도서 지역에 유적이 집중되며 시기에 따른 유적의 분포와 입지 변화는 앞장에서 설명한 환경의 변화와 밀접히 관련된 생계·주거 체계의 변화에 따라 나타나는 현상으로 이해된다.

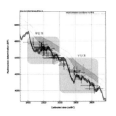
한반도 중서부 지방 신석기 문화 변동

Ⅲ. 중서부 지방 신석기시대 상대 편년

1. 기존 편년에 대한 비판적 검토[6]

중서부 지방 신석기시대 편년 및 분기 설정은 층위를 이루는 유적이 거의 없어 주로 토기의 문양 변화를 시간적인 속성으로 간주하고 유적 간 교차 편년과 ^{14}C연대를 참고하여 이루어져 왔으며 지금까지도 이러한 경향은 지속되고 있다. 2000년대 중반 이후 취락 유적이 속속 발굴되면서 편년 연구에 새로운 전기가 마련될 것으로 기대했으나, 여전히 주거지의 중복이나 층위를 이루는 유적이 많지 않아 큰 진전을 보이지는 못하는 실정이다.

중서부 지방 신석기시대 편년은 1950년대 북한의 궁산 유적 발굴조사를 계기로 궁산 문화(도유호 · 황기덕 1957)라는 명칭이 명명되면서 기초가 마련되었다고 할 수 있다. 이후 금탄리, 지탑리 유적 등의 발굴조사를 통해 궁산 문화는 4기로 구분되었고 이후 남한 학자들에 의해 계승되면서 편년 안의 토대가 되었다. 중서부 지방 편년

---

6 중서부 지방 신석기시대 상대 편년 형성 과정의 자세한 내용은 다음의 문헌을 참고하기 바란다. 임상택, 2008, 「신석기시대 중서부지역 상대편년 형성과정 검토」, 『고고학』 7-1호.

형성 과정에 대해서는 이미 여러 차례 정리된 바 있으므로 1990년대 후반 이후 발표된 편년 연구를 중심으로 검토하고자 한다.

남한에서 중서부 지방 신석기시대 편년은 김정학에 의해 처음 이루어졌다. 그는 문양의 시문 부위 축소가 시간의 흐름을 반영하고, 동일 문양을 전면에 시문한 토기가 각 부위에 다른 문양을 시문한 것보다 이르다고 주장하였고 이를 바탕으로 전기-중기-후기라는 상대 편년 안을 제시하였다(김정학 1968). 전면 시문에서 시간의 흐름에 따라 시문 부위가 축소되는 방향으로 변화한다는 견해는 이후 신석기시대 편년의 형성에 큰 영향을 끼친다. 이후 토기의 문양에 대한 세밀한 분석과 북한의 연구 성과를 적극 수용한 한영희에 의해 본격적인 중서부 지방 편년 안이 수립된다.

한영희(1978)는 빗살무늬토기를 문양 배열과 시문 부위를 근거로 4식으로 구분한 후 북한의 지탑리와 금탄리 유적의 층위 관계를 고려하여 중서부 지방의 신석기시대를 Ⅰ~Ⅲ기로 상대 편년하였다. 이후 한영희(1996)는 3부위 구분계 문양이 새겨진 토기를 암사동 Ⅰ식, 구연종속문이 추가된 토기를 암사동 Ⅱ식, 구연부 문양만 남은 토기를 암사동 Ⅲ식으로 명명하고 저부를 제외한 전면에 어골문이 시문된 토기를 시도식으로 명명하였다. 이를 바탕으로 오산리 유적의 발굴 성과와 비교하여 중서부 지방의 신석기시대를 초창기-전기-중기-후기의 4기로 편년하였다.

임효재(1984)는 암사동 출토 빗살무늬토기를 구분계(A)와 동일계(B)로 구분한 후 전면시문(Ⅰ기), 저부문생략(Ⅱ기), 저부와 동체문 생략(Ⅲ기)을 기준으로 Ⅰ~Ⅲ기로 구분하고 이를 ¹⁴C연대와 비교하여 전면 시문 단계를 전기(5,000~3,500BC), 저부 문양이 생략된 단계를 중기(3,500~2,000BC), 저부와 동체부 문양이 생략된 단계를 후기(2,000~1,000BC)로 설정하였다. 임효재의 편년 안은 중서부 지방의 빗살무늬토기의 문양이 일반적으로 구분계와 동일계로 크게 나눌 수 있고, 시간의 흐름에 따라 시문 부위가 축소되어지는 흐름이 관찰된다는 점에서 대체적으로 타당한 견해이기는 하나, 지나친 문양의 도식화로 실제 적용하기에는 문제가 있다. 한영희와 임효재의 견해는 기본적으로 유사하다고 할 수 있으나 가장 큰 차이점은 동일계 전면횡주어골문의 편년적 위치에 대한 것이다. 임효재는 동일계 전면횡주어골문을 문양 부위의 축소에 따른 시기 변화를 상정하여 전기까지 끌어올리고 있는데 비해 한영희는 중기

표 Ⅲ-1. 대동강 유역과 한강 유역 · 경기만 지역 토기 변천 과정의 병행 관계(田中聰一 2000, p.84)

	대동강유역		한강유역 · 경기만지역		특징
	문양	기형	문양	기형	
	융기문토기군?				미발견
	자돌 · 압인문계토기군?				미발견
1기	구연 및 동체부 시문	첨저 · 평저 심발형 외	자돌 · 압인문계토기군?		구연부에 단사선문 내지 자돌점열문, 동부에 정형화되지 않은 횡주어골문 기본
2기	삼부위문양	첨저심발형 평저완형 파수부평저	삼부위문양 구연부종속문	첨저심발형, 원저 · 평저완형, 호형	구연부단사집선문 내지 자돌점열문, 동부 종주어골문, 저부 평행사선문 내지 횡주어골문
3기	구연부 종속문	첨저심발형 평저완형 파수부호형			구연부문양대와 동부문양대사이에 자돌점열대, 중호문 등의 종속문양대
4기			구연부 종속문	첨저심발형, 완형, 호형	동부 종주어골문의축소, 생략화와 종주어골문계집선문에 의한 구연부종속문양대
5기	삼부위문양 동일계문양	첨저심발형 호형 외	삼부위문양 동일계문양	첨저심발형 외	구연부종속문이 소멸하여 이부위문양구성 성립, 구연부단사집선문 내지 자돌점열문, 동부 횡주어골문
6기	동일계문양 저부문양생략, 무문양화	첨저 · 원저심발형, 옹형, 첨저 · 원저 · 평저 · 파수부완형, 호형 외	저부문양생략	첨저심발형 외	대동강 : 전면시문 횡주어골문(저부 및 구연직하 무문양 포함), 단사선문 한강 · 경기만 : 구연부 및 구연부에서 동체상부까지 단사선문 내지 조잡한 횡주어골문

이후에 위치시키고 있다.

안승모(1999)는 문양의 변천을 중심으로 진행된 중서부 지방의 편년 연구를 비판적으로 검토하였다. 이를 통해 횡주어골문토기가 중기 이전으로 소급될 수 있는 가능성과 구분문계 토기의 부위별 문양 생략이 도식적으로 전-중-후기에 대입될 수 없음을 ^{14}C연대측정 결과와 남해안 지역과의 병행 관계를 통해 주장하였다. 그의 견해는 새로운 편년 안을 제시했다가 보다는 기존 연구의 문제점을 지적하고 대안을 모색하는 것에 중점을 두고 있지만, ^{14}C연대측정 자료를 적극 활용해 유물의 형식 서열에 따른 편년이 아닌 유적, 유구의 편년으로 나가야 한다는 견해는 시사하는 바가 크다.

田中聰一(2000)은 토기 문양의 변화 과정에 입각해서 대동강 유역을 5단계, 한강 유역 및 경기만 일대를 4단계로 구분한 후 양 지역의 병행 관계를 고려하여 전체 6기로 세분하였다. 田中聰一의 편년안은 대체적으로 한영희의 견해와 유사하며, 이를 좀 더 문양론적으로 세분화 하고 구체화 한 것이다. 하지만 대동강 유역에서 구연부와 동체부에만 문양이 새겨진 토기를 I기로 위치시켜, II기의 3부위 구분계 토기보다 앞선 것으로 본 것은 현재까지 자료로 보아 납득하기 어렵다. 그의 글에서도 나타나듯이 저부에 문양이 새겨져 있지 않았는지 여부도 확실치 않으며, 자료도 많지 않아 II기와 구분하여 별도의 시기로 볼 수 있는지는 의문이다. 또한 대동강과 한강 유역의 병행 관계 설정에 있어서도 애매모호한 부분이 많으며, 일부 ^{14}C연대측정 자료를 인용하고는 있지만 상한과 하한을 설정하고 각 시기를 기계적으로 500년 단위로 구분한 것도 문제점이다. 하지만 엄격한 3부위 시문이 붕괴되고 구연부에 사격자문이 시문되는 것 등에서 동일계 문양의 토기가 등장하는 것으로 본 견해 등은 주목할 점이라고 하겠다.

중서부 지방의 신석기시대 편년안이 좀 더 정교해지고 세분된 것은 임상택에 의해서이다. 그는 1990년대 후반부터 여러 논고를 통해 편년 안을 제시하기 시작했으

표 III-2. 중서부 지역 상대 편년(임상택 2006, p.53)

		주요 특징	주요 유적	절대연대(BC)
I기	전반	구분계3부위시문	지탑리1지구 1호, 궁산	4000?~3600
	후반	구분계문양유지, 동체부 타래 중호문, 점열어골문	지탑리2지구, 마산리, 룡곡2호, 까치산 1호패총 하층, 삼거리, 암사, 미사	
II기		금탄리1식, 2부위시문, 구연한정시문, 동일계토기 등장	금탄리1문화층, 암사, 미사, 주월리, 삼목주거 유적, 오이도작은소라벌A, 가운데살막, 대부도흘곶패총, 조동리, 관산, 가도 등	3600~3000
III기		금탄리2식, 서해안식 동일계 토기유행, 구분계 쇠퇴, 소멸	금탄리2문화층, 남경, 표대, 송산, 는들, 소연평도, 남북동, 풍기동, 오이도신포동, 원정리, 관창, 광천, 내흥, 내평, 역내리, 둔산, 대천, 쌍청리	3000~2500
IV기		문양단순화, 난삽화	용반리, 덕안리, 남산, 군량리, 제일리, 꽃뫼, 모이도, 을왕동1, 오이도 뒷살막	2500~2000?/1500

며(임상택 1999a,b·2001·2003), 박사학위논문을 통해 그의 편년 안을 집대성하였다(임상택 2006). 그는 문양 형태, 문양 배치, 문양 구성이라는 세 가지 변수를 기준으로 제시하고, 유물의 공반 관계와 층위 관계가 비교적 명확한 취락 유적을 중심으로 논지를 전개하였다. 이는 기존의 문양 형식학을 통한 편년이 주로 문양형태의 변화를 중심으로 이루어진 것을 극복하기 위한 것으로 판단된다. 이와 같은 기준으로 임상택은 중서부 지방의 소지역별 토기군을 검토하고 ^{14}C연대측정치를 참고하여 4기 편년안을 제시하였다(표Ⅲ-2).

또한 최근 경기 해안 및 도서 지역에서 신석기시대 유적의 발굴이 증가함에 따라 〈표Ⅲ-3〉과 같이 서해 중부 지역 신석기시대를 4기로 구분하고 이중 Ⅱ,Ⅲ기는 다시 전반과 후반으로 세분하여 대표적인 유적명을 따라 운서동기(Ⅰ기 후반)-능곡기(Ⅱ기 전반)-삼목도기(Ⅱ기 후반)-는들기(Ⅲ기 전반)-운북동기(Ⅲ기 후반)-뒷살막기(Ⅳ기)로 명명하였으며, 이를 바탕으로 중서부 지방 소지역간 병행 관계를 제시하였다(표Ⅲ-4).

임상택의 편년 안은 기본적으로 한영희와 田中聰一의 견해를 계승한 것으로 중서부 지방에서 층위적으로 선후 관계를 밝힐 수 있는 유적이 거의 없는 상황에서 그가

표Ⅲ-3. 중부 해안 지역 상대 편년 안(임상택 2012, p.121)

분기		주요 유적		주요 특징		연대 (cal BC)	분기명
Ⅰ기 후반 (전기)		운서동Ⅰ, 오이도 안말, 까치산패총 Ⅷ~Ⅹ층		구분계 중심(3부위), 단사선문, 조문, 종주어골문		4000~ 3600	운서동기
Ⅱ기 (중기)	전반	능곡, 신길, 시도Ⅱ지구		구분계 중심(2부위), 단사선문, 찰과상 다치횡주어골문		3600~ 3400	능곡기
	후반	삼목도Ⅲ, 까치산패총 Ⅴ~Ⅶ층, 시도 Ⅰ지구 일부, 가도 하층, 성내리, 풍기동		구분계, 동일계, 단사선문, 서해안식 횡주어골문, 구연한정 단사선문		3400~ 3100	삼목도기
Ⅲ기 (후기)	전반	는들, 중산동, 을왕동A,B	대죽리 가도? 고남리A	동일계 중심, 는들식 단치횡주어골문	예각 단, 다치 횡주어골문, 다단 단사선문 잔존	3100~ 2600	는들기
	후반	운북동 제 지점, 남북동, 고남리B, 화성 가재리?		동일계 중심, 예각 서해안식 횡주어골문		2600~ 2300?	운북동기
Ⅳ기 (말기)		오이도 뒷살막, 을왕동Ⅰ		동일계 중심, 문양의 난삽화, 무문양화		2300~ 1500?	뒷살막기

표 Ⅲ-4. 중서부 지역 소지역간 병행 관계(임상택 2012, p.123) (절대연대는 중부 해안 자료를 중심으로 함)

시기구분	필자 분기	서부	중부내륙	중부해안	절대연대(cal BC)
전기	Ⅰ기 전반	궁산 1기?	?	?	
	Ⅰ기 후반	궁산 2기	1기	운서동기	4000~3600
중기	Ⅱ기 전반	궁산 3기	2기	능곡기	3600~3400
	Ⅱ기 후반	궁산 4기?	당동리4지점?	삼목도기	3400~3100
후기	Ⅲ기 전반	궁산 5기	3기	는들기	3100~2600
	Ⅲ기 후반			운북동기	2600~2300?
말기	Ⅳ기	룡반리, 덕안리 등	?	뒷살막기	2300~1500?

표 Ⅲ-5. 중서부 지역 신석기시대 집자리 상대 편년(구자진 2006 · 2009 통합)

지역/분기	Ⅰ기(BC3,500 이전)	Ⅱ기(BC3,500 이후)
대동강 · 황해도 지역	궁산, 지탑리, 마산리, 소정리 유적	궁산, 금탄리, 석탄리, 남경, 장촌, 용덕리, 소정리, 남양리 유적
한강 · 임진강 유역	암사동, 미사리, 삼거리 유적	호평동, 판교동, 사송동, 가재리 유적 등
금강(충청 내륙 지역) 유역	?	쌍청리, 대천리, 신관동, 관평동, 관창리, 상정리, 송월리, 웅포리, 효자동 유적 등
서해안 지역	?	기지리, 성내리, 풍기동, 는들, 삼목도, 을왕동, 장재리 유적 등

편년의 핵심 근거로 삼는 문양론과 교차 편년을 이용한 시기 구분이 논리적 타당성을 가질 수 있냐는 점과 Ⅱ기(중기)단계의 표식적인 토기로 주장되는 금탄리Ⅰ식 토기가 과연 대표성을 가질 수 있느냐는 데 여전히 논란이 상존한다. 하지만 그의 박사학위논문 이후 발간된 발굴조사보고서들의 대부분이 임상택의 안에 따라 유적의 편년을 설정하고 있는 것으로 볼 때 현재 학계에서 가장 널리 받아들여지고 있는 것은 분명하다.

주로 주거지를 대상으로 일련의 논고를 발표한 구자진은 취락 유적의 조사 성과를 토대로 중서부 지방의 신석기시대 주거지를 기원전 3,500년을 기준으로 Ⅰ,Ⅱ기로 편년하고 있다(구자진 2006). 그의 편년 안은 대체로 임상택의 견해를 기본 바탕으로 하고 있으며, 임상택의 Ⅰ기는 Ⅰ기로, Ⅱ, Ⅲ기는 Ⅱ기로 통합한 것이다. 단 절대연대의 해석에 있어 임상택과 일부 견해를 달리하여 임상택이 Ⅲ기로 분류한 관창리, 내흥동, 대천리 유적 등의 편년이 상향 되어야 함을 피력하고 있다. 구자진의 편년은 2분기 안으로 보이지만, 이러한 분기 설정은 주거지만을 대상으로 한 것이며, 전체 유적을 대상으로 한 편년에서는 큰 틀에서 4분기 안에 찬성하는 것으로 판단된다(구자진 2006).

한편 김장석 · 양성혁(2001)은 중서부 해안 및 도서 지역의 패총에서 출토되는 토기 문양의 다양성은 조달 이동에 의해 여러 집단의 중복 점유에 의해 나타나는 현상으로 각 패총의 토기군에서 보이는 문양의 비율차는 그 패총의 형성 시기를 나타내는 것이 아니라 어떤 집단에서 더 자주 패총을 방문했는가에 따라 좌우된다고 주장하고 있다. 이를 토대로 볼 때 임상택 등이 주장하는 문양에 대한 형식학적 가정과 교차 편년은 근본적인 오류를 지니고 있기 때문에 이를 기준으로 한 3분기 안은 논리적인 타당성을 확보 할 수 없으며, ^{14}C연대를 고려할 때 3,500~3,000BC를 기준으로 암사동의 시작부터 지탑리와의 관계단절 및 암사동식 다치횡주와 패총의 점유 시작 및 소위 서해안식 토기의 발생 직전 까지를 중서부 Ⅰ기, 이후 지역차를 가지는 다양한 토기의 문양의 공존과 활발한 패총 점유부터 무문토기시대의 개시 전까지를 Ⅱ기로 설정하는 2분법이 논리적으로 타당함을 피력하고 있다.

이러한 견해는 일견 파격적인 주장으로 보이기도 하나, 그 동안의 편년 안이 문양의 변화만을 고려하여 별다른 고민 없이 전–중–후기라는 3분법을 받아들이는데 대한 근본적인 문제 제기이며, 남부 지방과 같이 유적의 층서에 따른 시기 구분이 어려운 중서부 지방 자료의 한계를 잘 지적한 것이라고 하겠다. 또한 3분기 안을 주장하는 학자들의 대부분이 ^{14}C연대의 적극적인 활용을 주장하지만 실제 상대 편년에 있어서 형식학적 편년에 부합되지 않는 연대는 무시해버리는 문제에 대해서도 적절한 지적을 하고 있다. 임상택의 편년을 예를 들면, 지나치게 문양 변천에 의존하는 것을 경계하는 모습을 보이지만 ^{14}C연대에서 비슷한 연대폭을 가지는 유적들을 형식학적 상대 편년에 의해 각각 다른 분기에 위치시키고 있다.

고고학에 있어서 편년 및 분기 설정의 중요성을 재론할 필요는 없을 것이다. 아무리 여러 분석을 통해 유적을 설명한다고 해도 어느 시기에 속하는 가를 알 수 없다면, 주변 유적과의 비교나 전체적인 문화의 변동 과정을 설명하기는 불가능하기 때문이다. 또한 분기는 객관적인 타당성을 확보할 수 있다면 가능한 세분화 하는 것이 좋을 것이다. 예를 들어 영종도 일대에 위치한 여러 신석기시대 취락과 주거지의 존속 시기를 10~20년 정도의 짧은 시간 단위로 구분해 낼 수 있다면, 시기에 따른 취락의 규모, 집단의 이동 양상, 주변 경관의 변화 등 문화 변동 전반에 걸친 풍부한 자료를 제공 받을 수 있을 것이다. 하지만 앞서 설명했듯이 층위를 이루는 유적이 거의 없고, 주거지가 중복되는 경우도 찾아보기 힘든 중서부 지방 신석기시대 유적의 특성상 이는 실현되기 어려운 것이 현실이다.

위에서 살펴보았듯이 중서부 지방 신석기시대 편년은 토기 문양의 변화를 시간적인 속성으로 간주하고 ^{14}C연대측정 자료를 보조적으로 활용하는 것을 기본으로 한다. 토기 문양의 변화가 시간적인 속성을 일정 정도 반영한다는 것은 절대 연대측정치와 대연평도 까치산 패총 등 일부 층위를 이루는 유적을 통해 볼 때 인정된다고 하겠다. 그러나 문양의 변화는 시간적인 속성뿐만 아니라 집단 또는 지역적인 속성도 반영하고 있음을 간과 할 수 없다. 물론 문양이 가지고 있는 이러한 속성을 분리해 낼 수 있다면 문제는 없을 것이다. 하지만 필자가 알고 있는 한 이러한 속성을 엄밀히 분리할 수 있는 고고학적 방법론은 없으며, 사실 이러한 속성이 완전히 분리되어 존재하는 것도 아니다. 따라서 문양의 변화를 기본 속성으로 삼아 편년을 하는 경우에 큰 흐름에서 여러 학자의 견해는 대체로 비슷한 경향을 보이지만 보는 관점과 새로운 자료의 추가에 따라 세부적인 편년 안은 일치되지 않는 양상을 보인다. 이를 바탕으로 한 시기 구분은 대체로 시간적인 속성을 가장 잘 반영한다고 믿어지는 일부 문양에만 초점을 맞추어 설정되며, 다른 속성은 무시되는 경우가 많다.

예를 들어 임상택의 중서부 해안 지역에 대한 세부 편년 안을 검토해보도록 하자. 그는 2010년 논고에서 그의 Ⅲ기를 3단계(전엽－중엽－후엽)로 세부 편년함에 있어 아산 성내리 유적을 Ⅲ기 전엽으로 위치시키며 그 이유를 구분계 단사선문의 수량이 적고 동일계 횡주어골문이 많은 것으로 보아 동일계로의 이행 과정에서 삼목도Ⅲ 유적보다 후행하는 것이라고 설명하였다. 그러나 다음 논고(임상택 2012)에서는 단사선문의 수량이 삼목도Ⅲ 유적보다는 적지만 전체적인 문양 조성이 유사하다는 근거를 들어 성내리 유적을 Ⅱ기 후엽으로 올려보아 삼목도Ⅲ 유적과 같은 시기로 편년하고 있다. 이는 두 유적의 절대 연대가 3,500 calBC 전후로 측정된 것을 해결하기 위한 것으로 보인다. 하지만 그도 지적하듯이 성내리 유적은 전체 토기중 단사선문의 비율이 삼목도Ⅲ 유적에 비해 현저하게 낮을 뿐 아니라 동일계 횡주어골문이 중심을 이루고 있어 두 유적을 동일 시기로 본다는 것은 문양론적으로 성립되기 어렵다. 또한 횡주어골문의 경우에도 성내리의 문양은 구연단의 일정부분에 공백을 두고, 횡침선을 그은 뒤 문양을 시문하는 경우가 많은 것에 비해 삼목도Ⅲ에서는 이와 같은 경우를 찾아 볼 수 없다. 또한 성내리의 금강식 토기, 영선동식 토기와 유사한 형태의 횡주어골문, 구순각목문 토기 등이 출토되는 것으로 볼 때 충청 내륙과 남부 지방의 영향을 받은 토기들이 한강 유역의 토기와 혼재하는 양상을 보여준다. 양 유적의 토기 문양의 구성은 절대 연대측정치를 고려할 때 시기차 보다는 지역성을 반영하는 것으로 판단된다. 결론적으로 전반적인 문양 시문 부위의 축소 경향, 구분계 토기에서 동일계 토기 중심으로의 변화가 시간을 흐름을 반영한다는 전제는 인정할 수 있지만, 토기의 지역성이 두드러지기 시작하는 3,600 calBC 이후에 문양의 차이로 유적의 시기를 세분하는 것은 타당성을 확보하기 어렵다.

토기의 문양 변화를 중심으로 3기 또는 4기로 설정된 분기 안은 전반적인 흐름의 타당성은 인정된다고 할 수 있겠다. 하지만 이를 기본으로 분기를 다시 세분하는 것은 층위의 선후나 유구의 중복 관계 등을 통해 확인 할 수 없다면 연구자의 관점에 따라 달라질 수밖에 없기 때문에 객관적일 수 없다. 따라서 문양의 변화를 중심으로 한 세부 분기안을 그대로 인정하기는 어렵다. 이에 본고에서는 문양 변화에 따른 분기 설정의 큰 흐름은 받아들이되, 최근 다수의 결과가 축적된 ^{14}C연대측정치를 분석한 유적, 유구의 상대 편년 안을 제시함으로써 이 지역 신석기시대 문화 변동 연구의 기초 자료로 활용하고자 한다.

2. ^{14}C연대 분석을 통한 소지역별 상대 편년

우리나라 고고유적에서 ^{14}C연대는 1960년대 후반부터 측정되기 시작했으며, 2000년대 들어 대규모 발굴의 증가와 함께 늘어나 선사시대 유적에서는 거의 필수적으로 보고서에 수록되고 있다. 하지만 축적된 자료의 양에 비해 ^{14}C연대의 분석을 편년 연구에 적극적으로 활용하는 사례는 청동기시대를 대상으로 한 몇 편의 논문(김명진 외 2005, 안재호 2010, 이창희 2008, 이창희·김헌석 2010, 황재훈 2014a,b 등) 외에는 찾아보기 어려우며, 신석기시대 편년 연구에서는 분기의 상한과 하한을 설정하는 데 제한적으로 사용되고 있을 뿐이다.

이러한 현상은 ^{14}C연대측정 자료가 축적된 것이 얼마 되지 않은 원인도 있겠으나, 교정연대의 폭이 넓어 실 연대를 추정하기 어렵다는 점과 고목 효과, 해양리저브 효과, 2,400년 문제 등으로 인해 ^{14}C연대에 대한 부정적인 시각의 영향이 큰 것으로 보인다(이창희 2011). 또한 층위적으로 선후 관계가 분명한 경우에도 반대의 측정치가 나오는 경우와 동일 유구에서 수습된 시료가 측정 기관별로 다른 연대를 보이는 예들도 ^{14}C연대의 적극적인 활용을 주저하게 만드는 원인이기도 하다.

그러나 절대 연대를 파악할 수 있는 유물이나 기록이 없는 선사 유적에 있어서 ^{14}C연대측정 자료는 유적의 연대를 추정하고, 유구의 상대 서열을 결정하는데 매우 중요하다. 특히 중서부 지방과 같이 유구의 중복과 층위를 이루는 유적이 없는 경우에 그 활용 가치는 매우 높다고 하겠다. 따라서 본 절에서는 그동안 축적된 ^{14}C연대측정 자료를 정리·분석한 편년과 분기 안을 제시하고자 한다.

1) ^{14}C연대의 분석 기준

현재까지 중서부 지방에서 측정된 ^{14}C연대측정치는 약 300여 건[7]으로 모두 남한

---

7 중서부 지역을 포함한 남한지역 신석기 유적에서 측정된 ^{14}C연대자료는 부록으로 제시하였다.

의 자료이며 북한의 측정치는 알려진 바 없다. 따라서 본고에서는 경기(서울 인천 포함), 충청 지역(전북 일부 포함)의 자료를 대상으로 하였다. 각 유적별로 측정된 ^{14}C연대는 효율적인 분석을 위해 다음과 같은 원칙에 따라 정리하였다.

① ^{14}C연대의 분석은 영국 옥스퍼드 대학에서 개발한 OxCal V4.2를 이용하였다. 교정 곡선은 IntCal13을 적용하였으며, 교정연대는 2표준편차(2σ, 95.4%)을 이용하여 10자리까지 표기하였다. 단 패각 시료로 측정된 경우는 해양리저브 효과로 인해 교정연대가 빠르게 산출되는 점을 보완하기 위해 한국 서남해안에서 측정된 ΔR값 −111±45^{14}Cyr로 계산된 리저브 연대(Reservoir Age) 172±46년을 적용하여 산출하였다.[8]

② ^{14}C연대는 경기 내륙, 경기 해안 및 도서, 충청 내륙, 충청 해안 및 도서 지역의 소지역별로 구분하여 정리하였다.

③ ^{14}C연대의 오차 범위가 ±100년을 초과하는 경우는 원칙적으로 분석에서 제외하였다. 물론 오차 범위가 넓다고 해서 ^{14}C연대측정치의 신뢰도가 떨어진다고 할 수는 없으나 교정연대의 범위가 지나치게 넓게 계산되는 문제가 있기 때문이다. 단 미사리 유적의 경우와 같이 활용할 수 있는 자료의 오차 범위가 모두 ±100년을 초과하는 경우는 예외로 하였다.

④ 하나의 유구에서 2개 이상의 측정치가 있는 경우 χ^2검정을 통해 하나의 결과로 통합될 수 있는 지를 평가하는 OxCal 프로그램의 R_Combine 명령어를 사용하여

---

8 대기와 해양의 ^{14}C농도 차이로 인해 바다에 서식하는 생물로 탄소 연대측정을 할 경우 육상생물의 연대보다 평균적으로 약 400년 빠른 것으로 측정되며 이를 리저브연대(Reservoir Age, ΔR)라고 한다. 리저브연대를 적용하여 개발된 교정곡선이 마린곡선(Marine Curve)이다. 하지만 우리나라 서남해안과 같이 담수의 영향을 많이 받는 지역에서는 세계적인 평균보다는 낮은 리저브연대를 보이기 때문에 해양생물을 시료로 측정된 경우라해도 일률적으로 마린곡선을 적용할 수는 없다. 따라서 개별시료의 ΔR값을 측정하여 리저브연대를 적용하는 것이 가장 효과적이다. 하지만 대부분의 측정결과에 ΔR값이 제시되지 않아 한국 서남해안의 대표적인 측정치인 172±46년을 적용하였다(해양리저브연대에 대한 자세한 내용은 웹사이트 http://radiocarbon.pa.qub.ac.uk/marine 및 공기수·이치원 2005, P. J Reimer. et al, 2009를 참고하기 바람).

정리하였다(그림Ⅲ-1). 하지만 측정된 연대치가 χ^2검정의 오차 범위를 벗어나는 경우에는 그중에서 늦은 연대 값을 택하고 이른 값은 분석에서 제외하였다(그림Ⅲ-2). 3개 이상의 측정치가 있는 경우에 나머지 연대와 큰 차이를 보이는 측정치가 존재하여 χ^2검정의 신뢰 수준을 벗어나는 경우에는 R_Combine 결합 과정에서 제외하였다.

⑤ 동일 유적에서 층위나 유물상으로 선후 관계가 분명하지 않고 유사한 ^{14}C연대를 갖는 경우 R_Combine 명령어를 이용하여 통합하였다.

⑥ 남양주 호평 지새울 유적 1호 주거지, 3호 야외노지와 2, 3호 주거지 같이 발굴조사를 통해 유구의 선후 관계가 명확하나 ^{14}C연대가 역전되어 측정된 경우에는 제외하였다(그림Ⅲ-3) 이상의 기준을 사용하여 ^{14}C연대를 분석 정리한 결과는 〈표Ⅲ-6~9〉와 같다.

자료를 분석 정리하는 과정에서 가장 큰 문제점은 동일한 유구에서 측정한 연대가 상이하게 나타나 R_Combine 명령으로 통합할 경우 χ^2검정의 신뢰 수준을 벗어나는 경우이다. 특히 동일한 시료를 분리하여 두 개의 기관에 연대측정을 의뢰한 시흥 능곡동 유적의 경우 ^{14}C연대가 측정된 전체 17기의 주거지 중 2, 7, 12, 16, 19, 20, 23호 주거지 7기에서 이러한 결과가 나타난다. 일본 Paleo Labo AMS연대측정그룹과 서울대학교 기초과학공동기기원의 측정치는 200년 정도의 차이를 보이고 있어 R_Combine을 통합했을 때 모두 χ^2검정의 신뢰수준을 벗어나며(그림Ⅲ-2). 대체로 서울대학교의 측정치가 빠르게 나타난다. 서울대학교의 측정치가 Paleo Labo 보다 빠르게 나타나는 현상은 고성 철통리, 대대리, 춘천 율문리, 강릉 금진리 유적에서도 유사하게 나타나고 있으며, 광주 장지동 유적에서는 반대의 결과를 보인다 (안승모 2012). 이와 같은 문제는 시료 처리 과정에서의 오염, 측정 과정에서의 오류 등 다양한 원인이 있겠지만 ^{14}C연대측정이 주로 목탄을 시료로 이용한 결과일 가능성이 높다고 판단된다. 목탄의 경우 나무의 외피와 내부이냐 따라서 측정치에 상당한 차이가 있을 가능성이 상존하며, 이미 죽은 지 오래된 나무를 사용했을 경우 유구의 실제 사용시기보다 빠르게 측정될 수 있는 문제가 제기된다. 이러한 문제의 해결을 위해서는 하나의 유구에서 토기부착 탄화물이나, 생존 연대가 짧은 종자나 일년생 풀 등의 시료를 연대측정 자료로 활용해야 할 것이다(이창희 2008·2010·2011, 안승모 2012).

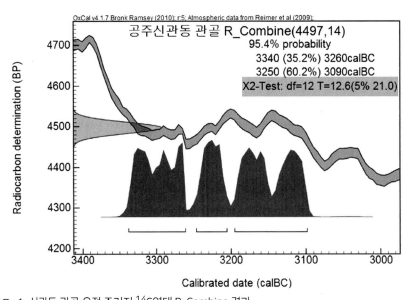

그림 Ⅲ-1. 신관동 관골 유적 주거지 ^{14}C연대 R_Combine 결과

[x^2검정결과 값이 12.6으로 계산되어 5% 유의수준의 21.0 보다 왼쪽의 유의성 50%와 20% 사이에 위치하므로 하나의 주거지에서 측정된 13개의 ^{14}C연대간의 편차는 그다지 유의하지(x^2=12.6, 0.5 〉 p 〉 0.2)않다라고 할 수 있다.]

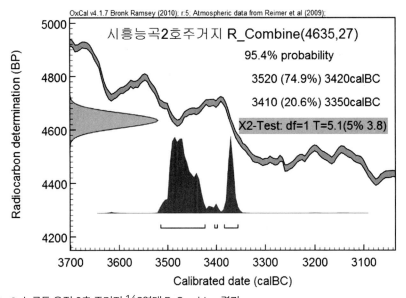

그림 Ⅲ-2. 능곡동 유적 2호 주거지 ^{14}C연대 R_Combine 결과

[x^2검정결과 값이 5.1로 계산되어 5% 유의수준의 3.8 보다 오른쪽의 유의성 5%와 2% 사이에 위치하므로 하나의 주거지에서 측정된 2개의 ^{14}C연대간의 편차는 유의(x^2=5.1, 0.05 〉 p 〉 0.02)하다라고 할 수 있다.]

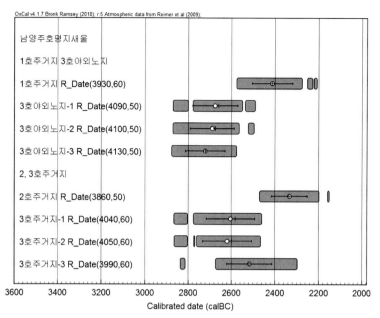

OxCal v4.1.7 Bronk Ramsey (2010); r:5 Atmospheric data from Reimer et al (2009);

남양주호평지새울

1호주거지 3호야외노지

1호주거지 R_Date(3930,60)

3호야외노지-1 R_Date(4090,50)

3호야외노지-2 R_Date(4100,50)

3호야외노지-3 R_Date(4130,50)

2, 3호주거지

2호주거지 R_Date(3860,50)

3호주거지-1 R_Date(4040,60)

3호주거지-2 R_Date(4050,60)

3호주거지-3 R_Date(3990,60)

Calibrated date (calBC)

그림 Ⅲ-3. 호평동 유적 1~3호 주거지 3호 야외노지 교정연대 범위

2) ¹⁴C연대의 분석 결과

본고의 분석 대상 유적은 모두 73개소이며, 위에서 제시한 원칙에 따라 정리한 ¹⁴C연대측정 자료는 172개로 〈표Ⅲ-6~9〉에 소지역별로 정리되어 있다.[9] 이를 OxCal V4.2의 커브 플롯(curve plot) 명령을 이용하여 정리한 그래프가 〈그림Ⅲ-4~8〉이다. 이를 교정연대 범위와 중심연대[10] 토대로 각 소지역별 유적의 연대를 몇 개의 단계로 구분하였다.

---

9   〈표Ⅲ-6~9〉에 진하게 표시된 부분은 OxCal의 R_Combine 명령을 이용하여 통합한 연대이다.

10 본고에서 제시한 중심연대는 연대범위의 평균값을 의미한다.

(1) 경기 내륙 지역

경기 내륙 지역의 대상 유적은 모두 12개소이며 유구별로 정리한 ^{14}C연대측정 자료는 28개이다(표Ⅲ-6). 〈그림Ⅲ-4〉에 제시된 교정연대의 범위와 중첩 양상을 분석하면 Ⅰ~Ⅵ단계로 구분할 수 있다. Ⅰ단계에 속하는 유적은 서울 암사동 1(75-10호 주거지)과 연천 횡산리(야외노지)가 있으며, 교정연대는 4,500~4,000 calBC 내외이다. Ⅱ단계에 속하는 유적은 하남 미사동, 서울 암사동 2(75-2호 주거지), 성남 사송동 1, 용인 농서리 1(3호 주거지)가 있으며, 교정연대는 4,000~3,500 calBC 내외이다. Ⅰ, Ⅱ단계에 속하는 유적은 용인 농서리 1을 제외하면 모두 큰 강 주변의 자연제방에 입지하는 특징을 보인다. Ⅲ단계에는 용인 농서리 2(1호 주거지), 3(5호 주거지 및 수혈), 서울 암사동 3(75-1호 주거지)이 있으며, 교정연대는 3,600~3,100 calBC 내외이다. Ⅳ단계에는 용인 농서리 4(8호 주거지 등), 5(2호 주거지), 신갈동, 성남 사송동 2(24-1 10호 주거지), 남양주 호평동 1(4호 야외노지), 2(2호 수혈), 덕소리(D-4호 수혈)이 속하며, 교정연대는 3,100~2,500 calBC 내외이다. Ⅴ단계에는 남양주 호평동 3(2호 야외노지), 4, 5(1, 2호 주거지), 6(1호 야외노지), 문산 당동리 1(7-1, 2호 야외노지), 2(7-3호, 1-야외노지) 등이며 교정연대는 2,500~2,000 calBC 내외이다. Ⅵ단계에 속하는 유구는 당동리 3(1-주거지) 1기이며, 교정연대는 1,900~1,500 calBC 내외이다. 이를 통해 보면 자연제방에 입지한 유적은 대체로 3,500 calBC 이전, 구릉에 위치한 유적은 3,500 calBC 이후의 교정연대 범위에 속한다. 용인 농서리 유적의 8호 주거지는 충청 내륙에 주로 나타나는 평면 장방형에 출입구 시설을 갖춘 대천리식주거지로 경기도에서는 유일하게 조사된 예이다. 이 주거지는 교정연대 범위로 보아 방형 주거지에 비해 늦은 시기에 출현 한 것을 알 수 있다.

(2) 경기 해안 지역

경기 해안 및 도서 지역의 대상 유적은 모두 27개소이며, 유구별로 정리한 ^{14}C연대측정치는 95개이다(표Ⅲ-7). 〈그림Ⅲ-5·6〉에 제시된 교정연대의 범위와 중첩 양상을 분석하면 경기 내륙 지역 신석기시대 유적은 대체로 Ⅰ~Ⅸ단계로 구분할 수 있다. Ⅰ단계에는 영흥도 외 1리 패총 1, 2(1호 패총)이 속하는데 교정연대는

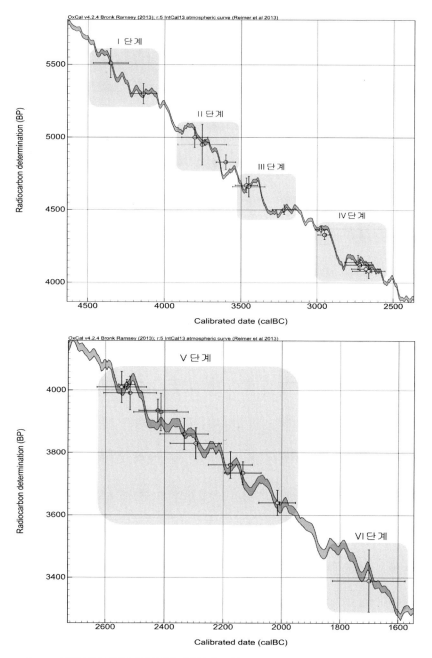

그림 Ⅲ-4. 경기 내륙 지역 ^{14}C연대와 교정연대 그래프

표 Ⅲ-6. 경기 내륙 지역 ^{14}C연대와 교정연대

단계	번호	유적명	유구	시료	^{14}C연대 (yrs.B.P.)	교정연대(cal BC) (IntCal13, 2σ)		중심연대 (cal BC)
Ⅰ	1	서울 암사동 1	75-10호 주거지	목탄	5510±100	4560-4050	95.4%	4350
	2	연천 횡산리	야외노지(나구역)	목탄	5300±70	4330-4290	4.5%	4140
						4270-3970	90.9%	
Ⅱ	3	서울 암사동 2	75-2호 주거지	목탄	5000±70	3950-3650	95.4%	3800
	4	성남 사송동 1	21-2문화층	목탄	4962±18	3790-3690	95.4%	3740
	5	하남 미사동	문화층	목탄	4950±140	4050-3490	91.7%	3760
						3460-3370	3.7%	
	6	용인 농서리 1	3호 주거지	목탄	4830±50	3710-3510	94.6%	3600
						3400-3380	0.8%	
Ⅲ	7	용인 농서리 2	1호 주거지	목탄	4670±50	3640-3560	12.0%	3470
						3540-3350	83.4%	
	8	서울 암사동 3	75-1호 주거지	목탄	4660±70	3640-3330	91.7%	3450
						3220-3180	1.9%	
						3160-3120	1.8%	
	9	용인 농서리 3	5호 주거지(2), 5호 수혈	목탄	4503±33	3360-3090	95.4%	3220
Ⅳ	10	용인 농서리 4	5호(1), 8호 주거지, 35호 수혈	목탄	4366±22	3090-3060	2.8%	2970
						3030-2910	92.6%	
	11	용인 농서리 5	2호 주거지	목탄	4330±31	3030-2890	95.4%	2950
	12	성남 사송동 2	24-1 10호 주거지	목탄	4140±50	2880-2580	95.4%	2730
	13	용인 신갈동 만골	수혈	목탄	4122±38	2880-2570	95.4%	2720
	14	오산 가장동	5-1 1호 주거지	목탄	4095±29	2870-2800	20.7%	2680
						2760-2560	72.8%	
						2520-2500	1.9%	
	15	남양주 호평동 1	4호 야외노지	목탄	4080±50	2870-2800	16.9%	2660
						2780-2480	78.5%	
	16	남양주 호평동 2	2호 수혈	목탄	4074±33	2860-2810	14.2%	2640
						2750-2720	3.5%	
						2700-2550	64.9%	
						2540-2490	12.9%	
	17	남양주 덕소리	D-4호 수혈	목탄	4070±50	2870-2800	14.6%	2650
						2760-2470	80.8%	

단계	번호	유적명	유구	시료	^{14}C연대 (yrs.B.P.)	교정연대(cal BC) (IntCal13, 2σ)		중심연대 (cal BC)
V	18	남양주 덕송리1	1~3호 주거지 2호 집석유구 1~3호 야외노지	목탄	4018±16	2580-2480	95.4%	2530
	19	남양주 화접리	3지점 1호 주거지	목탄	4010±50	2840-2810	2.8%	2550
						2680-2400	90.8%	
						2390-2340	1.8%	
	20	남양주 호평동 3	2호 야외노지	목탄	3991±54	2840-2810	1.5%	2520
						2670-2300	93.9%	
	21	남양주 호평동 4	1호 주거지	목탄	3930±60	2580-2270	91.7%	2410
						2260-2200	3.7%	
	22	문산 당동리 1	7-1,2호 야외노지	목탄	3935±36	2570-2530	7.7%	2420
						2500-2290	87.7%	
	23	남양주 호평동 5	2호 주거지	목탄	3860±50	2470-2190	94.9%	2330
						2160-2150	0.5%	
	24	남양주 덕송리2	4호 야외노지	목탄	3830±50	2470-2190	95.4%	2290
						2180-2140	7.0%	
	25	남양주 호평동 6	1호 야외노지	목탄	3761±43	2300-2030	95.4%	2180
	26	문산 당동리 2	1-야외노지 7-3호 야외노지	목탄	3735±36	2280-2250	4.5%	2130
						2230-2030	90.9%	
	27	남양주 덕송리3	2호 주거지노지2	목탄	3640±40	2140-1900	95.4%	2020
VI	28	문산 당동리 3	1-주거지	목탄	3390±100	1950-1450	95.4%	1700

4,400~4,100 calBC 내외이다. 외 1리 패총은 출토된 유물이 많지 않고 전체 문양을 알 수 있는 토기편도 출토되지 않았다. 하지만 구분계 토기가 다수 출토되고 저부에도 문양이 새겨져 있는 경우가 많아 이른 시기에 형성된 유적일 가능성이 높다. 비록 ^{14}C연대가 모두 패각시료를 대상으로 측정되어 신뢰성에 문제는 있지만 5,000 BP를 상회하는 ^{14}C연대가 9개 측정된 것으로 보아 현재까지 경기 해안 및 도서 지역에서 가장 이른 시기의 유적으로 보아도 무리가 없을 것으로 판단된다. II단계에는 영종도 송산(4호 야외노지), 대연평도 까치산 1(XI층), 2(V·X층), 영종도 운서동 I-1(3.

30호 주거지), 화성 석교리 1(5호 주거지)·2(7호 주거지), 시흥 능곡동 1(6, 13호 주거지)·2(8호 주거지) 등이 속한다. 이 시기에 속하는 유구로 볼 때 이 지역에 취락 유적이 자리 잡는 시기로 판단되며, 교정연대의 범위는 4,100~3,500 calBC 내외이다. Ⅲ단계에는 오이도 가운데살막 1(1호 야외노지), 용유도 남북동 1(50, 52호 야외노지)를 제외하면 영종도 운서동Ⅰ·Ⅲ, 삼목도Ⅲ, 화성 석교리, 시흥 능곡동, 안산 신길동 등에서 조사된 주거지 중 가장 많은 수가 위치한다. 이 단계는 경기 해안 및 도서 지역에 대규모 취락 유적의 중심기라고 할 수 있다. 교정연대의 범위는 3,600~3,300 calBC 내외이다. Ⅳ단계에는 영종도 운서동Ⅰ, 삼목도Ⅲ, 화성 석교리, 시흥 능곡동, 안산 신길동 등 대규모 취락 유적의 일부 주거지와 영종도 는들, 운북동, 중산동, 김포 구래리 등 소규모 취락 유적의 주거지가 혼재되어 있는 양상을 보인다. 이와 같은 양상으로 볼 때 Ⅳ단계는 대규모 취락이 해체되어 집단 규모가 축소되고 분산화 되기 시작하는 시기로 추정된다. 교정연대의 범위는 3,300~2,900 calBC 내외이다. Ⅴ·Ⅵ·Ⅶ단계에는 Ⅲ·Ⅳ단계의 대규모 취락은 대부분 사라지고, 영종도 중산동·운북동, 용유도 을왕리, 김포 구래리 등 소규모 취락에 속하는 주거지가 대부분을 차지하며, 야외노지가 증가하는 양상을 보여준다.

이 단계들은 교정연대의 중첩 범위에 따라 3단계로 구분되었으나 크게 보아 하나의 단계로 보아도 무리는 없을 것으로 판단된다. 교정연대의 범위는 Ⅴ단계 3,000~2,500 calBC, Ⅵ단계 2,500~2,000 calBC, Ⅶ단계 2,000~1,500 calBC 내외이다. Ⅷ·Ⅸ단계에 속하는 유적 및 유구는 영종도 운북동 7(2지점 28호 야외노지), 시도 패총 1(석총)·2(3지구), 모이도 패총으로 모두 야외노지와 패총이다. 교정연대는 Ⅷ단계 1,500~1,100 calBC, Ⅸ단계 1,000~600 calBC 내외로 청동기시대의 연대와 중첩되는 시기이다. 모이도 패총의 경우 ^{14}C연대가 하나에 불과하고 너무 늦은 연대가 측정된 느낌이 없지 않다. 그러나 형식학적으로도 가장 늦은 시기로 편년되는 것으로 보아 청동기 집단이 해안으로 세력을 확장하기 전까지 신석기문화의 전통을 가지고 잔존하던 집단이 남긴 유적으로도 해석이 가능 할 것이다. 결론적으로 Ⅷ·Ⅸ단계의 시기는 청동기문화가 내륙을 중심으로 등장하여 확산되는 시기에 도서 지역에 잔존한 신석기문화라고 추정된다.

표Ⅲ-7. 경기 해안 및 도서 지역 ^{14}C연대와 교정연대

단계	번호	유적명	유구	시료	^{14}C연대 (yrs.B.P.)	교정연대(cal BC) (IntCal13, 2σ)		중심연대 (cal BC)
I	1	영흥도 외 1리 1	1호 패총	패각	5653±23	4440-4230	95.4%	4330
	2	영흥도 외 1리 2	1호 패총	패각	5559±49	4370-4090	95.4%	4240
Ⅱ	3	오이도 추가단지 1	A-24호 노지	목탄	5140±80	4230-4200	1.8%	3930
						4170-4090	4.2%	
						4080-3710	89.4%	
	4	영종도 송산	4호 야외노지	목탄	5080±100	4230-4210	0.4%	3870
						4160-4130	0.8%	
						4060-3650	94.2%	
	5	대연평도 까치산 1	XI층(패각)	패각	5311±50	4150-3810	95.4%	3980
	6	영흥도 외 1리 3	1호 패총	패각	5223±43	4000-3720	95.4%	3860
	7	영종도 운서동I-1	3호, 30호 주거지	목탄	5020±39	3950-3700	95.4%	3830
	8	화성 석교리 1	5호 주거지	목탄	4970±50	3940-3860	15.7%	3760
						3820-3640	79.7%	
	9	대연평도 까치산 2	V, X층(패각)	패각	5048±32	3800-3560	95.4%	3680
	10	시흥 능곡동 1	6,13호 주거지	목탄	4920±36	3780-3640	95.4%	3700
	11	영종도 운서동I-2	11,21,25,26, 14(하층)호 주거지	목탄	4900±24	3710-3640	95.4%	3680
	12	오이도 추가단지 2	A-2호 노지	목탄	4880±60	3800-3620	80.7%	3670
						3610-3520	14.7%	
	13	화성 석교리 2	7호 주거지	목탄	4850±50	3770-3520	95.4%	3630
Ⅲ	14	시흥 능곡동 2	18호 주거지	목탄	4810±36	3660-3520	95.4%	3580
	15	오이도 가운데살막 1	1호 야외노지	목탄	4790±80	3710-3370	95.4%	3550
	16	영종도 운서동Ⅲ-1	1호 주거지	목탄	4780±60	3660-3490	77.1%	3550
						3470-3370	18.3%	
	17	영종도 운서동I-3	42,48호 주거지	목탄	4770±41	3650-3500	85.0%	3550
						3430-3380	10.4%	
	18	영종도 중산동 (중앙8-1) 1	3호 야외노지	목탄	4740±50	3640-3490	66.3%	3520
						3470-3370	29.1%	
	19	시흥 능곡동 3	16호 주거지	목탄	4740±25	3640-3500	77.6%	3540
						3430-3380	17.8%	

단계	번호	유적명	유구	시료	¹⁴C연대 (yrs.B.P.)	교정연대(cal BC) (IntCal13, 2σ)		중심연대 (cal BC)
	20	화성 석교리 3	15,18,24호 주거지	목탄	4732±26	3640-3550	48.8%	3530
						3540-3490	20.5%	
						3440-3370	26.1%	
	21	안산 신길동 1	1,2,4,5,10호 주거지	목탄	4720±23	3640-3560	34.6%	3500
						3540-3490	20.6%	
						3460-3370	40.2%	
	22	삼목도Ⅲ-1	1,2,9호(4층), 11호 주거지	목탄	4718±19	3640-3570	31.4%	3500
						3540-3490	20.9%	
						3440-3370	43.1%	
	23	오이도 추가단지 3	A-27,29,30호 야외노지	목탄	4700±35	3640-3560	18.7%	3480
						3540-3370	76.6%	
	24	화성 향남	3-2 주거지	목탄	4672±18	3520-3370	95.4%	3450
	25	안산 대부북동 1	10호 주거지	목탄	4670±50	3640-3560	12.0%	3470
						3540-3350	83.4%	
	26	용유도 남북동(서울) 1	50,52호 노지	목탄	4665±30	3530-3360	95.4%	3450
	27	화성 석교리 4	19,23,25호 주거지	목탄	4663±24	3520-3360	95.4%	3450
	28	시흥 능곡동 4	2,4,5,7,9,11,15, 19,20,23호 주거지	목탄	4648±10	3500-3430	82.7%	3460
						3380-3360	12.7%	
	29	안산 대부북동 2	1,3,8,9호 주거지	목탄	4635±26	3520-3420	75.6%	3450
						3390-3350	19.8%	
	30	안산 신길동 2	6,7,21,22호 주거지	목탄	4622±27	3510-3420	68.0%	3440
						3390-3350	27.4%	
	31	삼목도Ⅲ-2	3호 주거지	목탄	4610±40	3520-3330	88.1%	3410
						3220-3180	3.9%	
						3160-3120	3.4%	
Ⅳ	32	안산 대부북동 3	4호 주거지	목탄	4590±50	3520-3260	65.1%	3330
						3250-3100	30.3%	
	33	시흥 능곡동 5	2,1012,21호 주거지	목탄	4570±15	3370-3330	82.8%	3330
						3210-3190	7.5%	
						3160-3130	5.1%	
	34	영종도 운서동I-4	16호, 14호(상층) 주거지	목탄	4557±43	3500-3460	4.0%	3250
						3380-3260	37.9%	
						3250-3090	53.5%	

단계	번호	유적명	유구	시료	¹⁴C연대 (yrs.B.P.)	교정연대(cal BC) (IntCal13, 2σ)		중심연대 (cal BC)
	35	김포 구래리 1	2-1(F)4,5호 주거지	목탄	4540±36	3370-3260	35.3%	3230
						3250-3100	60.1%	
	36	화성 석교리 5	13호 주거지	목탄	4540±50	3500-3460	2.1%	3230
						3380-3090	93.3%	
	37	안산 신길동 3	11호 주거지	목탄	4530±50	3490-3470	0.5%	3230
						3380-3080	93.3%	
						3060-3030	1.6%	
	38	산목도Ⅲ-3	5,8,9(3층)호 주거지	목탄	4525±56	3490-3470	0.9%	3220
						3380-3080	90.5%	
						3070-3020	4.0%	
	39	안산 대부북동 4	11호 주거지	목탄	4520±50	3370-3080	92.9%	3220
						3060-3030	2.5%	
	40	용유도 을왕리ⅢA-1	1호 주거지	목탄	4510±90	3500-3430	4.9%	3200
						3380-2920	90.5%	
	41	영종도 는들	주거지	목탄	4508±23	3350-3260	31.5%	3220
						3250-3100	63.9%	
	42	영종도 운북동 1	1지점 1호 주거지	목탄	4500±60	3370-3010	95.0%	3200
						2980-2970	0.3%	
						2950-2940	0.2%	
	43	영종도 운서동Ⅲ-2	1호 노지	목탄	4490±60	3370-3010	93.9%	3190
						2980-2940	1.6%	
	44	안산 대부북동 5	5호 주거지	목탄	4460±50	3375-3000	90.7%	3170
						2990-2930	4.7%	
	45	용유도 남북동(서울) 2	32,32-1호 노지	목탄	4445±36	3340-3210	36.6%	3150
						3200-3150	7.5%	
						3140-3000	44.9%	
						2990-2930	6.5%	
	46	안산 대부북동 6	18호 주거지	목탄	4430±36	3330-3210	24.7%	3100
						3190-3150	3.4%	
						3130-2920	67.3%	

단계	번호	유적명	유구	시료	^{14}C연대 (yrs.B.P.)	교정연대(cal BC) (IntCal13, 2σ)		중심연대 (cal BC)
	47	화성 석교리 6	2호 주거지	목탄	4400±70	3340-3210	21.7%	3080
						3200-3150	5.4%	
						3140-2890	68.3%	
	48	영종도 운북동 2	6지점 3,10호 주거지	목탄	4405±36	3320-3230	7.4%	3040
						3170-3160	0.2%	
						3120-2910	87.7%	
	49	영종도 중산동(한강) 1	6, 30, 31호 주거지	목탄	4401±29	3270-3250	0.6%	3020
						3100-2910	94.8%	
	50	영종도 중산동(중앙2) 1	2-2 1호 주거지	목탄	4400±50	3330-3210	14.7%	3060
						3180-3150	1.7%	
						3130-2900	79.1%	
	51	영종도 운서동I-5	18호 주거지	목탄	4390±70	3340-3210	19.0%	3070
						3200-3150	4.5%	
						3140-2890	71.9%	
V	52	안산 대부북동 7	6, 17호 주거지	목탄	4370±31	3090-3050	10.4%	2980
						3040-2900	85.0%	
	53	삼목도III-4	4호 주거지	목탄	4325±36	3080-3070	0.6%	2950
						3030-2880	94.8%	
	54	화성 석교리 7	1호 야외노지	목탄	4310±50	3100-2870	95.4%	2950
	55	영종도 중산동(한강) 2	25, 29호 주거지, 7호 노지	목탄	4257±29	2920-2860	88.0%	2880
						2810-2760	7.4%	
	56	영종도 중산동(고려) 1	2-1주거지	목탄	4232±39	2920-2840	46.5%	2820
						2820-2670	48.9%	
	57	영종도 운북동 3	2지점 3호 주거지	목탄	4240±50	3010-2990	0.6%	2820
						2930-2830	45.3%	
						2820-2630	49.6%	
	58	영종도 중산동(중앙2) 2	2-1 3호 주거지 및 노지	목탄	4240±43	2930-2830	50.6%	2830
						2820-2670	44.8%	
	59	용유도 을왕리IIIA-2	3호 주거지	목탄	4220±70	3010-2980	1.3%	2790
						2940-2570	94.1%	

단계	번호	유적명	유구	시료	¹⁴C연대 (yrs.B.P.)	교정연대(cal BC) (IntCal13, 2σ)		중심연대 (cal BC)
	60	용유도 남북동(서경) 1	56,59호 야외노지	목탄	4220±29	2910-2850	43.6%	2820
						2820-2740	42.5%	
						2730-2690	9.3%	
	61	영종도 중산동(한강) 3	1,5,12,27(2차면)호 주거지, 3호 노지	목탄	4165±17	2880-2830	18.0%	2770
						2820-2670	77.4%	
	62	용유도 남북동(서경) 2	55호 야외노지	목탄	4180±50	2900-2620	95.4%	2760
	63	영종도 중산동(고려) 2	7-1 주거지	목탄	4140±50	2880-2580	95.4%	2730
	64	안산 대부북동 8	14호 주거지	목탄	4060±50	2870-2800	12.4%	2630
						2760-2470	83.1%	
	65	영종도 중산동(한강) 4	4,10,24호 주거지 5,6호 노지	목탄	4060±17	2840-2820	3.3%	2590
						2640-2560	69.4%	
						2540-2490	22.8%	
	66	영흥도 외1리 4	1호 패총	패각	4260±60	2870-2520	95.4%	2700
	67	김포 구래리 2	2-1(J)9호 주거지	목탄	4020±30	2620-2470	95.3%	2540
	68	오이도 가운데살막 2	N2E1 바닥	목탄	4020±60	2860-2800	6.6%	2570
						2760-2720	2.5%	
						2710-2400	84.2%	
						2390-2340	2.1%	
VI	69	용유도 남북동(서경) 3	4호 야외노지	목탄	3910±60	2570-2510	6.7%	2390
						2500-2200	88.7%	
	70	영종도 중산동(중앙2) 3	2-1 2호 노지 2-2 2호 노지	목탄	3868±43	2470-2200	95.4%	2350
	71	용유도 을왕리I-1	트렌치(패각)	패각	4045±43	2570-2250	95.4%	2410
	72	소연평도	1, 2 패총(패각)	패각	4005±43	2510-2190	95.4%	2360
	73	용유도 남북동(서울) 3	9호 야외노지	목탄	3840±40	2470-2190	94.7%	2310
						2160-2150	0.7%	
	74	삼목도III-5	1호 야외노지	목탄	3835±36	2460-2190	94.6%	2300
						2160-2150	0.8%	
	75	용유도 을왕리I-2	5호 야외노지	목탄	3810±40	2460-2130	95.4%	2260
	76	용유도 남북동(서경) 4	62호 야외노지	목탄	3790±50	2460-2370	6.2%	2230
						2360-2110	81.6%	
						2100-2030	7.6%	

단계	번호	유적명	유구	시료	¹⁴C연대 (yrs.B.P.)	교정연대(cal BC) (IntCal13, 2σ)		중심연대 (cal BC)
	77	영종도 운북동 4	2지점 47호 야외노지	목탄	3770±50	2400-2380	0.7%	2190
						2350-2030	94.7%	
	78	영종도 중산동(중앙8-1) 2	2호 노지	목탄	3760±50	2350-2020	95.4%	2180
	79	영종도 중산동(한강) 5	1,22(2차면), 27(노지)호 주거지, 26호 노지	목탄	3758±26	2290-2120	84.3%	2170
						2090-2040	11.2%	
	80	영종도 중산동(중앙7) 1	1호 주거지, 8호 노지	목탄	3707±29	2200-2020	95.4%	2100
	81	용유도 남북동(서경) 5	4호 패촐	목탄	3670±50	2200-1920	95.4%	2060
	82	영종도 중산동(중앙2) 4	2-12호 주거지, 1호 노지	목탄	3646±31	2140-1920	95.4%	2020
	83	영종도 운서동I-6	패총	목탄	3600±50	2140-2080	7.7%	1960
						2070-1870	81.5%	
						1850-1770	6.2%	
	84	용유도 남북동(서경) 6	4호 패총	목탄	3590±50	2130-2080	5.0%	1950
						2050-1770	90.4%	
	85	영종도 운북동 5	2지점 19,24호 야외노지	목탄	3565±36	2030-1860	79.6%	1910
						1850-1770	15.8%	
	86	용유도 남북동(서울) 4	3호 노지	목탄	3500±40	1940-1730	92.2%	1820
						1720-1690	3.2%	
	87	영종도 운북동 6	6지점 7호 주거지	목탄	3480±50	1940-1680	95.4%	1800
	88	영종도 중산동(중앙2) 5	2-2 5,6,7호 노지 2-3 2호 노지	목탄	3365±24	1740-1710	9.4%	1660
						1700-1610	86.0%	
	89	영종도 운서동I-7	57호 주거지	목탄	3360±60	1880-1840	2.2%	1650
						1820-1800	0.6%	
						1780-1500	92.6%	
	90	영종도 중산동(중앙7) 2	9,14호 노지	목탄	3300±32	1660-1500	95.4%	1580
	91	영종도 중산동(중앙4-3)	1호 노지	목탄	3290±50	1690-1450	95.4%	1570
VIII	92	영종도 운북동 7	2지점 28호 야외노지	목탄	3150±50	1520-1280	95.4%	1410
	93	시도 1	야외노지(석총)	목탄	3070±43	1430-1220	95.4%	1330
	94	시도 2	3지구	목탄	3040±60	1440-1110	95.4%	1290
IX	95	모이도	1호 주거지(패각)	패각	2790±60	980-650	95.4%	810

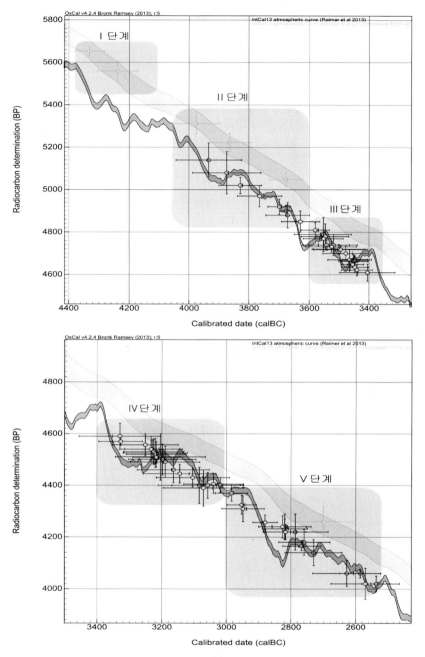

그림 Ⅲ-5. 경기 해안 및 도서 지역 Ⅰ~Ⅴ 단계 ¹⁴C연대와 교정연대

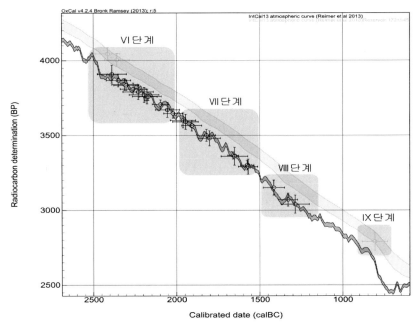

그림 Ⅲ-6. 경기 해안 및 도서 지역 Ⅵ~Ⅸ 단계 ^{14}C연대와 교정연대

(3) 충청 내륙 지역

충청 내륙 지역의 대상 유적은 모두 14개소이며, 정리된 ^{14}C연대는 모두 15개이다(표Ⅲ-8). 충청 내륙 지역의 경우 상대적으로 조사된 유적의 수도 많지 않으며, 단위 유적 당 유구의 수도 많지 않아 주거지의 경우 1~4기 내외인 경우가 대부분이다. 〈그림Ⅲ-7〉에 제시된 교정연대의 범위와 중첩 양상을 분석하면 충청 내륙 지역 유적은 크게 Ⅰ~Ⅲ단계로 구분할 수 있다. Ⅰ단계에 속하는 유적은 충주 조동리 1개소이다. 교정연대 범위는 5,200~4,300 calBC 내외로 경기 지역의 Ⅰ단계에 대응하는 시기이다. 하지만 조동리 유적은 행정 구역상 충청 지역으로 분류했지만, 남한강 유역에 위치하고 있어 대부분 금강 유역에 위치한 충청 내륙 유적과는 다르며, 토기의 문양도 서울 암사동, 하남 미사동 등 한강 유역과 유사하다. Ⅱ단계는 제천 신월

표 Ⅲ-8. 충청 내륙 지역 ^{14}C연대와 교정연대

단계	번호	유적명	유구	시료	^{14}C연대 (yrs.B.P.)	교정연대(cal BC) (IntCal13, 2σ)		중심연대 (cal BC)
Ⅰ	1	충주 조동리 1	51호 야외노지	목탄	6170±29	5220-5030	95.4%	5130
	2	충주 조동리 2	포함층	목탄	5540±40	4460-4330	95.4%	4390
Ⅱ	3	대전 상서동	고상구조물주공 1,2	목탄	4570±40	3500-3460	9.2%	3280
						3380-3260	40.6%	
						3250-3100	45.5%	
	4	아산 장재리안강골	2,4호 주거지	목탄	4536±43	3370-3090	95.4%	3230
	5	아산 백암리 점배골	KC-002,3 주거지	목탄	4521±49	3370-3080	93.2%	3220
						3060-3030	1.9%	
	6	음성 금석리 1	주거지(내곽)	목탄	4510±50	3370-3080	91.5%	3210
						3070-3020	3.9%	
	7	공주 신관동 관골	주거지	목탄	4497±14	3340-3260	35.1%	3220
						3250-3090	60.3%	
	8	청주 봉명동	4지구 1호 주거지	목탄	4490±100	3500-3430	4.0%	3190
						3380-2900	91.4%	
	9	대전 관평동	Ⅱ지구 1호 주거지	목탄	4490±70	3370-3000	90.5%	3190
						2990-2930	4.9%	
	10	옥천 대천리	주거지	목탄	4487±31	3350-3080	93.9%	3210
						3050-3030	1.5%	
	11	대전 노은동	A-2 1호 수혈	목탄	4430±60	3340-2910	95.4%	3120
	12	청양 학암리	주거지	목탄	4412±36	3330-3230	11.2%	3060
						3180-3160	0.7%	
						3120-2910	83.4%	
	13	익산 신룡리	1호 주거지	목탄	4395±20	3090-2920	95.4%	3000
	14	청원 영하리	주거지	목탄	4390±36	3270-3240	1.6%	3010
						3100-2900	93.8%	
	15	예산 효림리	I-1 주거지	목탄	4360±36	3090-3050	9.4%	2980
						3040-2900	86.0%	
	16	음성 금석리 2	주거지(외곽)	목탄	4300±60	3100-2850	86.8%	2940
						2820-2740	6.8%	
						2730-2690	1.8%	
Ⅲ	17	제천 신월리	Ⅲ지구 주거지	목탄	3670±50	2200-1920	95.4%	2060

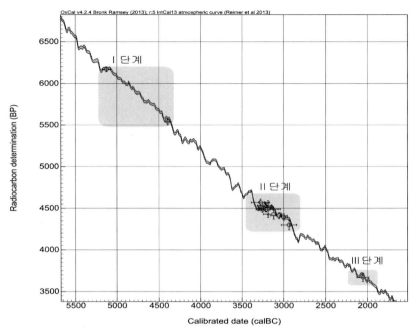

그림 Ⅲ-7. 충청 내륙 지역 ^{14}C연대와 교정연대

리 유적을 제외한 금강 유역의 대부분의 유적이 여기에 속한다. 교정연대의 범위는 3,500~2,900 calBC 내외로 경기 내륙 지역의 Ⅲ단계, 경기 해안 및 도서 지역의 Ⅳ 단계에 대응하는 시기이다. 주거지의 형태는 방(원)형과 출입구를 갖춘 장방형(대천리식)으로 나눌 수 있으며, 방형의 주거지는 2~5기 내외, 대천리식 주거지는 1기가 단독적으로 입지하는 경우가 대부분이다. Ⅲ단계에 속하는 유적은 제천 신월리 1개소로 교정연대는 2,200~1,920 calBC이다. 그러나 이 유적도 남한강 유역에 위치하고 있어 실제 금강 유역에 위치한 유적은 대부분 Ⅱ단계에 속한다. 이로 미루어 볼 때 금강 유역의 내륙에 신석기인이 본격적으로 활동하는 시기는 기원전 3,500년 이후로 볼 수 있다. 물론 이것은 현재까지의 발굴 결과이며 좀 더 이른 시기의 유적이 발견될 개연성을 배제할 수는 없을 것이다.

(4) 충청 해안 및 도서 지역

충청 해안 및 도서 지역(전북 해안 일부 포함)의 대상 유적은 16개소이며 정리된 ^{14}C연대는 모두 32개이다(표Ⅲ-9).[11] 〈그림Ⅲ-8〉에 제시된 교정연대의 범위와 중첩 양상을 파악하면 Ⅰ~Ⅶ단계로 구분할 수 있다. Ⅰ단계는 가도 패총 1(10층)만이 속하며 교정연대 범위는 4,500~4,200 calBC 내외로 경기 해안 및 도서 지역의 Ⅰ단계에 대응하는 시기지만 중서부 지방의 구분계토기가 아닌 남해안의 영선동식 토기 문화와 관련된 것으로 추정된다. Ⅱ단계에 속하는 유적 및 유구는 군산 노래섬(가지구) 1, 2, 서천 장암 1, 보령 송학리 1,[12] 보령 관산리(수혈), 아산 성내리(주거지)가 있다. 이 시기는 경기 해안 및 도서 지역의 Ⅱ단계에 대응하는 시기로 금강 유역 및 충남 해안 지역에 신석기문화가 확산되는 것으로 이해된다. 교정연대의 범위는 4,000~3,500 calBC 내외이다. Ⅲ·Ⅳ단계에는 보령 관창리 1, 2(47. 2호 주거지), 당진 석우리·소소리 1(Ⅱ-1A주거지. 6호 수혈), 홍성 송월리(주거지), 서산 왕정리(1호 주거지), 군산 가도 3, 대죽리 패총(백제), 홍성 상정리 등이 속한다. 경기 해안 및 도서 지역의 Ⅲ·Ⅳ단계에 대응하는 시기로 교정연대의 범위는 3,500~2,900 calBC 내외이다. 교정연대의 중첩 범위로 볼 때 두 시기를 구분하기 어렵기는 하지만 대체로 Ⅲ단계는 3,300 calBC 전후에 걸쳐 있고, Ⅳ단계는 3,000 calBC를 전후한 시기에 분포한다. Ⅴ단계에는 노래섬(마지구) 1, 2 노래섬(가지구) 4, 띠섬 패총, 장암 3, 대죽리 패총(한서대) 등이

---

11 표에 제시된 유적 외에도 태안 달산리(가경고고학연구소 2012), 군산 내흥동 유적(충청문화재연구원 2006)에서도 ^{14}C연대가 측정되었다. 달산리에서는 수혈유구에서 5,900±25, 주거지에서 7,010±30의 연대가 측정되었다. 그러나 출토된 토기는 모두 후기의 양상을 띠고 있어 ^{14}C연대의 오류가능성이 높은 것으로 판단된다. 내흥동 유적에서는 탄화된 도토리 등이 출토된 원형수혈유구에서 5,340±110, 5,210±80, 4,960±40, 3,880±60 등 4개의 연대가 측정되었다. 측정된 연대와 유구의 성격으로 볼 때 신석기시대 유구로 판단되지만 연대의 편차가 너무 크고, 시기를 추정할 만한 유물이 출토되지 않아 본 분석에서는 제외하였다.

12 보령 송학리 3패총 Ⅸ층에서 측정된 4,940±50의 연대는 출토유물과 층위로 볼 때 너무 이른 연대로 오류의 가능성이 있다. 하지만 패총의 가장 하부 층위에서 측정된 연대이므로 분석에 포함시켰다.

표 Ⅲ-9. 충청 해안 및 도서 지역 ¹⁴C연대와 교정연대

단계	번호	유적명	유구	시료	^{14}C연대 (yrs.B.P.)	교정연대(cal BC) (IntCal13, 2σ)		중심연대 (cal BC)
Ⅰ	1	군산 가도 1	남서Tr.2 10층(점토층)	목탄	5460±60	4460-4220	90.5%	4300
						4210-4160	3.6%	
						4130-4120	0.4%	
						4100-4070	0.9%	
Ⅱ	2	군산 노래섬(가지구) 1	C2피트 Ⅲ층	패각	5180±70	3990-3630	95.4%	3820
	3	보령 송학리 1	3패총 Ⅸ층	목탄	4940±50	3920-3870	4.3%	3730
						3810-3630	91.1%	
	4	서천 장암 1	1,2호 야영지	목탄	4933±49	3910-3880	2.6%	3720
						3810-3630	92.8%	
	5	군산 노래섬 (가지구) 2	B4-Ⅱ,C4-Ⅰ Ⅲ층 C2-Ⅱ,C3- Ⅲ층	패각	5012±45	3780-3500	95.4%	3640
	6	예산 목리 신리 1	주거지	목탄	4835±29	3700-3620	57.6%	3610
						3590-3520	37.7%	
	7	군산 가도 2	남서Tr.2 9층(6패층)	목탄	4830±50	3710-3510	94.6%	3600
						3400-3380	0.8%	
	8	보령 관산리	수혈	목탄	4759±36	3640-3500	83.4%	3550
						3430-3380	12.0%	
Ⅲ	9	예산 목리 신리 2	주거지	목탄	4705±29	3630-3570	19.6%	3480
						3540-3490	21.5%	
						3470-3370	54.3%	
	10	아산 성내리	2, 4호 주거지	목탄	4648±39	3620-3610	1.2%	3450
						3530-3350	94.2%	
	11	보령 관창리 1	47호 주거지	목탄	4620±90	3640-3090	95.4%	3370
	12	당진 석우리·소소리 1	Ⅱ-1A주거지	목탄	4600±70	3630-3590	2.5%	3340
						3530-3090	92.9%	
	13	홍성 송월리 1	주거지	목탄	4580±50	3510-3420	20.6%	3300
						3390-3260	36.2%	
						3250-3090	38.7%	
	14	보령 송학리 2	1패총 Ⅱ층	목탄	4540±40	3370-3090	95.4%	3230
	15	서산 대죽리(충청)	패각층	목탄	4530±60	3500-3460	2.3%	3230
						3380-3020	93.1%	
	16	서산 왕정리	1호 주거지	목탄	4520±60	3490-3470	1.3%	3220
						3380-3020	94.1%	

단계	번호	유적명	유구	시료	¹⁴C연대 (yrs.B.P.)	교정연대(cal BC) (IntCal13, 2σ)		중심연대 (cal BC)
	17	군산 가도 3	S6-S7W2 7층(4패층)	패각	4640±70	3450-2980	95.4%	3210
	18	보령 송학리 3	3패총 Ⅶ층	목탄	4470±40	3350-320	95.4%	3190
	19	서산 대죽리(백제)	1패총A구역	목탄	4470±43	3360-3010	95.4%	3180
	20	서천 장암 2	C1-D1패각층	패각	4560±80	3340-2870	95.4%	3110
	21	군산 노래섬(가지구) 3	C4-Ⅱ,Ⅲ층	패각	4541±60	3290-2890	95.4%	3090
Ⅳ	22	보령 관창리 2	2호 주거지	목탄	4398±36	3310-3240	4.1%	3030
						3110-2900	91.3%	
	23	홍성 송월리 2	주거지	목탄	4360±40	3090-2900	95.4%	2990
	24	당진 석우리·소소리 2	Ⅱ-1A6호 수혈	목탄	4340±50	3100-2880	95.4%	2980
	25	보령 송학리 4	1패총 Ⅶ층	목탄	4340±60	3330-3230	4.3%	2980
						3180-3160	0.3%	
						3120-2870	90.9%	
	26	홍성 상정리	주거지	목탄	4326±38	3090-3060	2.0%	2960
						3030-2880	93.4%	
	27	보령 송학리 5	1패총 I(1,2)층	목탄	4310±32	3020-2880	95.4%	2930
	28	군산 노래섬(마지구) 1	A패총	패각	4380±40	3010-2720	95.4%	2860
	29	보령 송학리 6	1패총 Ⅱ층	목탄	4240±40	2920-2840	53.2%	2830
						2820-2670	42.2%	
Ⅴ	30	군산 띠섬	Ⅱ지구N1W1 Ⅳ층	패각	4280±60	2890-2540	95.4%	2730
	31	군산 가도 4	S5W5 10층(점토층)	목탄	4160±60	2890-2580	95.4%	2740
	32	보령 송학리 7	1패총 Ⅴ층	목탄	4120±50	2880-2570	94.8%	2710
						2520-2500	0.6%	
	33	군산 가도 5	S4W4 9층(6패층)	목탄	4060±60	2870-2800	13.6%	2640
						2780-2460	81.8%	
	34	군산 노래섬(마지구) 2	A패총	패각	4245±25	2830-2570	95.4%	2700
	35	서천 장암 3	C3-D3혼패층	패각	4200±80	2850-2410	95.4%	2630
	36	서산 대죽리(한서대)	패총	패각	4155±43	2750-2410	95.4%	2570
	37	군산 노래섬(가지구) 4	C2-Ⅱ,C3-I Ⅲ층	패각	4090±58	2680-2280	95.4%	2480
Ⅵ	38	군산 노래섬(마지구) 3	B패총	패각	3905±22	2350-2100	95.4%	2220
	39	군산 가도 6	S6-S7W2,6층(부식토) S5-S6W2 8층(5패층)	패각	3835±50	2300-1940	95.4%	2120
Ⅶ	40	군산 가도 7	S1W4 8층(5패층)	패각	3160±50	1410-1100	95.4%	1260
	41	안면도 고남리	B-3패총	패각	3130±60	1400-1030	95.4%	1220

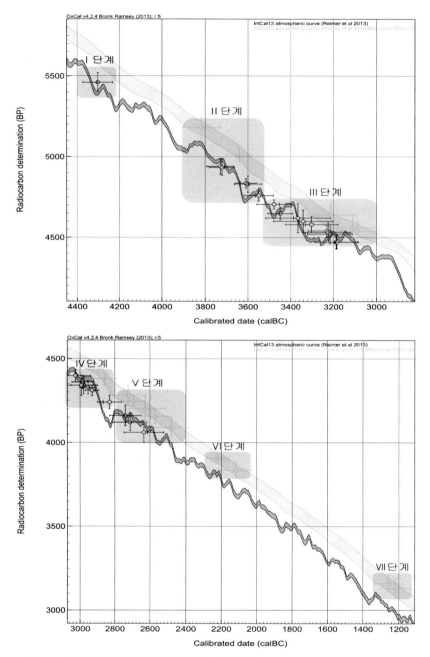

그림 Ⅲ-8. 충청 해안 및 도서 지역 ¹⁴C연대와 교정연대

속한다. 이 단계부터는 해안 지역에 분포하는 취락 유적은 보이지 않고 도서 지역의 패총 유적만이 잔존 하는 시기로 판단된다. 교정연대는 2,900~2,300 calBC 내외이다. Ⅵ단계 해당하는 유적은 군산 노래섬^(마지구) 3 및 군산 가도 6이 있으며 교정연대는 2,300~2,000 calBC 내외이다. Ⅶ단계에 해당하는 유적은 군산 가도 7, 안면도 고남리 패총이 있으며, 교정연대는 1,400~1,000 calBC로 청동기시대 조·전기의 연대에 해당한다.

이상의 교정연대 분석 결과를 종합하면 〈그림Ⅲ-9〉와 같다. 5,000 calBC 이상의 교정연대를 보이는 유적은 충주 조동리 유적 1개소이다. 서울 암사동 유적에도 6,000 BP 이상의 연대치가 있으나 오차범위가 ±100년을 넘어 이번 분석에서 세외하였기 때문이다. 조동리 유적은 충청 지역에 해당하기는 하지만 남한강 유역에 위치하고 있고, 토기의 문양으로 볼 때 금강 유역보다는 한강 유역과 친연성을 보인

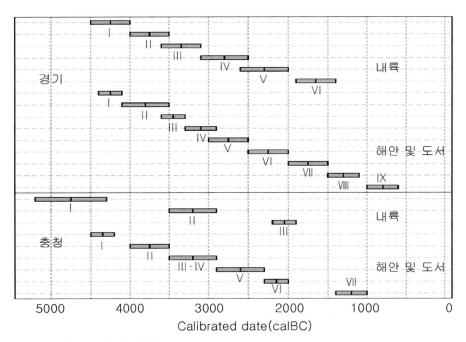

그림Ⅲ-9. 중서부 지방 교정연대 종합

다. 위와 같은 결과로 볼 때 대체로 한강 유역의 신석기문화가 금강 유역 보다 좀 더 이른 시기에 시작된 것으로 판단된다.

〈그림Ⅲ-9〉가 보여주는 소지역별 제 단계들은 교정연대의 분석과 중첩 범위를 고려하여 유적 및 유구간의 상대적인 서열을 나타내는 것으로 이 결과를 그대로 중서부 지방 신석기시대 상대 편년 및 분기 설정에 대입할 수는 없다. 또한 북한 지역에는 ^{14}C연대측정 자료가 전혀 없으며, 경기 지역의 연천 삼거리, 충청 지역의 청원 쌍청리, 대전 둔산 등 몇 몇 주요 유적도 절대연대측정 자료가 제시되어 있지 않은 문제도 있다. 따라서 3절에서는 전체적인 상대 편년 및 분기 설정을 위해서 유적의 입지 변화, 토기 문양의 변화 등을 교정연대 분석 자료와 종합하여 설정하도록 하겠다.

3. 상대편년 및 분기설정

교정연대 분석을 통해 설정된 경기 지역의 Ⅰ·Ⅱ단계와 이후 단계를 구분 짓는 3,600 calBC 전후로 한 시기는 Ⅲ장에서 살펴본 바와 같이 취락 유적의 입지가 큰 강 주변의 자연제방에서 지류 주변의 구릉 지역으로 이동하여 내륙 지역의 취락이 축소·분산화 되고 해안 및 도서 지역에 대규모 취락이 집중된다. 이는 생계·주거 체계의 근본적인 변화가 일어나는 것을 보여주는 것으로 3,600 calBC를 기준으로 이전 시기를 중서부 Ⅰ기, 이후 시기를 중서부 Ⅱ기로 크게 구분한 후 토기 문양의 변화와 비교하여 세부적인 시기 구분을 제시하고자 한다. 이는 구분계 토기의 문양이 3부위에서 2부위로 축소되는 경향과 종주어골문에서 횡주어골문으로의 변화 등 기존의 문양 형식학적 편년과도 대체로 일치하는 경향을 보인다.

1) 중서부 I 기(3,600 calBC 이전)

중서부 I 기는 교정연대 분석 결과로 볼 때 4,500[(5,000?)]~4,000 calBC와 4,000~3600 calBC의 2기로 다시 세분 할 수 있다. 4,500[(5,000?)]~4,000 calBC에 속하는 유적 및 유구는 서울 암사동 1[(75-10호 주거지)], 연천 횡산리[(야외노지)], 영흥도 외 1리 1·2, 충주 조동리, 군산 가도 1[(10층)] 등이 속한다. 하지만 안정된 층위로 인정되는 주거지에서 측정된 ^{14}C연대가 서울 암사동 1 하나에 불과하고 토기 문양에서도 4,000~3,600 calBC 단계와 별다른 차이를 보이지 않는다. 임상택은 북한의 궁산문화 I · II기를 그의 편년 선반과 후반에 내응시켜 두 개의 시기로 구분하고 있으나, 전기 전반에 속하는 주거지가 지탑리 1지구 1호 주거지 1기에 불과하다는 점과 문양에서도 전기 후반과 구분하기 어렵기 때문에 확실한 시기적 선후 관계에 대해서는 판단을 유보하고 있다[(임상택 2006·2012)]. 田中聰一은 세죽리, 궁산, 용곡리 유적의 토기 공반 관계를 검토하여 저부에 문양이 없는 구분계토기[(대동강 I 단계)]를 지탑리1지구 1호 주거지의 3부위 구분계토기[(대동강 II단계)]보다 선행하는 것으로 보아 2기로 구분하고 있다[(田中聰一 2000)]. 하지만 앞서 검토했듯이 대동강 I 단계의 경우 토기 편이 몇 점에 불과하고 田中聰一이 분류한 Aa류 토기의 경우 저부가 출토되지 않아 문양의 시문 여부를 확인 할 수 없다[(그림 III-11)]. 이와 같은 상황을 종합해 보면 3,600 calBC 이전 시기를 중서부 전기로 설정하는 데는 문제가 없으나 이를 다시 세분하는 것은 아직 어려운 것으로 판단된다.[13] 따라서 교정연대를 통해 구분된 경기 및 충남 해안 지역의 I · II단계, 충청 내륙의 I단계에 속하는 유적 및 유구의 대부분은 중서부 I 기[(전기)]로 위치시킬 수 있으며, 연대 범위는 4,500[(5,000?)]~3,600 calBC에 속한다. 또한 절대 연대가 제시되지는 않았지만 3부위 구분계 토기가 주류를 이

---

13 최근 파주 대능리 유적에서 출토된 빗살무늬토기는 단치구로 시문된 3부위 구분계 문양이 주류를 이루고 있고, 동체부에 종주어골문의 비중이 높은 것이 특징이다. 아직 보고서가 발간되지 않았고 탄소연대도 공개되지 않아 확언할 수는 없지만 현재까지 한강 유역에서 발견된 신석기시대 유적 중 가장 이른시기의 유적일 가능성이 높다. 향후 이와같은 유적이 수가 증가 하면 I 기 전반과 후반의 양상을 구분할 수 있을 것이다[(강세호 2015)].

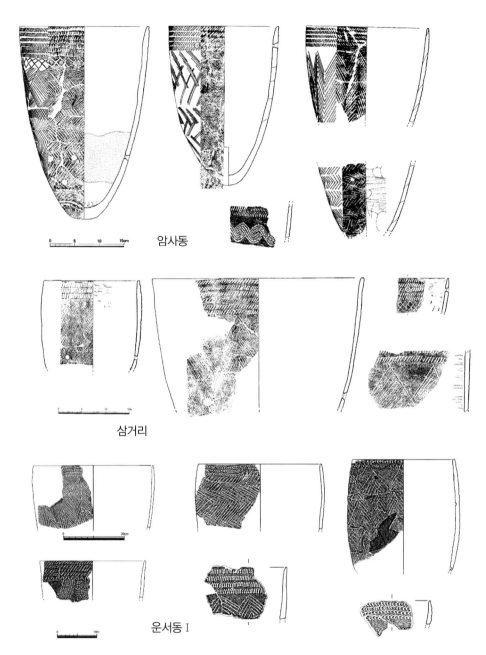

암사동

삼거리

운서동 Ⅰ

그림 Ⅲ-10. 중서부 Ⅰ기 주요 토기

루는 대동강 유역의 궁산 문화
Ⅰ·Ⅱ기에 속하는 유적과 임진
강 유역의 연천 삼거리 유적도
이 시기에 위치시킬 수 있을 것
이다. 하지만 Ⅰ기의 존속 연대
가 1,000년 이상으로 비교적 길
고 문양 형식학적으로 대동강
및 임진강 유역의 토기가 한강
및 금강 유역보다 빠를 개연성
이 높은 것을 감안 할 때 향 후

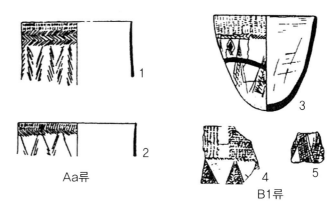

그림 Ⅲ-11. 대동강 Ⅰ단계 토기(田中聰一 2000)(1,2,4,5 : 궁산, 3 : 용곡)

발굴조사의 증가에 따라 개시 연대가 기원전 5,000년 이전으로 소급되고 시기도 세
분될 가능성을 배제 할 수는 없을 것이다.

한편 금탄리Ⅰ식 토기(대상반복문 토기)가 주류를 이루는 대동강 유역의 금탄리 1문화
층(7호 주거지), 파주 주월리, 연천 학곡리 등의 경우 절대 연대가 측정되지 않아 편년
적 위치를 가늠하기 어렵다. 임상택은 田中聰一의 견해를 확장하여 금탄리Ⅰ식 토
기를 단사선문(구연)+다치횡주어골문(동체)과 함께 중서부 중기의 표식적인 토기로 보
고 있다. 그 이유로 문양 배치의 변화, 압날계 문양의 감소와 침선문계 문양의 증가
등이 이전 시기와 큰 차이를 보이는 점을 들고 있다(임상택 2006). 하지만 대동강 유역
에서 금탄리Ⅰ식 토기가 주류를 이루는 유적이 많지 않고 존속 시기가 짧으며, 후기
단계의 대표적인 토기로 인식되는 금탄리Ⅱ식 토기와의 층위 관계가 불분명 하다는
문제가 있어 중기의 대표적인 토기로 설정하기 어려우며, 이 토기와 공반되는 구분
계 토기, 구연한정단사선문, 전면횡주어골문 토기를 모두 동시기로 편년해야 한다
는 비판이 있다(김장석·양성혁 2001, 양성혁 2001).

이영덕(2001)과 안승모(2002)는 금탄리Ⅰ식 토기의 기원을 군산 노래섬 패총의 예
를 들어 남해안의 영선동식 토기 문화가 서해안으로 진출하여 금강 유역에서 암사
동식 토기 문화와 결합하여 대상반복문 토기(노래섬Ⅰ식 토기)가 발생하였으며, 이 토
기 문화가 대동강 및 한강 유역으로 전파되어 금탄리Ⅰ식 토기가 형성된 것으로 판

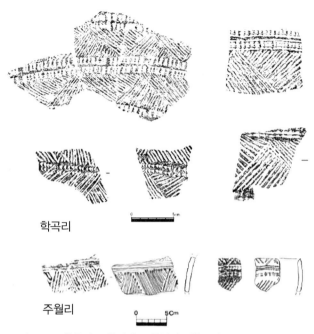

학곡리

주월리

그림 Ⅲ-12. 학곡리, 주월리 출토 금탄리 Ⅰ식 토기

단하고 있다. 안승모는 금탄리 Ⅰ식 토기의 편년적 위치에 대해서는 중기에 위치시키고 있으나 임상택이 대동강 및 한강 유역의 금탄리 Ⅰ식 토기가 가도, 노래섬의 대상반복문 토기보다 빠른 것으로 보는 것과는 달리 노래섬 일대가 빠르거나 적어도 동 시기임을 주장하고 있다(안승모 2002). 이영덕도 노래섬 및 가도에서 출토되는 대상반복문 토기를 금탄리 Ⅰ식 토기보다 고식으로 보고 영선동식 토기와의 공반 관계를 근거로 남해안 신석기시대 전기 후반에 위치시키고 있다. 이와 같은 견해를 종합해 보면 금탄리 Ⅰ식 토기의 발생과 기원, 존속 시기에 대해서는 여러 이견이 있지만 대체로 중기에 편년하는 것에는 일치한다. 따라서 금탄리 Ⅰ식 토기는 기존의 중서부 신석기시대 편년에 따르면 전기와 중기를 구분하는 토기 문양의 하나로 볼 수 있다고 하겠다. 그러나 가도와 노래섬의 ^{14}C연대와 금탄리 Ⅰ식 토기가 주류를 이루는 유적인 파주 주월리와 연천 학곡리 유적이 자연제방에 입지하는 것으로 보아 발생시기와 중심 시기는 중기보다는 전기 후반일 가능성이 높은 것으로 판단된다. 주월리와 학곡리 유적은 뚜렷한 유구가 발견되지 않은 포함층 유적으로 층위 관계가 확실하지는 않지만 전기 양상의 구분계 토기, 종주어골문 등이 공반 되는 점도 이와 같은 가능성을 높여준다. 따라서 필자는 금탄리 1문화층과 주월리, 학곡리 유적의 편년적 위치는 중서부 Ⅰ기 후반에 위치시키는 것이 합리적이라고 판단된다.

2) 중서부Ⅱ기(3,600 calBC 이후)

　중서부Ⅱ기는 3,600~1,000 calBC의 교정연대 범위에 속하며, 소지역별로 2~7 단계로 구분된다. 먼저 3,600~3,000 calBC에 이르는 시기를 하나의 분기로 설정할 수 있으며, 기존 편년 안에 따르면 중기에 해당한다. 경기 내륙의 Ⅲ단계, 충청 내륙의 Ⅱ단계, 경기 및 충남 해안·도서 지역의 Ⅲ·Ⅳ단계에 속하는 유적 및 유구의 대부분이 속한다. 이 시기는 유적의 분포로 볼 때 해안 지역에 비교적 큰 규모의 취락 유적이 집중되고 내륙 지역에는 1~4기 내외의 소규모 취락 유적이 분산되어 입지하는 양상을 보이는 시기이다. 토기 문양에서도 대동강 및 한강 유역에서는 저부 문양이 생략된 2부위 구분계 토기와 구연한정 단사선문, 동일계 횡주어골문이 전면에 시문되는 토기가 주류를 이룬다. 금강 유역에서는 토기의 출토량은 많지 않지만 단사선문은 대부분 사라지고 구연부 아래 횡침선을 두르고 단치 횡주어골문, 집선문 등을 시문한 토기와 '금강식 토기'로 불리는 능격문 토기가 주류를 이루고 있다. 이 시기 금강 유역의 문양은 중서부와 남부 지방의 토기 문화가 복합된 양상을 보이는 것으로 판단된다. 다음으로 검토할 대상은 경기 및 충남 해안 지역의 Ⅲ·Ⅳ단계를 2 기로 세분 할 수 있는가 하는 문제이다. 임상택은 중부 해안 지역의 중기를 전반과 후반으로 세분 하면서 대표적인 유적명을 붙여 전자를 능곡기(3,600~3,400 calBC), 후자를 삼목도기(3,400~3,100 calBC)로 명명하였다(표Ⅲ-4). 그러나 앞서 검토했듯이 토기 형식 학적으로도 시기차가 있는 것으로 보기 어려우며, 절대 연대상으로도 성립되기 어렵다. 또한 삼목도Ⅲ 유적과 유사한 토기 양상을 보이는 석교리 유적의 절대 연대가 능곡동과 신길동보다 빠르거나 같은 절대 연대측정치를 보이고 있고, 삼목도Ⅲ 유적의 절대 연대도 교정연대의 범위로 볼 때 능곡동과 신길동 유적 보다 확실히 후행한다고는 볼 수 없기 때문이다. 따라서 능곡동과 신길동에서 출토되는 토기의 동체부 문양이 (암사동식)다치횡주어골문이 주류를 이루고 삼목도Ⅲ 등의 유적에서 (서해안식)단치횡주어골문이 주류를 이루는 것은 시기 보다는 세부적인 지역차로 파악하는 것이 합리적이라고 판단된다.

　필자는 전고에서 화성 석교리, 시흥 능곡동, 안산 신길동의 절대 연대측정치를 주

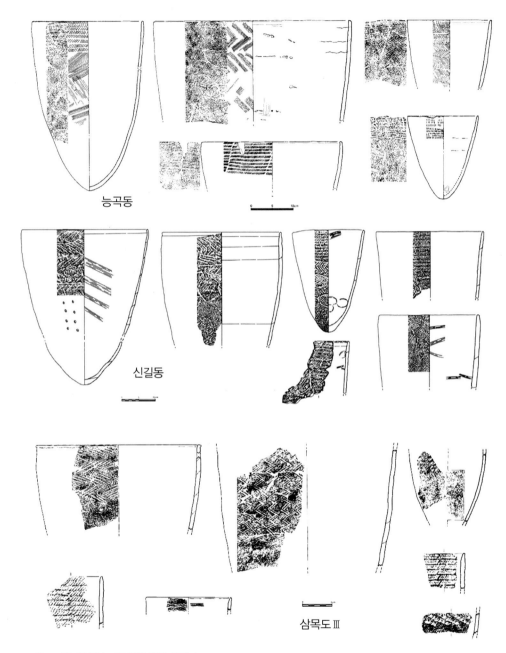

능곡동

신길동

삼목도Ⅲ

그림Ⅲ-13. 중서부Ⅱ기 전반 주요 토기 1

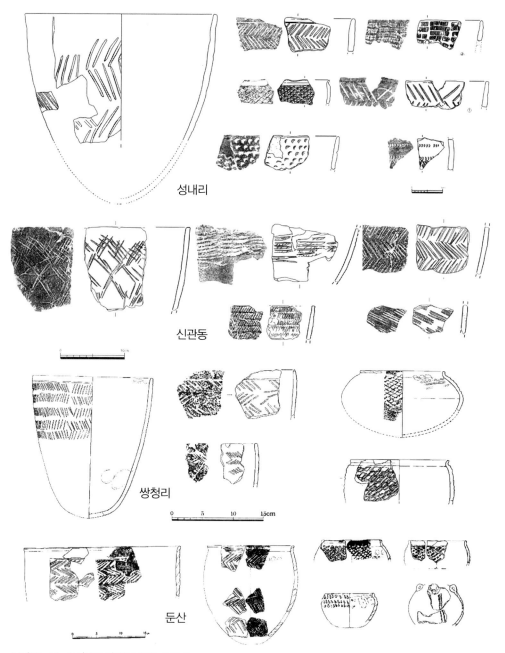

성내리

신관동

쌍청리

둔산

그림 Ⅲ-14. 중서부 Ⅱ기 전반 주요 토기 2

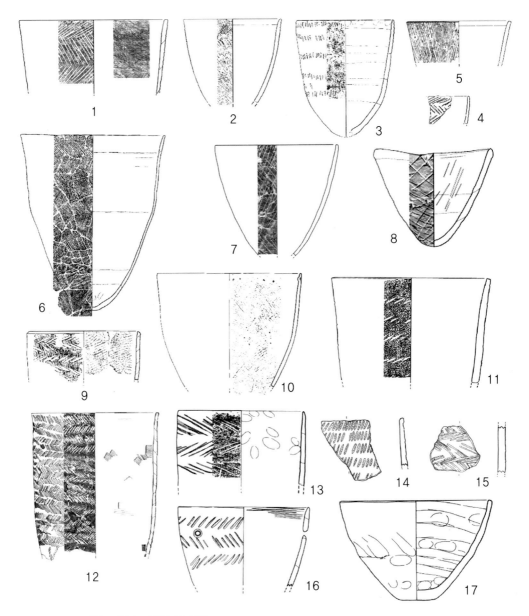

그림 Ⅲ-15. 중서부 Ⅱ기 중·후반 주요 토기
(1.호평동 2.덕송리 3. 4.당동리 5.화접리 6.중산동(한강) 7.중산동(중앙) 8.중산동(고려) 9.남북동 10.을왕동 Ⅰ
11.을왕동 Ⅲ 12.모이도 13.대죽리(한서대) 14,15.고남리A2 16,17.고남리B3)

거지의 배치와 비교하여 2~4단계로 구분 될 가능성을 제기 한 바 있다(소상영 2012b). 이는 현재 발굴조사를 통해 나타나는 전체 취락의 동시기성을 검토해 보고자 한 것이다. 하지만 주거지의 순차적인 배치 가능성만을 확인 한 것으로 취락의 동시기성 검토에 참고할 수 있으나 주거지의 구조나 유물상으로 볼 때 생계·주거 체계의 큰 변화를 감지할 수 없는 것으로 판단된다. 결론적으로 3,600~3,000 calBC에 이르는 기간은 현재까지의 고고학 자료로 볼 때 세분은 어려우며, 이에 하나의 분기(중서부Ⅱ기 전반)으로 설정하고자 한다.

다음 분기(중서부Ⅱ기 중반)은 3,000~2,600 calBC에 이르는 시기로 경기 내륙 Ⅳ단계, 경기·충남 해안 및 도서 지역의 Ⅴ단계가 이에 속하며 충청 내륙 지역에서는 유적의 조사례가 알려진 바 없다. 이 시기에 경기 해안 및 도서 지역에서는 운서동Ⅰ, 석교리, 능곡동, 신길동, 삼목도Ⅲ과 같은 대규모 취락은 대부분 사라지고 영종도 중산동, 용유도 을왕리, 김포 구래리와 같은 소규모 취락이 다수를 점한다. 경기 내륙 지역에서는 자연제방에 입지한 취락은 소멸하여 구릉 지역으로 이동하며, 5기 이내의 주거지로 구성된 작은 규모로 축소된다. 충남 해안 및 도서 지역의 Ⅴ단계에는 해안 구릉 지역의 취락은 소멸하고 도서 지역의 패총만이 잔존하는 양상을 보인다. 토기 문양은 대체로 구분계 토기의 비중이 현저히 줄어들고 동일계 단·다치 횡주어골문이 가장 높은 비중을 차지하는 양상을 보이며, 정형성이 떨어진다. 이 기간은 기존 편년 안에 따르면 후기 전반에 해당한다.

마지막 분기(중서부Ⅱ기 후반)는 2,600~1,000 calBC에 속하는 시기로 경기 내륙 지역의 Ⅴ·Ⅵ단계, 충청 내륙 지역의 Ⅲ단계, 경기 해안 및 도서 지역의 Ⅵ~Ⅸ단계, 충남 해안 및 도서 지역의 Ⅴ~Ⅶ단계에 속하는 유적 및 유구가 이에 속한다. 이 분기는 기존 편년에 따르면 후기 후반~말기에 속하는 시기이다. 경기 내륙 지역의 경우 고고학 자료의 양상이 Ⅱ기 중반과 큰 차이를 보이지 않고 중산동(한강, 중앙), 운북동 등과 같은 유적은 중반~후반에 걸쳐 지속적으로 점유되는 것으로 판단된다. 대체로 야외노지가 증가하는 양상을 보이며, 교정연대의 하한은 1,500 calBC 전후이다. 충청 내륙 지역은 제천 신월리 유적 하나에 불과해 자세한 상황은 알 수 없다. 경기 해안 및 도서 지역은 주거지가 현저하게 줄어들고 야외노지가 증가한다. 충남

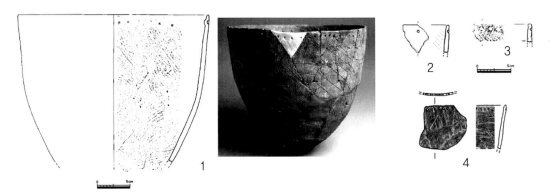

그림 Ⅲ-16. 구순각목+공열문토기(1~3.을왕동 Ⅰ. 4.중산동(중앙))

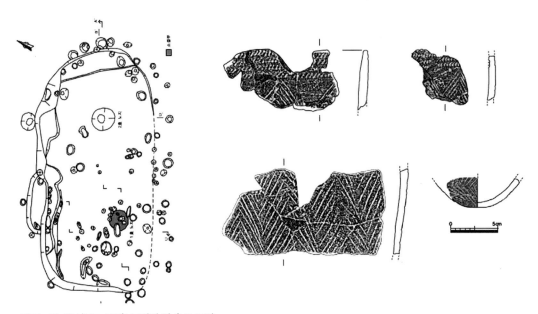

그림 Ⅲ-17. 운서동 Ⅰ 57호 주거지 및 출토 토기

해안 및 도서 지역에서는 패총 유적만이 이 분기에 속한다. 이 시기의 토기 양상은 이전 분기와 마찬가지로 동일계 토기가 주류를 이루고 문양이 난삽화 된다. 하지만 고남리 A-2 패총 출토 토기에서 나타나듯이 구분계 전통이 남아 있는 토기도 소량

이지만 출토된다. 외면의 정면도 거칠어져 패각 정면흔 등이 그대로 남아있는 경우도 많으며 무문양 토기의 비중도 높아진다. 또한 수량은 많지 않지만 을왕동Ⅰ, 중산동(중앙) 유적 등에서는 구순각목+공열문이 시문된 토기(그림Ⅲ-16)도 출토되어 청동기시대의 무문토기와 연결될 가능성도 보인다.

이 분기에 속하는 유적 중 ¹⁴C연대와 토기 형식학을 통한 상대 편년에 가장 큰 괴리를 보이는 유적은 영종도 운서동Ⅰ 유적을 들 수 있다. 운서동Ⅰ 유적은 2지점 패총에서 출토된 일부 토기를 제외하면 3부위 구분계 토기가 주류를 이루고 있어 형식학적 편년으로 중서부 신석기시대 전기에 위치한다. 조사된 주거지에 비해 ¹⁴C연대측정치가 많지는 않지만 대체로 3,500 calBC를 상회하는 교정연대가 산출된다. 하지만 2지점 57호 주거지의 경우 3,300±60 BP의 연대가 측정되어 교정연대는 1,800~1,500 calBC 내외이다. 이 연대는 임상택의 편년에 따르면 말기에 해당하며 운서동Ⅰ 유적 1지점 패총보다도 늦다. 하지만 57호 주거지에서 출토된 토기의 문양은 평저의 무문양 저부 1점을 제외하면 3부위 구분계 토기가 주류를 이루고 있어 운서동Ⅰ 유적의 다른 주거지 토기와 차이가 없다. 또한 층위상 주거지가 폐기되어 매몰된 후 축조된 것으로 판단되는 야외노지와 지표 채집된 토기편도 대체로 구분계로 이 유적 일대에 토기는 대체로 동일한 양상을 띠는 것으로 판단된다. 이와 같은 관점에서 보면 57호 주거지의 절대 연대측정치에 오류가 있는 것으로 볼 수도 있다. 그러나 57호 주거지는 평면 형태가 장방형으로 다른 주거지와는 확연히 다르며, 입지도 2지점 취락의 중심군에서 벗어나 남동쪽 구릉 말단부에 위치한다. 이와 같은 주거지의 평면 형태와 입지를 근거로 보고자도 57호 주거지를 운서동Ⅱ기로 구분하여 신석기시대 후기로 편년하고 있다(중앙문화재연구원 2010). 운서동Ⅰ 유적의 사례는 형식학에 근거한 상대 편년의 문제점을 보여주는 것이라고 할 수 있다. 이는 형식학적 편년으로 운서동Ⅰ 유적보다 후행하는 것으로 편년되는 화성 석교리, 시흥 능곡동 유적의 절대 연대가 비슷한 것으로도 알 수 있다. 물론 이 한 사례만으로 전반적으로 3부위 구분계 토기가 Ⅱ기 후반 이후까지 지속된 것으로 볼 수는 없을 것이다. 하지만 형식학적 상대 서열에 따른 분기 설정이 절대 연대나 층위적인 뒷받침 없이는 성립될 수 없다는 좋은 예라고 하겠다. 앞으로 좀 더 많은 자료의 축적이 필요하겠지만 운서동Ⅰ 유적 57호 주거지는 절대 연대측정치를 기준으로 상대 편년 하고 자 한다.

이 분기는 교정연대의 중첩 범위에 따라 2~3기로 구분될 수 있으나, 아직까지 유적의 수가 많지 않고 소지역별로 편차가 크기 때문에 현재 상황에서 더 이상의 세분은 어려운 것으로 판단된다. 다만 2,000 calBC 이후의 교정연대를 보이는 유적 및 유구들은 청동기시대 조·전기와 연결되는 시기로 말기 또는 전환기로 볼 수 있는 가능성은 충분하다. 이상의 결과로 볼 때 잠정적으로 설정한 중서부Ⅱ기는 3,600~3,000 calBC, 3,000~2,000 calBC, 2,600~1,000 calBC 등 3분기로 구분할 수 있다.

다음으로 검토할 부분은 3분기를 중·후·말기와 같이 시기를 나누는 기준으로 설정 할 수 있느냐이다. 한 시대 내에서 시기를 구분하는 것은 전체적인 문화 변동 과정에서 이전 시기와 차별화 할 수 있는 뚜렷한 변화의 기준이 제시되어야 설득력을 가질 수 있다. 중서부Ⅱ기는 앞서 설명한 것과 같이 내륙 지역에서 취락의 입지가 자연제방에서 구릉으로 이동하고, 해안 지역에 유적이 집중하는 등 전반적인 생계·주거 체계에서 중서부Ⅰ기와는 뚜렷한 차이를 보인다. 하지만 중서부Ⅱ기 내에서는 취락 규모의 소규모화, 내륙 지역 유적의 축소 및 분산화 등이 지속적으로 진행되지만 획기를 나눌 수 있을 만큼의 결정적인 변화는 찾기 어렵다. 물론 경기 해안 및 도서 지역의 경우는 Ⅱ기 전반에서 중반으로 넘어가는 시기에 취락의 소규모화 현상이 비교적 뚜렷하게 나타나고 있어 Ⅱ기 전반을 중기, 중반 이후를 후기로 설정해도 무리가 없기는 하다. 하지만 다른 3개 소지역에서는 이와 같은 뚜렷한 차이가 나타나지 않는다. 따라서 중서부 지방 전체를 대상으로 한 분기 설정에서 중서부Ⅱ기는 하나의 시기로 볼 수 있으며, 3분기는 Ⅱ기 내 소시기로 설정 하는 것이 합리적이라고 판단된다.

이상으로 교정연대 분석과 기존의 연구 성과를 종합하여 중서부 신석기시대를 Ⅰ기(전기)와 Ⅱ기(후기)로 크게 구분하고 Ⅱ기는 다시 전반-중반-후반으로 세분하였다. 이를 요약 하면 다음과 같다.

Ⅰ기[4,500(5,000?)~3,600 calBC]에 내륙에서는 주로 큰 강 주변의 자연제방에 취락 유

적이 입지하고 해안 및 도서 지역에서는 구릉 지역에 취락 유적과 패총, 해안사구에 야외노지가 입지한다. 토기는 대동강, 임진강 한강 유역에서는 3부위 구분계가 주류를 이루지만, 금강 유역 해안에는 남해안 전통의 영선동식 토기가 출토된다. 금탄리 I 식(대상반복문 토기) 토기도 영선동식 토기, 종주어골문과의 공반관계로 볼 때 전기 후반에는 출현 한 것으로 판단된다. 또한 동일계 횡주어골문 토기가 출토된 일산 대화리층의 ^{14}C연대가 6,210±60 BP[14]로 측정된 것과, 송산 유적의 예로 볼 때 동일계 토기도 이 시기에 이미 출현 했을 가능성도 배제할 수 없다.[15] 전기는 4,000 calBC를 기준으로 전반과 후반으로 세분될 수도 있으나 아직까지는 자료가 부족한 실정이다.

Ⅱ기 전반(3,600~3,000 calBC)에는 내륙 지역에서 큰 강 주변의 자연제방에 위치했던 취락이 쇠퇴하고 구릉 지역으로 이동하여 소규모 분산화 되는 경향을 보인다. 충청 내륙 지역에는 이 시기에 들어서야 취락이 형성되는 것으로 판단된다. 경기 해안 및 도서 지역에는 대규모 취락이 집중된다. 이 시기는 중서부 지방의 신석기문화가 중동부 및 남부 지방까지 확산되는 시기이기도 하다. 해안 및 도서 지역에 유적이 집중되는 현상은 이후 시기까지 계속되지만, Ⅱ기 중반(3,000~2,600 calBC) 부터 해안 및 도서 지역의 취락도 규모가 축소되어 분산된다. Ⅱ기 후반[2,600~1,500(1,000?) calBC]에 이르면 취락 유적의 수는 현저히 줄어들고 내륙 지역에서는 야외노지가 증가하고, 해안 및 도서 지역에는 패총만이 잔존하는 양상을 보인다. 1,500 calBC 이후에는 도서 지역에 일부 패총 유적이 잔존하기는 하나 뚜렷한 양상을 알 수 없다. Ⅱ기의 토기 문양은 전반에는 2부위 구분계, 구연한정 단사선문, 동일계 토기 등과 함께 금강 유역을 중심으로 '금강식 토기'로 불리는 능격문 토기가 출현한다. 중반에 이르면 구

---

14 이 ^{14}C연대는 실제 토기가 출토된 일산 주엽리 대화리층에서 측정된 것은 아니며 인접하는 성저리의 대화리층에서 측정된 것이다. 따라서 본문의 교정연대 분석에서는 제외하였다.

15 파주 대능리 유적에서는 3부위구분계 토기와 함께 출토수는 많지 않지만 전면 횡주어골문이 시문된 동일계토기가 공반 출토되고 있다. 아직 보고서가 발간되지 않아 정확한 양상을 알 수 없지만, 이로 미루어 볼 때, 구분계와 동일계 토기는 동시기에 발생했을 가능성이 높은 것으로 판단된다.

분계 토기는 쇠퇴하고 동일계 토기가 주종을 이루고 문양의 정형성이 떨어진다. 후반에는 구분계 토기가 일부 잔존하기는 하지만 거의 소멸되고 동일계 토기도 문양이 난삽화되며 무문양 토기가 크게 증가하는 양상을 보인다. 이상의 편년 및 분기 설정을 종합하면 〈표Ⅲ-10〉과 같다.

　　필자가 설정한 중서부 신석기시대 편년 및 분기는 기존의 안과 전체적인 흐름에서 유사하며 크게 배치되지는 않는다. 가장 크게 다른 점은 문양 형식학을 바탕으로 토기의 상대 서열을 정한 후 절대 연대를 참조하여 분기의 상한과 하한을 설정한 것과는 달리 교정연대 분석을 통해 먼저 소지역별 단계를 설정하고 이를 유적의 입지 및 토기 문양의 변화와 종합하여 유적 및 유구의 상대 서열을 설정하여 편년한 것이다. 또한 그동안 주류를 이루었던 전·중·후기의 3시기 구분에서 벗어나 크게 Ⅰ, Ⅱ기의 양시기로 구분한 것도 차이점이다.[16] 이는 그 동안의 편년 연구가 발굴조사의 증가와 함께 축적된 다양한 고고학적 자료를 활용하지 못하고 여전히 형식학적 연구에 매몰된 것에서 벗어나 대안을 찾기 위한 시도였다. 기존의 편년 연구가 유구의 중복이나 층위, 절대 연대 등 객관적인 자료를 통해 증명될 수 없었던 것에 비해서는 ¹⁴C연대측정 자료를 기준으로 삼은 필자의 편년이 좀 더 객관적이며 설득력이 있다고 판단된다. 물론 대부분의 ¹⁴C연대측정 자료가 목탄을 시료로 측정된 것으로 고목 효과로 인해 실제 유구의 사용 시기보다 보다 빠르게 편년될 수 있으며, 측정 기관별로 오차 범위를 벗어나는 연대가 측정되는 문제도 있다. 하지만 현재까지의 중서부 지방 발굴 결과로 볼 때 앞으로도 층위 관계나 유구의 중북을 통해 편년 연구에 획기적인 유적이 발견될 가능성은 높지 않다. 따라서 ¹⁴C연대를 비롯한 절대 연대측정법을 적극 활용한 편년 연구의 중요성은 앞으로 더욱 커질 것이다.

16　시기구분 용어는 일반적으로 편년에 사용되는 전기와 후기로 구분하는 것이 바람직하다고 생각되지만, 기존 편년과의 혼란을 피하기 Ⅰ, Ⅱ기를 사용하기로 한다.

표 Ⅲ-10. 중서부 지방 상대 편년 종합

		I기 4,500~3,600 calBC	II기 3,600~1,500(1000?) calBC		
			전반 3,600~3,000 calBC	중반 3,000~2,600 calBC	후반 2,600~1,500(1,000?) calBC
경기	내륙	미사동, 암사동2 사송동1, 농서리 하구리?, 대능리?	농서리1~3, 암사동3	농서리4·5, 사송동2, 신길동, 가정동, 호평동1·2, 낙소리	낙소리, 화접리 호평동3~6, 당동리1·2 / 당동리3
	해안 및 도서	외1리1·2 / 송산 까치산1 외1리3, 석교리1 운서동1·2 까치산2, 능곡동1 오이도(주가)1·2	가운데살막1, 석교리2~6, 구래리1 운서동13~5, 느를 중산동(중앙8-1)1 신길동1~3, 삼목도Ⅲ1~3 남북동1·2, 능곡동2~4 음왕리ⅢA1, 운북동1·2 운산동(한강)1 중산동(중앙2)1 오이도(주가)3, 향남, 대부북동 1~5	삼목도Ⅲ4, 석교리7 운서동(한강)2~4 중산동(고래리)1·2 중산동(중앙2)2 운북동3, 외1리4 음왕리ⅢA2, 구래리2 가운데살막2, 대부북동7·8	중산동(중앙2)3, 음왕리1·2 소연평도, 남북동3·4 삼목도Ⅲ5, 운북동4~6 중산동(8-1)2, 중산동(한강)5 운산동(중앙7)1·2, 중산동(중앙2)4·5 운서6·7 중산동(중앙2)4-3) / 운북동7 시도1·2 모이도
충청	내륙	조동리1·2	상사동, 장재리, 백암리 금석리, 신관동, 봉명동 관평동, 대천리, 노은동 하당리, 신룡리, 영하리 효림리, 쌍청리?, 둔산?	–	신월리
	해안 및 도서	가도1 / 노래섬(가지구)1·2 장암1, 가도2, 관산리, 목리·신리	성내리, 관창리1·2 석우리, 송월리 왕정리, 매독리(중청, 백제) 송하리2·3, 가도3, 장암2 상정리, 노래섬(가지구)3	노래섬(마지구)1·2 띠섬, 가도4·5, 장암3 매독리(한서대) 송하리4~7 노래섬(가지구)4	노래섬(마지구)3, 가도6 고남리(A2) / 가도7 고남리(B3)

구분	I기 4,500~3,600 calBC		II기 3,600~1,500(1000?) calBC			
			전반 3,600~3,000 calBC	중반 3,000~2,600 calBC	후반 2,600~1,500(1000?) calBC	
토기	3부위구분계 종주어골문(경기) 영선동식 대상반복문 (충남해안)	구분계 금탄리I식(경기) 영선동식 대상반복문 (충남해안)	2부위구분계, 동일계 횡주어골문, 집선문, 능격문	동일계이주 구분계 쇠퇴	동일계 위주, 구분계 일부 잔존, 난삽화 및 무문양 구순각목 공열문	—
주요특징 취락	내륙 : 주로 자연제방 입지, 대규모 해안 : 구릉 입지, 대규모		내륙 : 구릉으로 입지이동, 소규모 해안 : 다양한 규모의 취락 확산, 대규모 위주	내륙 : 소규모 분산 해안 : 취락규모 축소 충청지역 소멸?	내륙 : 소규모 분산 가속 해안 : 취락 쇠퇴, 야외노지 증가	취락 소멸, 도서지역에 패총 잔존 신석기-청동기 전환기

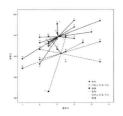

한반도 중서부 지방 신석기 문화 변동

Ⅳ. 도구 및 자연유체 출토 양상

　Ⅳ장에서는 도구의 및 자연유체의 출토 양상을 살펴보고자 한다. 도구와 자연유체는 유적을 남긴 과거 인간의 생계·주거 체계를 일차적으로 반영하는 자료라고 할 수 있다. 물론 고고학적 자료는 폐기 당시 그대로 남겨지는 것도 아니며, 다양한 폐기 맥락과 후 퇴적 과정을 통해 왜곡되기는 한다. 하지만 도구 및 자연유체의 출토 양상을 검토하는 것이 생계·주거 체계를 파악하는 첫걸음이라고 할 것이다.

　신석기시대의 도구를 재질별로 분류하면 토기, 석기, 골각기, 목기 등으로 나눌 수 있다. 토기는 크기와 용량의 분류를 통해 저장용, 조리용, 배식용 등으로 구분하여 생계 경제와의 관련성을 추정한 연구도 있다(서울대박물관 1988, 소상영 1999, 임효재·Nelson 1976, 충남대박물관 1995). 하지만 주로 구연부 지름을 통해 토기의 규모와 용량을 추정한 것으로 기준이 명확하지 않아 유적의 생계·주거 체계 분석을 위한 자료로는 적합하지 않다. 목기는 신석기시대에 활발히 사용되었을 것으로 추정되지만, 재료의 특성상 출토례가 희소하며 중서부 지방에서는 아직 발견례가 없다. 따라서 본고에서는 석기, 골각기, 일반적인 토기를 제외한 방추차와 같은 토제품만을 검토하도록 하겠다.

1. 연구 현황

신석기시대 도구에 대한 연구는 석기와 골각기를 대상으로 이루어지고 있다. 하지만 중서부 지방의 경우 골각기의 출토수도 많지 않고 종류도 다양하지 않아, 석기에 대한 연구가 주류를 이룬다.

중서부 지방 석기에 대한 기존 연구는 분류 및 시기별 출토 양상에 대한 전반적 검토(임상택 2001·2006), 제작기법에 대한 연구(윤정국 2006·2007)[17] 석부, 화살촉, 굴지구 등 특정 석기에 대한 연구(박준범 1998·2006·2008, 윤지연 2006·2007), 석기를 기능별로 범주화 하여 분류한 연구(구자진 2008·2010·2011, 임상택 2010a), 석기 개별 유형을 용도별로 분류하여 다양도 분석을 실시한 연구(이준정 2002, 유지인 2012) 등으로 나눌 수 있다.

임상택(2001, 2006)은 중서부 지방에서 출토되는 석기를 석부류/석촉/석창/찔개살/어망추/낫/석도형석기/갈돌 및 갈판/고석/숫돌/망치돌/원반형석기/기타(돌칼류, 박편석기 및 용도미상석기)로 분류하고 이 중 형태적 변이가 뚜렷하게 나타나는 석부류, 석촉, 갈돌에 대한 세부적인 분류를 시도하였다. 석부류는 제작 방법과 평면 및 단면 형태에 따라 따비, 괭이, 통형석부, 합인석부, 자귀, 대팻날, 끌로 분류하였다. 석촉은 평면 및 단면 형태에 따라 나래촉, 삼각촉, 유엽촉으로 분류하고 갈돌은 횡단면의 형태에 따라 Ⅰ~Ⅴ류로 분류하였다. 그는 이를 바탕으로 그의 편년 안에 따른 시기별 석기의 변화상과 조성 양상을 검토하여 생계 전략의 변화상을 설명하고 있다.

윤정국(2006, 2007)은 진안 진그늘 유적에서 출토된 석기를 대상으로 제작 과정과 공작 체계에 대한 분석을 실시하였다. 그는 석기를 표면의 양상과 제작 과정에 따라 타제석기는 4식, 마제석기는 3식으로 분류하였다(표Ⅳ-1, 2). 윤정국의 연구는 기존의 석기 연구가 주로 형태에 따른 기종 분류를 통해 용도의 파악과 분류에 중점을 둔

---

17 윤정국의 연구 대상 유적인 진안 진그늘 유적은 본고의 연구 대상 범위에 포함되지는 않지만, 신석기시대 석기의 제작 기법 및 공작 체계에 대해서는 윤정국의 연구가 거의 유일하다고 할 수 있어 검토대상에 포함하였다.

표 Ⅳ-1. 뗀석기의 제작 과정 4형식(윤정국 2007, p.287)

	겉면양상	제작순서	석기종류	돌감
뗀1식	A1식 A2식	자연자갈→직접떼기(형태잡기)→잔격지떼기→완성	찍개, 방형, 세장형 뗀석기	셰일
뗀2식	A3식 A4식 A5식	자연 또는 켜면자갈→격지떼기를 통한 대형격지→직접떼기(형태잡기)→잔격지떼기→완성	삼각형, 세장형, 방형, 타원형, 기타형, 밑변이 좁아든 타원형, 밑변이 직선인 타원형 뗀석기	
뗀3식	A6식	자갈→켜면자갈→직접떼기(형태잡기)→잔격지떼기→완성	타원형, 세장형, 밑변이 좁아든 타원형 뗀석기, 밑변이 직선인 타원형 뗀석기	
뗀4식	A7식	자갈→온도차를 이용한 불터진(켜면) 자갈→직접떼기(형태잡기)→잔격지떼기→완성	타원형, 방형, 밑변이 직선인 타원형 뗀석기	

표 Ⅳ-2. 간석기의 제작 과정 3형식(윤정국 2007, p.290)

	겉면양상과 크기	제작순서	석기종류	돌감
간1식	B2식	자갈→갈기→완성	숫돌	편암
간2식	B1식	자갈→(썰기)→갈기→완성	화살촉, 창끝, 일부간석기	셰일
간3식	B2식 B3식	자갈→떼기→쪼으기→갈기→완성	도끼, 자귀, 갈돌, 갈판	편마암

표 Ⅳ-3. 기능별 석부 분류(윤지연 2007, p.23)

형식			기능	명칭
장방형	Ⅰa		벌목구	합인석부
	Ⅰb		벌목구	통형석부
	Ⅰc		벌목구	통형석부
	Ⅱa		목공구	자귀
	Ⅱb	小	목공구	끌
		中	목공구	자귀

형식			기능	명칭
	Ⅱc		목공구	자귀
	Ⅱd	小	목공구	끌
		中	굴지구	괭이
		大	굴지구	괭이
	Ⅱe		목공구	끌
제형	Ⅰ		목공구	끌
	Ⅱ		목공구	끌
	Ⅲ		목공구	끌
신바닥형	Ⅰ		굴지구	따비
	Ⅱ		굴지구	따비
반타원형	Ⅰ		굴지구	따비
	Ⅱ		굴지구	따비
타원형	Ⅰ		굴지구	따비
	Ⅱ		굴지구	괭이

것과는 달리 제작 방법과 과정에 따른 분류를 통해 석기 제작 기술의 체계와 패턴을 파악했다는 점에서 의의를 찾을 수 있다.

박준범(1998, 2006, 2008)은 서울, 경기, 인천 지역에서 출토된 마제석기에 대한 분석을 실시하였으며, 화살촉의 형식 분류 등을 통해 신석기시대뿐만 아니라 선사시대 전반에 걸친 변화상을 제시하였다. 윤지연(2006, 2007)은 신석기 및 청동기시대의 석부를 평면형태 및 날, 횡단면의 형태에 따라 세부적으로 형식 분류(표Ⅳ-3) 한 후 사용흔 분석을 통해 석기의 기능을 분석하였다. 윤지연의 연구는 기존의 석부 연구가 형태를 기준으로 기능을 추정한 것에 비해 사용흔 분석이라는 과학적 방법을 활용하여 체계적인 분석을 시도했다는 점에서 의의를 찾을 수 있다. 하지만 그도 지적했듯이 다양한 사용흔 중에서 사용선(striation)만을 이용해 분석이 이루어졌으며, 석기의 기능 추정에 있어서도 기존에 형태를 기준으로 한 연구와 별다른 차이점이 없다는 한계가 있다.

구자진(2008, 2010, 2011)과 임상택(2010a)은 석기를 기능별로 식량가공구/식량채집구/목재가공구/수렵어로구/공구류 등 5~6가지로 크게 범주화하여 석기 조성 양상을 검토하였다. 석기를 기능별로 범주화하여 분류하면 생계 방식과 직접 관련 지어 설명하기가 용이하다는 장점이 있으나, 개별 석기의 조성 양상이 왜곡될 수 있다는 단점도 있다.

이준정(2002)은 패총에서 출토된 도구를 형태와 기능을 중심으로 석기는 1) 석촉, 2) 어망추, 3) 조합식어구, 4) 갈돌·갈판, 5) 공이돌, 6) 석부, 7) 괭이, 8) 긁개, 9) 대팻날, 10) 숫돌, 11) 석재, 12) 기타(송곳, 망칫돌, 장신구 등)의 12개 유형으로, 골각기는 1) 자돌구, 2) 송곳, 3) 조합식어구, 4) 기타(바늘, 작살, 칼, 장신구 등)의 4개 유형으로 구분하였다. 이를 바탕으로 도구의 풍부도와 균등도를 측정하여 신석기시대 생계·주거 체계의 변화상을 분석하였다. 이준정의 연구는 서·남해안의 일부 패총만을 대상으로 했다는 점에서 한계는 있으나, 다양도 측정이라는 과학적 분석을 통해 생계·주거 체계의 변화상을 파악했다는 점에서 진일보한 연구 성과로 평가할 수 있다.

유지인(2012)은 이준정의 도구 분류안을 바탕으로 중서부 지방 중·후기(필자의 Ⅱ기 전반·중반) 취락 유적에서 출토된 석기를 기능에 초점을 맞춰 고석/대석/갈돌/갈판/석창/석촉/찔개살/굴지구/합인석부/마제석부/끌/지석/석도/장신구/어망추/기타(석재, 미완성석기, 박편석기, 원반형 석기, 용도 미상 석기)의 16유형으로 분류하고 취락별 출토양상과 다양도 분석을 실시하였다. 유지인은 석기의 다양도가 후기 취락에서 중기취락보다 높게 측정된 점과 취락의 점유 양상을 통해 후기 취락에서 좀 더 다양한 생계 활동이 있었다고 판단하고, 이를 바탕으로 후기 취락이 중기 취락보다 정주성이 높은 것으로 추정하였다. 하지만 유적간 석기의 다양도 비교에서 출토 맥락에 대한 고려가 부족하다.

본장에서는 이와 같은 기존의 연구 성과를 바탕으로 도구를 분류하여 주요 유적의 도구 조성 양상을 검토한 후 도구의 다양도 분석을 실시하고자 한다.

2. 도구 다양성

1) 도구의 분류

석기와 골각기는 금속기가 발명되기 이전에 생활 도구로서 가장 중요한 역할을 해왔으며, 기능별로 생산도구(수렵어로구. 채집 농경구), 가공도구(식량처리구. 목재가공구 등), 장신구 등으로 분류할 수 있다. 기능적 속성의 분류는 일차적으로 그 형태를 기준으로 하며, 같은 범주의 도구도 세부적인 형태에 따라 여러 종류로 구분 할 수도 있다. 화살촉, 칼, 어망추 등은 형태상 기능을 파악하기 쉬우나, 박편 등과 같이 뚜렷한 기능을 파악하기 어려운 경우도 많으며, 다용도로 사용한 도구도 많다. 따라서 도구의 기능을 형태만으로 추론하는 것은 간단한 작업은 아니며, 민족지 사례 검토와 사용흔 분석 등 다각적인 검토가 필요하다(이준정 2002). 하지만 아직 이와 같은 연구는 우리나라에서는 아직 초보적인 단계에 불과하다. 따라서 본고에서는 석기의 형태를 분류의 일차 기준으로 삼기는 하였으나 가능한 세분을 피하고 기능이 유사한 것으로 판단되는 도구를 하나의 단위로 통합하여 분류하였다. 이는 본고의 생계 · 주거 체계 연구를 위한 분석자료로 도구를 활용하기 위해서는 형식학적 분류 보다는 기능에 따른 출토 양상을 파악하는 것이 유용하다고 판단되기 때문이다. 중서부 지방에서 출토된 도구를 기능별로 분류하면 1) projectile points, 2) 낚시도구, 3) 어망추, 4) 굴지구(타제석부), 5) 낫, 6) 칼, 7) 갈돌, 8) 갈판, 9) 고석, 10) 대석, 11) 마제석부(목재가공구), 12) 타제석부(목재가공구), 13) 지석, 14) 방추차, 15)장신구, 16) 박편석기, 17) 정면구, 18) 시문구, 19) 골침, 20) 기타도구(반제품. 박편석기 등 용도 추정 불가)의 20종이 있다.

본고에서 projectile points로 분류한 도구는 크기와 형태에 따라 화살촉, 창, 작살(찔개살) 등으로도 구분되나 그 분류 기준이 애매하고 전체적인 기능이 끝이 뾰족한 도구를 던지거나 발사하여 대상을 찔러서 포획한다는 공통점을 가지는 수렵 · 어로구로 판단됨으로 하나의 범주로 묶어서 분류하였다. 주로 석기가 출토되지만 패총을 중심으로 골각기도 일부 출토된다. 소연평도, 모이도, 고남리 패총 등에서 출토

표 IV-4. 중서부 지방 출토 도구의 범주 및 추정 기능

번호	도구명	추정기능
1	projectile points(화살촉, 찔개살, 자돌구 등)	식량자원 포획
2	낚시도구	어류 포획
3	어망추	식량자원 포획 : 주로 어류 포획
4	굴지구(타제석부)	식량자원 획득 : 농경, 채집 건설 : 수혈주거지 축조
5	낫	식량자원 채집 : 자르기
6	칼	식량자원 처리 및 채집 : 자르기
7	갈돌	식량지원 가공 : 갈기
8	갈판	식량자원 가공 : 갈기
9	고석	식량자원 가공 : 찧기, 빻기
10	대석	식량자원 가공 : 찧기, 빻기
11	마제석부(목재가공구)	벌채, 목재 가공 및 처리
12	타제석부(목재가공구)	벌채, 목재 가공 및 처리
13	지석	마제석기 제작
14	방추차	직물제조?
15	장신구	꾸미기(의례?)
16	박편석기	식량자원 가공 : 자르기?
17	정면구	토기 정면
18	시문구	토기 시문
19	골침	의류, 어망 제작
20	기타	반제품, 용도미상

된 골제자돌구는 굴 따개용 도구 등으로 추정되고 있으나 그 기능을 명확하게 파악
하기는 힘들다. 하지만 끝을 뾰족하게 갈았다는 점에서 넓게 보아 projectile points
에 속한다고 판단됨으로 이 범주에 포함하였다.

낚시도구는 중서부 지방에서는 전북 해안의 가도, 노래섬 패총을 제외하면 거의
출토되지 않는데, 내륙에서는 유일하게 연천 학곡리 유적에서 석제 낚시바늘 1점이

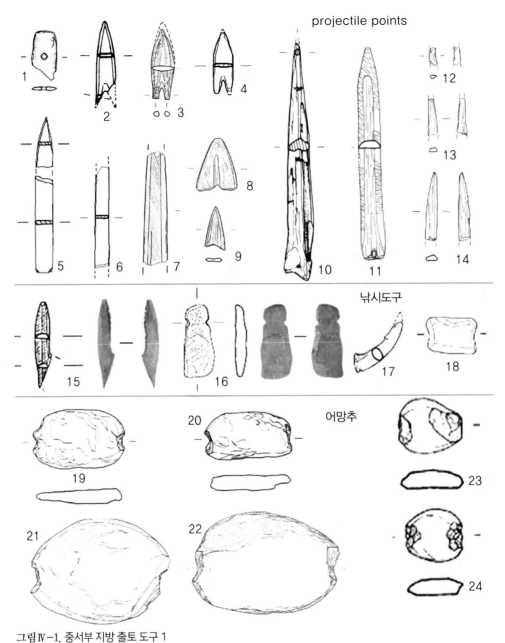

projectile points

낚시도구

어망추

그림 IV-1. 중서부 지방 출토 도구 1
(1,23,24,암사동 2, 3.능곡 4~6.운서동 I 7~9.중산동(한강) 10.고남리B-3 11,19,20,모이도 12~14,21,22,소연평도
15,16,학곡리 17,가도A 18,노래섬(라B))

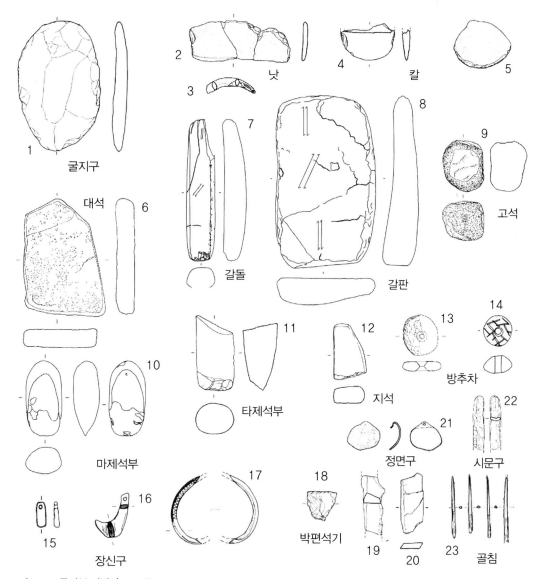

1 굴지구

대석

6

2 낫

3

4 칼

5

7

8

9 고석

10 마제석부

11 타제석부

12 지석

13

14

방추차

15

16

장신구

17

18 박편석기

19

20

21 정면구

22 시문구

23 골침

그림Ⅳ-2. 중서부 지방 출토 도구 2
(1,16,17,18.고남리 2,4,11,12.암사동 3.둔산 5,20,21.노래섬(라A) 6,9.능곡 7,8.신길동 10.운북동 13,22.까치산 14.운북동
15.운서동Ⅰ 19.가도A 23.모이도)

출토되었다. 어망추는 타원형의 자갈돌의 단축이나 장축에 홈을 내어 그물에 결합시키는 형태로 주로 어로에 사용된 것으로 추정되나 민족지 자료로 볼 때 그물을 사용하는 수렵에 사용되었을 가능성도 있다. 이런 형태의 석기를 학자에 따라서는 어망추로 분류하지 않는 경우도 있으나(김건수 1999·2006), 어류뼈가 출토되는 패총 유적에서 다수 출토되는 것으로 보아 어망추로 추정하는 것에 큰 무리는 없을 것이다. 어망추 중에 비교적 크기가 작은 것과 일부 형태가 다른 경우는 낚시추일 가능성도 배제할 수 없다.

굴지구는 타제석부류로 연구자에 따라 괭이, 따비, 보습 등으로 분류된다. 하지만 기본적으로 굴토의 기능을 가지고 있으며, 명확한 분류 기준을 제시하기 어렵고 농경과 채집, 수혈의 축조 등 다양한 용도에 사용될 가능성이 높아 하나의 범주로 분류하였다.

낫은 식물성 식량 자원을 채집하는 데 사용되며 석재로 만든 것과 멧돼지 이빨을 이용하여 만든 것이 있다. 중서부 지방에서 명확하게 칼로 볼 수 있는 석기는 많지 않지만, 두께가 얇고 날을 마연한 경우 칼로 분류하였다. 노래섬에서는 조개의 가장자리를 다듬어 칼로 사용한 도구도 출토되었다. 주로 식료를 잘라서 가공하는데 사용하는 도구로 자르개 등을 포함하며, 식물성 자원을 채집하는 데도 사용했을 것으로 추정된다.

갈돌과 갈판은 주로 식물성 식료를 갈아서 가공하는 석기로 각 1개가 짝을 이루어 하나의 도구로 기능한다. 그러나 갈돌은 고석, 갈판은 대석과 같이 복합적인 용도로 사용되는 경우도 많아 각각 다른 범주로 분류하였다. 고석과 대석은 식료를 찧거나 빻는데 사용하는 주로 사용한 도구로 추정되며, 고석의 경우 망칫돌로 분류되는 경우 타제석기를 제작하는데 사용한 경우도 있는 것으로 추정된다.

마제석부는 크기와 날의 형태에 따라 대팻날, 끌 등으로 구분되는 석기로 주로 목재를 가공하는 데 사용한다는 점에서 하나의 범주로 분류하였으며, 날 부분만 마연된 경우도 마제석부로 분류하였다. 타제석부는 주로 평면 원통형으로 목재를 가공하는데 사용된 것으로 판단되는 석기이다. 지석은 주로 마제석기를 가공하는 데 사용한 도구로 판단된다.

방추차는 석재로 제작한 것은 까치산 유적에서 유일하게 1점이 출토되었으며, 주로 토제방추차가 출토된다. 장신구는 형태에 따라 귀걸이, 목걸이, 팔찌 등으로 구분 할 수 있으나, 직접 생산이나 가공과는 관련이 없고 출토량도 많지 않아 하나의 범주로 묶어서 분류하였다. 박편석기는 인위적으로 날을 세우지 않고 날카롭게 깨진면을 그대로 사용한 석기를 통칭하는 범주로 사용하였다. 고남리B-3 패총의 경우와 같이 동물뼈와 함께 공반되는 경우 동물성 식료의 처리에 사용되었을 가능성이 높지만 정확한 기능을 추정하기는 어렵다. 가도와 노래섬 패총 등에서 출토된 돌칼류도 인위적으로 날을 가공하지 않았다는 공통점을 가지고 있어 이 범주에 함께 포함시켰다.

정면구와 시문구는 토기 제작에 사용되는 도구로 돌, 나무, 뼈, 조개류 등 다양한 도구가 사용될 수 있다. 중서부 지방에서는 골재와 조개로 제작된 정면구가 패총에서 출토되었다. 골침은 가오리 꼬리가시 등을 이용하여 제작된 것으로 일부 패총에서만 한정되어 출토된다. 기타로 분류된 석기는 형태상 기능을 추정하기 어렵거나, 반제품 등이 이에 속한다. 이와 같은 석기의 분류원칙에 따라 소지역별 주요 유적의 석기 출토 양상을 정리한 것이 〈표IV-5~10〉이다.[18]

2) 도구의 출토 양상

경기 내륙 지역 I기 유적은 대체로 많은 석기 출토 양상을 보이나, II기 유적에서는 농서리를 제외하면 모두 10점 이하의 출토량을 보인다. 이는 유적의 규모와 성격에 따른 차이를 반영하는 것이지만 I기 유적은 주로 자연제방, II기 유적은 구릉에 입지한 이유도 무시 할 수 없을 것이다. I기에 수렵·어로에 관련된 석기는 어망추가 가장 많은 출토수를 보인다. 물론 어망추는 그물과 여러 개가 결합되어 하나의 도구를 이루는 것으로 개별 어망추를 하나의 도구로 볼 수는 없지만, 어망을 이용한

---

18 표에 별도의 표기가 없는 것은 모두 석기이며, 골각기와 토제품은 별도로 표기하였다.

어류 포획이 활발히 이루어졌음은 알 수 있다. 채집·농경에 관련된 도구는 굴지구와 돌낫이 출토되었다. 화살촉도 빈번하게 출토되지만 암사동 유적과 학곡리를 제외하면 출토수는 미미하다. 암사동의 경우에도 33점의 화살촉이 출토되었지만 30기의 주거지가 조사된 것을 감안하면 많은 수량이라고 할 수는 없다.

낚시바늘은 학곡리에서 결합식 낚시바늘이 한 점 출토되었다. 남부 지방의 결합식 낚시바늘이 대부분 동물뼈로 제작된 데 비해 돌로 제작된 점이 특이한데, 한점만이 출토되어 정확한 양상은 파악하기 어렵다. 가공도구는 갈돌 및 갈판이 모든 유적에서 고른 출토량을 보이며, 대석은 거의 출토되지 않았다. 하지만 갈판의 뒷면에 두드린 흔적이 있는 경우도 있어 대석의 용도로도 사용된 것으로 판단된다. Ⅱ기에는 농서리 유적을 제외하면 석기의 출토량이 적어 양상을 파악하기 어려우나, 갈돌, 갈판, 고석과 같은 식량채집구가 주로 출토된다. 화살촉은 농서리와 당동리 유적에서 출토되었다.

경기 해안 및 도서 지역에서는 시기보다는 유적의 성격에 따라 석기 출토 양상이 다른 특징이 나타난다. 취락 유적에서는 주로 갈돌 및 갈판과 같은 식물성 식량자원의 처리에 관련된 도구가 주로 출토되고 패총 및 야외노지 유적에서는 화살촉, 어망추와 같은 동물성 식량자원을 포획하기 위한 도구가 주로 출토된다. 특히 까치산, 소연평도, 모이도 패총에서는 어망추가 압도적인 출토수를 보인다. 시기별로는 Ⅱ기 전반에는 화살촉이 드물게 출토되는데 비해, Ⅰ기와 Ⅱ기 중반에는 비교적 많은 출토수를 보이는 특징을 보인다. 장신구도 출토수는 많지 않지만 Ⅰ기와 Ⅱ기 중반 이후에만 출토되는 양상을 보이는 점이 특이하다. 이는 생계·주거 체계의 변화나 유적의성격이나 유적의 폐기 맥락과 관련된 것으로 판단되는데 이는 후술하겠다. 골각기는 연평도 일대의 패총에서 굴따개용 도구로 보고된 자돌구류와 시문구 골침, 조개장신구 등이 출토되었다.

충청 내륙 지역은 전체적으로 유적의 규모가 작고 도구 출토수도 다른 지역에 비해 빈약하다. 장재리, 대천리, 둔산 유적에서만 30점 이상의 석기가 출토되었고, 다른 유적은 10점 내외만이 출토되었다. 18점의 석기가 출토된 봉명동의 경우에도 어망추 를 제외하면 기능을 파악하기 어려운 기타 석기가 10점으로 절반 이상을 차지

표 IV-5. 경기 내륙 지역 도구 출토 양상

도구 \ 시기 \ 유적	I 기						II 기				
	암사동	삼거리	미사리	횡산리	학곡리	사송동1	농서리	신갈동	덕소리	호평동	당동리
1. projectile points	33	3	2	1	20	0	2	0	0	0	4
2. 낚시도구	0	0	0	0	2	0	0	0	0	0	0
3. 어망추	254	2	48	0	119	0	0	0	0	0	0
4. 굴지구	69	1	12	0	0	1	0	0	0	0	0
5. 낫	4	0	0	0	1	0	0	0	0	0	0
6. 칼	14	0	1	0	0	0	0	0	0	0	0
7. 갈돌	59	4	7	1	0	0	6	0	0	0	0
8. 갈판	36	5	2	1	1	0	4	1	0	0	1
9. 고석	45	0	12	0	0	0	2	1	1	4	0
10. 대석	0	0	0	0	1	0	2	0	0	0	0
11. 마제석부	32	3	0	2	3	0	3	1	0	1	0
12. 타제석부	123	0	8	1	0	0	1	0	0	0	0
13. 지석	8	4	0	1	6	0	3	0	0	0	0
14. 방추차	0	0	0	0	0	0	0	0	0	0	0
15. 장신구	1	0	0	3	0	0	0	0	0	0	0
16. 박편석기	155	2	7	0	9	0	0	0	0	0	0
17. 정면구(골제)	0	0	0	0	0	0	0	0	0	0	0
18. 시문구(골제)	0	0	0	0	0	0	0	0	0	0	0
19. 골침(골제)	0	0	0	0	0	0	0	0	0	0	0
소계	833	24	99	10	162	1	23	3	1	5	5
20. 기타	106	6	18	2	10	2	14	1	1	2	2
총계(소계+기타)	939	30	117	12	172	3	37	4	2	7	7

표 IV-6. 경기 해안 및 도서 지역 도구 출토 양상 1

도구	시기	I 기				II 기 전반						
	유적	까치산	송산	외1리	운서동 I	석교리	능곡동	신길동	대부북동	삼목도 III	을왕리 IIIA	가운데살막
1. projectile points		0	14	1	20	0	2	0	15	6	0	0
2. 낚시바늘		0	0	0	0	0	0	0	0	0	0	0
3. 어망추		25	0	0	2	0	0	0	1	0	0	0
4. 굴지구		0	0	0	61	0	1	7	10	0	0	0
5. 낫		0	0	0	0	0	0	0	0	0	0	0
6. 칼		0	0	0	1	0	1	0	0	0	0	0
7. 갈돌		1	2	0	75	13	15	14	24	8	0	1
8. 갈판		0	4	0	21	8	2	12	3	2	2	0
9. 고석		0	1	0	188	4	28	1	23	3	0	1
10. 대석		0	0	0	15	0	2	0	3	1	0	0
11. 마제석부		1	0	0	23	3	2	4	15	0	0	1
12. 타제석부		0	0	0	0	0	0	0	0	0	0	0
13. 지석		0	18	0	17	10	3	1	16	0	0	0
14. 방추차	석제	1	0	0	0	0	0	0	0	0	0	0
	토제	0	1	0	2	0	0	0	0	0	0	0
15. 장신구	석제	0	1	0	4	0	0	0	0	0	0	0
	토제	0	1	0	0	0	0	0	0	0	0	0
	골제	2	0	0	0	0	0	0	0	0	0	0
16. 박편석기		0	3	0	0	2	2	0	26	2	0	0
17. 정면구		0	0	0	0	0	0	0	0	0	0	0
18. 시문구(골제)		11	0	0	0	0	0	0	0	0	0	0
19. 골침(골제)		1	0	0	0	0	0	0	0	0	0	0
소계		42	45	1	429	40	58	39	136	22	2	3
20. 기타		4	6	0	74	15	5	2	6	13	2	1
총계(소계+기타)		46	51	1	503	55	63	41	142	35	4	4

표 IV-7. 경기 해안 및 도서 지역 도구 출토 양상 2

도구	시기	II기 중·후반								
	유적	중산동 (중앙)	중산동 (한강)	운북동	남북동	중산동 (고려)	을왕리 I	소연평도	시도	모이도
1. projectile points	석제	3	17	7	1	0	0	0	7	1
	골제	0	0	0	0	0	0	4	0	7
2. 낚시바늘		0	0	0	0	0	0	0	0	0
3. 어망추		0	4	2	0	0	0	219	2	57
4. 굴지구		0	0	1	0	0	0	0	2	0
5. 낫		0	0	0	0	0	0	0	0	0
6. 칼		0	1	0	0	0	0	0	0	0
7. 갈돌		11	55	18	0	2	1	1	2	0
8. 갈판		4	20	10	0	0	0	0	0	0
9. 고석		0	16	2	1	0	0	2	0	2
10. 대석		0	0	0	0	0	0	0	0	0
11. 마제석부		7	23	8	1	0	0	2	2	0
12. 타제석부		0	0	0	0	0	0	0	0	0
13. 지석		1	17	2	0	0	0	1	0	1
14. 방추차(토제)		0	3	0	0	0	0	3	0	1
15. 장신구	석제	1	2	0	0	0	0	0	0	0
	골제	0	0	0	0	0	0	0	0	4
16. 박편석기		0	0	0	0	0	0	0	0	12
17. 정면구(골제)		0	0	0	0	0	0	0	0	0
18. 시문구(골제)		0	0	0	0	0	0	0	0	4
19. 골침		0	0	0	0	0	0	0	0	9
소계		27	158	50	3	2	1	232	15	98
120. 기타		1	29	4	3	0	1	3	0	6
총계(소계+기타)		28	187	54	6	2	2	235	15	104

표Ⅳ-8. 충청 내륙 지역 도구 출토 양상

도구	시기	Ⅱ기 전반								
	유적	장재리	백암리	금석리	신관동	봉명동	대천리	학암리	쌍청리	둔산
1. projectile points		0	0	0	0	0	0	1	0	0
2. 낚시도구		0	0	0	0	0	0	0	0	0
3. 어망추		0	0	0	4	6	0	0	0	4
4. 굴지구		15	2	0	1	1	23	0	2	20
5. 낫	석제	0	0	0	0	0	0	0	1	0
	골제	0	0	0	0	0	0	0	0	1
6. 칼		0	0	0	0	1	0	1	0	0
7. 갈돌		2	1	0	0	0	2	1	3	2
8. 갈판		2	0	1	0	0	2	0	1	2
9. 고석		2	0	1	0	0	1	1	0	6
10. 대석		0	0	0	0	0	0	0	1	0
11. 마제석부		2	0	0	0	0	1	0	2	0
12. 타제석부		1	0	0	0	0	0	0	0	0
13. 지석		1	0	0	0	0	1	1	0	0
14. 방추차		0	0	0	0	0	0	0	0	0
15. 장신구		0	0	0	0	0	0	0	0	0
16. 박편석기		0	0	0	0	0	0	0	0	0
17. 정면구		0	0	0	0	0	0	0	0	0
18. 시문구		0	0	0	0	0	0	0	0	0
19. 골침		0	0	0	0	0	0	0	0	0
소계			3	2	5	8	30	5	10	35
20. 기타		5	4	2	1	10	11	0	0	8
총계(소계+기타)		30	7	4	6	18	41	5	10	43

표 Ⅳ-9. 충남 해안 및 도서 지역 도구 출토 양상 1

도구	시기 유적	Ⅰ～Ⅱ기						
		노래섬					장암	가도A
		나지구	라지구		마지구			
			A	B	A	B		
1. projectile points	석제	0	6	0	0	0	0	10
	골제	0	1	0	0	0	0	5
2. 낚시도구	석제	0	1	0	0	0	0	1
3. 어망추		8	33	4	9	2	0	50
4. 굴지구		6	0	2	4	1	3	39
5. 낫(골제)		0	0	0	0	0	0	1
6. 칼(패류)		0	4	0	0	0	0	0
7. 갈돌		0	1	0	1	0	0	5
8. 갈판		0	0	0	0	0	0	2
9. 고석		9	1	0	0	0	0	11
10. 대석		11	0	0	0	0	0	1
11. 마제석부		2	1	0	0	0	1	5
12. 타제석부		0	0	0	3	2	0	9
13. 지석		1	5	0	0	0	0	16
14. 방추차		0	0	0	0	0	0	0
15. 장신구(골제)		0	1	0	0	0	0	0
16. 박편석기		3	20	0	10	9	0	103
17. 정면구(패제)		0	3	0	1	0	0	0
18. 시문구		0	0	0	0	0	0	0
19. 골침		0	0	0	0	0	0	0
소계		40	77	6	28	14	4	258
20. 기타		0	6	0	0	2	0	32
총계(소계+기타)		40	83	6	28	16	4	290

표 Ⅳ-10. 충남 해안 및 도서 지역 도구 출토 양상 2

도구	시기	Ⅱ기 전반						Ⅱ기 중~후반				
	유적	성내리	석우리	송월리	대죽리 (백제)	대죽리 (충청)	상정리	대죽리 (한서대)	송학리 1	송학리 3	고남리 A2	고남리 B3
1.projectile points	석제	0	0	0	0	1	0	0	0	0	1	1
	골제	0	0	0	0	0	0	0	0	0	0	4
2.낚시도구		0	0	0	0	0	0	0	0	0	0	0
3.어망추		0	0	0	0	0	0	0	0	0	0	1
4.굴지구		11	0	3	0	0	2	0	37	17	0	46
5.낫		0	0	0	0	0	0	0	0	0	0	0
6.칼		0	0	0	0	0	0	0	0	0	0	0
7.갈돌		4	0	0	0	7	0	0	6	2	0	5
8.갈판		2	0	0	4	1	0	0	5	3	0	6
9.고석		0	0	1	0	8	1	0	2	0	0	9
10.대석		0	0	0	0	1	0	3	0	0	0	0
11.마제석부		0	0	0	0	2	0	1	1	0	2	5
12.타제석부		0	0	0	0	0	0	0	0	0	0	0
13.지석		1	0	1	0	0	0	0	0	0	0	0
14.방추차(토제)		0	0	0	0	1	0	0	0	0	0	0
15.장신구	석제	0	0	0	0	0	0	0	0	0	0	3
	토제	0	0	0	0	1	0	0	0	0	0	0
	패류	0	0	0	0	0	0	2	3	1	0	4
16.박편석기		0	0	0	0	0	0	0	0	0	0	13
17.정면구		0	0	0	0	0	0	0	0	0	0	0
18.시문구		0	0	0	0	0	0	0	0	0	0	0
19.골침		0	0	0	0	0	0	0	0	0	0	0
소계			0	5	4	22	3	6	54	23	3	97
20.기타		0	3	3	1	4	0	0	1	1	0	4
총계(소계+기타)		18	3	8	5	26	3	6	55	24	3	101

한다. 전체적으로 석기는 굴지구류가 대다수를 차지하고 다른 석기의 비중은 매우 낮은 특징을 보이는데, 갈돌 및 갈판의 출토 비율도 다른 지역에 비해 비중이 낮은 점이 특이하다. 화살촉은 학암리 유적 한 곳에서만 출토되었다. 골각기는 둔산에서 멧돼지 이빨로 제작한 낫이 한 점 출토되었다.

충남 해안 및 도서 지역의 패총에서는 비교적 많은 수의 석기가 출토되었으나, 해안 지역의 취락 유적에서는 빈약한 출토수를 보인다. 가장 많은 석기가 출토된 노래섬, 가도 패총은 Ⅰ~Ⅱ기 후반에 걸쳐 형성된 유적으로 출토 석기를 시기에 따라 구분할 필요가 있으나, 퇴적 양상을 볼 때 여러 시기의 유물이 같은 층에 혼재되어 있어 구분하기 어렵다. 이에 석기는 개별 패총으로 구분하여 정리 할 수밖에 없었다. 노래섬과 가도 패총에서 가장 많은 출토수를 보이는 것은 어망추와 돌칼 또는 석인(石刃)으로 보고된 박편석기이다. 이는 패총에서 출토된 동물유체로 볼 때 어류의 포획과 가공에 주로 사용된 것으로 추정된다. 또한 굴지구도 비교적 많은 수가 출토되었는데, 고남리B-3 패총에서도 비슷한 양상을 보인다. 이로 미루어 볼 때 굴지구는 땅을 파는 용도 외에도 패류의 채집에 활용되었을 가능성도 배제할 수 없을 것이다. 또한 다른 유적에서는 출토되지 않는 낚시도구가 출토되었는데, 영선동식 토기가 출토되는 것으로 보아 남부 지방의 영향으로 판단된다. Ⅱ기 후반에 속하는 유적에서는 성내리, 대죽리(충청) 패총, 고남리B-3 패총을 제외하면 10점 미만이 출토되어 정확한 양상을 파악하기는 어렵다. 하지만 대체적으로 굴지구와 갈돌, 갈판, 고석이 높은 출토 비중을 보인다. 특히 고남리B-3 패총에서는 다수의 굴지구가 출토되는 점이 주목된다. 고남리와 인접한 보령 송학리 패총(한강문화재연구원 2012c)에서도 굴지구가 출토 석기의 대다수를 차지하는 양상이 보인다. 이로 미루어 볼 때 굴지구는 갯벌에서 조개류를 포획하는데도 이용되었을 가능성을 더욱 높여준다.

3) 도구의 다양도 분석

도구의 다양도 분석을 위한 전체 도구의 범주에서 용도를 파악하기 어려운 기타 도구는 제외하였다. 또한 정면구, 시문구, 골침은 모두 골각기나 패제품으로 패총 유적에서 만 출토되었기 때문에 주거지 및 야외노지, 수혈 유구의 경우에 도구의 전체 풍부도는 이들 세 도구를 제외한 16으로 설정하였으며, 패총은 이를 포함한 19로 설정하였다.

도구의 다양도 측정은 15개 이상의 도구가 출토된 유적을 대상으로 실시하였다. 도구를 16~19범주로 분류하였기 때문에 20개 이상의 도구가 출토된 유적을 대상으로 분석을 실시하는 것이 오류를 줄일 수 있는 방법일 것이다. 하지만 내륙 지역 특

표Ⅳ-11. 취락 및 기타(야외노지, 수혈) 유적 도구 다양도

지역		일련번호	유적명	도구 출토수	풍부도	균등도
경기	내륙	1	암사동	833	13	0.738
		2	삼거리	24	8	0.718
		3	미사리	99	9	0.593
		4	학곡리	162	9	0.347
		5	농서리	23	8	0.707
	해안 및 도서	6	송산	45	8	0.567
		7	운서동I	429	12	0.629
		8	석교리	40	6	0.580
		9	능곡동	58	10	0.568
		10	신길동	39	6	0.527
		11	대부북동	142	10	0.742
		12	삼목도Ⅲ	22	7	0.516
		13	중산동(중앙)	27	7	0.536
		14	중산동(한강)	158	10	0.677
		15	운북동	50	8	0.621
충청	내륙	16	장재리	25	7	0.495
		17	대천리	30	6	0.326
		18	둔산	35	6	0.468
	해안	19	성내리	18	4	0.375

표 IV-12. 패총 유적 도구 다양도

지역	일련번호	유적명	도구 출토수	풍부도	균등도
경기	20	까치산	42	13	0.345
	21	소연평도	232	7	0.062
	22	모이도	98	9	0.441
충청	23	가도A	258	13	0.536
	24	노래섬(나지구)	40	7	0.589
	25	노래섬(라지구A)	77	11	0.529
	26	노래섬(마지구A)	28	6	0.465
	27	대죽리(충청)	22	8	0.466
	28	송학리 1	55	6	0.367
	29	송학리 3	24	4	0.285
	30	고남리B-3	97	9	0.581

히 충청 지역의 경우 석기의 출토수가 빈약해 표본의 수를 20 이상으로 상향할 경우 분석 대상 유적이 너무 줄어들게 되는 문제가 있어 15개의 도구를 기준으로 설정하였다. 이 기준에 따라 경기 내륙 지역에서는 암사동, 삼거리 등 5개소, 경기 해안 및 도서 지역에서는 까치산, 운서동 I, 능곡동, 신길동, 운북동 등 13개소, 충청 내륙 지역에서는 장재리, 대천리 등 3개소, 충남 해안 및 도서 지역에서는 노래섬 가도, 고남리 등 9개소로 모두 30개소에 대한 분석을 실시하였다. 이를 정리한 것이 〈표 IV -11, 12〉이다.

〈그림 IV-3〉은 도구의 총 출토수와 풍부도와의 관계에 대한 선형 회귀분석 그래 프이다. 그래프를 보면 도구의 출토수가 많을수록 풍부도가 높게 나타나는 경향이 나타난다. 도구 출토수와 풍부도의 상관계수도 0.603로 측정되어 출토수가 많을수록 풍부도도 높아지는 상관관계를 잘 보여준다. 〈그림 IV-4〉는 도구의 출토수와 균등도의 관계에 대한 선형 회귀분석 그래프이다. 풍부도와 같이 유물의 출토수가 많을수록 균등도도 높아지는 경향은 있지만, 회귀관계는 성립하지 않고 상관계수도

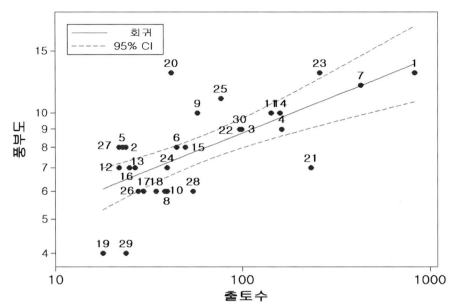

그림 Ⅳ-3. 도구 출토수와 풍부도의 관계(유적번호는 표Ⅳ-11, 12와 같음)
(수치는 log 변환값, 상관계수 r=0.603(p=0.000))

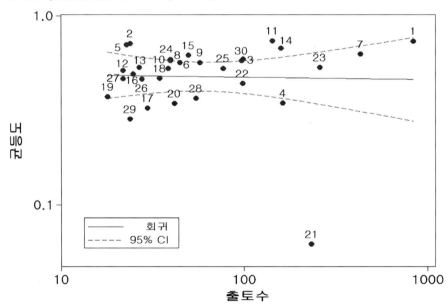

그림 Ⅳ-4. 도구 출토수와 균등도의 관계(유적번호는 표Ⅳ-11, 12와 같음)
(수치는 log 변환값, 상관계수 r=0.240(p=0.202))

0.240에 불과하다. 이로 미루어 볼 때 단순히 여러 종류의 도구가 출토된 것으로 다양성을 추정하는 것은 오류의 가능성이 크다는 것을 알 수 있다.

표 IV-13. 도구 풍부도 기술통계량

구분		평균	표준편차	최소값	Q1	중위수	Q3	최대값
성격	취락	8.133	2.446	4.000	6.000	8.000	10.000	13.000
	야외노지 및 기타	8.000	1.414	6.000	6.500	8.500	9.000	9.000
	패총	8.455	2.911	4.000	6.000	8.000	11.000	13.000
지역	경기 내륙	9.400	2.074	8.000	8.000	9.000	11.000	13.000
	경기 해안 및 도서	8.692	2.213	6.000	7.000	8.000	10.000	13.000
	충청 내륙	6.333	0.577	6.000	6.000	6.000	7.000	7.000
	충청 해안 및 도서	7.560	3.05	4.000	5.000	7.000	10.000	13.000
시기	I기 전반	10.667	2.251	8.000	8.750	10.500	13.000	13.000
	II기 전반	7.000	1.886	4.000	6.000	6.500	8.500	10.000
	II기 중·후반	7.556	1.810	4.000	6.500	8.000	9.000	10.000
	시기복합	9.000	2.920	6.000	6.500	8.000	12.000	13.000

표 IV-14. 도구 균등도 기술 통계량

구분		평균	표준편차	최소값	Q1	중위수	Q3	최대값
성격	취락	0.584	0.126	0.326	0.516	0.580	0.707	0.742
	야외노지 및 기타	0.494	0.112	0.347	0.377	0.518	0.587	0.593
	패총	0.424	0.155	0.062	0.345	0.465	0.536	0.589
지역	경기 내륙	0.621	0.163	0.347	0.470	0.707	0.728	0.738
	경기 해안 및 도서	0.524	0.171	0.062	0.479	0.567	0.625	0.742
	충청 내륙	0.430	0.091	0.326	0.326	0.468	0.495	0.495
	충청 해안 및 도서	0.466	0.105	0.285	0.285	0.466	0.559	0.589
시기	I기 전반	0.562	0.176	0.345	0.347	0.611	0.723	0.738
	II기 전반	0.530	0.130	0.326	0.445	0.522	0.612	0.742
	II기 중·후반	0.449	0.191	0.062	0.326	0.466	0.601	0.677
	시기복합	0.537	0.047	0.465	0.497	0.536	0.578	0.589

〈표Ⅳ-13·14〉는 풍부도와 균등도의 기술통계량을 〈그림Ⅳ-5~11〉은 풍부도와 균등도의 관계를 유적의 성격, 지역, 시기별로 시각화 한 것이다. 먼저 유적 성격별로 살펴보면 풍부도는 야외노지가 약간 높기는 하지만 대체로 비슷한 양상을 보이고, 균등도는 취락 〉야외노지 및 기타 〉패총 순으로 높게 나타난다. 취락에서 생계에 필요한 다양한 활동이 이루어지는 점을 감안 할 때 이는 당연한 결과라고 할 것이다.

지역별로는 풍부도와 균등도 모두 경기 내륙 〉경기 해안 및 도서 〉충청 해안 및 도서 〉충청 내륙 순이며, 시기별 풍부도는 Ⅰ기 〉Ⅱ기 전반 〉Ⅱ기 중·후반, 균등도는 Ⅰ기 〉Ⅱ기 중·후반 〉Ⅱ기 전반의 순서로 나타난다. 경기 내륙 지역은 학곡리

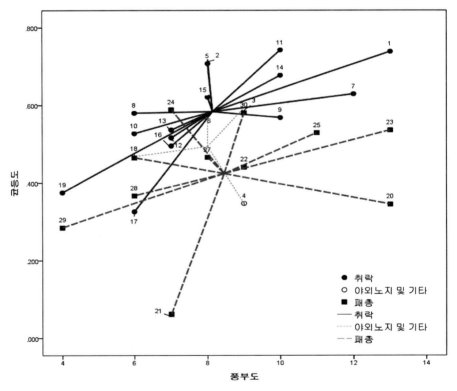

그림Ⅳ-5. 유적 성격별 다양성(유적번호는 표Ⅳ-11, 12와 같음)

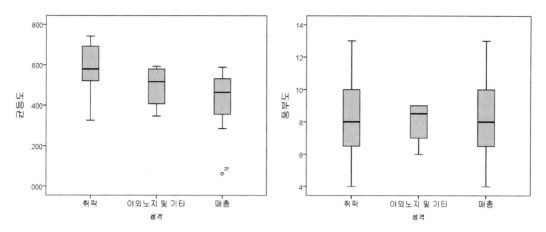

그림 Ⅳ-6. 유적 성격별 풍부도와 균등도의 상자 그림

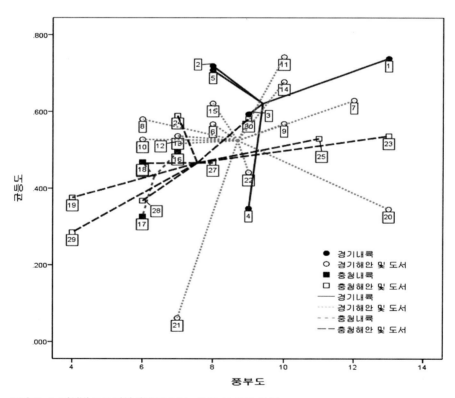

그림 Ⅳ-7. 지역별 도구 다양성(유적번호는 표 Ⅳ-11, 12와 같음)

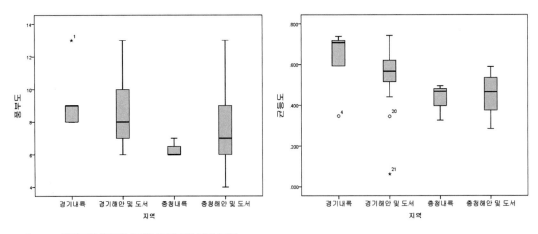

그림 Ⅳ-8. 유적 지역별 풍부도와 균등도의 상자 그림

를 제외하면 비교적 높은 풍부도와 균등도를 보여준다. 특히 Ⅰ기 취락 유적인 암사동과 삼거리 유적은 0.7 이상의 균등도를 보이고 중서부 지방에서 거의 출토되지 않는 낚시도구와 방추차를 제외하면 대부분의 석기가 고른 출토량을 보이고 있어 도구 다양성이 가장 높은 유적으로 판단된다. 미사리는 풍부도 9, 균등도는 0.593으로 야외노지외에 별다른 유구가 발견되지 않았던 것에 비하면 비교적 높은 다양성을 보여준다. 이는 다양한 석기가 출토되는 Ⅰ기의 특징을 반영하는 것으로 판단된다. 학곡리 유적의 풍부도는 9로 비교적 높으나, 균등도는 0.347로 매우 낮다. 이는 어망추가 출토된 석기의 70%를 차지하기 때문으로 학곡리 유적이 물고기 잡이에 집중한 한정 행위 장소였음을 반증하는 것으로 풀이 된다. 농서리 유적은 경기 내륙 지역에서 유일하게 분석이 가능한 Ⅱ기 유적으로 풍부도 8, 균등도 0.707로 Ⅰ기 취락 유적에 비해서는 다소 낮은 다양성을 보이지만, 같은 시기 해안 및 도서 지역에 위치한 취락 유적에 비해서는 높은 다양성을 보여주고 있어 주목된다.

경기 해안 및 도서 지역은 취락 유적과 패총, 야외노지가 중심이 된 한정 행위형 유적과 도구 다양성에서 큰 차이를 나타낸다. 특히 연평도 지역의 패총 유적인 까치산, 소연평도 모이도 유적은 풍부도는 비교적 높지만 뚜렷하게 낮은 균등도를 보이고 있으며, 특히 소연평도 패총의 경우 0.062의 균등도가 산출되어 모든 유적 중에

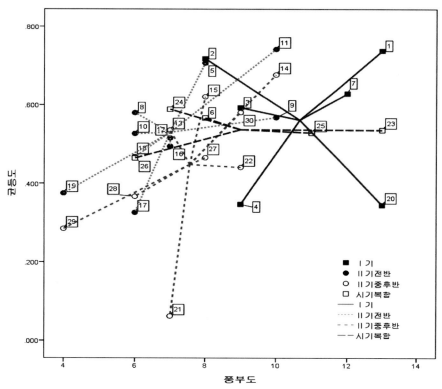

그림 Ⅳ-9. 시기별 도구 다양성(전체, 유적번호는 표 Ⅳ-11, 12와 같음)

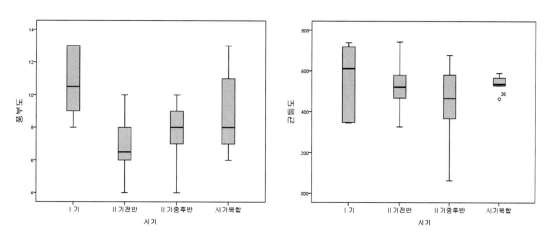

그림 Ⅳ-10. 유적 시기별 풍부도와 균등도의 상자 그림

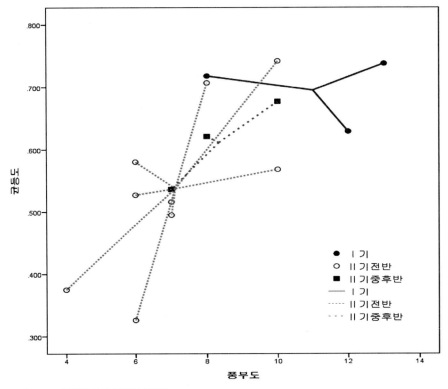

그림Ⅳ-11. 시기별 도구 다양도(취락)

서 가장 낮은 다양성을 보여준다. 이는 출토 석기의 대부분이 어망추에 집중되었기 때문으로 소연평도의 경우 전체 232점의 도구 중 어망추의 상대빈도가 94%에 이른다. 물론 개별 어망추를 하나의 도구로 보기는 어렵지만 동물유체 분석에서도 어류뼈가 주류를 이루고 특히 매가오리뼈가 98% 이상을 차지하고 있어 특정 시기에 매가오리의 포획과 관련된 유적의 성격을 잘 반영하는 것으로 판단된다.

취락 유적의 균등도는 평균적으로 경기 내륙에 비해 다소 낮기는 하지만 대부북동의 균등도는 0.742로 전체 유적 중 가장 높은 수치를 나타낸다. 석기는 갈돌, 갈판, 고석, 대석과 같은 식물성 식량자원을 처리하는데 사용된 도구가 집중적으로 출토되는 양상을 보인다. 앞서 살펴본 바와 같이 시기별 도구 다양성은 Ⅰ기에서 Ⅱ

기 전반에 이르기까지 낮아지는 추세를 보인다. 하지만 취락 유적만을 시기별로 비교하면 Ⅱ기 전반 보다 Ⅱ기 중반 이후의 도구 다양성이 증가하는 것으로 나타난다 (그림Ⅳ-11). 이를 해석하면 Ⅱ기 전반에 비해 Ⅱ기 중반 이후가 되면 취락 내에서 좀 더 다양한 행위가 이루어진 것으로 판단 할 수 있다. 유지인(2012)은 이와 같은 현상을 주거지 내부 구조, 주거지와 기타유구(야외노지, 수혈 등)와의 배치관계 등과 관련지어 해석하여 Ⅱ기 중반 이후의 취락이 Ⅱ기 전반의 취락보다 정주성이 높았던 것으로 주장하였다. 이러한 주장은 일견 타당해 보이지만 Ⅱ기 중반 이후 취락에서 나타나는 주거지와 기타유구를 모두 동시기로 보기에는 근거가 희박하며, 도구의 다양성이 일부 높게 나타나는 현상을 정주 기간과 바로 연결시키는 것은 무리라고 판단된다. 이는 도구의 다양도 분석과 함께 취락의 점유양상, 유구 및 유물의 폐기 맥락 등의 자료를 종합한 고고학적 해석이 필요한 것으로 이 점은 후술하겠다.

충청 내륙 지역의 분석 대상 유적은 모두 Ⅱ기 전반에 해당하며, 0.6 미만의 균등도와 8~4 내외의 풍부도가 산출되어 낮은 다양도를 보인다. 취락 유적인 대천리의 경우 1기의 주거지만이 조사된 것에 비해 비교적 많은 30점의 도구가 출토되었지만 균등도는 0.326에 불과하다. 이는 굴지구의 출토 비율이 76%에 달하기 때문이다. 장재리와 둔산의 경우도 굴지구가 가장 높은 출토 비중을 보인다. 이외의 석기도 갈돌과 갈판이 주류를 이루며, 화살촉은 전혀 출토되지 않았고 어망추는 봉명동과 둔산 유적에서만 볼 수있다. 이와 같은 석기 구성으로 볼 때 충청 내륙 지역에서는 주로 식물성 식량자원에 집중하는 생계 전략이 이용되었을 가능성이 높은 것으로 판단된다. 비록 한 예에 불과하기는 하지만 대천리에서 출토된 쌀, 보리, 밀, 조, 기장 등의 탄화 곡물로 볼 때 초기농경이 다른 지역에 비해 활발했던 것으로 추정된다.

충남 해안 지역의 분석 대상 중 취락 유적은 성내리 1개소이며 다른 유적은 모두 패총이다. 성내리는 취락 유적임에도 불구하고 풍부도 4, 균등도 0.367로 낮은 다양성을 보인다. 이는 굴지구가 출토석기의 60% 이상을 차지하고 있기 때문이다. 충남 해안 및 도서 지역의 패총은 대체로 경기 지역보다 높은 균등도가 측정되었다. 하지만 가도A와 노래섬 패총의 경우 여러 시기의 도구를 합해 균등도를 산출한 것이기 때문에 오류의 가능성을 배제할 수 없다. Ⅱ기 전반에 속하는 대죽리 패총(충청)

은 풍부도 8, 균등도 0.466으로 비교적 높은 다양성을 보인다. 또한 갈돌, 갈판, 고석, 대석 등 식물성 식량자원을 처리하는 도구가 높은 비중을 차지하는 점이 특이하다. Ⅱ기 후반의 고남리B-3 패총은 풍부도 9, 균등도 0.581로 가도A, 노래섬(나지구)을 제외하면 패총 유적 중에서는 가장 높은 다양성을 보여준다. 굴지구가 전체의 51%를 차지하기는 하지만 화살촉, 어망추, 박편석기 등 다양한 석기가 출토되었기 때문이다. 이는 다른 서해안 패총과는 달리 다양한 동물뼈가 출토되고, 패류의 구성에서도 봄~여름에 주로 채집되는 바지락, 가무락이 20~30%를 차지하는 것과 관련된 것으로 판단된다.

3. 자연유체

1) 동물유체

중서부 지방에서 동물유체는 거의 전적으로 패총에서 출토되었다. 또한 패류 이외의 동물유체는 일부 패총에서만 출토되는 특징을 보인다. 주지하다시피 중서부 지방 패총의 패류 조성은 참굴이 70~90% 이상을 차지하며, 영흥도 외 1리 패총과 같이 굴이 거의 100%에 가깝게 차지하는 경우도 있다. 참굴 외에는 가무락, 바지락, 백합 등의 이매패류가 주로 출토되고 권패류는 드물다. 이는 이매패류가 권패류에 비해 채집과 패육의 분리가 용이하고, 얻을 수 있는 양도 많기 때문일 것이다. 참굴을 제외한 패류가 다수를 점하는 경우는 소연평도 패총이 유일하다. 소연평도 패총에서는 권패류인 두드럭고둥이 전체 패류의 약 70%를 차지한다. 하지만 가공이 어렵고 얻을 수 있는 패육이 많지 않은 권패류의 특징으로 볼 때 두드럭고둥을 채취하기 위한 목적으로 인해 패총이 형성되었다고 보기는 어렵다. 이는 소연평도 패총에서 주로 출토되는 매가오리의 포획 시기가 늦봄에서 초여름인 점으로 미루어 볼 때 매가오리를 포획하는 시기에 부수적으로 두드럭고둥의 채취가 이루어진 것으로 판단된다(김은영 2006, 이준정·김은영 2007).

어류뼈는 연평도 일대의 패총과 고남리B-3, 노래섬(가지구) 패총에서 출토되었다. 이외에 가도A 패총에서도 어류뼈가 출토되었으나, 정량 분석이 이루어지지 않아 정확한 양상은 알 수 없다. 대연평도 까치산 패총의 1문화층에서는 매가오리 10, 농어 1, 어류A 2, 기타 1 등 모두 14개체의 최소 개체수가 산정되었고, 2문화층에서는 복어 하악골 1점이 출토되었다. 소연평도 패총에서는 모두 800여 점의 어류뼈가 출토되었으며, 최소 개체수는 매가오리 398, 복어 3, 넙치 1, 참돔 1개체로 산정되어 매가오리가 대부분을 차지한다. 모이도 패총에서는 2,000여 점의 어류뼈가 출토되었으며, 최소 개체수는 참돔 154, 매가오리 43, 하스돔 5, 농어 4, 감성돔 3, 복어 2, 대구 3, 양태 · 민어 · 양볼락 각 1개체로 산정되어 참돔과 매가오리가 주로 포획된 것을 알 수 있다(이준정 · 김은영 2007). 고남리B-3 패총(한양대학교박물관 1993, 1995, 1997, 1998)에서는 4~8차 발굴에 걸쳐 많은 어류뼈가 출토되었으나, 동정은 8차 발굴 출토품만을 대상으로 실시되어 전체적인 양상을 파악 할 수는 없다. 8차 발굴을 통해 확인된 어류는 참돔, 농어, 넙치, (가)숭어, 상어류, 매가오리, 양태, 복어, 민태 등이다. 이중 가장 출토수가 많은 것은 참돔으로 최소 개체수는 15개체 정도로 추정된다(안덕임 1999). 4~7차 발굴 당시 출토된 어류뼈의 대부분도 참돔이 가장 많은 비중을 차지하는 것으로 추정됨으로 참돔이 주로 포획된 것으로 판단된다. 노래섬(가지구) 패총에서 출토된 어류뼈는 참돔, 민어, 복어, 매가오리, 감성돔, 양태, 상어류 등이다. 최소 개체수는 산정되지 않았지만, 출토량으로 볼 때 참돔, 민어, 복어류가 주 포획 대상이었던 것으로 추정 된다(김건수 2001).

이와 같이 패총 유적에서 출토된 주요 어종인 매가오리, 참돔, 농어, 숭어, 민어 등은 모두 회유 어종으로 일정 시기에 주로 산란을 위해 연안에 머무르고, 다른 시기에는 깊은 바다나 외해쪽으로 이동해가는 습성을 가지고 있다. 매가오리는 겨울에 깊은 바다에 머무르다가 5~7월 사이에 산란을 위해 연안으로 접근한다. 참돔은 4~6월경 산란을 위해 섬이나 연안의 갯바위로 접근하고 늦가을이 되면 깊은 바다로 돌아간다. 농어는 10~4월 사이에 강 하구의 바위 지역으로 회유하여 산란한 후 깊은 바다로 돌아간다. 민어는 우리나라 서남해안에 서식하며, 여름철 덕적도 연안에서 산란한다(김건수 2001, 이준정 · 김은영 2007, 정문기 1977).

표 Ⅳ-15. 패총 출토 어류뼈(숫자는 최소 개체수, ● 최소 개체수 모름)

종류	까치산(1문화층)	까치산(2문화층)	소연평도	모이도	고남리B-3	노래섬 지구
매가오리	10	-	398	43	●	●
참돔	-	-	1	154	15	●
농어	1	-	-	4	2	●
복어	-	1	3	2	●	●
감성돔	-	-	-	3	-	●
넙치	-	-	1	-	●	-
대구	-	-	-	3	-	-
(가)숭어	-	-	-	-	●	●
상어류	-	-	-	-	●	●
민태	-	-	-	-	●	-
양태	-	-	-	1	2	●
민어	-	-	-	1	-	●
양볼락	-	-	-	1	-	-
하스돔	-	-	-	5	-	-
기타	3	-	-	-	●	-

위와 같은 어류뼈의 출토 양상으로 볼 때 물고기의 포획은 연중 이루어지지만 가장 많은 개체수가 확인된 매가오리, 참돔의 회유 습성으로 볼 때 봄~여름 사이에 집중되는 것을 알 수 있다. 또한 서해안 패총을 구성하는 패류의 대부분이 굴에 집중되는 것으로 볼 때 가을~겨울에는 주로 패류를 채집하는 것으로 해양자원을 이용한 것으로 추정 된다.

출토된 도구로 볼 때 이 지역의 어로 방법은 궁시법과 어망법이 주로 이용되었으며, 어망의 경우 어로의 효율성과 어망추가 남해안이나 동해안에 비해 크고 무거운 것으로 볼 때 建干網(개막이그물)과 같은 함정어로에 주로 사용했을 가능성이 높은 것으로 판단된다(이영덕 2006a). 그러나 어류뼈가 출토되는 유적이 4개소에 불과하고 수렵과 어로에 같이 사용할 수는 있는 석촉이나, 골제자돌구를 모두 어로구에 포함시

표 Ⅳ-16. 패총 출토 포유류, 조류뼈(숫자는 최소 개체수, ● 최소 개체수 모름)

종류	까치산(1문화층)	까치산(2문화층)	모이도	고남리B-3	대죽리(충청)	노래섬 가지구
사람	-	-	-	1	1	-
멧돼지	-	1	-	2	-	●
사슴	1	2	3	2	-	●
개	-	1	-	●	-	-
노루	-	1	-	2	-	-
너구리	-	-	-	-	-	●
돌고래	-	-	-	-	-	●
물개	-	-	-	-	-	●
기러기목	-	-	5	-	-	-
까마귀	-	-	1	-	-	-
꿩	-	-	-	●	-	-
큰고니	-	-	-	●	-	-
기타조류	1	-	-	-	-	-

킨다고 해도 그 수가 너무 적어 중서부 해안 지역의 전체적인 어로문화의 양상을 파악하기는 어렵다. 필자는 이전 논문에서 민족지·역사 자료를 검토하여 중서부 지방 신석기시대에 별다른 도구가 필요 없는 어량이 주 어로 방법일 가능성을 추론한 바 있다(소상영 1999·2002·2012a). 이는 Ⅱ기 이후 해안 및 도서 지역에 대규모 취락이 집중되는 현상과 관련된 것으로 Ⅵ장에서 자세히 검토하도록 하겠다.

　포유류 및 조류뼈도 연평도 일대의 패총과 고남리B-3, 노래섬(가지구) 패총에서 출토되었으며, 고남리B-3과 서산 대죽리 패총(충청)에서는 인골이 각 1점씩 출토되었다.[19] 포유류뼈는 사슴이 가장 많은 출토수를 보이며, 멧돼지, 개, 노루 등도 출토되

---

19 서산 대죽리 패총(충청)에서 출토된 인골은 보고서에서는 제시되지 않았지만, 고남리B-3 패총에서 출토된 인골과 함께 안덕임에 의해 미량원소분석을 통한 식생활 복원연구에 활용되었다(안덕임 2006).

었다. 조류뼈는 기러기목, 까마귀, 꿩, 큰 고니 등이 출토되었다(표Ⅳ-16 참조). 까치산 패총에서는 사슴 3개체, 개 3개체와 멧돼지, 노루 등의 포유류뼈와 기타 조류 1개체가 출토되었다. 포유류 및 조류뼈는 1문화층에서는 미미한 출토수를 보이지만, 2문화층에서는 출토수가 증가하고 종류도 다양해져서 포유류 식량 자원의 이용도가 증가한다. 또한 개는 전 부위가 골고루 발견되는데 비해 사슴, 노루, 멧돼지는 한정된 부위만이 발견되어 개체 크기에 따라 이용 양상이 달랐음을 보여준다(김은영 2006). 모이도 패총에서는 사슴 3개체와 기러기목 5개체 까마귀 1개체가 발견되었다. 사슴은 녹각, 경골, 척골, 관골 등의 한정된 부위만이 발견되고 기러기목은 전 부위가 골고루 발견되는 것으로 보아 까치산 패총과 유사한 이용 양상을 보이는 것으로 판단된다. 고남리B-3 패총에서는 사람, 사슴, 멧돼지, 개, 노루, 꿩, 큰 고니 등 가장 다양한 포유류 및 조류뼈가 출토되었다. 이는 4~8차에 걸친 발굴조사 중 8차 발굴조사 출토품만을 대상으로 한 것이며, 5,6차 발굴에서 가장 많은 동물유체가 출토된 것으로 볼 때 실제 출토수는 훨씬 많은 것으로 판단된다. 노래섬(가지구) 패총에서는 육상 포유류 외에 돌고래, 물개 등 해산 포유류도 출토되었다.

고남리B-3 패총에서 출토된 인골, 멧돼지, 개뼈와 대죽리 패총(충청)에서 출토된 인골은 동위원소 분석과 미량원소 분석을 통한 식생활 복원 연구에 활용되었다. 먼저 고남리B-3 패총 출토 동물유체에 대한 동위원소 분석 결과 사람은 C3계열의 야생식물을 주 식량자원으로 하여 동물성 단백질을 보충적으로 삽취했음을 보여준다. 멧돼지와 개는 낮은 탄소, 질소 동위원소비로 볼 때 사람과 같이 C3계열의 야생 식물을 주로 섭취했음을 보여준다. 한편 같은 유적 청동기패총에서 출토된 인골은 재배작물이 주 식량자원인 것으로 나타나 신석기시대 인골과 대비를 이루며 특히 조, 기장과 같은 C4 재배작물의 비중이 높았음을 말해준다. 청동기시대의 멧돼지와 개는 C4계열의 식량자원을 주로 이용하였으며, 멧돼지는 뚜렷한 가축화 경향이 보이지 않지만, 개는 인골과 비슷한 동위원소 값을 보여 가축화되었음을 보여준다(안덕임 2006b).

고남리B-3과 대죽리 패총(충청)에서 출토된 인골에 대한 미량원소 분석 결과 고남리B-3 패총의 인골은 해산물, 식물, 육류가 혼합된 식생활을 하였을 것으로 추정되었으며, Ba/Sr의 농도비가 낮아 해산물 섭취의 비중이 높고 Zn의 비율이 낮은 것으로 보아 육류의 섭취는 적었을 것으로 추정되었다. 대죽리 패총(충청)에서 출토된 인골은 채식 위주의 식생활을 한 것으로 추정되며, 해산물의 소비도 많지 않은 것으로 분석되었다(안덕임 2006a).

고남리B-3 패총에 대한 동위원소 분석과 미량원소 분석은 다소 반대되는 결과가 나타나기는 하지만 기본적으로 C3계열의 야생식물인 견과류와 해산물, 육류를 고루 섭취했음을 보여준다. 반면에 대죽리 패총의 경우 채식 위주의 식생활을 한 것으로 추정되어 대비를 이루는데, 이는 대죽리 패총에서 조개류 외에 동물유체가 출토되지 않은 것과도 관련이 있는 것으로 판단된다. 이와 같은 결과는 단 2점에 대한 분석 결과로 신석기시대 사람들의 식생활을 일반화 할 수는 없을 것이다. 또한 고남리 B-3 패총 출토 인골의 경우 영양 결핍의 가능성도 있음으로(안덕임 2006a) 신중한 해석이 필요하다.

2) 식물유체

식물유체는 도토리를 비롯한 C3계열의 야생식물과 조, 기장을 중심으로 한 C4계열의 재배식물이 주로 출토되었다. 특히 조, 기장은 부유선별법과 토기 압흔 분석법의 도입으로 2000년대 후반 이후 출토례가 크게 증가하고 있다. 또한 능곡동 유적에서 팥, 두류 대천리 유적에서 쌀, 보리, 밀 등이 출토된 것으로 보아 조, 기장 외에 쌀과 맥류 등도 일부 재배되기 시작했을 가능성도 배제할 수 없다. 이와 같은 재배작물의 출토 양상으로 볼 때 중서부 지방에서는 늦어도 Ⅱ기 전반부터 조, 기장을 중심으로 한 재배작물이 식량자원의 한 축을 담당했음은 명확하며, 운서동Ⅰ 유적의 압흔분석 결과로 볼 때 Ⅰ기부터 시작되었을 가능성도 매우 높다.

한반도에서 조·기장 등의 잡곡 재배는 중서부 지방에서 가장 먼저 시작되었으며, 그 시기는 전기 후반(필자의 Ⅰ기)일 것으로 추정되어왔다. 이는 지탑리, 마산리 유적에서 출토된 탄화 곡물과 따비류의 석기가 출토되는 것을 근거로 한 것이다. 이후 Ⅱ기 전반에 중서부 지방의 빗살무늬토기문화가 남한 지방 전체로 확산되면서 잡곡 재배가 일반화된 것으로 보는 것이 정설이었다. 그러나 동삼동 패총에서 출토된 융기문토기에서 기장의 압흔이 발견되면서 한반도에서 초기농경의 시작은 기원전 5,000년대 이상으로 상향될 가능성이 제기되었다(하인수 2011). 토기 압흔을 통한 종자의 동정에 의문을 제기하는 견해와, 토기 제작 과정에서 다양한 식물의 종자가 섞여 들어갈 가능성이 있음을 감안하면 동삼동 패총의 압흔은 자료의 증가와 함께 신중한 해석이 필요할 것이다(안승모 2012a). 하지만 기원전 5,500년 전후에 중국 동북 지방의 흥륭구(興隆溝) 유적에서 기장이 출토된 점을 감안하면 한반도에서 기원전 5,000년을 전후한 시기에 기장이 재배되었다고 보아도 무리한 해석은 아닐 것이다. 농경과 관련된 석기로 판단되는 굴지구, 갈돌, 갈판 등이 Ⅰ기와 Ⅱ기에 별다른 차이 없이 출토되며, 삼거리, 암사동과 같이 내륙에 위치한 대규모 취락이 단순 수렵·채집만을 생계 전략으로 사용한 집단에 의해 유지되었다고 보기는 어려운 점도 이를 뒷받침한다. 따라서 중서부 지방에서 초기농경은 좀 더 이른 시기부터 시작되었을 개연성은 충분하며, 이에 대한 적극적인 해석이 필요하다고 판단된다.

하지만 삼목도Ⅲ 유적과 같이 퇴적물에 대한 체계적인 분석이 실시되었음에도 불

표Ⅳ-17. 중서부 지방 식물유체 출토 현황

유적	재배작물	견과류	시기	비고
암사동	-	도토리, 호두	Ⅰ기	-
운서동Ⅰ	조, 기장, 들깨속	-	Ⅰ기	압흔
농서리	-	도토리	Ⅱ기 전반	-
능곡동	조, 기장, 팥, 두류	도토리	Ⅱ기 전반	탄화종자
석교리	조, 기장	도토리	Ⅱ기 전반	탄화종자, 압흔
대부북동	조, 기장	도토리	Ⅱ기 전반	탄화종자, 압흔
장재리	조, 기장	-	Ⅱ기 전반	탄화종자
대천리	조, 기장, 쌀, 보리, 밀	도토리	Ⅱ기 전반	탄화종자
노은동	-	도토리, 기타	Ⅱ기 전반	-
중산동(한강)	조, 기장	-	Ⅱ기 중반	탄화종자, 압흔
호평동	-	도토리	Ⅱ기 중반	-

구하고 야생콩과 명아주속 외에 재배작물이 출토되지 않은 경우도 있어 초기농경은 집단에 따라 선택적으로 도입된 것으로 판단된다. 따라서 우리나라 신석기사회를 본격적인 농경사회로 규정 할 수는 없으며, 여전히 수렵(어로)과 채집이 주 생계 전략으로 환경과 집단의 적응 양식에 따라 초기농경이 선택적으로 도입된 수렵·채집사회로 정의 할 수 있을 것이다.

4. 도구 및 자연유체 출토 양상의 특징

위에서 살펴본 바와 같이 도구 및 자연유체의 출토 양상은 유적의 성격과 시기, 지역에 따른 일정한 특징과 변화를 나타낸다. 본 절에서는 이와 같은 특징과 변화 양상을 정리·검토하고자 한다.

먼저 취락 유적은 경기 지역의 도구 다양도가 대체로 높고 충청 지역은 낮은 경향을 보인다. 경기 지역의 균등도는 모두 0.5 이상이며 풍부도는 석교리와 신길동을 제외하면 모두 7 이상으로 산출되었다. 충청 지역의 균등도는 모두 0.5 미만이며, 풍부도는 7 이하이다. 경기 지역에서도 내륙의 도구 다양도가 해안 보다 대체로 높은 양상을 나타난다. 도구 출토 양상은 전체적으로 갈돌, 갈판, 고석, 대석과 같은 식량처리구가 가장 많은 출토수를 보이지만, 경기 내륙 지역에서는 화살촉, 어망추 등 포획과 관련된 도구가 빈번하게 출토되는 비해 다른 지역에서의 출토수는 매우 적은 특징을 보인다.

취락 유적의 시기별 도구 다양성은 I기에 가장 높고 II기 전반에 낮아지다가 II기 중반 이후에 다시 상승하는 양상을 보인다. 특히 화살촉, 어망추와 같은 식량 포획구와 장신구는 I기와 II기 중반에 주로 출현하고 II기 전반에는 대부북동을 제외하면 출토되지 않는 양상을 보인다. 이와 같은 양상은 I기와 II기 중반 취락에서는 식량의 포획과 처리, 소비 등 좀 더 다양한 행위가 이루어졌음을 반영하고 II기 중반의 취락에서는 식량의 처리 및 소비 위주의 행위가 주로 이루어졌음을 반영하는 것이라고 하겠다. 이는 II기 전반의 취락이 비교적 대규모이지만 주로 주거지만으

로 이루어져 있으며, 야외노지나 수혈은 거의 발견되지 않는 것으로도 반증된다. Ⅱ
기 중반 이후에 도구 다양성이 다시 상승하는 양상은 주거지외에 수혈 및 야외노지
등이 취락에 추가되어 유구의 다양성이 높아지는 현상과 관련되는 것으로 볼 수 있
다. 하지만 중산동(중앙)의 경우에는 신길동, 능곡동과 유사한 균등도를 보이며, 운북
동의 경우 주거지 내부에서 출토된 석기는 소수이고 대부분 지표에서 출토된 것으로
오류의 가능성도 있다.

취락 유적에서 식량자원으로 이용된 식물유체는 견과류와 조, 기장을 중심으로
한 재배작물이 출토되었다. 재배작물은 Ⅰ기에는 출토되지 않아 중서부 지방에서
초기농경은 Ⅱ기 전반부터 시작된 것으로 볼 수 있다. 하지만 암사동, 삼거리와 같
은 Ⅰ기 유적은 부유선별법과 압흔 분석 등과 같이 식물유체에 대한 분석이 실시되
지 않았기 때문에 이를 그대로 받아들이기는 어렵다. 최근 동삼동 패총 출토 융기문
토기에서 압흔이 발견되었고 Ⅰ기 취락 유적의 도구 출토 양상으로 볼 때 초기농경
은 Ⅰ기부터 시작되었을 것으로 보는 것이 타당할 것이다. 조, 기장 이외의 재배작물
은 Ⅱ기 전반에 쌀, 보리, 밀(대천리), 팥과 두류(능곡동) 등이 출토되었다. 쌀, 보리 등의
동정과 시기에 의문을 제기하는 견해도 있고, 출토량도 많지 않아 확신 할 수는 없
으나, Ⅱ기 전반에는 다작물 밭농사가 생계 경제에 차지하는 비중이 증가하는 것에
대한 증거로 볼 수 있다.

패총 및 기타 유적의 도구 출토 양상과 다양성은 시기별로는 뚜렷한 차이를 보이
지 않고, 취락 유적과는 반대로 충청 지역이 높고 경기 지역이 낮은 양상을 보인다.
경기 지역의 학곡리, 까치산, 소연평도, 모이도 등에서 출토된 도구는 어망추가 대
부분을 차지하는 특징을 보여준다. 까치산의 경우 풍부도는 13으로 높게 나타나지
만 균등도는 0.345에 불과 하며, 특히 소연평도의 경우 0.062에 가장 낮은 균등도
를 보이고 있어 어류 포획에 집중된 유적의 성격을 잘 보여준다. 충청 지역은 노래
섬(마지구A)과 대죽리(충청)를 제외하면 0.53~0.59의 균등도가 측정되어 Ⅱ기 전반 경
기 해안의 취락 유적과 유사한 도구 다양성을 보인다. 이는 경기 지역의 패총이 일
시적인 시기에 패류채집이나 어류 포획에 집중된 한정 행위형 유적인 것에 비해, 충
남 지역은 근거지형의 유적이 다수 분포하기 때문인 것으로 추정된다.

패류를 제외한 동물유체는 연평도 일대의 패총과 고남리B-3, 노래섬 패총 등에서 출토되었다. 동물유체는 어류와 포유류뼈가 주종을 이루며, 조류뼈와 인골도 일부 출토되었다. 어류뼈는 매가오리와 참돔이 가장 많은 출토수를 보이고 있으며, 이들의 회유 습성으로 볼 때 어로는 봄~여름 사이에 집중된 것으로 판단된다. 포유류뼈는 사슴, 멧돼지, 개 등이 주종을 이루지만 노래섬(가지구)에서는 돌고래, 물개 등의 해산 포유류도 출토되어 다양한 포유동물을 식량자원으로 활용했음을 보여준다.

동물유체는 일부 패총에서만 출토되어 시기에 따른 이용 양상의 변화를 파악하기는 어렵다. 연평도 일대의 출토 양상으로 보면 시간의 흐름에 따라 동물유체(특히 어류)의 출토수가 증가하고 종류도 다양해져 동물 자원의 이용이 강화 되는 것을 알 수 있다. 하지만 패총 3개소의 출토 양상만으로 중서부 지방 동물 자원 이용 양상의 변화를 일반화 하기는 어려우며, Ⅱ기 전반의 양상은 알 수 없다. 또한 어망추 외에 포획에 사용되었을 도구가 거의 출토되지 않아 고고학 자료만으로 수렵과 어로 방법의 양상을 파악하기는 어려운 실정이다.

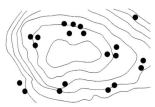

V. 취락의 점유 양상

한반도 중서부 지방 신석기 문화 변동

인간 생활의 근거지는 가옥이 되며, 따라서 좁은 의미의 취락은 가옥의 집합체라고 정의 할 수 있다. 그러나 인간 생활은 가옥에서만 이루어지는 것이 아니기 때문에 가옥 주변에 배치된 창고와 같은 부속 건물, 농경지, 공한지(광장) 등 거주 형태 전반을 아우르는 영역을 넓은 의미의 취락이라고 지리학에서는 정의하고 있다(오홍석 1989). 이러한 취락의 개념에 따라 신석기시대 유적을 분류하면 주거지가 중심이 된 취락 유적은 좁은 의미의 취락이라고 할 수 있으며, 다양한 인간 행위의 결과로 남겨진 패총, 수혈, 야외노지 등도 넓은 의미에서 모두 취락의 범위에 포함된다고 할 수 있다. 그러나 패총, 수혈, 야외노지 등이 주거지와 떨어져 입지하는 경우 취락 유적과의 관계를 파악하기는 쉽지 않다. 따라서 본고에서는 취락 유적을 중심으로 취락의 배치와 점유양상을 살펴보고 기타 유적은 보조적으로 활용하도록 하겠다.

취락의 배치와 점유 양상이 시기와 지역에 따라 변동하는 과정을 Ⅳ장에서 살펴본 도구 다양성과 연계하여 검토함으로써 중서부 지방 신석기시대 생계 · 주거 체계의 변동 과정에 대한 구체적인 해석이 가능 할 것이다.

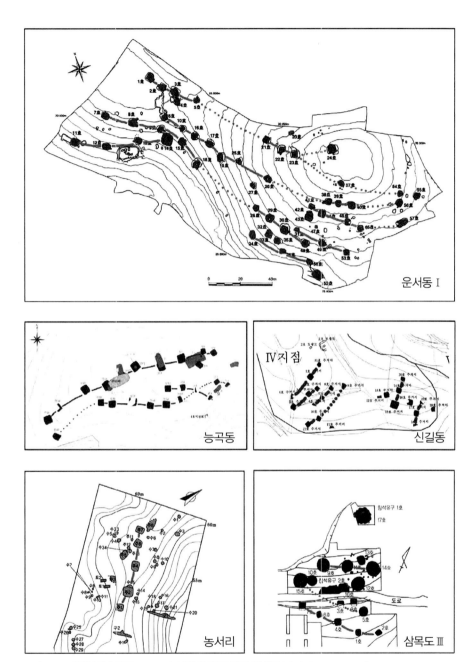

그림 Ⅴ-1. 서해 중부 지역 Ⅰ~Ⅱ기 취락 유적 주거지 배치도(임상택 2010b, p.35)

1. 연구 현황

우리나라 신석기시대 취락 연구는 2000년대 중반 이후 취락 유적이 급증함에 따라 활성화 되었으며, 특히 중서부 지방을 중심으로 연구가 진행되고 있다. 다른 지역에서도 주거지의 발굴조사는 꾸준히 증가했지만, 시기별 주거지의 구조와 취락의 배치양상을 파악할 수 있을 정도로 발굴조사 자료가 축적된 경우를 중서부 지방 외에는 찾아보기 어렵기 때문이다. 하지만 최근에는 영동과 남부 지방에서도 취락의 조사례가 꾸준히 증가하고 있어 앞으로의 연구 성과가 기대된다. 우리나라 신석기시대 취락 연구 현황에 대한 개괄은 이미 다루어진 바 있으므로(구자진 2011) 본고에서는 2000년대 이후 주요 연구를 중심으로 살펴보고자 한다.

2000년대 이후 취락 연구의 방향은 개별 주거지의 구조와 평면형태 분류에 집중됐던 경향에서 벗어나 취락 단위의 분석을 통해 공간 배치와 점유 양상, 입지 변화 연구 등 다양한 분야로 확장되고 있다.

이상균은 한반도 신석기시대 주거지의 평면 형태와 구조를 6개 지역으로 나누어 개괄하고(이상균 2002b), 이를 바탕으로 주거지 내부 공간의 분할, 취락의 공간 배치, 시기별 변화 양상에 대해 정리하였다(이상균 2003). 그는 주거지의 평면 구조와 유물의 출토 양상을 통해 공간의 기능을 추정하여, 우리나라 신석기시대 주거 공간을 노지를 중심으로 작업, 취사, 생활, 거실, 의례 공간 등으로 구분하였다. 취락의 공간 배치는 중앙에 공공장소로서 광장이 있는 환상(環狀), 호상형태(弧狀形態)로 파악하였다. 이와 같은 이상균의 견해는 우리나라 신석기시대 취락 연구에 대한 다양한 연구 시각을 제공했다는 점에서 의의가 있지만, 고고학 자료에 대한 치밀한 분석보다는 일본 죠몬시대의 연구 결과를 그대로 대입한 것에 가까워 받아들이기 어려운 부분이 많다(구자진 2010). 특히 임상택(2006)의 지적과 같이 환상 배치와 중앙 광장을 개별 주거지의 동시기성에 대한 검토가 없는 상황에서 우리나라 신석기시대 취락의 일반적인 공간 배치로 설명하는 것은 납득하기 어렵다.

임상택은 취락의 규모 변화를 초기농경의 도입과 관련된 경제적 이유를 주 요인으로 들어 설명하였다. 즉, 자신의 편년안에 따라 전기 후반 초기농경의 도입과 정착으로 신석기집단이 안정화 되면서 정주성이 증가하여, 중기에 대규모 취락이 최대에 이르고 후기에 들어서 집단은 소규모화 하여 취락의 규모가 축소된 후 말기에는 정주 취락이 해체되는 것으로 파악한 것이다(임상택 2006). 이후 그는 운서동Ⅰ, 중산동(중앙) 유적이 발굴됨에 따라 전기 후반에 이미 대규모 취락이 출현하고 후기에도 대규모 취락과 소규모 취락이 병존하는 것으로 기존 견해를 일부 수정하였다(임상택 2010b). 취락의 공간 배치는 전·중기에는 일반적으로 2~3기의 주거지가 하나의 단위를 이루는 병렬 배치로 파악하였으며, 후기에는 대형 장방형 주거지가 출현하여 평남 황해 지역에서는 대형 주거지가 다른 소형 주거지와 공존하는 양상을 보이고, 중부 이남 지역에는 대형 주거지가 단독으로 구릉상에 입지하는 것을 가장 큰 특징으로 파악하였다(임상택 2006). 이후 중서부 해안 및 도서 지역 취락 유적의 발굴조사 성과에 따라 전·중기 구릉에 위치한 대규모 취락은 기본적으로 열상 배치의 형태를 이루고(그림Ⅴ-1 참조), 후기에는 2~3기의 주거지가 하나의 단위를 형성하여 구릉상에 일정 거리를 두고 배치되는 양상으로 파악하고 있다(임상택 2010b).

대규모 취락의 공간 구조를 열상 배치로 파악한 견해는 그 시작과 끝을 어떻게 설정하느냐에 따라 많은 차이가 발생한다는 점에서 작위적이며(공민규 2011), ^{14}C연대측정 결과 주거 형식별 군집 패턴으로 볼 때 동시기성에 문제가 있어 재고의 여지가 있다는 비판이 제기되었다(이형원 2012). 필자도 신길동, 삼목도Ⅲ 유적의 취락 배치를 열상으로 보는 것은 재고의 여지가 있지만, 운서동Ⅰ, 능곡동, 농서리 유적은 기본적으로 등고선을 따라 주거지가 배치되어 있다는 점에서 열상 배치로 보는 것이 타당하다고 판단되며 자세한 논의는 후술하겠다.

또한 임상택은 중·후기 신석기시대 유적을 유구의 조합에 따라 6개의 범주로 분류하고(표Ⅴ-1 참조), 유적에서 출토된 석기 조성을 비교 검토하여 3~4단계의 위계를 가지는 취락 체계를 상정하였다(임상택 2010a). 임상택이 상정한 취락 체계는 그 자신도 인정하듯이 제한된 자료를 대상으로 한 한계는 있으며, 다분히 시론적인 성격의 글이라고 할 수 있다. 하지만 주로 패총을 대상으로 진행되던 유적의 성격과 운용 방식에 대한 논의를 확장하여, 취락 유적 외에 기타 유적을 모두 취락의 범위에 포함시켜 향후 연구의 방향을 제시했다는 점에서 높게 평가 할 수 있다.

표 Ⅴ-1. 유적의 분류(임상택 2010a, p.139)

유적범주	유구
A1	(장)방형 주거지+(수혈 또는 야외노지)
A2	원형 주거지+(수혈 또는 야외노지)
B	원형 수혈만으로 구성
C	패총+(수혈 또는 기둥열)+(야외노지)
D	야외노지만으로 구성
E	기타(소토면, 포함층 등)

표 Ⅴ-2. 우리나라 신석기시대 마을유적 분류안
(구자진 2011, p.209)

유적분류	유구
㉮형	집자리+야외화덕시설+움구덩+(기타-무덤, 토기가마 등)
㉯1형	집자리+야외화덕시설
㉯2형	집자리+움구덩
㉰형	집자리

구자진은 2000년대 중반부터 신석기시대 주거지에 대한 연구에 주력하여, 일련의 논문(구자진 2005~2009)을 발표하였으며, 박사학위논문(구자진 2010)을 통해 그의 견해를 집대성 하였다. 그는 우리나라 신석기시대의 편년을 주거지의 시기 및 지역별 변화 양상과 ^{14}C연대측정치를 참고하여 Ⅰ~Ⅲ기로 설정하고 이에 따른 취락의 변천과정을 종합적으로 고찰하였다. 개별 주거지의 구조와 특징을 분석하여 암사동식, 대천리식, 신길동식과 같이 주거지의 유형을 시기와 지역별로 대표되는 유적의 이름을 붙여 설정하였고, 건축 설계 프로그램을 활용하여 신석기시대 가옥의 복원안을 제시하였다. 또한 주거지와 야외노지 수혈 등 기타 유구의 조합 관계를 통해 〈표 Ⅴ-2〉와 같이 취락 유형을 4형으로 구분하여 시기 및 지역별 취락의 구조를 파악하였다(구자진 2010·2011). 구자진의 연구는 취락 규모의 분류에 대한 명확한 기준이 없고 단일 취락내에서 주거지의 동시기성에 대한 검토가 없다는 비판(유지인 2012)이 제기되었지만, 방대한 고고학 자료에 대한 치밀한 분석을 통해 우리나라 신석기시대 취락을 전체적으로 정리 했다는 점에서 중요한 성과로 평가할 수 있다.

배성혁은 16개소의 취락 유적을 분석하여, 취락의 공간 배치를 크게 주거 공간과 생산 공간이 분리된 구조로 파악하였으며, 취락의 규모는 전기에 소규모와 대규모 취락이 병존 하다가 중기에는 대규모 취락이 주류를 이루고, 후기에는 취락이 소규모화 되는 것으로 파악하였다(배성혁 2007). 이는 김천 송죽리 유적의 대형 야외노지를 토기가마로 파악하여 공간 구조를 분석하고, 이를 모델로 다른 취락 유적에도 확장하여 적용한 것이다. 그의 견해는 주거지와 토기가마 외의 기타 유구에 대한 분석이 결여되어 있는 한계는 있지만 취락의 공간 구조를 기능에 따라 분석했다는 점은 높이 평가된다.

이외에도 지역별 주거지의 세부적인 분석을 통한 연구(이승윤 2008a,b), 실험을 통한 주거지의 복원 연구(김진희 2008), 환경 변화에 대한 인간의 적응 양상이라는 관점에서 유적의 입지 변화를 파악한 연구(소상영 2011), 점유 양상 분석을 통해 취락 구조의 변동 양상을 파악한 연구(유지인 2012) 등 다양한 연구가 진행되고 있다. 이 가운데 단연 주목되는 것은 유지인의 연구를 들 수 있다.

유지인은 기존의 취락 연구가 동시기성에 대한 충분한 검토 없이 단순히 주거지 수의 많고 작음만으로 정주 기간을 해석한 것을 강하게 비판하고, 먼저 개별 취락의 동시기성을 주거지의 군집양상, 반복사용 여부, ^{14}C측정 연대 등을 통해 파악하였다. 이를 바탕으로 그는 석기의 조성양상과 다양도, 주거지와 기타 유구와의 조합 관계, 주거지의 반복 사용 여부 등 다양한 분석 결과를 제시하며 후기 취락이 중기 취락보다 상대적으로 장기 점유가 이루어졌다는 학계의 통설을 뒤집는 견해를 제시하였다. 필자는 유지인의 결론에는 다른 견해를 가지고 있으며 이점은 Ⅵ장에서 자세히 살펴볼 것이다. 하지만 그동안의 취락 연구가 개별 주거지의 동시기성에 대한 중요성을 원론적인 차원에서 강조 했을 뿐 구체적인 시도는 없었던 연구 관행에 대한 적절한 지적과 함께 이에 대한 구체적인 해석을 시도했다는 점에서 높이 평가할 수 있을 것이다.

본장에서는 이와 같은 기존 연구 결과를 활용하고 주거지의 구조와 취락의 공간 배치에 대한 구체적인 검토를 통해 시기 및 지역별로 취락의 변동 양상을 파악하고자 한다.

2. 주거지 구조의 특징

1) Ⅰ기

Ⅰ기에 주거지가 조사된 주요 유적은 내륙 지역에 암사동, 삼거리, 대능리, 도서

표 Ⅴ-3. 경기 내륙 지역 Ⅰ기 주거지 현황

유적	호수	주거지					노지				비고
		평면	규모 (cm)	출입시설	단시설	주공	구조	평면	규모 (cm)	위치 (개수)	
암사동	68-A	원형	600×500×?	–	–	4주식	위석식	원형	50	중앙(1)	
	68-B	타원형	500×350×?	–	–	무주식	위석식	방형	50×46	중앙(1)	
	71-1	방형	570×560×30	–	–	4주식	위석식	방형?	(48)	중앙(1)	
	71-2	방형	640×550×25	–	–	4주식	위석식	방형?	(40)×(30)	중앙(1)	
	71-3	원형	(460)×30	–	–	?	–	–	–	–	
	71-4	방형	620×580×90	돌출(경사)	–	4주식	위석식	방형	86×78	중앙(1)	
	71-4'	방형	360×70	–	–	4주식	위석식	타원형	60×50	중앙(1)	
	71-5	방형	760×680×80	돌출(계단)	–	4주식	–	–	–	–	
	71-5'	원형	470×50	–	–	–	위석식	타원형	58×48	중앙(1)	
	71-A	원형	360×30	–	–	–	위석식	원형	70	중앙(1)	저장혈?
	73-1	원형	450×30?	돌출(계단)	–	–	위석식	방형	63×75	중앙(1)	
	74-1	방형	560×470×40	–	–	4주식	위석식	방형	66×54	중앙(1)	
	74-2	원형	480×36	돌출(계단)	–	4주식	위석식	원형	65×54	중앙(1)	
	74-3	방형	620×590×70	돌출(계단)	–	4주식	위석식	방형	80×75	중앙(1)	
	74-4	방형	570×550×95	돌출(계단)	–	4주식	위석식	방형	96×80	중앙(1)	
	74-5	방형	420×(320)×5	–	–	4주식	위석식	방형	66×50	중앙(1)	
	75-1	방형	510×490×100	경사	–	4주식	위석식	방형	70×60	중앙(1)	
	75-2	방형	460×430×65	–	–	4주식	위석식	방형	56×50	중앙(1)	
	75-3	원형	560×115	–	–	4주식	위석식	방형	60×46	중앙(1)	
	75-4	원형(?)	(480)×67	돌출(계단)	–	4주식	위석식	원형	70	중앙(1)	
	75-5	방형	520×(430)×70	–	–	4주식	위석식	원형	68	중앙(1)	
	75-6	?	?	–	–	4주식	위석식	방형	70×50	중앙(1)	
	75-7	원형	640×120	–	–	4주식	위석식	원형	62	중앙(1)	
	75-8	원형	570×83	–	–	4주식	위석식	원형	70	중앙(1)	
	75-9	원형	450×40	–	–	4주식	위석식	타원형	76×60	중앙(1)	
	75-10	원형	420×390×61	–	–	4주식	위석식	원형	50	중앙(1)	

유적	호수	주거지					노지				비고
		평면	규모 (cm)	출입시설	단시설	주공	구조	평면	규모 (cm)	위치 (개수)	
	75-11	방형	(380)×(300)×?	-	-	4주식	위석식	방형	70	중앙(1)	
	98-1	방형	400×380×44	돌출?	-	-	위석식	방형	?	중앙(1)	
	98-2	방형	550×44	-	-	-	?	방형	?	중앙(1)	
	98-3	?	(500)×33	-	-	-	위석식	방형	70×65	중앙(1)	
삼거리	1호	방형	(364)×(346)×30	-	-	-	위석식	원형	111	중앙(1)	
	2호	방형	445×(305)×80	-	-	?	위석식	원형	70	중앙(1)	
	3호	방형	(305)×(270)×25	-	-	6	-	-	-	-	
	4호	방형	(175)×(175)×40	-	-	2	위석식	?	?	중앙(1)	
	5호	방형	460×420×40	-	-	4주식	위석식	원형	80	중앙(1)	
	6호	방형?	(145)×(130)×?	-	-	-	-	-	-	-	
대능리	1호	방형	(270)×430×42	-	-	4주식	수혈식	?	?	중앙(1)	
	2호	방형	(146)×(232)×20	-	-	4주식	-	-	-	-	
	3호	방형	(264)×368×68	-	×	4주식	수혈식	원형	?	중앙(1)	
	4호	방형	(214)×354×52	-	-	4주식	수혈식	?	?	중앙(1)	
	5호	방형	(366)×454×69	-	-	4주식	수혈식	타원형	?	중앙(1)	
	6호	방형	(346)×454×69	-	-	4주식	수혈식	?	?	중앙(1)	
	7호	방형	(244)×364×36	-	-	4주식	수혈식	?	?	중앙(1)	
	8호	방형	(124)×(226)×19	-	-	4주식	-	-	-	-	
	9호	방형	404×478×86	-	×	4주식	수혈식	원형	?	중앙(1)	
	10호	방형	(380)×486×63	-	×	4주식	수혈식	원형	?	중앙(1)	
	11호	방형	(374)×264×29	-	-	4주식	수혈식	?	?	중앙(1)	
	12호	방형	486×(468)×72	돌출	×	4주식	수혈식	?	?	중앙(1)	
	13호	방형	466×484×49	돌출	×	4주식	수혈식	?	?	중앙(1)	
	14호	방형	(350)×380×25	-	-	4주식	수혈식	?	?	중앙(1)	
	15호	방형	(355)×430×20	-	-	4주식	수혈식	?	?	중앙(1)	
	16호	방형	(312)×396×38	-	-	4주식	수혈식	?	?	중앙(1)	
	17호	방형	(312)×458×80	-	×	4주식	수혈식	?	?	중앙(1)	

유적	호수	주거지					노지				비고
		평면	규모 (cm)	출입시설	단시설	주공	구조	평면	규모 (cm)	위치 (개수)	
	18호	방형	(292)×416×35	–	–	4주식	수혈식	?	?	중앙(1)	
	19호	방형	400×446×26	돌출	–	4주식	수혈식	?	?	중앙(1)	
	20호	방형	428×406×21	돌출	×	4주식	수혈식	?	?	중앙(1)	
	21호	방형	434×530×66	–	×	4주식	수혈식	타원형	?	중앙(1)	
	22호	방형	396×370×15	–	–	4주식	수혈식	?	?	중앙(1)	
	23호	방형	532×(434)×36	돌출	–	4주식	수혈식	원형	?	중앙(1)	
	24호	방형	(280)×362×41	–	×	4주식	수혈식	타원형	?	중앙(1)	
	25호	방형	390×400×23	–	–	4주식	수혈식	?	?	중앙(1)	
	26호	방형	420×426×60	돌출	–	4주식	수혈식	?	?	중앙(1)	
	27호	방형	406×440×35	–	–	4주식	수혈식	?	?	중앙(1)	
	28호	방형	484×392×11	–	–	4주식	위석식	장방형	?	중앙(1)	
	29호	방형	(60)×338×28	–	–	4주식	–	–	–	–	
	30호	방형	(282)×(242)×35	–	–	4주식	위석식	?	?	중앙(1)	
	31호	방형	358×336×31	–	–	4주식	수혈식	?	?	중앙(1)	수혈
	32호	방형	(398)×422×43	–	–	4주식	수혈식	?	?	중앙(1)	
	33호	방형	(284)×(66)×30	–	–	4주식	–	–	–	–	
	34호	방형	504×478×46	–	×	4주식	수혈식	원형	?	중앙(1)	
	35호	방형	(538)×(550)×52	–	–	4주식	위석식	원형	?	중앙(1)	
	36호	방형	560×524×44	돌출	–	4주식	수혈식	?	?	중앙(1)	
	37호	방형	440×465×25	–	–	4주식	수혈식	?	?	중앙(1)	
	38호	방형	(200)×(330)×17	–	–	4주식	수혈식	?	?	중앙(1)	
	39호	방형	(225)×(280)×20	–	–	4주식	–	–	–	–	

지역에 운서동Ⅰ, 까치산 패총이 있으며 모두 경기 지역에 속한다. 앞서 살펴본 시기 구분에 따르면 암사동과 운서동Ⅰ 유적은 일부 주거지가 Ⅱ기 이후에 속하기는 하지만 전체적으로 Ⅰ기로 보아도 무리는 없을 것이다.

암사동 유적은 한강변을 따라 좁고 길게 형성된 자연제방 위에 입지하며, 6차에 걸친 발굴조사를 통해 30기의 주거지가 조사되었다. 주거지의 평면은 형태를 파악하기 어려운 3기를 제외하면 원형 12기, 방형 15기이다. 주거지의 내부 면적은 15~50㎡이며, 대체로 방형이 원형에 비해 규모가 크다. 출입시설은 8기에서만 확인되었으며, 대부분 출입구가 외부로 돌출된 형태이나, 75-1호 주거지는 출입구가 돌출되지 않고 내부에 경사를 만들었던 것으로 보인다. 노지는 중앙에 1기의 위석식 노지가 있으며, 기둥 배치는 대체로 4주식이다. 삼거리 유적은 일부만이 발굴되어 6기의 주거지가 조사 되었다. 주거지의 평면 형태는 대체로 방형이며 나머지 구조는 암사동과 거의 유사하다. 대동강과 황해도 지역의 지탑리, 마산리 주거지도 이와 유사한 형태인 것으로 볼 때 내륙의 충적지에 입지한 Ⅰ기의 주거지는 대체로 원형이나 방형의 평면 형태에 위석식 노지를 갖추고 4주식의 주공이 배치된 것이 일반적이라고 볼 수 있다. 구릉에 입지한 대능리 유적[20]도 기본적인 주거지의 구조는 암사동, 삼거리와 유사하다. 하지만 전체 39기의 주거지 중 위석식 노지는 4기에 불과하고 나머지는 수혈식 노지라는 점과 10기의 주거지에서 단시설이 나타난다는 차이가 있다.

해안 및 도서 지역에서는 운서동Ⅰ 유적이 대표적이다. 주거지는 1지점에서 8기 2지점에서 58기 등 모두 66기가 조사되었다. 주거지의 평면 형태는 원형, 방형, 장방형이 있는데, 장방형 주거지(57호)는 Ⅱ기 후반에 조성된 것으로 추정된다. 운서동 주거지는 원형 또는 방형의 평면 형태에 4주식의 주공 배치 노지가 1기, 대체로 돌출된 출입구가 설치되었다는 점에서는 암사동 주거지와 유사하지만 세부적인 구조와 형태에서 차이를 보인다. 먼저 들 수 있는 차이점은 내륙 지역 주거지의 노지가 위석

20　대능리 유적은 아직 보고서가 발간되지 않아 약보고서와 학술대회 발표문, 필자의 현장 실견을 바탕으로 한 내용만을 표에 수록하였다.

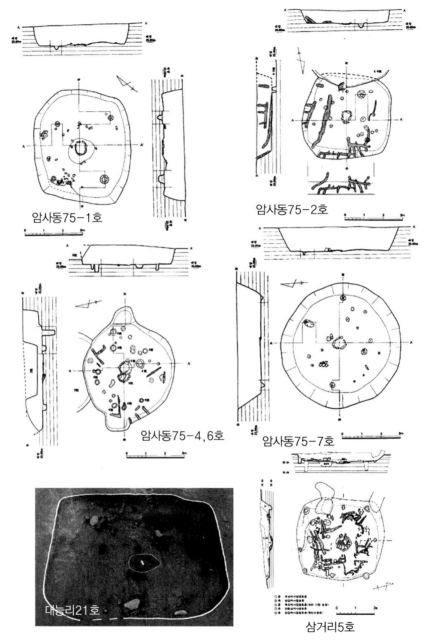

암사동75-1호

암사동75-2호

암사동75-4,6호

암사동75-7호

대능리21호

삼거리5호

그림 V-2. 경기 내륙 지역 I기 주거지

표 V-4. 경기 도서 지역 I기 주거지 현황

유적		호수	주거지					노지				비고
			평면	규모(cm)	출입시설	단시설	주공	구조	평면	규모(cm)	위치(개수)	
운서동 I	1지점	1호	방형	365×340×50	–	×	4주식	수혈식	방형	56×44	중앙(1)	
		2호	방형	390×370×70	돌출	–	4주식?	수혈식	타원형	52×40 50×34	편재(2)	
		3호	원형	534×505×95	돌출	×	4주식	수혈식	원형	72×60	중앙(2)	
		4호	방형	635×600×136	돌출	×	불규칙	수혈식	타원형	106×73 90×80	중앙(1) 편재(1)	
		5호	방형	480×430×96	돌출	×	4주식	수혈식	원형	45×40	중앙(1)	
		6호	타원형	390×310×32	–	×	불규칙	–	–	–	–	
		7호	방형?	260×(140)×16	–	–	?	–	–	–	–	
		8호	?	?	–	–	불규칙	수혈식	원형	75	?	
	2지점	1호	방형	530×495×83	돌출	×	4주식?	수혈식	원형	45	중앙(1)	
		2호	방형	480×460×50	돌출	×	4주식?	수혈식	원형	55	중앙(1)	
		3호	방형	560×540×120	돌출	×	4주식	수혈식	원형	55	중앙(1)	
		4호	방형	(440)×435×25	?	×	불규칙	수혈식	부정형	?	중앙(1)	수혈
		5호	원형?	(410)×(370)×30	?	?	4주식?	수혈식	원형	60×55	중앙(1)	
		6호	방형	465×460×64	–	×	불규칙	수혈식	타원형	70×50	중앙(1)	
		7호	방형	470×440×80	돌출	×	불규칙	수혈식	타원형	55×35	중앙(1)	
		8호	방형	550×470×85	–	×	4주식?	수혈식	타원형	65×55	중앙(1)	수혈
		9호	방형	520×490×90	돌출	×	4주식?	수혈식	원형	50	중앙(1)	
		10호	원형	435×360×75	돌출	×	4주식	수혈식	타원형	52×35	중앙(1)	
		11호	방형	510×452×110	돌출	×	4주식?	수혈식	방형	45×35	중앙(1)	
		12호	방형	525×(420)×80	돌출	×	4주식	수혈식	타원형	63×37	중앙(1)	
		13호	방형	480×380×100	돌출	×	4주식	수혈식	원형	50	중앙(1)	수혈
		14호	방형	670×650×160	돌출	×	4주식	수혈식	원형	60	중앙(1)	
		15호	방형	474×350×80	돌출	–	4주식	수혈식	원형	50	중앙(1)	
		16호	방형	510×455×75	–	×	4주식	수혈식	원형	50	중앙(1)	집석

유적	호수	주거지					노지				비고
		평면	규모 (cm)	출입 시설	단시설	주공	구조	평면	규모 (cm)	위치 (개수)	
	17호	방형	516×500×84	돌출	×	불규칙	수혈식	타원형	52×50 60×45	중앙(2) 중복	
	18호	방형	645×555×150	계단식?	×	4주식	수혈식	원형	60×(30) 80	중앙(2) 중복	
	19호	방형	500×490×140	돌출	×	4주식	수혈식	타원형	65×45 65×55	중앙(1) 편재(1)	
	20호	방형?	302×(205)×36	–	–	불규칙	–	–	–	–	
	21호	방형	480×450×92	–	×	4주식	수혈식	타원형	52×40	중앙(1)	
	22호	방형	540×500×105	돌출	×	4주식?	수혈식	타원형	60×45	중앙(1)	
	23호	방형	490×410×85	돌출	×	4주식	수혈식	오각형	62×48	중앙(1)	수혈
	24호	방형	664×465×140	돌출	×	4주식	수혈식	방형	75×60	중앙(1)	수혈
	25호	원형	470×400×85	–	×	4주식	수혈식	타원형	70×50	중앙(1)	
	26호	방형	475×375×115	경사	×	방형	수혈식	방형	45×35	중앙(1)	구
	27호	방형	400×(280)×65	돌출	×	불규칙	수혈식	방형	55×45	중앙(1)	수혈
	28호	방형	405×345×110	돌출	×	4주식	수혈식	원형	60	중앙(1)	
	29호	방형	510×440×95	–	×	4주식	수혈식	타원형	100×80	중앙(1)	수혈
	30호	방형	590×560×120	돌출	×	4주식	수혈식	타원형	72×65	중앙(1)	
	31호	방형?	345×(256)×35	–	×	4주식?	수혈식	원형	55	중앙(1)	
	32호	방형?	385×(240)×32	돌출	–	?	수혈식	타원형	65×55	중앙(1)	수혈
	33호	방형?	430×(300)×40	–	×	?	수혈식	방형	47×45	중앙(1)	
	34호	방형?	377×(156)×41	–	–	?	수혈식	방형	55×45	중앙(1)	
	35호	방형	500×340×102	돌출	×	4주식	수혈식	원형	60	중앙(1)	구
	36호	방형?	358×(272)×91	–	×	4주식	수혈식	타원형	60×50	중앙(1)	
	37호	?	(396)×(312)×47	–	–	–	수혈식	원형	55	중앙?(1)	
	38호	방형	430×385×102	돌출	×	4주식	수혈식	방형	35×30	중앙(1)	
	39호	방형	363×(344)×85	–	–	?	수혈식	타원형	43×30	중앙(1)	
	40호	방형	460×425×75	–	×	4주식	수혈식	방형	55×53	중앙(1)	
	41호	방형	350×290×47	–	–	불규칙	수혈식	방형	42×38	중앙(1)	

유적	호수	주거지					노지				비고
		평면	규모(cm)	출입시설	단시설	주공	구조	평면	규모(cm)	위치(개수)	
	42호	방형?	365×(260)×62	–	–	4주식?	수혈식	타원형	45×30	중앙(1)	
	43호	방형	465×300×?	–	–	4주식	수혈식	?	?	편재(2)	구
	44호	방형	473×426×70	–	×	4주식	수혈식	방형	30×30	중앙(1)	
	45호	원형	366×368×54	–	–	벽가?	수혈식	타원형	60×46	중앙(1)	
	46호	방형?	385×(330)×35	–	×	4주식?	–	–	–	–	
	47호	방형?	223×(217)×30	–	–	?	수혈식	타원형	45×30	중앙?(1)	
	48호	방형	540×420×110	경사?	×	4주식	수혈식	타원형 장방형	40×30 55×40	중앙(2) 중복	구
	49호	원형	480×470×60	돌출	×	불규칙	수혈식	원형	55×50	중앙(1)	
	50호	방형?	460×(240)×70	–	×	불규칙	수혈식	원형	60	중앙(1)	
	51호	방형?	550×(500)×80	–	–	불규칙	수혈식	원형	40	중앙(1)	
	52호	방형?	540×(345)×10	–	–	불규칙	수혈식	원형	55	중앙(1)	
	53호	방형?	(327)×(250)×22	–	–	4주식?	수혈식	원형	30	중앙?(1)	
	54호	원형	348×285×40	–	×	불규칙	수혈식	타원형	57×50	중앙(1)	
	55호	방형	470×440×65	돌출	×	4주식	수혈식	방형	40×35	중앙(1)	
	56호	원형	485×410×90	돌출	×	벽가	수혈식	원형	55	중앙(1)	
	57호	장방형	745×405×65	계단식?	×	불규칙	수혈식	원형	60 65	편재(2)	구
	58호	방형	450×445×80	–	×	불규칙	수혈식	원형	50	중앙(1)	
까치산 패총		원형	438×(390)×50	돌출	–	불규칙	수혈식	타원형	110×75	중앙(1)	

식인데 비해 운서동Ⅰ의 경우에는 모두 수혈식을 하고 있다는 점을 들 수 있다. 무엇보다 가장 큰 차이점은 수혈을 2단으로 굴광하여 내부 공간에 단시설21을 두었다

---

21 보고자는 단시설을 장방형의 침상시설과 모서리의 단시설(수납, 의례 등)로 구분하고 있으나, 기능적으로 명확한 구분이 가능한지는 의문이다.

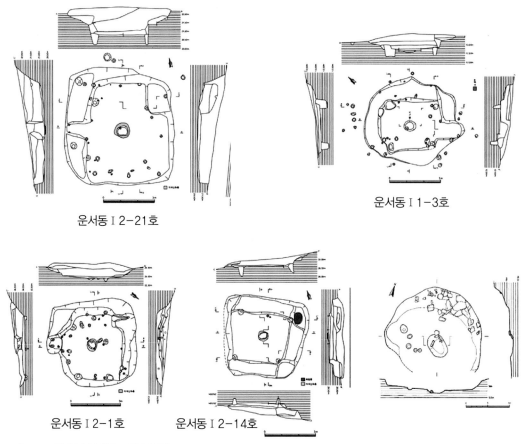

운서동Ⅰ2-21호

운서동Ⅰ1-3호

운서동Ⅰ2-1호　　　　운서동Ⅰ2-14호

그림 Ⅴ-3. 경기 도서 지역 Ⅰ기 주거지

는 점이다. 이와 같은 단시설은 내륙의 구릉에 위치한 대능리 유적에서도 나타나는 것으로 보아 입지의 차이가 주된 이유로 판단된다. 이와 같은 단 시설은 이후에 구조가 단순해지기는 하지만 삼목도Ⅲ, 중산동, 대부북동 유적 등 주로 도서 지역의 주거지에서 나타나는 특징을 보인다. 일부 주거지 바닥에는 다수의 수혈이 존재하며, 노지가 중복되는 경우도 있다. 까치산 패총에서는 패각층 하부 생토면에서 1기의 주거지가 조사되었다. 남벽이 대부분 유실되었으나 평면 형태는 원형에 가까우며 규모는 438×(390)×50cm이다. 벽은 완만한 경사를 이루고 있으며, 바닥은 암반을 제거한 후 사질점토를 깔아 다졌다. 출입구 시설로 보이는 돌출부가 서편에 있으며, 내부 중앙에 수혈식 노지가 있으며, 주공은 서편에 치우쳐서 확인된다.

Ⅰ기 주거지의 전체적인 공통점은 원형, 방형의 평면 형태와 4주식의 기둥배치, 중앙에 1기의 노지를 가지고 있다는 점이다. 이러한 일반적인 Ⅰ기 주거지의 구조 양상은 이후 시기에도 지속적으로 유지되는 공통적인 요소이다.

2) Ⅱ기 전반

표 Ⅴ-5. 경기 지역 Ⅱ기 전반 주거지 현황

유적	호수	주거지						노지				비고
		평면	규모 (cm)	출입 시설	단시설	주공	구조	평면	규모 (cm)	위치 (개수)		
농서리	1호	방형?	336×(196)×16	-	-	4주식	수혈식	원형	20	중앙(1)	수혈
	2호	방형	520×(460)×38	-	-	벽가	수혈식	원형	40	중앙(1)	
	3호	방형?	(260)×(212)×32	-	-	4주식?	수혈식	원형	95	중앙(1)	수혈
	4호	방형	392×346×70	-	-	4주식	수혈식	원형	95	중앙(1)	
	5호	방형	348×278×46	-	-	4주식	수혈식	원형	76×68	중앙(1)	
	6호	방형	340×336×36	-	-	4주식	수혈식	타원형	98×68	중앙(1)	집석
	7호	방형?	(330)×260×28	-	-	4주식	수혈식	원형	76	중앙(1)	
	8호	장방형	478×242×17	돌출		불규칙	?	?	?	?	수혈
석교리	1호	방형	368×326×66	-	×	4주식	수혈식	타원형	38×30	중앙(1)	
	2호	방형?	(384)×448×40	-	×	4주식	수혈식	타원형	48×38	중앙(1)	
	3호	방형?	(390)×314×77	-	×	4주식	수혈식	원형	40	중앙(1)	
	4호	방형?	(404)×308×54	-	×	4주식	수혈식	원형	48×44	중앙(1)	
	5호	방형?	(314)×470×42	-	-	-	-	-	-	-	
	6호	방형?	(270)×(330)×9	-	-	4주식?	수혈식	원형	54×50	중앙(1)	
	7호	방형?	(292)×368×28	-	-	4주식?	수혈식	원형	26	중앙(1)	집석
	8호	방형?	(310)×426×52	-	-	4주식	수혈식	타원형	56×48	중앙(1)	

유적	호수	주거지					노지				비고
		평면	규모 (cm)	출입시설	단시설	주공	구조	평면	규모 (cm)	위치 (개수)	
	9호	방형?	(340)×350×17	–	–	4주식	수혈식	원형	36×32	중앙(1)	
	10호	방형?	(186)×336×25	–	–	–	–	–	–	–	
	11호	방형?	(306)×346×48	–	–	4주식	수혈식	타원형	(80)×60	중앙(1)	
	12호	방형?	(128)×(270)×15	–	–	–	수혈식	타원형	(46)×(42)	중앙(1)	
	13호	방형	336×302×27	–	–	4주식	수혈식	타원형	64×50	중앙(1)	집석
	14호	방형	316×308×36	–	–	4주식	수혈식	타원형	56×40	중앙(1)	
	15호	방형	400×388×23	×	–	4주식	수혈식	타원형	76×56	중앙(1)	집석
	16호	방형	380×334×10	–	–	4주식	수혈식	타원형	54×36	중앙(1)	
	17호	방형	308×252×34	–	–	4주식	수혈식	원형	34	중앙(1)	
	18호	방형	536×518×83	–	–	4주식	수혈식	타원형	76×60	중앙(1)	
	19호	방형	430×410×26	–	×	4주식	수혈식	원형	45	중앙(1)	
	20호	방형?	(216)×378×35	–	–	–	수혈식	타원형	67×58	중앙(1)	
	21호	방형	404×422×66	–	–	4주식	수혈식	타원형	66×49	중앙(1)	
	22호	방형	319×308×36	–	–	4주식	수혈식	원형	39×38	중앙(1)	
	23호	방형	357×348×37	–	–	4주식	수혈식 (석재)	타원형	69×60	중앙(1)	
	24호	방형?	(347)×317×56	–	–	4주식	수혈식	원형	45×42	중앙(1)	
	25호	방형?	(292)×339×85	–	×	4주식?	수혈식	원형	50	중앙(1)	
	26호	방형?	(165)×(374)×50	–	–	–	수혈식	타원형	48×41	중앙(1)	
향남2	1호	장방형	(400)×(350)×38	–	–	5	수혈식	방형 타원형	?	편재(1) 중앙(1)	수혈2
능곡동	1호	방형?	261×(154)×21	–	–	?	–	–	–	–	
	2호	방형	305×274×40	–	–	4주식?	수혈식	타원형	53×32	중앙(1)	
	3호	방형?	275×(153)×33	–	–	?	수혈식	원형?	(23)×(9)	중앙(1)	
	4호	방형	315×313×36	–	–	4주식	수혈식	원형	49×43	중앙(1)	
	5호	방형	356×292×28	–	–	4주식	수혈식	방형	40×38	중앙(1)	
	6호	방형	324×259×17	–	–	4주식?	수혈식	타원형	59×36	중앙(1)	저장혈
	7호	방형	479×415×37	–	–	4주식	수혈식	방형	52×39	중앙(1)	

유적	호수	주거지					노지				비고
		평면	규모 (cm)	출입 시설	단시설	주공	구조	평면	규모 (cm)	위치 (개수)	
	8호	방형?	(265)×(98)×21	–	–	–	–	–	–	–	
	9호	방형?	335×(257)×29	–	–	4주식?	수혈식	방형	53×38	중앙(1)	
	10호	방형?	342×(208)×13	–	–	4주식	수혈식	원형	47×42	중앙(1)	
	11호	방형	351×348×34	–	–	4주식	수혈식	원형	53×45	중앙(1)	구
	12호	방형	415×392×30	–	–	4주식	수혈식	타원형	65×46	중앙(1)	구
	13호	방형	450×406×32	–	–	4주식	수혈식	방형	51×45	중앙(1)	수혈
	14호	방형	381×368×46	–	–	4주식	수혈식	타원형	50×40	중앙(1)	
	15호	방형	486×475×31	–	–	4주식	수혈식	방형	57×51	중앙(1)	구
	16호	방형?	(433)×(416)×22	–	–	?	–	–	–	–	구
	17호	방형?	(140)×(111)×22	–	–	?	–	–	–	–	구
	18호	방형	502×424×57	–	–	4주식	수혈식	방형	60×51	중앙(1)	구
	19호	방형	390×388×57	–	–	4주식	수혈식	방형	43×35	중앙(1)	
	20호	방형	363×352×42	–	–	4주식	수혈식	방형	40×39	중앙(1)	구
	21호	방형	474×414×35	–	–	4주식	수혈식	타원형	51×44	중앙(1)	
	22호	방형?	340×(259)×23	–	–	4주식	–	–	–	–	
	23호	방형	487×415×60	–	–	4주식	수혈식	방형	50×40	중앙(1)	구
	24호	방형	410×314×23	–	–	4주식	수혈식	방형	50×40	중앙(1)	
신길동	Ⅲ지점	방형?	(320)×(240)×5	?	–	–	수혈식	원형	85	중앙(1)	구
	Ⅳ지점 1호	방형	450×440×38	–	–	4주식	수혈식 집석식 수혈식	타원형	55 70 90	중앙(1) 편재(2)	
	2호	방형	340×326×24	–	–	4주식	수혈식	원형	70	중앙(1)	
	3호	방형	376×373×33	–	–	4주식	수혈식	원형	60	중앙(1)	
	4호	방형?	380×(300)×30	–	–	4주식	수혈식	원형	45	중앙(1)	
	5호	방형	442×432×69	–	–	4주식	수혈식	원형	70	중앙(1)	
	6호	방형	353×297×14	–	–	4주식	수혈식	원형	60	중앙(1)	
	7호	방형	310×308×38	–	–	4주식	수혈식	원형	54	중앙(1)	
	8호	방형	341×332×16	–	–	4주식	수혈식	원형	50	중앙(1)	

유적	호수	주거지					노지				비고
		평면	규모(cm)	출입시설	단시설	주공	구조	평면	규모(cm)	위치(개수)	
	9호	방형	386×369×27	-	-	4주식	수혈식	방형	58×36	중앙(1)	
	10호	방형	371×365×23	-	-	4주식	수혈식	원형	55	중앙(1)	
	11호	방형?	303×(175)×6	-	-	4주식	수혈식	원형	45	중앙(1)	
	12호	방형?	330×(310)×12	-	-	4주식	수혈식	타원형	45	중앙(1)	
	13호	방형	403×394×25	-	-	4주식	수혈식	원형	50	중앙(1)	
	14호	방형	417×414×36	-	-	4주식	수혈식	원형	50	중앙(1)	
	15호	방형	574×560×51	-	-	4주식(6주식?)	수혈식	원형	45 40	중앙(1) 편재(1)	
	16호	방형	424×409×50	-	-	4주식	수혈식	타원형	50	중앙(1)	구
	17호	방형	432×400×54	-	-	4주식	수혈식	원형	55	중앙(1)	
	18호	방형	350×(340)×7	-	-	4주식	수혈식	원형	54	중앙(1)	
	19호	방형?	(326)×(285)×21	-	-	4주식?	수혈식	원형	58	중앙(1)	
	20호	방형	322×292×30	-	-	4주식	수혈식	타원형	60	중앙(1)	
	21호	방형	323×303×16	-	-	4주식	수혈식	원형	45	중앙(1)	집석
	22호	방형?	(278)×(204)×10	-	-	?	수혈식	타원형	58	중앙(1)	집석
	23호	방형	(270)×(230)×24	-	-	4주식	수혈식	타원형	55 50	중앙(1) 편재(1)	
대부북동	1호	장방형	708×793×129	-	×	4주식	수혈식	원형	75×90	중앙(1)	집석
	2호	방형	558×544×100	돌출	×	4주식	수혈식	원형	71×72	중앙(1)	
	3호	장방형	736×561×22	돌출	-	4주식	수혈식	원형	129×107	중앙(1)	
	4호	방형	530×512×48	-	-	4주식	수혈식	원형	86×95	중앙(1)	
	5호	방형	534×466×27	돌출	-	4주식	수혈식	원형	116×102	중앙(1)	
	6호	방형	500×474×51	돌출	-	4주식	수혈식	원형	78×75	중앙(1)	
	7호	방형	376×352×16	-	-	4주식	수혈식	원형	82×80	중앙(1)	
	8호	방형	419×390×29	-	-	4주식	수혈식	타원형	126×91	중앙(1)	
	9호	방형	531×514×88	-	×	4주식	수혈식	원형	84×78	중앙(1)	
	10호	장방형	380×370×51	돌출	-	4주식	수혈식	원형	110×106	중앙(1)	
	11호	방형	482×491×47	돌출	-	4주식	수혈식	원형	86×75	중앙(1)	집석

유적	호수	주거지					노지				비고
		평면	규모 (cm)	출입 시설	단시설	주공	구조	평면	규모 (cm)	위치 (개수)	
	12호	방형	327×263×35	–	–	4주식	수혈식	원형	138×188	중앙(1)	
	13호	방형	530×485×55	돌출	–	4주식	수혈식	원형	90×86	중앙(1)	
	14호	방형	412×422×46	–	–	4주식	수혈식	원형	112×98	중앙(1)	
	15호	방형	396×352×28	–	–	4주식	수혈식	타원형	94×88	중앙(1)	
	16호	장방형	626×431×37	돌출	–	4주식	수혈식	타원형	85×103	중앙(1)	
	17호	방형	510×480×66	–	×	4주식	수혈식	원형	79×74	중앙(1)	
	18호	방형	520×451×64	–	×	4주식	수혈식	원형	56×54	중앙(1)	
	19호	방형	530×496×88	–	×	4주식	수혈식	타원형	86×76	중앙(1)	
삼목도 Ⅲ	1호	방형	340×330×40	–	–	4주식	수혈식	타원형 원형	78×68 85	중앙(2)	
	2호	방형	290×270×20	–	–	4주식	수혈식	타원형	64×42	편재(1)	
	3호	방형?	?	–	–	–	–	–	–	–	
	4호	방형	410×380×50	–	–	4주식	수혈식	타원형 원형	58×48 88×82	중앙(2)	
	5호	원형	580×60	남쪽?	×	4주식? 다수	수혈식	원형	60 52 45	중앙(3)	
	6호	방형	310×290×?	–	–	4주식	수혈식	원형	56	중앙(1)	
	7호	방형?	?	–	–	?	수혈식	원형	60	중앙(1)	
	8호	방형?	?	–	–	?	–	–	–	–	
	9호	원형	720×140	–	×	다수	수혈식	(타)원형	70~100	중앙(3)	
	10호	원형	530	?	?	?	?	?	?	?	미발굴
	11호	원형	750×150	–	×	4주식 다수	수혈식	원형	60~70	중앙(3)	
	12호	원형	720	?	?	?	?	?	?	?	미발굴
	13호	방형	450×400	?	?	?	?	?	?	?	미발굴
	14호	원형	780	?	?	?	?	?	?	?	미발굴
	15호	원형	750	?	?	?	?	?	?	?	미발굴

유적	호수	주거지					노지				비고
		평면	규모 (cm)	출입 시설	단시설	주공	구조	평면	규모 (cm)	위치 (개수)	
	16호	방형	?	?	?	?	?	?	?	?	미발굴
	17호	원형	800	?	?	?	?	?	?	?	미발굴
운서동 Ⅲ	1호	장방형?	(716)×(186)×50	-	-	다수	수혈식	원형	42	편재(1)	
	3호	방형?	(305)×320×37	-	-	불규칙	-	-	-	-	수혈
는들	1호	방형	420×410×?	-	-	4주식 (다수)	수혈식	타원형	90×60	중앙(1)	

Ⅱ기 전반의 주요 취락 유적은 경기 내륙 지역에 농서리, 경기 해안 및 도서 지역에 석교리 · 능곡동 · 신길동 · 삼목도Ⅲ · 대부북동 등이 있으며 운북동1 · 6 지점과 중산동(한강. 중앙)의 일부 주거지도 이시기에 속한다. 충청 지역에 대천리 · 신관동 · 관평동 · 장재리 · 쌍청리(내륙) · 성내리 · 관창리(해안) 등이 있다.

Ⅱ기 전반 주거지의 평면 형태는 원형, 방형, 장방형으로 구분 할 수 있으며, 방형과 장방형이 주류를 이룬다. 방형 주거지는 전 지역에 걸쳐 고른 분포 양상을 보이지만 장방형 주거지는 충청 내륙 지역을 중심으로 분포한다.

방형 주거지의 내부 구조는 Ⅰ기와 유사하나 4주식의 기둥 배치가 더욱 정형화되고 Ⅰ기에 내륙 지역에서는 위석식, 해안 지역에서는 수혈식 노지가 축조된 것에 비해 내륙과 해안 지역 모두 수혈식 노지가 축조된 차이점을 보인다. 노지는 중앙에 1기가 설치되는 것이 대부분이며, Ⅱ기 중반 이후와 같이 2기 이상이 설치되거나 중복된 경우는 거의 보이지 않는다. 또한 수혈 외부로 돌출된 형태의 출입구는 대부북동 유적외에는 거의 발견되지 않고 규모가 다소 작아지는 경향도 Ⅰ기와 다른 점이다. 수혈을 2단으로 굴광하여 단시설을 마련한 주거지는 Ⅰ기 운서동Ⅰ 유적에 비해 정형성은 떨어지지만 석교리, 삼목도Ⅲ, 대부북동 유적 등에서 나타난다.

석교리, 신길동, 농서리, 대부북동 유적의 일부 주거지에서는 원형의 수혈을 파고 내부에 할석을 채워 축조한 집석 유구가 설치되어 있다. 내부에서 목탄흔이 나타나

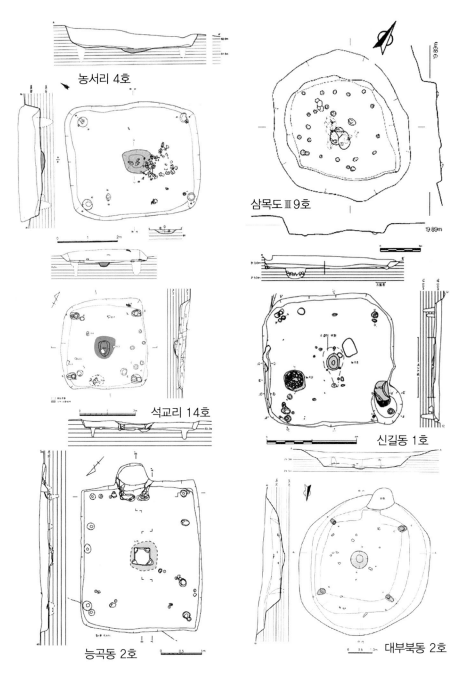

농서리 4호

삼목도Ⅲ9호

석교리 14호

신길동 1호

능곡동 2호

대부북동 2호

그림 Ⅴ-4. 경기 지역 Ⅱ기 전반 주거지

표 Ⅴ-6. 충청 지역 Ⅱ기 전반 주거지 현황

유적	호수	주거지					노지				비고
		평면	규모 (cm)	출입 시설	단 시설	주공	구조	평면	규모 (cm)	위치 (개수)	
장재리	1호	방형	368×300×15	돌출?	–	불규칙	수혈식	타원형	85×60	편재(1)	
	2호	장방형?	(470)×460×?	–	–	불규칙	수혈식	타원형	115×70 155×80	중앙(1) 편재(1)	
	3호	방형	550×344×40	돌출	–	4주식	수혈식	원형	100 95	중앙(1) 편재(1)	
	4호	방형	(320)×330×?	–	×	4주식	수혈식	타원형	125×100	중앙(1)	
	5호	장방형?	590×(272)×28		–	4주식? (다수)	수혈식	타원형	96×68	편재(1)	
	6-1호	장방형	514×373×?	돌출	–	4주식? (다수)	수혈식	원형	70~72	중앙(1) 편재(1)	
	6-2호	방형	390×370×?	돌출	–	4주식	수혈식	원형?	(20)	중앙(1)	
	6-3호	방형	(218)×(270)×?	–	–	–	수혈식	?	?	편재(1)	
	6-4호	방형5	435×350	–	–	불규칙	위석식 수혈식	원형	120×(45) 86×65		
백암리	KC-001	방형	(430)×370×20	–	–	4주식?	수혈식	원형	63?	중앙(1)	
	KC-002	방형	528×(510)×49	–	–	불규칙	수혈식	원형?	72×(49)	편재(1)	
	KC-003	원형	342×(276)×30	–	–	불규칙	수혈식	타원형	95×51	편재(1)	
금석리		방형	790×840×30	–	?	벽가	?	?	?	?	
목리·신리		방형	268×260×30	–	–	4주식	수혈식	원형	68	중앙(1)	
신관동	1호	장방형	522×414×40	돌출	–	4주식?	수혈식	방형	88×42	중앙(1)	
봉명동	1호	원형?	370×38	?	–	불규칙	수혈식	?	?	중앙(1)	
	2호	?	?	–	–	불규칙	수혈식	원형	30	편재(1)	
관평동	1호	장방형	1122×510×54	돌출	–	4주식	수혈식	방형	138×108	편재(1)	
대천리		장방형	950×510×35	돌출	–	4주식 벽가	수혈식	방형	68×67 65×62	편재(2)	칸막이?
신룡리 갓점		장방형	1563×939×85	돌출	×	4주식	수혈식	장방형	117×90	중앙(1)	소성시설?
영하리		장방형	850×457×46	돌출	–	?	수혈식	원형	85	중앙(1)	
학암리		원형	380×15	–	–	–	수혈식	?	?	중앙(1)	

유적	호수	주거지					노지				비고
		평면	규모 (cm)	출입 시설	단 시설	주공	구조	평면	규모 (cm)	위치 (개수)	
쌍청리		장방형	750×(300)×20	돌출	-	불규칙	?	?	?	?	
성내리	1호	방형	500×340×35	돌출	-	4주식?	수혈식	원형	55	중앙(1)	
	2호	방형	510×425×30	-	-	4주식	수혈식	원형	50	중앙(1)	보조기둥
	3호	장방형	610×410×10	-	-	불규칙	?	?	?	?	
	4호	장방형	700×440×40	-	-	불규칙	-	-	-	-	
관창리	2호	장방형	620×500×?	-	-	?	수혈식	원형	?	중앙(1)	
	15호	방형	590×590×?	-	-	?	수혈식	원형	?	중앙(1)	
	47호	장방형	640×540×?	돌출	-	4주식	수혈식	원형	?	중앙(1)	
	52호	장방형	(750)×700×?	돌출	-	4주식	?	?	?	?	
소소리	1호	(장)방형	(462)×(400)×?	-	-	4주식	수혈식?	타원형	123×72	중앙(1)	보조기둥
송월리	1호	(장)방형	(488)×576×38	-	-	4주식?	수혈식	원형	(100)	중앙(1)	저장공?
왕정리	1호	방형	277×275×25	-	-	불규칙	수혈식	원형	45×20	중앙(1)	
상정리	1호	장방형	(110)×710×22	돌출?	-	벽가	?	?	?	?	

고 할석에 피열흔이 있는 것으로 보아 불씨의 저장이나 조리와 관련된 시설로 추정되나, 수혈벽과 중복되거나 인접해서 설치되어 있어 주거지와의 정확한 관계는 파악하기 어렵다.

장방형 주거지는 소위 '대천리식주거지'라고 불리며 충청 내륙 지역을 중심으로 분포한다. 전형적인 대천리식주거지는 단축과 장축의 비가 1 : 1.5 이상이며, 내부에 1~2기의 수혈식 노지가 있고 철기시대의 '凸자형' 주거지와 같이 뚜렷하게 돌출된 출입구를 가지는 것이 특징이다. 또한 대체로 구릉의 정상부에 1~2기만 이 독립적으로 입지하는 특징도 가지고 있다. 주공의 배치는 기본적으로 4주식을 이루지만 벽가를 따라 주공이 설치되거나, 외부에 주공이 있는 경우도 있다. 또한 대천리 유적에서는 내부에 칸막이 시설을 설치하기 위한 것으로 보이는 주공도 조사되었다. 이러한 주공의 배치는 장방형 주거지의 외부 구조가 방형 주거지와는 달리 벽체 시

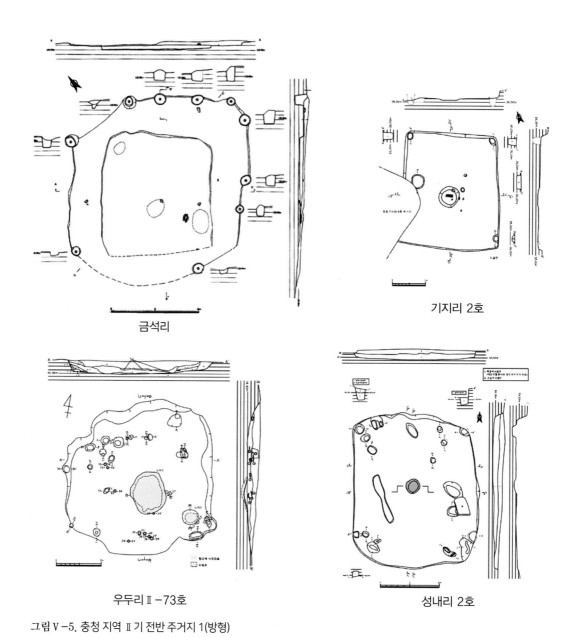

금석리

기지리 2호

우두리Ⅱ-73호

성내리 2호

그림 Ⅴ-5. 충청 지역 Ⅱ기 전반 주거지 1(방형)

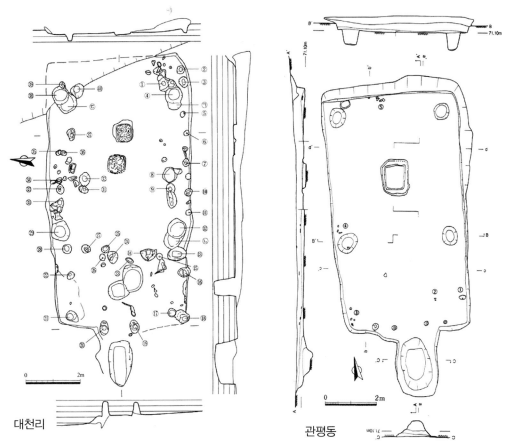

그림 V-6. 충청 지역 Ⅱ기 전반 주거지 2(대천리식)

설과 내부공간을 분할하여 이용하였을 가능성을 보여주는 것이라고 추정된다(구자진 2011).

3) Ⅱ기 중·후반

Ⅱ기 중·후반의 취락 유적은 경기 지역을 중심으로 나타나며 충청 지역에서는 신

표 V-7. 경기 내륙 지역 Ⅱ기 중·후반 주거지 현황(신월리는 충청 내륙)

| 유적 | 호수 | 주거지 | | | | | 노지 | | | | 비고 |
		평면	규모 (cm)	출입 시설	단시설	주공	구조	평면	규모 (cm)	위치 (개수)	
호평동	1호	방형?	(350)×(250)×54	-	-	-	위석식	방형?	80×60	중앙(1)	
	2호	방형?	400×(290)×40	돌출?	-	1	수혈식	타원형 원형	67×58 60	중앙(1) 편재(1)	수혈
	3호	방형?	325×(268)×26	-	-	불규칙	집석식	타원형 원형	63×54 73×68 80×76 58×56	중앙(1) 편재(3)	수혈
당동리	1-1	방형	703×(690)×23	-	-	9주식? (다수)	수혈식	타원형	118×90 103×80 97×84	중앙(1) 편재(2)	
	7-1	방형	392×(378)×12	-	-	불규칙	위석식	방형	80×66	편재(1)	
	7-2	방형?	(470)×458×30	-	-	3	위석식	타원형	114×73	편재(1)	
	7-3	방형	473×402×15	-	-	불규칙	위석식	원형	95	중앙(1)	
사송동	10호	장방형?	510×(180)×36	-	-	3	-	-	-	-	
화접리	3-1	장방형?	(420)×(215)×20	-	-	2	-	-	-	-	
덕송리	1-1호	방형?	(576)×(486)×20	-	-	4주식?	위석식	원형	110	중앙(1)	
	1-2호	방형?	(540)×(430)×10	-	-	-	위석식	원형	80	중앙(1)	
	2호	장방형?	(760)×(558)×?	-	-	-	위석식	원형?	100	중앙(1)	
	3호	방형	(320)×(420)×21	-	-	-	위석식	원형	84	편재?(1)	
신월리	1호	원형	455×10	-	-	벽가	집석식	부정형	?	편재(1)	

월리 외에 뚜렷한 유적을 찾을 수 없다. 신월리 유적도 남한강 유역에 위치하고 있어 금강 유역에서는 취락 유적이 발견되지 않는다. 경기 내륙 지역에는 호평동, 사송동2, 화접리, 덕송리, 당동리 유적 등이 있으며, 농서리 유적의 대천리식주거지(8호)와 일부 방형주거지(2호, 5호)도 Ⅱ기 중반 이후에 속하는 것으로 판단된다. 주거지의 평면 형태는 대체로 방형이나 Ⅱ기 전반에 비해 정형성이 떨어진다. 노지는 수혈식, 위석식, 집석식 노지가 혼재되어 나타나며, 중앙에 2~3기의 노지가 중복되거나

표 V −8. 경기 도서 지역 Ⅱ기 중·후반 주거지 현황 1

유적		호수	주거지					노지				비고
			평면	규모 (cm)	출입시설	단시설	주공	구조	평면	규모 (cm)	위치 (개수)	
중산동(한강)	23지점	1호	방형?	607×(456)×40	–	–	4주식?(다수)	수혈식 위석식	원형	?	중앙(3)	
		2호	방형?	337×(405)×30	돌출	–	–	수혈식	타원형	?	중앙(1)	
		3호	방형	623×638×10	–	–	불규칙	위석식	타원형	?	중앙(1) 편재(1)	
		4호	방형	561×621×38	–	×	4주식(다수)	위석식	타원형	?	중앙(2)	
		5호	방형	509×435×15	?	–	4주식	수혈식	부정형	?	중앙(1) 편재(1)	
		6호	원형	822×780×50	–	×	4주식	수혈식	타원형	?	중앙(1)	
		7호	원형	568×526×75	돌출	×	4주식	수혈식	원형	?	중앙(1)	구
		8호	원형	510×464×80	–	×	4주식	수혈식	방형	?	중앙(1)	
		9호	원형	(544)×477×55	–	–	4주식?	집석식	원형	?	중앙(1)	
		10-1	원형	(825)×(750)×15	–	×	불규칙	수혈식	원형 타원형	?	중앙(2)	
		10-2	원형	825×750×80	–	–	4주식?	위석식	타원형	?	중앙(2)	
		11호	방형	553×461×65	–	–	벽가	수혈식	부정형	?	중앙(1)	
		12호	방형	523×525×50	–	–	벽가	수혈식	원형	?	중앙(1)	
		13호	원형	470×464×50	–	×	불규칙	수혈식	원형	?	편재(1)	
		14-1	방형	(606)×(407)×15	–	–	4주식	수혈식	타원형	?	중앙(1)	
		14-2	원형	1,082×811×70	돌출	×	벽가	위석식	타원형	?	중앙(1)	
		15호	방형	(814)×(575)×13	–	–	–	수혈식 위석식	원형	?	중앙(1) 중앙(1)	
		16호	방형	607×549×40	–	×	4주식	위석식	원형	?	편재(1)	
		17호	방형	465×490×70	–	×	4주식	수혈식	원형	?	중앙(1)	
		18-1	원형	(293)×(320)×42	–	×	4주식	수혈식	원형	?	중앙(1)	
		18-2	방형	317×409×35	–	×	4주식	수혈식	원형	?	중앙(1)	

유적		호수	주거지					노지				비고
			평면	규모 (cm)	출입시설	단시설	주공	구조	평면	규모 (cm)	위치 (개수)	
	21 지 점	19호	방형	272×251×40	–	–	–	수혈식	원형	?	중앙(1)	
		20호	원형	229×218×45	–	–	–	수혈식	원형	?	중앙(1)	
		21호	원형	308×306×40	–	–	4주식	수혈식	타원형	?	중앙(1)	
		22-1	방형	(655)×(568)×20	–	×	4주식?	위석식	타원형	?	중앙(1)	
		22-2	방형	726×719×43	–	×	4주식	위석식	타원형	?	중앙(2)	
		23-1	원형	(650)×(623)×20	–	–	불규칙	수혈식 위석식	타원형	?	편재(2)	
		23-2	원형	(650)×(623)×25	–	–	불규칙	위석식	타원형	?	편재(3)	
		24호	방형	597×616×38	–	–	불규칙	수혈식 위석식	타원형	?	편재(2) 중앙(1)	
		25호	방형	941×725×40	–	–	4주식? (다수)	수혈식 위석식	타원형 원형	?	편재(1) 중앙(2)	
		26호	방형	(452)×(464)×25	–	–	4주식?	수혈식	타원형	?	중앙(1)	
		27-1	방형	646×745×10	–	–	4주식?	수혈식 위석식	타원형	?	편재(1) 중앙(1)	
		27-2	방형	1,002×915×13	–	–	4주식?	위석식	타원형	?	중앙(2)	
		28호	방형	676×754×36	–	×	불규칙	수혈식 위석식	타원형 방형	?	편재(1) 중앙(1)	
		29호	원형	585×704×58	–	–	4주식	위석식	원형	?	중앙(1)	
		30호	방형	738×(762)×70	–	×	4주식 (다수)	위석식	타원형	?	중앙(3)	
		31호	방형	588×550×25	–	–	4주식 (벽가)	수혈식	타원형	?	중앙(1)	
중산동 (고려)		Ⅱ-1	방형?	(435)×(270)×20	–	–	4주식? (다수)	수혈식	장방형	96×62	중앙(1)	
		Ⅶ-1	원형?	514×(415)	돌출?	×	불규칙 (다수)	수혈식 위석식	장방형 타원형	?	중앙(1) 편재(1)	

유적		호수	주거지					노지				비고
			평면	규모 (cm)	출입 시설	단시설	주공	구조	평면	규모 (cm)	위치 (개수)	
중산동 (중앙)	2-1	1호	장방형?	(614)×580×57	–	–	불규칙 (다수)	위석식	타원형 원형	120×80 70	중앙(2)	
		2호	장방형	804×(480)×45	돌출?	–	불규칙 (다수)	수혈식	원형 장방형	50 245×162	중앙(2)	수혈
		3호	타원형	744×675×99	–	×	불규칙 (다수)	수혈식 위석식	타원형 장방형	60 140×70	중앙(2)	
	7	1호	방형	790×764×18	–	–	불규칙 (다수)	수혈식 위석식	?	? 74×40	중앙(2)	수혈
운북동	1지점		방형	296×258×33	돌출	–	4주식	수혈식	타원형	48×42	중앙(1)	
	2지점	1호	방형?	(605)×682×34	–	×	4주식? (다수)	수혈식	타원형	56×38	중앙(1)	
		2호	방형	446×444×34	–	–	4주식	수혈식	타원형	50×32	중앙(1)	
		3호	방형	318×292×28	돌출	–	4주식	수혈식	장방형	53×43	중앙(1)	
		4호	방형	336×295×16	–	–	4주식	수혈식	타원형	58×47	중앙(1)	
	4지점		방형	(778)×786×28	–	–	–	위석식	원형	98×88	중앙(1)	수혈
	5지점		방형?	850×(402)×62	–	–	벽가	위석식	원형	70	중앙(1)	수혈
	6지점	1호	방형?	(190)×(316)×38	–	–	4주식?	수혈식	원형	58×56	중앙(1)	
		2호	방형?	(342)×434×60	–	–	4주식?	수혈식	원형	54×52	중앙(1)	
		3호	방형?	(280)×(288)×22	–	–	4주식?	수혈식	타원형	48×47	중앙(1)	
		4호	방형	(434)×450×100	–	×	4주식?	수혈식	원형	52	중앙(1)	
		5호	방형?	(342)×378×36	–	–	4주식?	수혈식	원형	32×30	중앙(1)	
		6호	원형	(834)×812×72	–	×	불규칙 (다수)	수혈식 위석식	타원형	?	중앙(6)	
		7호	방형	(334)×480×45	–	–	4주식?	수혈식	원형	90×86	중앙(1)	
		8호	방형	(254)×262×42	–	–	4주식 (다수)	수혈식	원형	43×44 45×48	중앙(2)	
		9-1	방형	626×629×27	돌출	–	4주식 (다수)	수혈식	타원형	106×84	중앙(1)	
		9-2	방형	560×408×40	돌출?	–	벽가	위석식	장방형	50×106	중앙(1)	

유적	호수	주거지					노지				비고
		평면	규모(cm)	출입시설	단시설	주공	구조	평면	규모(cm)	위치(개수)	
	10호	방형	500×364×67	-	×	4주식	수혈식	원형	52	중앙(1)	
8지점		방형	372×382×21	-	-	불규칙	수혈식	타원형	41×35	중앙(1)	
을왕리Ⅲ	A-1	원형?	(545)×(560)×45	-	-	불규칙(다수)	위석식	원형	90	중앙(1)	수혈
	A-2	방형?	606×(465)×40	-	-	불규칙(다수)	위석식	원형	60	중앙(1)	수혈
	A-3	장방형?	(895)×(391)×46	-	?	불규칙(다수)	위석식	?	?	중앙(1)	
	B-1	방형?	(468)×(257)×?	-	-	불규칙	위석식	원형	115	?	수혈
모이도	1호	원형?	370×50	-	-	-	위석식(석곽형)	장방형	140×70	중앙(1)	벽체할석보강
	2호	원형?	(360)×50	-	-	-	위석식	방형	60	중앙(1)	벽체할석보강

한쪽에 치우쳐 설치되는 경우도 있다. 주공의 위치는 부정형하며, Ⅱ기 전반과 같이 정연한 4주식의 배치는 거의 나타나지 않는다.

해안 및 도서 지역의 유적은 중산동(한강. 중앙. 고려), 운북동, 을왕리, 구래리2, 운서동Ⅰ 유적의 장방형 주거지(57호)도 이 시기에 속한다. 현재까지의 조사 결과로 볼 때 이 시기의 주거지는 대부분 영종도 주변에 위치한다. 주거지의 평면 형태는 원형, 방형, 장방형이 모두 나타나지만 대체로 방형이 우세하다. 주거지의 규모는 Ⅱ기 전반에 비해 대체로 커지는 경향을 발견할 수 있다. Ⅱ기 전반의 석교리, 능곡동, 신길동 유적에서 조사된 주거지는 대체로 한변의 길이가 350~450cm 내외인 것이 주류를 이루고 큰 경우에도 6m를 넘는 경우는 찾아보기 어렵다. 이와는 달리 중산동(한강), 운북동 유적 등에서는 7m가 넘는 주거지도 다수 조사되었고, 특히 중산동(한강) 14-2, 27-2호와 같이 장축이 10m를 넘는 주거지도 있다. 하지만 Ⅱ기 전반에 속하는 삼목도Ⅲ 유적의 경우 장축이 7m를 초과하는 주거지 들이 조사되어 주거지 규모의 차이가 시기적인 것인지, 해안과 도서 지역 집단간의 차이인지는 명확하지 않다.

　　노지는 수혈식과 위석식이 혼재되어 나타나는데, 생활면의 중복 관계로 볼 때 수

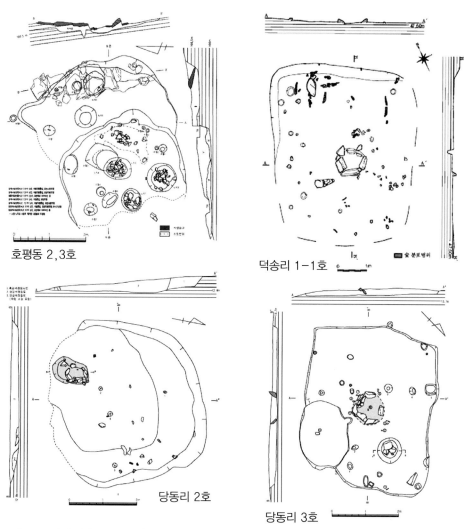

호평동 2,3호

덕송리 1-1호

당동리 2호

당동리 3호

그림 Ⅴ-7. 경기 지역 Ⅱ기 중·후반 주거지 1

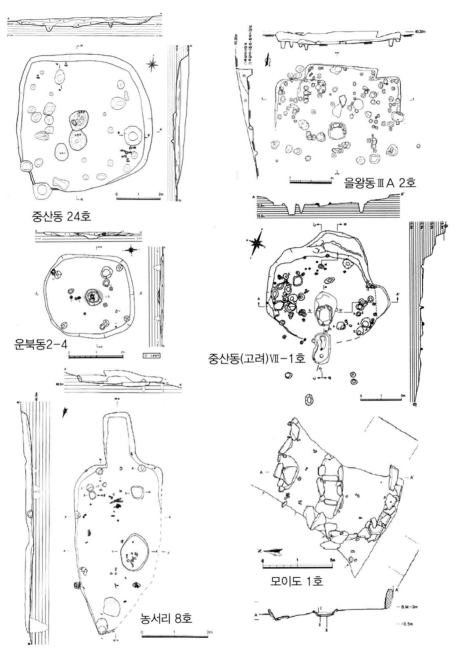

중산동 24호

운북동2-4

을왕동ⅢA 2호

중산동(고려)Ⅶ-1호

농서리 8호

모이도 1호

그림 Ⅴ-8. 경기 지역 Ⅱ기 중·후반 주거지 2

혈식이 대체로 위석식보다 먼저 축조된 것을 알 수 있다. 기둥의 배치는 4주식이 유지되지만 정형성은 Ⅱ기 전반에 비해 떨어진다. 주거지 내부에 노지가 중복된 경우가 많고 바닥에 다수의 주공이 불규칙하게 배치되어 있는 것으로 보아 반복적인 증개축을 통해 재사용한 경우도 많다. Ⅱ기 중반 이후 주거지 내부 구조의 양상은 집단의 정주성이 낮아지고 거주 이동이 증가하는 양상을 반영하는 것으로 판단된다.

모이도에서 조사된 2기의 주거지는 다른 유적에서는 볼 수 없는 독특한 형태이다. 2기 모두 패각층을 파고 축조되었으며, 바닥에는 얇게 점토를 깔았다. 벽은 할석을 이용하여 쌓았으며, 내부에는 위석식 노지를 1기 설치하였다. 주공은 발견되지 않았으나 내부에 편평한 할석이 여러 점 있는 것으로 보아 기둥을 받치기 위한 용도로 사용되었을 가능성도 있다. 할석을 이용하여 벽을 싼 것은 패각층이 무너지기 위한 것을 방지하기 위한 것으로 판단된다. 모이도가 사람이 장기 거주하기에는 어려운 작은 섬이지만 많은 공력을 들인 가옥을 설치한 것으로 볼 때 어류를 집중 포획하는 기간에 비교적 장기간 인간이 거주했던 것으로 판단된다.

3. 취락의 공간 배치와 점유 양상

1) Ⅰ기

Ⅰ기 취락의 공간 배치와 점유 양상을 알 수 있는 유적은 경기 내륙의 암사동, 대능리와 경기 도서 지역의 운서동Ⅰ을 들 수 있다. 암사동 유적은 한강변의 좁고 길게 형성된 자연제방에 입지하며 6차례의 발굴조사를 통해 30기의 주거지가 발굴조사 되었다. 1차 발굴을 통해 드러난 주거군은 열상으로 배치되어 있지만, 3, 4차 발굴을 통해 드러난 주거군은 일정한 배치 양상을 찾을 수 없다(그림Ⅴ-9). 주거지간의 중복관계나 수 만평에 달하는 광범위한 유적 범위로 볼 때 비교적 긴 시간에 걸쳐 점유되었으며, 취락의 구조도 여러 차례의 변화과정을 거쳤을 것으로 추정되지만 소규모 취락은 아니며 비교적 큰 규모의 취락이었을 것으로 판단된다.

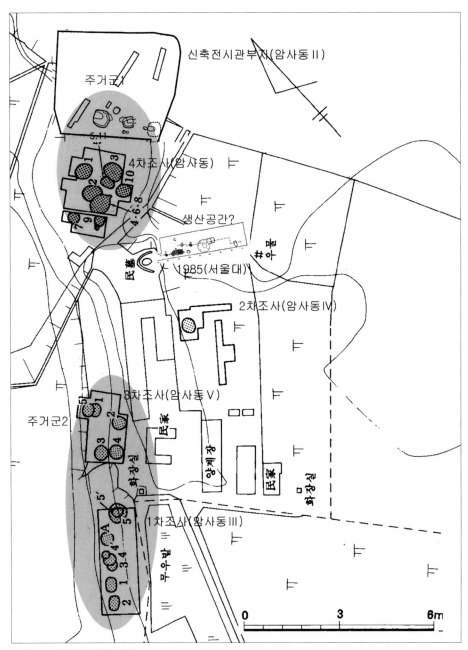

그림 Ⅴ-9. 암사동 취락 배치

주거군에는 주거지외에 뚜렷한 유구가 발견되지 않았으며, 야외노지는 주거군의 동쪽에 분리되어 입지한다. 야외노지는 모두 6기가 발견되었는데 보고자는 집석식 노지인 4기는 적석 유구, 위석식 노지 형태인 2기는 야외노지로 분류하고 출토 깊이로 볼 때 야외노지가 적석 유구보다 선행하는 것으로 보고하였다(서울대학교박물관 1985). 배성혁(2007)은 이중 적석 유구 4기를 주거군과 일정한 거리를 두고 공간을 확보하였고 크기가 대형인 점, 내부에 채워진 돌들이 강한 열을 받아 터진 것이 많다는 점 등을 들어 토기요지로 판단하였다. 이러한 형태의 적석 유구는 여러 차례의 토기 소성 실험을 통해서도 검토되어 개방형 야외소성 방식에 효율적인 것으로 밝혀진 바 있다(김희찬 1996, 소상영 외 2007, 임학종 · 이정근 2006). 물론 적석 유구의 기능을 토기

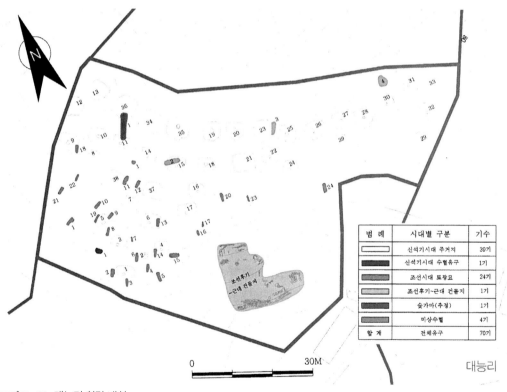

범 례	시대별 구분	기수
	신석기시대 주거지	39기
	신석기시대 수혈유구	1기
	조선시대 토광묘	24기
	조선후기~근대 건물지	1기
	숯가마(추정)	1기
	미상수혈	4기
합 계	전체유구	70기

0   30M

대능리

그림 V-10. 대능리 취락 배치

요지로만 한정 할 수는 없다고 해도, 돌이 파열된 정도의 피열흔 다량의 소토와 목탄이 확인된 것으로 보아 강한 화력과 불길이 필요한 특수한 용도에 사용된 것은 분명하다고 하겠다. 따라서 화재의 위험을 피하기 위해 주거군과 공간을 분리하여 배치한 것이라고 할 수 있다.

대능리 유적은 암사동, 삼거리 등과는 달리 내륙 깊숙한 낮은 구릉지대에 위치하고 있어 Ⅱ기 전반의 취락의 입지와 유사하다. 주거지는 모두 39기가 발견되었으며, 조사지역과 연결되는 동서쪽 구릉에 추가로 주거지가 존재할 가능성도 배제할 수 없다. 주거지의 배치는 등고선을 따라 열상배치를 띠고 있으며 주거지 간 중복관계는 없다. 특히 정상부 2열의 주거지는 정연한 배치를 보이고 있어 동시기에 축조되었을 가능성이 높다. 구릉 하단부의 주거지들도 기본적으로 열상배치를 띠고 있으나 정상부와 비교할 때 정연한 배치가 흐트러져 있어 취락의 규모가 확대되는 과정에서 추가된 것으로 추정된다(그림Ⅴ-10). 주거지 이외에는 별다른 유구가 발견되지 않는 점은 Ⅱ기 전반 경기 해안 및 도서 지역의 취락 구성과 동일하다.

경기 내륙 전기에 기타 유적은 미사리, 횡산리, 학곡리 등이 있다. 미사리 유적은 북한강과 남한강이 합류하여 하곡이 넓어지는 지점에 위치한 하중도에 위치한다. 유적의 입지나 지형은 암사동과 유사하지만 유구는 30여 기의 야외노지와 수혈 유구 3기 만이 조사되었다.[22] 미사리에 주거지가 없는 이유에 대해서 발굴조사의 보고자들은 유적의 현장보존에 따라 대부분의 지역에서 청동기 문화층까지만 조사가 실시되었고, 신석기시대 문화층이 침식이나 청동기 주거지에 의해 파괴되었기 때문으로 설명하고 있다. 하지만 이러한 설명은 수혈 주거지 어깨선과 비슷한 높이에 축조된 야외노지가 다수 발견되는 현상을 설명할 수 없다. 이를 합리적으로 설명하기 위해서는 한강하류 지형의 발달 과정에 대한 연구 결과를 주목할 필요가 있다(신숙정 외 2007). 이 연구에 따르면 미사리 일대의 범람원이 지형적으로 안정되는 시기는 기원전 3,000년경으로 그 이전에는 취락이 형성되기 어려웠기 때문에 자원 확보를 위한

---

22 수혈유구 3기 중 1기는 주거지로 보고되기도 했으나, 구조로 볼 때 주거지로 보기에는 어려운 것으로 판단된다.

한정 행위 장소로 주로 이용되었을 것으로 추정하고 있다. 이를 통해 보면 미사리 유적에 신석기시대에 야외노지만이 발견되는 현상을 합리적으로 설명할 수 있으며, 주거지는 청동기시대 이후부터 형성되는 발굴 결과와도 일치한다. 따라서 미사리는 암사동과 같은 주변의 신석기집단이 특정한 자원을 확보하기 위한 행위의 결과로 남겨진 유적일 가능성이 높다고 판단된다. 미사리의 도구다양성이 암사동과 삼거리에 비해 낮은 것도 이런 가능성을 뒷받침하고 있다. 횡산리와 학곡리 역시 유구 및 유물로 볼 때 미사리와 유사한 성격의 유적으로 판단되며, 특히 학곡리는 석기의 대부분이 어망추에 집중되는 현상과 낮은 석기 다양도로 볼 때 어로 자원 확보를 중심으로 운영된 한정 행위형 유적의 성격을 갖는다.

이와 같은 내용을 종합해보면 경기 내륙의 I기 취락은 일상생활이 이루어지는 주거군과 토기소성과 같은 특수한 행위가 이루어지는 공간으로 구분되고, 일정 시기에 자원 확보를 위한 한정 행위 장소를 포함하여 운영된 것으로 판단되며, 취락의 규모와 석기의 다양도로 볼 때 정주성이 강한 대규모 취락으로 평가된다.

운서동 I 유적은 영종도의 서쪽에 위치해 있으며 해발 18~35m 내외의 나지막한 구릉에 입지한다. 이 유적은 구릉 사이의 만입부를 경계로 1지점(서쪽구릉)과 2지점(동쪽구릉)으로 구분된다. 1지점에서는 주거지8기, 야외노지 5기, 수혈유구 22기, 패총 1개소 등의 유구가 발견되었다. 2지점에서는 주거지 58기, 야외노지 7기, 수혈 유구 54기가 발견되었다. 단일 유적으로 중서부 지방 최대 규모라고 할 수 있다. 물론 앞서 살펴본 바와 같이 운서동 I 은 I기에만 점유된 것은 아니며, II기 중반 이후까지 오랜 기간 점유된 유적이다. 그러나 장방형 주거지(57호)와 패총외에는 토기 문양상에 큰 차이가 없으며, 측정된 절대 연대도 많지 않아 주거지간 시기차를 구분하기는 어렵다.

전체적인 주거지의 공간 배치는 등고선을 따라 늘어선 열상 배치의 형태를 띠는 것으로 보이나 절대 연대로 볼 때 동시기성을 인정하기 어렵다는 문제가 있다. 이형원(2012)은 주거지 형식별 군집 패턴과 ^{14}C연대측정 자료를 이용하여 주거지를 4개의 군집으로 나누고 A-B-C-D구역으로 순차적으로 점유된 것으로 추정하였다. 그러나 앞장에서 살펴본 ^{14}C연대 분석 결과 유사한 연대폭을 가지는 주거지들이 여러 지

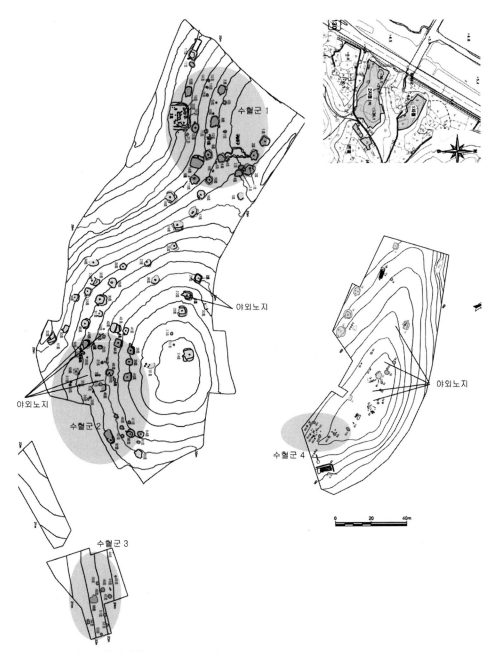

수혈군 1

야외노지

야외노지

수혈군 2

야외노지

수혈군 4

수혈군 3

0   20   40m

그림 V-11. 운서동 I 취락 배치

점에 산재한 것으로 보아 군집에 따라 순차적으로 점유했다기 보다는 작은 주거군이 등고선을 따라 여러 지점에 산개되어 점유된 후 주거군의 규모가 늘어나면서 전체 취락을 형성했을 것으로 추정된다. 결론적으로 운서동 주거지의 공간 배치는 몇 개의 소규모 군집이 하나의 취락을 형성한 것으로 판단되며, 군집의 수와 규모는 시기에 따라 차이가 있었을 것으로 추정된다(그림Ⅴ-11).

　수혈 유구는 1지점의 동쪽, 2지점의 서쪽과 동쪽에 크게 4개의 군집으로 구분되며, 일부 주거지와 중복된 경우도 있으나 대체로 주거군과는 중복되지 않고 공간적으로 분리되어 입지한다. 수혈 유구에서는 소량의 유물만이 출토되거나 없는 경우도 있고 형태와 크기 깊이도 다양하다. 때문에 수혈유구의 용도를 일괄적으로 저장용 구덩이로 볼 수는 없지만, 주거지와는 다른 기능을 가진 것은 분명하다고 하겠다.

　야외노지는 1지점에서 5기, 2지점에 7기 등 모두 12기가 조사되었다. 1지점의 야외노지 중 1기(1호)는 주거지가 폐기된 후 축조되었으며, 나머지 4기는 독립적으로 위치한다. 2지점은 7기 중 4기는 주거지 폐기 후 축조되었으며, 나머지 3기도 주거지와의 거리가 2~4m로 비교적 근거리에 위치하고 있다. 이와 같은 정황으로 볼 때 운서동Ⅰ의 야외노지와 주거군을 동시기로 보기는 어려울 것으로 판단된다. 물론 전체 주거지가 동시에 사용된 것으로 볼 수는 없기 때문에 일부 주거지가 폐기된 후 주거군과 동시에 사용되었을 가능성도 있으나 주거지간에는 중복이 거의 없는 현상과는 배치되는 것이다. 따라서 야외노지는 취락이 거의 쇠퇴한 시기에 조성되었으며, 1지점 서쪽에 위치한 패총과 같이 Ⅱ기 중반 이후에 사용된 것으로 추정된다.

　이를 종합하면 운서동Ⅰ 유적은 Ⅰ기에 조성되기 시작하여 Ⅱ기 후반까지 장기간에 걸쳐 운영된 취락으로, Ⅰ기와 Ⅱ기 전반의 이른 시기까지를 취락의 중심기로 볼 수 있다. 취락의 공간 배치는 여러 개의 주거군이 하나의 취락을 형성한 대규모 취락으로 주거군과 취락의 규모는 시기에 따라 변화했을 것이다. 또한 수혈 유구가 주거군과 공간적으로 분리되어 세 지점에 군집하는 것으로 보아 일상생활 공간과 달리 저장 등을 위한 공간이 별도로 배치되었던 것으로 볼 수 있다. 이 시기의 한정 행위형 유적으로는 송산(야외노지), 외 1리 패총, 까치산 패총 등을 들 수 있다. 송산 유적은 영종도 남동쪽의 해안사구에 위치한 유적으로 21기의 야외노지가 발견되었다.

¹⁴C연대측정치에 의해 Ⅰ기로 편년되었지만 다양한 문양의 토기 등으로 볼 때 Ⅱ기까지 장시간 이용된 것으로 볼 수 있다. 어류뼈 등 직접적인 증거는 출토되지 않았지만 유적의 입지로 볼 때 어류자원을 포획 처리하기 위한 장소로 추정된다. 외 1리 패총은 출토 유물이 빈약하고 굴이 대다수를 차지하는 것으로 보아 겨울~봄 동안 패류 채집을 통해 형성된 유적이다. 까치산 패총에서는 1문화층에서 야외노지 4기, 2문화층에서 원형의 주거지 1기와 야외노지가 조사되었다. 패류는 굴이 주종을 이루어 일반적인 서해안 패총과 유사하나 어류, 포유류, 조류 등의 동물뼈가 다양하게 출토되었다. 특히 포유류뼈의 비중이 높은 것이 특징적이다. 이로 미루어볼 때 까치산 패총(특히 2문화층)은 한정 행위형 유적이라기보다 근거지형 유적에 가까운 것으로 추정된다. 이와 같은 내용을 종합해보면 해안 및 도서 지역의 주거군과 수혈군이 취락내에서 공간적으로 분리되고, 주변 지역에 패총 및 야외노지 등이 자원 확보를 위한 장소로 함께 운영된 것으로 판단된다. 패총은 외 1리와 같이 단기간에 패류채집을 위한 장소로만 활용된 경우도 있으며, 까치산 패총과 같이 비교적 장기간에 걸쳐 다양한 자원을 획득하기 위해 활용된 양상도 확인된다. 운서동Ⅰ 유적의 도구 다양도는 암사동, 삼거리 등 내륙 지역의 취락 유적에 비해서는 낮지만, 다양한 석기들이 출토되었고 취락의 규모로 볼 때 정주성이 높고 장기간 유지된 것으로 판단된다. 이와 같은 정황으로 미루어 볼 때 Ⅰ기에는 주거지 중심으로 구성된 취락을 근거지로 하고 다양한 자원을 조달 이동을 통해 수급하는 생계 전략을 주로 활용한 것으로 판단된다.

2) Ⅱ기 전반

Ⅱ기 전반은 소지역별로 다양한 형태와 규모의 취락이 확산되는 시기이다. 내륙 지역에서는 자연제방에 위치한 대규모 취락이 해체되고, 지류 주변의 구릉으로 취락이 이동하고 규모는 축소되는 경향을 보인다. 해안 및 도서 지역에서는 20기 내외의 대규모 취락과 1~5기 내외의 소규모 취락이 혼재되지만 대규모 취락이 우세하다.

경기 내륙 지역의 대표적 유적은 농서리를 들 수 있다. 이 유적은 8기의 주거지와

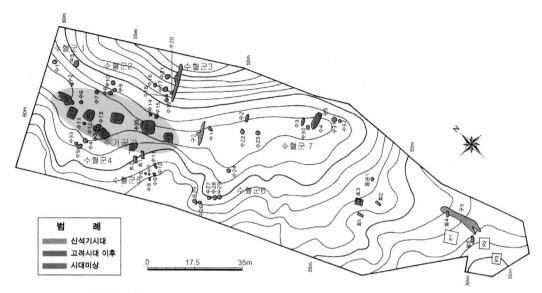

그림 V −12. 농서리 취락 배치

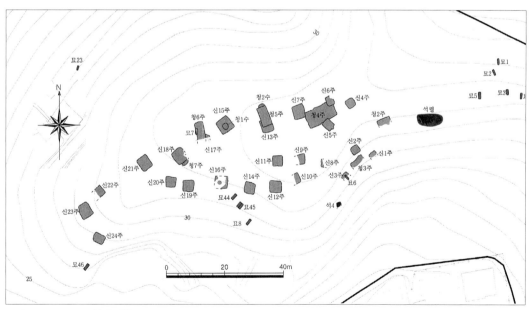

그림 V −13. 능곡동 취락 배치

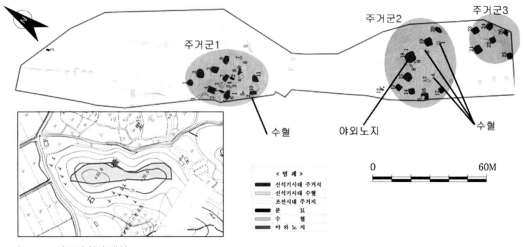

그림 Ⅴ-14. 석교리 취락 배치

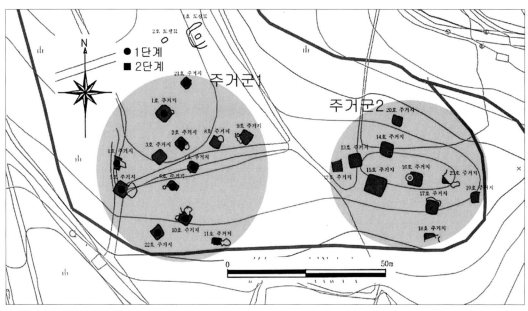

그림 Ⅴ-15. 신길동 취락 배치

38기의 수혈 유구로 구성되어 있으며, 8기의 주거지중 2, 8호(대천리식주거지)는 Ⅱ기 중반 이후로 편년되어 적어도 2단계에 걸쳐 점유된 것으로 판단된다. 주거지는 비교적 평탄한 구릉의 정상부를 따라 열상으로 배치되어 있으며, 수혈 유구는 주거군과 분리되어 정상부 아래 서쪽과 동쪽사면에 몇 개의 군집을 이루고 있다(그림Ⅴ-12). 이와 같은 공간 배치는 기본적으로 운서동Ⅰ 유적과 유사하다. 충청 내륙 지역의 취락은 앞서 살펴본 바와 같이 장방형주거지(대천리식주거지)가 독립구릉에 1~2기가 독립적으로 입지하는 양상을 보여 전반적인 취락 규모의 축소 경향을 잘 보여준다.

해안 및 도서 지역의 대규모 취락은 석교리, 능곡동, 신길동, 대부북동, 삼목도Ⅲ 유적을 들 수 있다. 이 유적들의 주거지는 2~4단계에 걸쳐 조성된 것으로 보이지만 대체로 Ⅱ기 전반에 속한다. 취락의 공간 배치는 석교리, 신길동, 대부북동, 삼목도Ⅲ의 경우 2~3개의 군집으로 나누어지며(그림Ⅴ-14~17), 능곡동의 경우는 등고선을 따라 열상배치 되어 있다(그림Ⅴ-13). 삼목도Ⅲ 유적은 북쪽에 위치한 주거군 1의 주거지 규모가 주거군 2 보다 커서, 기능이나 시기의 차이가 있을 가능성도 있다. 대부북동 유적은 5호 주거지와 10호 주거지 등을 중심으로 몇 기의 주거지가 배치되는 형태

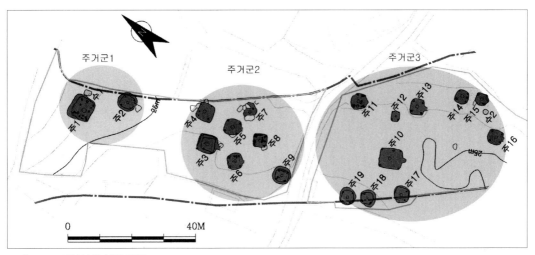

그림Ⅴ-16. 대부북동 취락 배치

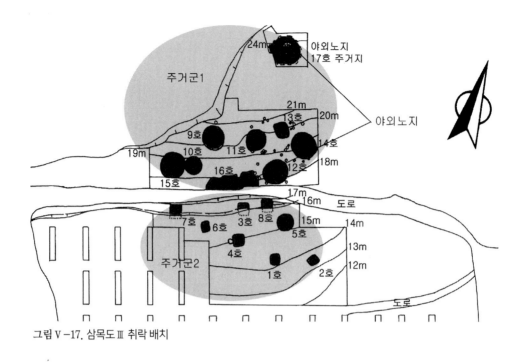

그림 V-17. 삼목도Ⅲ 취락 배치

로 주거군이 형성된 것으로 볼 수 있는데 전체 취락이 발굴조사되지 않아 정확한 양상을 파악하기는 어렵다. 삼목도Ⅲ, 석교리에서 주거지와 중복된 야외노지와 수혈유구 몇 기를 제외하면 모두 주거지로만 구성되어 있는 단순한 양상을 보인다. 석기도 주로 갈돌과 갈판, 고석, 대석과 같은 식물성 식량자원의 처리에 사용되는 도구가 집중 출토된다. 이와 같은 양상으로 볼 때 연중 거주를 바탕으로 한 정주성 취락임은 분명하나, Ⅰ기의 대규모 취락에 비해 정주 기간이 비교적 짧거나 식량자원은 조달 이동을 통해 주로 한정 행위 장소에서 포획, 채집하고 취락에서는 소비 행위가 집중적으로 일어났을 가능성도 있다.

소규모 취락은 경기 지역에 는들, 구래리 1과 중산동(한강, 중앙), 운북동 1지점과 6지점의 일부 주거지와 충남 지역에 성내리, 관창리, 석우리, 송월리, 왕정리 유적 등이 해당한다. 취락은 1~4기 정도로 구성되며, 주거지만으로 구성되거나 야외노지, 수혈유구와 복합되는 경우도 있다. 소규모 취락은 대규모 취락에서 특정 자원획득을 위한 조달 이동 전략의 결과로 남겨진 유적인 경우와 대규모 취락과는 독립적인 집단일 경우를 모두 생각해 볼 수 있다. 전자는 대규모 취락이 대부분 주거지만으로 구성되었다는 점에서 가능성을 엿볼 수 있으며, 경기 해안 및 도서 지역에서 이 경우에 해당하는 유적을 찾을 수 있을 것이다. 후자는 소규모 취락의 ^{14}C연대가 대체로 대규모 취락보다 늦다는 점에서 Ⅱ기 전반에서 중반으로 넘어가는 과정에 집단의 축소 경향과 관련되었을 가능성이 높으며, 대체로 충청 지역의 취락은 후자의 경우에 해당할 것으로 판단된다. 현재로서는 양자를 구분할 수 있는 뚜렷한 기준을 찾기 어려우나 이와 같은 관계를 구분 할 수 있다면 취락의 점유 양상에 대해 좀 더 많은 정보를 얻을 수 있을 것이다.

기타 유적은 패총 및 야외노지가 있으며, 이 시기부터 패총이 도서 지역에 본격적으로 확산되는 것으로 판단된다. 패총은 전기와 마찬가지로 굴이 대다수를 차지하며, 기타 패류는 소량만이 발견된다. 대부분의 패총에서는 패류 외에 별다른 동물유체는 발견되지 않지만 가도 및 노래섬 패총에서는 어류와 포유류뼈가 출토되었다. 남북동 유적은 야외노지 82기로 구성된 유적으로 송산 유적과 같이 해안사구에 입지한다. 유물은 소량만이 출토되었고, 동물유체는 검출되지 않았으나, 잔존 지방산 분석결과 어패류의 포획 및 처리와 관련된 유적으로 추정된다.

요약하면 Ⅱ기 전반에는 대규모 취락과 소규모 취락이 공존하며. 대체로 대규모 취락은 경기해안 및 도서 지역에, 소규모 취락은 내륙 지역에 입지하는 경향을 보인다. 주거지만으로 구성된 단순한 취락의 배치와 도구의 다양도가 줄어드는 양상으로 볼 때 정주기간이 Ⅰ기에 비해 다소 낮아지는 것으로 볼 수 있다. 한편으로 도서 지역에 패총이 증가하는 양상으로 볼 때 해안 및 도서 지역에서는 해양자원의 이용이 강화되는 것으로 판단된다.

3) Ⅱ기 중·후반

Ⅱ기 중·후반의 취락 유적은 중산동(한강) 1개소를 제외하면 소규모화 현상이 현저해 진다. 유적은 경기 지역을 중심으로 발견되며, 충청 지역에서는 Ⅱ기 후반에 신

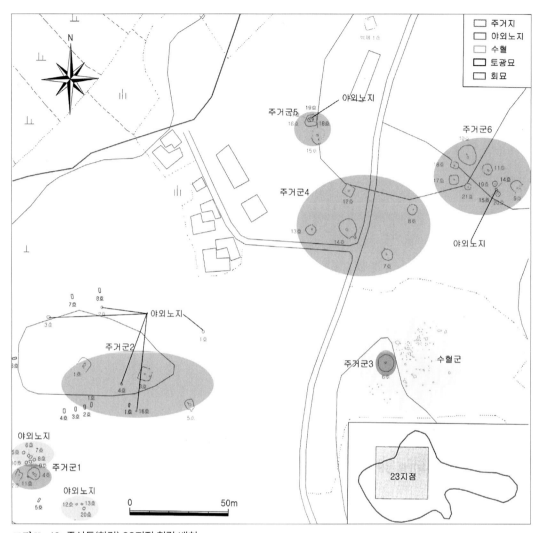

그림 Ⅴ –18. 중산동(한강) 23지점 취락 배치

월리 유적 1개소만이 조사되었다. 충남 해안 지역에는 패총만이 잔존한다.

　내륙 지역의 주요 유적은 호평동, 당동리, 덕송리 등이다. 취락은 1~3기 내외의 주거지와 야외노지로 구성되며, 덕송리 유적에서는 일반적인 원형의 야외노지가 아닌 대형 부정형 야외노지(집석유구)도 3기 조사되었다.

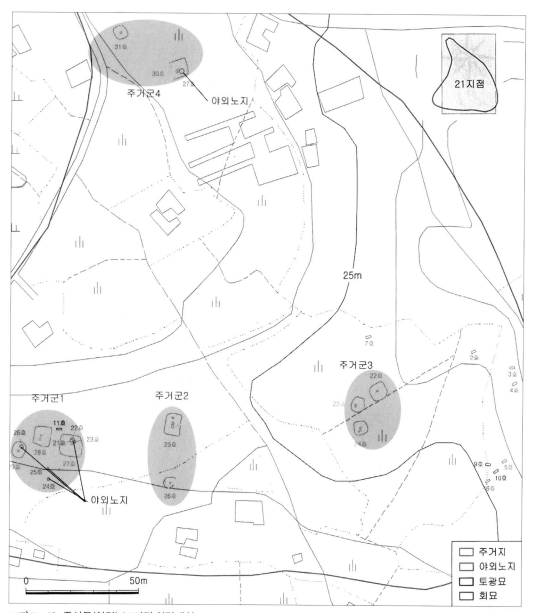

그림 Ⅴ-19. 중산동(한강) 21지점 취락배치

해안 및 도서 지역의 주요 유적은 중산동(한강, 중앙, 고려), 운북동 등이 있다. 중산동(한강)과 운북동 유적은 앞서 살펴본바와 같이 Ⅱ기 내에 장기간 점유된 취락이다. 중산동(한강) 유적은 21지점에서 10기, 23지점에서 21기 등 모두 31기의 주거지가 조사되었다. 주거군은 Ⅱ기 전반의 대규모 취락이 열상 배치나 10여 기 내외의 주거지가 하나의 군집을 이루어 배치되는 것과는 달리 23지점에서 8기의 주거지가 하나의 군집을 이루는 경우를 제외하면 1~4기의 주거지가 분산 배치된 산촌(散村)23의 형태를 띠고 있다. 주거군은 크게 10개군으로 분리할 수 있지만 특별한 정형성을 띠고 있지는 않다(그림 Ⅴ-18, 19). 14C연대측정 자료 분석 결과로 볼 때 약 5차례에 걸쳐 주거지가 축조되었으며, 주거지는 먼저 1~2기가 독립적으로 축조된 후 주변에 다시 주거지가 추가되는 형태로 취락이 형성된 것으로 추정된다. 이는 주거지 생활면을 재사용한 경우는 확인되지만, 주거지간의 중복은 거의 발견 할 수 없는 현상과 관련된 것으로 볼 수 있다. 즉 인접한 주거지가 사용되지 않는 경우에도 최소한 주거지가 있었던 장소를 인지하고 있었던 것으로 보는 것이 합리적이기 때문이다. 문제는 분산된 주거군을 묶어서 지점별로 하나의 취락으로 설정할 수 있느냐는 것이다. 앞서 보았듯이 이러한 주거지의 배치를 산촌으로 생각한다면 적어도 21, 23지점을 각각 독립 취락으로 볼 수 있을 것이다. 그러나 1~4기의 작은 주거군을 이루는 형태와 생활면의 재사용 사례는 일반적인 Ⅱ기 중반 이후의 소규모 취락과 같은 형태이다. 이는 정주성이 약화되고 계절적 또는 몇 년 단위의 주기적 이동에 의해 나타나는 결과로 보는 것이 합리적이다. 때문에 중산동(한강) 취락을 구성하는 소규모 주거군들은 상호간 친연성이 높은 관계임에는 분명하나 동시기의 단일 취락으로 설정하기는 어렵다고 생각한다. 주거지 외의 유구는 야외노지와 수혈이 있는데 야외노지는 주거지 폐기 이후에 설치되거나 주변에 위치한다. 수혈 유구는 6호 주거지 주변에 집중적으로 분포한다. 수혈 유구를 저장 시설로 본다면 생활 공간과 저장 공간의 분리를 생각해 볼 수도 있으나, 대부분의 수혈이 축조 시기가 불분명하고 규모와 형태도 저장

---

23 보고서에는 이를 산개(散開)군집이라고 표현하고 있다.

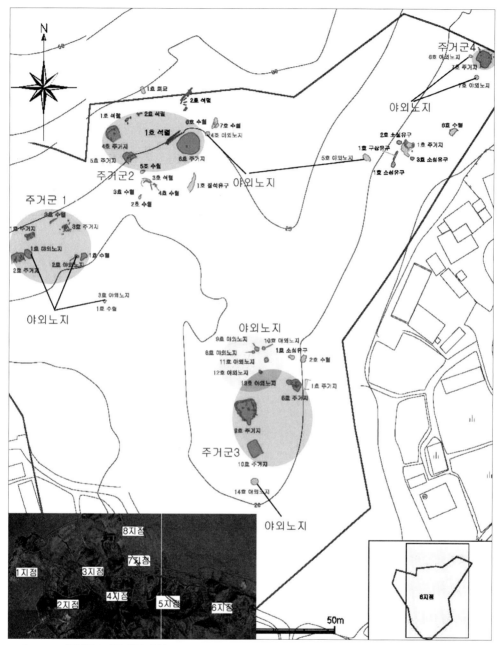

그림 V-20. 운북동 6지점 취락 배치

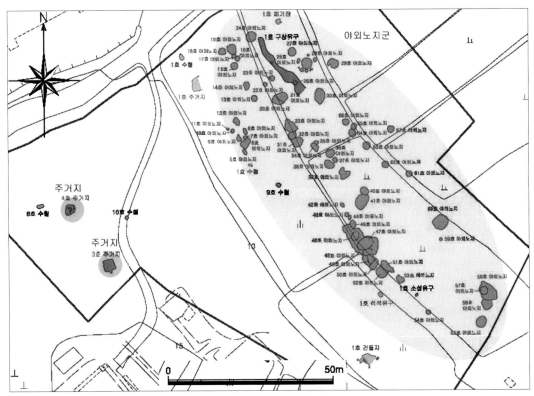

그림 Ⅴ-21. 운북동 2-1지점 취락 배치

용으로 볼 수 있는 것은 몇 기에 불과해 정확한 양상은 알기 어렵다.

　운북동 유적은 8개 지점에 대한 발굴조사를 실시하여 7개 지점에서 주거지 18기, 수혈 16기, 야외노지 84기, 구상유구 1기 등의 신석기시대 유구가 확인되었다. 18기의 주거지는 1, 4, 5, 8지점에서 각 1기, 2지점 4기, 6지점 10기로 넓은 지역에 분산되어있다. 주거지는 대부분 1기씩 독립 배치 되어 있으나 6지점의 경우 2~3기가 모여 4개의 군집을 이룬다(그림 Ⅴ-20·21). 이는 Ⅱ기 중반 단계 이후 취락의 축소와 이동성의 증가를 반영하는 것으로 판단되며, 중산동(중앙), 중산동(고려), 을왕동Ⅲ 유적 등에서도 유사한 양상이 나타난다. 야외노지는 중산동(한강) 유적과 같이 주거지 주변에 위치하기도 하지만 2지점의 구릉 말단부의 평탄면에 63기가 여러 차례 중복되어 집중적으로 분포한다. 이는 입지는 다소 다르지만 남북동의 야외노지와 유사한 형태이다.

기타 유적은 패총과 야외노지가 있으며 Ⅱ기 후반으로 갈수록 취락 유적은 줄어들고 패총과 야외노지가 증가하는 양상을 보이며, 1,500 calBC를 전후한 시기에 이르면 취락 유적은 거의 소멸한다.

4. 취락의 형태와 형성 과정

취락의 형태는 가옥의 밀집도에 따라 집촌(集村)과 산촌(散村)으로 구분되고, 기하학적인 형태에 따라 괴촌(塊村), 광장촌(廣場村), 환촌(環村), 열촌(列村) 등으로 구분될 수 있다(오홍석 1989). 이러한 지리학의 구분은 우리나라 청동기시대 취락의 형태 분류에 적극적으로 활용되고 있다. 이홍종(2007)은 송국리형 취락의 형태를 점촌형, 열촌형, 괴촌형, 광장촌형, 환촌형으로 구분하였다. 이형원(2009)은 청동기시대 취락의 형태를 점상취락, 선상취락, 면상취락으로 구분하고 면상취락은 다시 괴형, 광장형, 환형으로 세분하고 있다. 신석기시대 취락의 공간구조에 대한 연구는 기하학적인 형태에 따른 분류보다 기능에 따라 주거공간, 생산공간, 광장 등으로 분리한 배성혁의 연구가 대표적이라고 할 수 있다(배성혁 2007). 하지만 중서부 지방 신석기시대 대규모 취락은 대부분 주거지로만 구성되어 있어 기능에 따른 분류는 어렵다는 문제가 있다. 기하학적 형태에 초점을 맞춘 연구는 운서동Ⅰ, 능곡동, 신길동, 삼목도Ⅲ 등의 대규모 취락을 기본적으로 열상 배치로 파악한 견해(임상택 2010)와 주거군 사이의 공지에 주목하여 광장촌이나 괴상촌으로 파악하는 견해가 있다(공민규 2011). 이에 필자는 앞 절에서 살펴본 취락의 배치와 기존의 연구 성과를 바탕으로 신석기시대 취락의 형태를 분류하고자 한다.

가옥의 밀집도에 따라 중서부 지방 신석기시대 취락의 형태를 분류하면 집촌과 산촌으로 구분할 수 있다. 집촌은 암사동, 운서동Ⅰ, 능곡동, 신길동 등과 같이 Ⅰ기와 Ⅱ기 전반의 해안 및 도서 지역에 주로 분포한다. 산촌은 Ⅱ기 전반부터 내륙 지역을 중심으로 나타나며, Ⅱ기 중반 이후로는 해안 및 도서 지역의 취락도 대부분 산촌의 형태를 띤다. 집촌은 기하학적인 형태에 따라 선상취락과 면상취락으로 나눌 수 있다. 선상취락은 운서동Ⅰ, 능곡동과 같이 등고선을 따라 주거지가 선상으로 배치되는 특징을 보인다. 열을 이루는 주거지가 모두 동시에 건설되었다고 볼 수는 없겠지만, 주거지간의 중복이 거의 없고 일정한 간격을 유지하는 것으로 보아 적어도 이웃한 주거지의 존재를 인지한 상태에서 의도적인 배치가 이루어졌다고 보는 것이 합리적이기 때문이다. 공민규(2011)는 능곡동의 취락배치를 열상으로 보는 임상택의 견해를 작위적이라고 비판하며 중앙에 광장을 둔 타원형구조로 파악하고 있다. 이

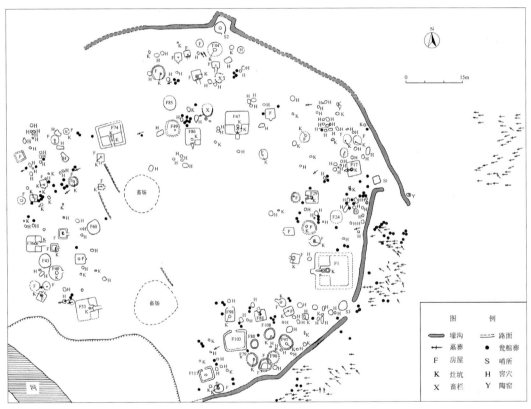

그림 Ⅴ-22. 중국 섬서성 강채(姜寨) 유적(앙소문화) 1기 취락 분포도(嚴文明 2009, p.174)

는 환촌의 형태를 염두에 둔 것으로 보이지만 이는 중국 앙소문화(그림 V-22)나 동일본에서 주로 나타나는 전형적인 환촌의 구조와는 확연히 다르다는 점에서 받아들이기 어렵다. 이와 같은 선상취락은 중국 동북 지방의 흥륭와 문화 단계부터 나타나는 것으로 보아(그림 V-23) 이른 시기부터 동북 아시아 신석기시대 취락의 한 형태로 볼 수 있다(임상택 2010b). 신길동, 석교리, 삼목도Ⅲ 등은 10여 기로 구성된 주거군 2~3개가 결합되어 하나의 취락을 이루는 배치를 보인다는 점에서 면상취락으로 분류할 수 있다. 신길동과 석교리는 주거군 사이에 일정한 공백을 두고 배치되어 있으며, 삼목도Ⅲ은 2개의 주거군 사이에 주거지의 규모에서 차이를 보인다. 주거군 사이의 공백지는 광장과 같이 공공행위가 이루어졌을 가능성이 높은 것으로 보인다.

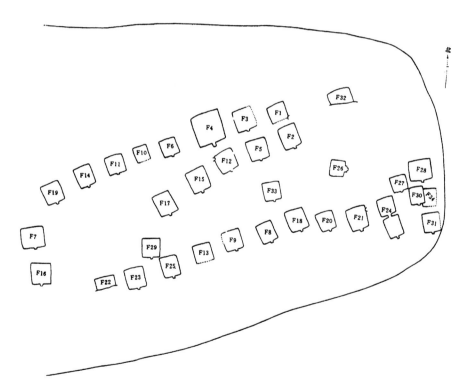

그림 V-23. 내몽고 적봉 南台子 유적(흥륭와문화) 취락배치도(内蒙古文物考古研究所 1997, p.57)

산촌을 기하학적인 형태로 분류하면 점상취락과 괴상취락으로 구분할 수 있을 것으로 판단된다. 충청 내륙 지역의 대천리식주거지가 조사된 유적은 낮은 구릉의 정상부에 1~2기의 주거지만으로 이루어져 있어 점상취락 중에서도 고립취락으로 분류할 수 있을 것이다. 해안 및 도서 지역의 점상취락은 성내리, 는들, 을왕동ⅢA 등과 같이 1~4기 정도의 주거지로 이루어진 경우와 중산동(한강), 운북동 6지점 등과 같이 1~4기의 주거지로 이루어진 여러 군집이 모여 취락을 형성하는 경우도 있다.

표 V-15. 중서부 지방 신석기시대 취락의 배치 형태 분류안과 모식도

가옥의밀집도	기하학적 형태	해당 유적	모식도
집촌	선상취락	운서동Ⅰ, 대능리, 능곡동, 농서리 등	
	면상취락	석교리, 신길동, 대부북동, 삼목도Ⅲ 등	
산촌	점상(고립)취락	대천리, 관평동, 성내리, 는들, 을왕동ⅢA 등	
	괴상취락	중산동(한강), 운북동(6지점) 등	

후자의 경우는 일정한 배치 계획 없이 비교적 넓은 면적에 여러 개의 소군집이 흩어져 있다는 점에서 괴상취락으로 분류할 수 있을 것이다. 이상의 내용을 정리하면 〈표 Ⅴ-15〉와 같이 요약할 수 있다.

취락의 형성 과정은 주거지의 동시기성이 담보되어야만 정확하게 파악 할 수 있을 것이다. 하지만 주거지간의 중복관계가 거의 나타나지 않는 중서부 지방 취락 유적의 특성상 취락의 형성 과정을 파악하는 것은 쉬운 일이 아니다. 이에 필자는 전고(소상영 2012b)에서 ^{14}C연대측정치를 OxCal 프로그램의 order 명령을 통해 순서평가를 실시하였다(표Ⅴ-16). 분석 내용을 살펴보면 다음과 같다.

석교리 유적의 순서 평가 결과 석교리 1이 앞설 확률이 91.4%에 이르러 가장 먼저 조성된 유구임을 알 수 있으며, 전체적으로 1〉2 ≧ 3 ≧ 4〉5 ≧ 6의 순서로 평가할 수 있어 적어도 Ⅰ단계(석교리1, 3,820~3,640 calBC) → Ⅱ단계(석교리2~4, 3,770~3,360 calBC) → Ⅲ단계(석교리5,6, 3,380~2,890 calBC)에 걸쳐 주거지가 축조된 것으로 추정된다. 능곡동

표 Ⅴ-16. 화성 석교리, 시흥 능곡동, 안산 신길동 유적 순서평가결과(소상영 2012b p.82)

화성 석교리 유적
43.9% : 석교리1→석교리2→석교리3→석교리4→석교리5→석교리6
17.8% : 석교리1→석교리2→석교리4→석교리3→석교리5→석교리6
11.7% : 석교리1→석교리3→석교리2→석교리4→석교리5→석교리6
10.1% : 석교리1→석교리3→석교리2→석교리4→석교리6→석교리5
4.0% : 석교리1→석교리2→석교리4→석교리3→석교리6→석교리5
3.0% : 석교리2→석교리1→석교리3→석교리4→석교리5→석교리6
2.6% : 석교리1→석교리3→석교리2→석교리4→석교리6→석교리5
1.3% : 석교리1→석교리2→석교리3→석교리5→석교리4→석교리6
1.2% : 석교리2→석교리1→석교리4→석교리3→석교리5→석교리6
시흥 능곡동 유적
97.2% : 능곡동1→능곡동2→능곡동3→능곡동4
1.4% : 능곡동1→능곡동3→능곡동2→능곡동4
1.0% : 능곡동2→능곡동1→능곡동3→능곡동4
0.4% : 능곡동1→능곡동2→능곡동4→능곡동3
안산 신길동 유적
70.2% : 신길동1→신길동2→신길동3
29.1% : 신길동2→신길동1→신길동3
0.6% : 신길동1→신길동3→신길동2

유적은 1에서 4순으로 배열될 확률이 97.2%에 달하므로 4단계에 걸쳐 주거지가 축조된 것으로 추정되며, 교정연대는 Ⅰ단계 3,780~3,640 calBC, Ⅱ단계 3,660~3,520 calBC, Ⅲ단계 3,520~3,420 calBC, Ⅳ단계 3,370~3,120 calBC 내외로 추산된다. 안산 신길동 유적은 1→2→3의 순서를 이룰 확률이 70.2%이며, 2→1→3의 순서를 이룰 확률이 29.1%이다. 따라서 1≧2〉3의 순서로 평가 할 수 있어 적어도 2단계에 걸쳐 주거지가 축조된 것으로 판단되며, 단계별 교정연대는 Ⅰ단계 3,640~3,350 calBC, Ⅱ단계 3,370~3,100 calBC 내외이다. 이와 같은 결과를 주거지 배치도에 대입하여 살펴보면 다음과 같은 해석이 가능하다.

석교리 유적의 경우 순서 평가 결과 가장 이른 시기에 축조된 것으로 평가되는 5호 주거지(석교리1)과 다음 단계의 7호 주거지(석교리2)가 북쪽 군집에 속하는 것으로 보아 Ⅰ단계에는 북쪽 군집부터 취락이 형성되다가 Ⅱ단계에 들어서 주거지의 숫자가 증가하면서 취락의 구조가 발굴조사를 통해 드러난 것과 유사한 형태를 갖춘 것으로 추정된다. 이후 Ⅲ단계에 들어서는 주거지의 숫자가 축소되고 취락이 쇠퇴기에 접어들었을 것으로 판단된다.

능곡동 유적은 Ⅱ단계에 속하는 8호 주거지를 제외하면 Ⅰ단계 6, 13호 주거지는 구릉 정상에 위치하고 Ⅲ단계 4, 5, 9, 11, 15호 주거지는 정상 아래에 Ⅰ단계 주거지를 감싸는 형태의 열상으로 배치된다. Ⅳ단계에 속하는 10, 21호 주거지는 Ⅲ단계 주거지 아래에 열상으로 들어서는 주거지의 시작과 마지막 부분에 위치한다. 이로 미루어 볼 때 능곡동 유적은 구릉 정상부에 먼저 주거지가 축조된 후 등고선을 따라 열상의 형태로 순차적으로 폐기되고 축조된 것으로 판단된다.

신길동 유적은 동서 2개의 주거군 중 서쪽에 대해서만 ¹⁴C연대측정만이 이루어져 전체적인 양상은 알 수 없지만 역시 석교리 유적 2단계와 비슷한 교정연대 범위를 갖는 1단계에 많은 수의 주거지가 축조된 것으로 보아 이와 유사한 취락 발전 단계를 거쳤을 것으로 추정된다.

이와 같은 분석 결과로 볼 때 석교리와 신길동 유적은 모든 주거지가 동시기에 조성된 것은 아니라고 해도 약 3,700~3,400 calBC 사이에는 현재 발굴조사를 통해 나타난 배치 상태와 유사한 취락의 구조를 가지고 장기적으로 유지된 취락으로 판

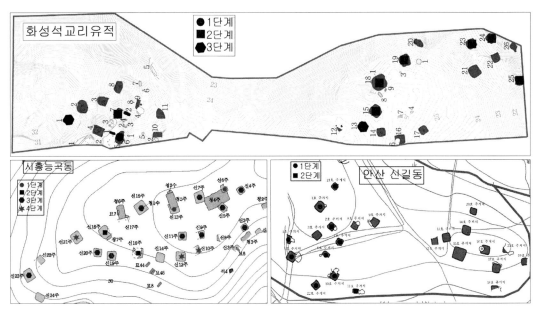

그림 V-24. 석교리, 능곡동, 신길동 유적의 취락 형성 과정(소상영 2012b p.83)

단된다. 능곡동 유적은 구릉 정상부에서 아래쪽으로 열상의 배치를 가진 주거군이 3~4단계에 걸쳐 순차적으로 축조되고 폐기되었을 가능성이 높다. 따라서 열상의 배치를 보이는 주거군들이 동시기의 취락을 이룬 것으로 추정 할 수 있다.

　이러한 가설에 따른다면 능곡동과 같은 선상취락은 등고선을 따라 순차적으로 가옥이 형성되었을 가능성을 엿볼 수 있다. 석교리, 신길동과 같은 면상취락은 최초에 몇 기의 가옥이 분산배치 된 상태에서 점차 가옥이 추가되면서 발굴조사를 통해 드러난 것과 유사한 형태를 갖추는 것으로 판단된다. 이와 같은 면상취락의 형성 과정은 인구 증가에 따른 세대의 분할에 따른 결과일 가능성이 높으며, 인접한 주거지들은 혈연 관계에 있었을 것으로 추정된다. 괴상취락은 기본적으로 면상취락의 형성 과정과 유사할 것으로 판단된다. 하지만 주거지 내부구조의 재사용 흔적으로 볼 때 주기적인 반복 점유가 이루어졌음을 알 수 있다. 따라서 전체 취락이 발굴조사에서 드러난 배치와 유사한 형태를 보이는 시점이 있었을 가능성은 높지 않을 것으로 판단된다. 인접한 가옥을 사용한 집단들의 관계는 친연 관계가 높을 것으로 보이지만 면상취락과 같이 직접적인 혈연관계가 있었을지는 알 수 없다.

5. 취락 점유 양상의 특징

본 절에서는 앞서 살펴본 분석 결과를 바탕으로 시기와 지역에 따른 개별 주거지의 구조와 취락 점유 양상의 특징을 비교 검토해 보고자 한다.

Ⅰ기 주거지의 평면 형태는 원형과 방형이 나타나는데 대체로 방형이 주류를 이룬다. 주거지 내부에는 대체로 4주식의 기둥 배치가 기본을 이루고 중앙에 1기의 노지와 외부로 돌출된 출입시설을 갖추고 있는 공통점을 보인다. 하지만 노지의 구조가 내륙 지역에서는 위석식인데 비해 도서 지역에서는 수혈식이며, 단 시설은 도서 지역에서만 나타나는 차이를 보인다.

Ⅱ기 전반 주거지의 평면 형태는 원형도 일부 나타나지만 방형과 장방형이 주류를 이루며 방형은 경기 지역, 장방형은 충청 지역을 중심으로 분포하는 뚜렷한 지역적 특징을 보인다. 주거지 기둥의 배치는 4주식이 더욱 정형화 되고, 위석식 노지는 사라지고 모두 수혈식 노지만이 설치된다. 출입 시설은 방형 주거지에서는 거의 찾아 볼 수 없지만 장방형 주거지는 대부분 외부로 돌출된 출입 시설을 가지고 있다. Ⅱ기 중반 이후의 취락 유적은 충청 지역에서는 거의 사라지고, 경기 지역을 중심으로 분포하며, 평면 형태는 방형이 주류를 이룬다. 주거지의 내부 구조는 4주식의 기둥 배치를 기본으로 하고 주로 중앙에 노지가 위치한 다는 점에서는 Ⅱ기 전반과 공통점을 보이지만 세부적인 내부 구조에서는 큰 차이를 보인다.

먼저 Ⅱ기 전반에는 대부분 1기의 수혈식 노지가 중앙에 위치하고 중복된 경우도 거의 찾아 볼 수 없지만, Ⅱ기 중반 이후에는 2기 이상의 노지가 중복되거나 서로 다른 공간에 설치되는 주거지가 다수 나타나고, 노지의 구조도 수혈식과 위석식이 혼재한다. 다음으로 Ⅱ기 전반 주거지의 바닥은 4주식의 기둥과 일부 보조 기둥 이외의 시설이 없어 정형화 되고 단순한 구조를 보이지만 Ⅱ기 중반 이후에는 정확한 용도를 파악하기 어려운 크고 작은 수혈이 주거지 바닥을 가득 메우고 있는 복잡한 구조를 보인다.

취락의 규모와 형태는 시간의 흐름에 따라 20기 이상의 주거지가 집촌을 이루는 선상 또는 면상취락에서 1~2기의 주거지가 단독으로 입지하거나(고립취락), 1~4기의 주거지로 구성된 여러 군집이 넓은 범위에 불규칙하게 배치된(괴상취락) 산촌의 형태로 변화한다. 경기 해안 및 도서 지역에서는 Ⅰ~Ⅱ기 전반까지 대규모 취락이 유지되지만 내륙에서는 Ⅱ기 전반부터 축소화 경향이 뚜렷하게 나타나며, 자연제방에 위치한 취락은 해체되고 구릉으로 이동한다. 특히 충청 내륙에는 대형 장방형주거지가 낮은 구릉의 정상부에 1~2기 만이 입지하며, 해안 지역의 취락도 5기 내외의 주거지로 구성되어 있는 경우가 대부분이다.

취락의 공간 배치는 Ⅰ기와 Ⅱ기 전반에는 주거지 위주로 구성된 비교적 단순한 구조를 보인다. 특히 경기 해안 및 도서 지역의 취락은 주거지외의 다른 유구는 거의 찾아 볼 수 없다. 삼목도Ⅲ과 석교리 유적에 야외노지가 1~2기 조사되었지만, 중복관계로 볼 때 모두 주거지 폐기 이후에 조성되어 취락의 운영 시기와는 관련이 없는 것을 알 수 있다. Ⅱ기 중반 이후에 취락의 규모는 축소되지만 주거지외에 야외노지와 수혈이 다수 분포하는 양상을 보인다. 중산동(한강), 운북동 유적의 예로 볼 때 야외노지는 주거군과 중복되거나 인접하여 설치되고 수혈 유구는 주거군과 분리

표 Ⅴ-17. 중서부 지방 취락 점유 양상

시기		지역		주거지 구조	취락입지	취락구성	취락형태	취락규모
Ⅰ기		경기	내륙	단순	자연제방 구릉	주거지+야외노지	선상취락	대규모
			해안	복잡(단시설)	구릉	주거지+야외노지, 수혈	선상취락	대규모
Ⅱ기	전반	경기	내륙	단순	구릉	주거지+수혈	선상취락	소규모
			해안	단순	구릉	주거지	선상·면상취락	대규모
		충청	내륙	단순	구릉	주거지	고립취락	소규모
			해안	단순	구릉	주거지	괴상취락	소규모
	중·후반	경기 내륙		복잡	구릉	주거지+야외노지	괴상취락	소규모
		경기 해안		복잡	구릉	주거지+야외노지, 수혈	괴상취락	소규모

되어 별도의 군집을 이룬다. 또한 야외노지는 주거지 폐기 이후에 설치된 경우가 자주 나타나지만 주거지가 야외노지를 파괴 한 경우는 찾아 볼 수 없어 대체로 야외노지는 주거군 보다 후행하는 것으로 볼 수 있다. 수혈 유구는 축조 시기가 불분명한 경우가 많고 규모와 형태도 저장용으로 보이는 것은 몇 기에 불과해 주거군과의 정확한 관계는 파악하기 어렵다.

이와 같이 시기와 지역에 따른 주거지의 내부 구조와 공간 배치의 특징과 변화 양상은 생계·주거 체계의 변동 과정과 밀접히 관련된 것으로 Ⅵ장에서 자세히 검토하도록 하겠다.

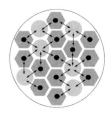

Ⅵ. 생계·주거 체계의
변동 과정

1. 대규모 취락의 해체와 입지의 변화
─내륙 지역 Ⅰ~Ⅱ기 전반

　내륙 지역 Ⅰ~Ⅱ기 생계·주거 체계의 두드러진 변동 양상은 큰 강변에 입지한 대규모 취락이 해체되어 지류 주변의 구릉으로 이동·확산되며, 집단의 규모는 축소·분산화 된다는 점이다. 8기의 주거지와 다수의 수혈 유구로 구성된 Ⅱ기 전반의 농서리 유적을 예외로 들 수 있겠지만, ^{14}C연대측정치와 주거지의 형태로 볼 때 동시기의 취락으로 보기는 어려우며, 동시기의 취락이라고 해도 Ⅰ기에 비하면 축소 현상은 뚜렷하다. 농서리 유적을 제외하면 5기 이상으로 구성된 취락 유적은 거의 찾아 볼 수 없고, 특히 충청 내륙 지역은 1기의 장방형 주거지가 단독 입지하는 특징을 보인다. 주거지 내부 구조도 Ⅰ기 유적이 4주식 기둥 배치에 중앙에 1기의 노지를 갖춘 정연한 구조를 보이는데 비해 Ⅱ기의 유적은 불규칙한 기둥 배치와 2~3기의 노지가 중복되거나 서로 다른 위치에 설치되는 경우가 증가 한다. 도구의 출토 양상도 Ⅰ기 취락 유적에서는 식량포획구, 식량처리구, 장신구 등이 비교적 고르게 출토되어 풍부도 9~13, 균등도 0.7 이상의 높은 다양도를 보이는데 비해 Ⅱ기에는 갈돌, 갈판과 같은 식량처리구 만이 주로 출토되고, 풍부도 8이하 균등도 0.5 미만의 낮은 다양도를 보이거나, 다양도 측정이 불가능할 정도로 빈약한 출토수를 보인다.

이와 같은 취락의 점유와 도구 출토 양상의 변화는 Ⅰ기 동안 다양한 식량자원을 안정적으로 확보하여 정주성이 높은 사회를 유지 하던 내륙의 신석기집단이 Ⅱ기 들어 정주성이 떨어지고 이동성이 증가하여 사회 안정성이 떨어지는 현상을 반영하는 것이다. 그렇다면 이와 같은 생계·주거 체계의 변화 원인을 어떻게 설명할 수 있을까?

Ⅰ기에 큰 강 주변의 자연제방에 대규모 취락이 등장하는 배경에는 7,000~6,000 BP 경에 해수면이 안정되고 비교적 온난·습윤한 환경이 형성된 것과 깊은 관련이 있는 것으로 판단된다. 해수면 상승의 전반적인 둔화와 온화한 기후로 인해 강 하류역의 지형과 식생이 안정되면서 기존에 육상 동물을 주 식량자원으로 활용하여 잦은 거주 이동을 하던 수렵·채집사회에 어로와 초기농경이 생계 전략에 추가되어 거주 이동이 줄어들고 조달 이동을 통해 다양한 자원을 공급하는 정주성이 높은 수렵·채집사회로의 전환과 관련되었을 가능성이 높다. 이와 같은 관점에서 볼 때 구석기시대가 끝나고 신석기시대 Ⅰ기 문화가 등장하기 까지 오랜 기간 유적이 거의 발견되지 않는 이유에 대한 논리적인 설명도 가능하다. 즉 빙하기가 끝나고 해수면이 안정되고 강 주변의 지형이 안정되는 기원전 5,000년 이전 까지는 자원 환경의 불안정성으로 인해 인간 집단은 거주 이동을 주 생계전략으로 사용하였으며, 이에 따라 집단은 소규모로 유지되고 잦은 거주 이동으로 인해 수혈 주거지와 같이 가시적인 축조물의 부재로 인해 고고학 자료로 남겨지기 어려웠기 때문으로 풀이될 수 있다.

Ⅰ기 동안 내륙에서 활발한 어로 활동이 있었음은 암사동, 미사리, 학곡리 유적에서 출토된 다수의 어망추를 통해 쉽게 짐작 할 수 있다. 어류뼈가 잔존하지 않아 어떤 종류의 물고기를 주로 포획했는지는 알 수 없지만, 어로를 통한 식량 자원의 공급이 생계 전략의 주요한 부분을 차지했음은 분명하다.

Ⅰ기에 초기농경 시작되었다는 증거는 현재까지의 고고학 자료로는 명확히 판단하기 어려운 문제가 있다. 운서동Ⅰ 유적에서는 토기 압흔 분석을 통해 조, 기장, 들

깨속 등의 종자 압흔이 검출되었지만(조미순 외 2015, 국립문화재연구소 2015) 암사동, 삼거리 등의 Ⅰ기 유적에서 부유선별법, 압흔, 전분 분석 등 식물유체의 양상을 파악하기 위한 방법이 적용되지 않았기 때문이다. 따비형의 굴지구와 돌낫의 등장을 초기농경이 도입된 증거로 파악한 견해도 있지만(임상택 2006), 굴지구는 구근류의 채집이나 수혈의 축조 등 다용도로 사용될 수 있고, 돌낫은 재배작물의 유체가 출토된 Ⅱ기 이후의 유적에서 거의 출토되지 않아 적극적인 초기농경의 증거로 제시하기에는 부족하다. 하지만 최근 우리나라 신석기시대 유적에서 부유선별법과 토기 압흔 분석을 통해 조와 기장이 발견되는 사례가 늘어나고 있고, 동정에 대한 의문이 제기되지만 동삼동 패총 출토 융기문토기에서도 기장의 압흔이 발견되어 잡곡 재배가 기원전 5,000년 전후까지 소급될 가능성도 있다. 이와 같은 정황을 볼 때 초기농경은 중서부 Ⅰ기에 도입되었을 가능성이 매우 높으며, 당시 생계 경제가 균형을 이루는데 일정 역할을 담당한 것으로 추정된다.

결론적으로 중서부 Ⅰ기의 신석기사회는 안정된 자연 환경을 바탕으로 큰 강 하류역의 자연제방과 내륙의 낮은 구릉에 대규모 취락을 형성하고 조달 이동을 통해 다양한 식량자원을 안정적으로 확보하여 정주성이 높은 사회를 유지한 것으로 판단된다.

내륙 지역에서 약 1,000년간 유지된 안정된 생계·주거 체계는 Ⅱ기에 들어서면서 큰 변화를 겪게 된다. 자연제방에 위치했던 취락이 대부분 소멸하여 구릉 지역으로 이동하고 취락의 규모는 크게 축소된다. 이러한 변화의 일차적인 원인은 Ⅲ장에서 살펴본 바와 같이 4,600 BP를 전후한 시기부터 시작된 전반적인 기후의 한랭·건조화 경향과 관련된 것으로 볼 수 있다. 물론 현재의 분석 결과로는 당시 기후의 한랭화 정도를 정량화 할 수는 없고, 유적의 입지가 변화하는 3,600 calBC와 완전히 일치하지는 않는다. 하지만 세계적으로도 홀로세 기간 중 약 8,000~9,000 BP, 약 5,000 BP 전후, 3,000~2,200 BP 그리고 기원후 16~19세기 등 4차례에 걸쳐 비교적 추운 기후가 되풀이 된 것으로 볼 때(김연옥 1984), 3,600 calBC를 전후한 시기에 일어나는 내륙 지역의 생계·주거 체계에 환경 변화의 영향이 작지 않았음을 짐작할 수 있다.

기후의 한랭·건조화로 인한 소나무속의 증가는 인간과 초식동물의 식량자원인 견과류의 감소로 이어지고, 전반적인 육상 생태계의 불균형을 초래하여 Ⅰ기 동안 유지된 식량 자원 공급의 안정성이 무너지는 것을 의미한다. 이와 같은 상황을 타개하기 위해 내륙의 신석기인 들은 집단의 규모를 줄이고 초기농경을 통한 식물성 식량자원의 이용을 강화 하는 방향으로 적응한 것으로 판단된다. 초기농경이 생계 경제에 높은 비중을 차지하게 되면서 취락의 입지를 제한하는 요인으로 작용하여 그 방향성을 결정하게 되며, 시비기술을 갖지 못한 당시 재배기술로 볼 때 한곳의 경작지를 오래 유지하기 어려워 집단 전체를 이동하는 비용과 횟수를 줄이기 위해서는 집단의 규모를 작게 유지하는 것이 효율적이기 때문이다(임상택 1999·2006). 내륙 지역에서 Ⅱ기 전반의 도구 양상이 굴지구와 갈돌, 갈판이 주류를 이루고 화살촉이나 어망추가 거의 출토되지 않는 것도 이러한 점을 뒷받침한다. 또한 우리나라 신석기시대 주 재배작물인 조와 기장과 같은 잡곡은 건조하고 척박한 토양에서도 잘 자라지

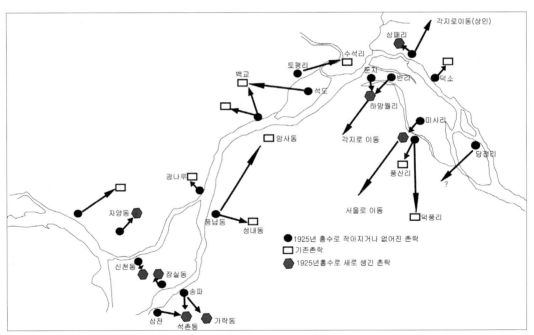

그림 Ⅵ-1. 1925년 대홍수로 인한 한강 하류 지역의 취락 이동(강대현 1966, p.24 수정 및 편집)

표Ⅵ-1. 조선시대의 한발, 홍수, 기근(김연옥 1984, p.7)(資料 : 增補文獻備考)

年代	旱魃						大雨大水	合計	饑饉		
	旱	魃	大旱	不雨	大旱 및 大水	小計			饑	大饑	計
1392~1400	-	-	-	-	-	-	-	-	1	-	1
1401~1450	-	-	3	-	-	3	2	5	2	1	3
1451~1500	-	1	5	-	-	6	2	8	5	2	7
1501~1550	-	-	2	-	-	2	3	5	3	1	4
1551~1600	-	-	1	1	-	2	8	10	3	2	5
1601~1650	-	-	8	-	1	9	9	18	2	7	9
1651~1700	2	-	6	-	1	9	2	11	21	6	27
1701~1750	4	-	2	-	1	7	9	16	12	2	14
1751~1800	-	-	1	-	-	1	8	9	6	2	8
1801~1850	-	-	-	-	-	-	21	21	-	1	1
1851~1900	2	-	-	-	-	2	23	25	-	1	1
1901~1910	-	-	-	-	-	1	-	-	-	-	-
	8	1	28	1	3	41	87	128	55	25	80

만 내습성이 약한 특성을 가지고 있어 배수가 원활하지 못할 경우 높은 수확을 기대하기 어렵다. 치수 기술을 갖지 못한 신석기시대에 잡곡 재배는 범람원보다는 배수에 용이한 구릉 지역에서 화전과 같은 이동 농업의 방식으로 이루어졌을 가능성이 높다. 결국 내륙에서 Ⅱ기 전반 취락 규모의 축소 현상은 자원 환경 악화에 대응하기 위해 초기농경을 강화한 적응 전략의 결과라고 할 것이다. 하지만 자연제방의 취락이 소멸하는 현상을 설명하기 위해서는 이와 같은 해석만으론 부족하다. 큰 강의 자연제방 일대는 풍부한 어자원을 활용할 수 있고, 가까운 거리에 구릉이 산재해 있어 초기농경에도 유리한 조건이기 때문이다. 따라서 자연제방에 입지한 취락이 폐기되는 현상은 자원 환경의 악화만으로 설명하기는 어렵다.

필자는 이전 논문(소상영 2011)에서 Ⅰ~Ⅱ기 유적 입지 변화의 원인을 서해의 해수면이 상승하는 시기의 잦은 홍수 피해의 결과로 해석하였다. 홍수로 인한 유적의 입지 변화는 자연 재해로 인한 인간의 다양한 적응 양식을 정비 사업 이전 잦은 홍수

표 Ⅵ-2. 기온저하를 뜻하는 현상의 회수(냉량지수)(김연옥 1984, p.7)
*雪異는 때아닌 눈만, 風異는 風雨만을 취급하였다. (資料 : 增補文獻備考)

年代	雨異	霜異	雪異	風異	電異	雷震異	霧異	寒異	計(冷凉指數)	
1382~1400	-	1	-	-	-	-	-	-	1	
1401~1450	2	2	-	-	2	2	-	-	8	
1451~1500	2	-	-	1	-	4	1	-	8	
1501~1550	3	-	-	-	3	-	-	-	6	
1551~1600	8	3	1	-	2	2	5	-	21	第一期
1601~1650	9	5	3	5	10	9	2	1	44	
1651~1700	2	5	5	-	1	-	-	-	13	第二期
1701~1750	9	1	3	2	-	1	-	-	16	
1751~1800	8	2	1	-	-	-	-	-	11	
1801~1850	21	-	-	-	2	-	-	-	23	第三期
1851~1900	24	-	-	-	1	1	-	-	26	
1901~1910	-	-	-	-	-	-	-	-	-	

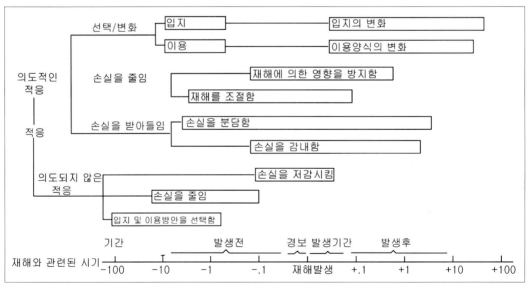

표 Ⅵ-3. 자연 재해에 대한 적응 양식의 선택 범위 [로버트케이츠(박의준 역) 2001, p.141]

피해를 입었던 1970년대 한강 하류 취락의 적응 양식과 1925년 을축년 대홍수로 인한 지형과 취락의 입지 변화와의 비교를 통해 해석하였다[그림Ⅵ-1]. 물론 신석기시대 범람원 일대의 홍수 피해의 강도와 횟수를 정확히 알 수는 없으며 Ⅱ기에 전반적인 기후의 한랭·건조화 경향으로 볼 때 해수면 상승을 말하는 것은 모순일 수도 있다. 하지만 Ⅲ장에서 살펴본 바와 같이 Ⅱ기 이후에도 서해의 해수면은 상승폭은 크지 않지만 꾸준히 상승하거나 상승과 하강을 반복하고 있음을 알 수 있다. 특히 신동혁(1998)의 연구에 따르면 4,000 BP를 전후한 시기에 비교적 빠른 해수면 상승이 있었으며, 4,050 BP에는 지금 보다는 약 2m, 암사동에 인간의 활동이 시작되던 6,000~5,000 BP 경보다는 약 3m 정도 높았음을 알 수 있다. 서해의 전반적인 해수면 상승은 강 하류역의 수위를 상승시키고 자연제방 일대가 홍수 피해에 더욱 자주 노출되는 원인으로 작용했을 것이다. 또한 조선시대 소빙기 3기와 같이 일정시기에 집중적으로 큰비가 내려 홍수 피해가 더욱 가중되었을 가능성도 배제할 수 없다[표Ⅵ-1, 2]. 16~19세기의 소빙기에는 우리나라뿐만 아니라 전 세계적으로 기온의 한랭화와 함께 이상 기후가 나타나 가뭄과 홍수가 수년을 주기로 반복되는 현상이 나타난다[브라이언 페이건(윤성옥 역) 2003].

자연재해에 대해 인간은 일반적으로 손실을 줄이고, 재해 자체에 적응하거나 방지하려고 노력한다. 가장 극단적인 선택은 기존의 자원 이용 유형이나 입지 자체를 완전히 바꾸는 것이다[로버트케이츠(박의준 역) 2001, 표Ⅵ-3]. 이로 미루어 볼 때 당시 신석기인들도 작은 규모의 홍수 대해서는 어느 정도의 손실은 감수하거나 피해를 최소화 하려는 노력을 통해 자원 환경이 유리한 자연제방 일대를 포기하지는 않았을 것이다. 하지만 홍수 피해의 강도가 심해지고 빈번해지면서 이러한 적응 양식은 한계에 부딪쳤을 것이며 최후의 선택으로 인간들은 자연제방을 떠나기 시작했을 것으로 판단된다.

한강하류 자연제방에 위치한 취락들은 〈그림Ⅵ-1〉에서 보는 것과 같이 1925년 대홍수로 인해 멸실되거나 크게 축소되었으며, 제방 등의 설치로 인해 홍수 위험이 상대적으로 줄어들고 주변 도시에 농산물을 공급하는 근교 농업이 형성되는 1960년대부터 점차 인구가 유입되어 다시 취락이 형성되었다. 취락의 해체 과정에서 홍미로운 사실은 토지를 직접 이용하지 않는 상인과 공업 조사자는 홍수 후 먼 곳으로 분산하여 이주하나, 농사를 짓던 농가들은 이주를 해도 그 토지를 이용할 수 있는 근거리로 이동하거나, 홍수 피해의 감소 이후 다시 돌아오는 경향을 보인다는 점이다(이문종 1972). 이와 같은 정황으로 볼 때 신석기시대에 본격적인 농경이 시작됐다면, 암사동 유적과 같은 자연제방에 신석기시대 전체에 걸쳐 지속적으로 취락이 형성되었을 가능성이 높다. 그러나 고고학 자료는 Ⅱ기 전반에 자연제방에 입지했던 대규모 취락은 소멸하고 집단이 축소되어 구릉 일대로 이동하는 양상을 보이고 있다. 물론 큰 하천의 범람원에서 인간의 활동이 완전히 중지된 것은 아닐 것이다. 암사동의 경우에도 주거지는 보이지 않지만 신석기시대 후기로 볼 수 있는 층위가 일부 존재하고, 3,000 BP 대의 절대 연대측정치도 있기 때문이다. 또한 1925년 대홍수로 인해 해체된 취락의 거주민의 이주 형태처럼 일부 집단은 생활 중심지를 주변의 구릉으로 이동하고 범람원 일대를 계속 활용했을 가능성은 충분하다. 하지만 더 이상 취락은 형성되지 않으며, 아마도 제한적인 식물재배나, 어로, 채집 같은 식량 조달을 위한 한정 행위 장소로 활용되었을 것이다.

결론적으로 Ⅱ기 전반에 중서부 내륙에서 취락의 규모가 축소되고 집단이 분산되는 이유는 기후의 한랭·건조화 경향에 의한 육상 자원 환경 악화와 깊은 관련이 있는 것으로 판단된다. 또한 내륙에서 암사동, 삼거리와 같이 자연제방에 위치한 취락이 폐기되고 지류 주변의 구릉 일대로 이동하는 가장 중요한 요인은 해수면이 상승하는 시기에 일어난 빈번한 홍수 피해로 인한 것으로 추정된다.

이와 같이 취락이 소규모 분산화되는 현상은 도구의 다양도 분석과 관련지어 볼 때 Ⅰ기 신석기집단의 정주성이 Ⅱ기 전반에는 크게 약화되어 이동성이 강화되는 것으로 판단된다. 특히 굴지구, 갈돌, 갈판과 같은 식물성자원을 획득 처리하는 도구가 주로 출토되는 것으로 보아 내륙 지역에서 식물성자원에 대한 식량의존도가 높아지는 것을 알 수 있다. 이는 Ⅰ기에 초기농경과 도토리 및 견과류 채집, 수렵과 어로 등 다양한 생계 전략이 균형을 이루며 대규모 취락을 근거지로 강한 영역권을 유지하며 조달 이동을 통해 식량자원을 획득한데 비해 Ⅱ기 전반은 초기농경을 통한 식물성 자원에 대한 의존도가 증가하면서 집단 전체를 이동시키는 거주 이동 중심

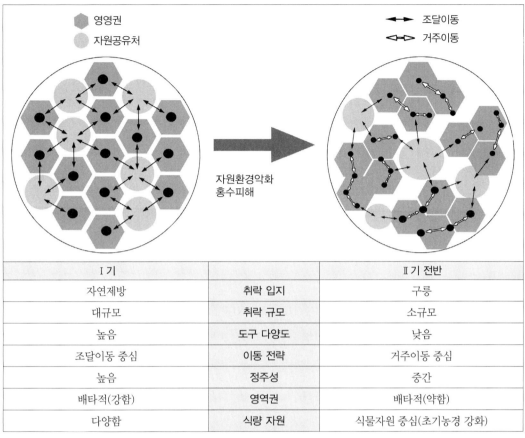

Ⅰ기		Ⅱ기 전반
자연제방	취락 입지	구릉
대규모	취락 규모	소규모
높음	도구 다양도	낮음
조달이동 중심	이동 전략	거주이동 중심
높음	정주성	중간
배타적(강함)	영역권	배타적(약함)
다양함	식량 자원	식물자원 중심(초기농경 강화)

그림Ⅵ-2. 내륙 지역 Ⅰ~Ⅱ기 전반 생계·주거 체계 변동 모델

으로 생계·주거 체계가 변화되는 것으로 이해된다. 이를 모델화하면 〈그림Ⅵ-2〉와
같다. 〈그림Ⅵ-2〉에서 육각형은 하나의 집단이 취락을 중심으로 배타적으로 점유
하는 영역권을, 원형은 여러 집단이 특정 자원을 획득하기 위해 공동으로 점유하는
공간을 도식화 하여 묘사한 것이다. Ⅰ기 모델에서 각 영역권을 일정한 간격을 두고
격리된 형태로 묘사한 것은 각 집단의 토지에 대한 배타적 점유권이 강하게 유지되
는 것을 강조하기 위해서이다. Ⅱ기 전반 모델에서 영역권간의 간격이 좁아지거나
겹쳐지는 것으로 묘사한 것은 거주 이동이 증가함에 따라 토지에 대한 배타적 점유

권이 약화되는 현상을 표현 한 것이다.

2. 인구 집중과 해양 자원 이용의 강화
-해안 및 도서 지역 Ⅰ~Ⅱ기 전반

Ⅰ~Ⅱ기 전반 내륙 지역에서는 취락의 규모가 축소되는데 반해 해안 및 도서 지역에서는 대규모 취락이 증가하는 양상을 보인다. 이와 같은 양상은 특히 경기 지역을 중심으로 뚜렷하게 나타난다. 물론 Ⅰ기 운서동Ⅰ 유적의 규모와 비교할 때 Ⅱ기 전반의 취락들의 규모가 축소된다고 볼 수도 있지만 여전히 20기 내외의 주거지로 구성된 규모를 유지하고 유적의 수가 증가한다는 점에서 다른 지역과는 차이를 보인다. 이러한 양상은 인구 증가에 따라 집단이 분화되는 것으로 이해 될 수 있으며, 내륙의 집단이 축소되는 경향으로 볼 때 내륙에서의 인구 유입도 일정 부분 영향을 미쳤을 것이다. 이는 해안 및 도서 지역에서 Ⅰ~Ⅱ기 전반에 이르는 동안 식량자원이 안정적으로 공급되었음을 의미한다. 식량자원의 안정적 공급은 당시 신석기집단의 정주성 증가로 이어졌을 것이며, 해안 및 도서 지역의 취락 유적의 대부분이 대규모로 유지되는 현상을 보이는 것은 Ⅱ장에서 살펴본 바와 같이 정주의 경향이 단독적이지 않고 지역 차원에서 집단적으로 발생했음을 나타낸다.

식량자원의 안정적 공급에는 Ⅰ기부터 시작된 초기농경의 강화도 중요한 역할을 한 것으로 판단된다. 능곡동, 중산동(한강), 장재리 유적 등에서 식물유체와 토기 압흔 분석을 통해 조, 기장 등의 재배작물이 발견되었으며, 특히 능곡동 19호 주거지의 내부 수혈과 바닥에서는 258립의 조가 동정되어 저장의 가능성도 보여주며, 팥도 1립 발견되어 다작물 밭농사가 생계 경제에 중요한 역할을 차지했음을 알 수 있다. 또한 갈돌 및 갈판이 주류를 이루는 석기구성과 전분 분석을 통해 이들 석기에서 조, 기장 등이 검출된 것도 이러한 가능성을 뒷받침해준다(경기문화재연구원 2010). 신길동의 경우는 식물유체 분석이 실시되지 않아 자세한 상황은 알 수 없지만, 능곡동 유적과 인접해 있고 유사한 문화상을 가진 것으로 보아 재배작물이 식량자원으로 사용되었을 개연성을 충분히 짐작할 수 있다. 아직 분석이 완료되지 않았지만 석교리에서도 조가 검출된 것으로 알려져 있다. 그러나 삼목도Ⅲ 유적에서는 체계적인 식물유체 분석이 시도되었음에도 불구하고 명아주속과 야생콩류 외에 재배작물은 발견되지 않았다. 이와 같은 정황으로 볼 때 초기농경은 집단에 따라 선택적으로 채택되었을 가능성도 배제할 수 없으며, 조와 기장이 장기간 보존이 가능한 자원임을 감안하면 채집이나 어로가 제한되는 겨울철을 나기위한 일종의 구황식량의 기능을 한 것으로 판단된다. 또한 앞서 살펴보았듯이 초기농경의 식량 생산력이 많은 인구를 부양 할 수 있을 정도로 충분 했다면, Ⅱ기 전반에 내륙 집단의 취락 규모가 축소되어 집단이 분산되고 해안과 도서 지역에 대규모 취락이 집중되는 현상을 이해하기 어렵다.

따라서 해안 및 도서 지역에 나타나는 신석기시대 대규모 취락은 농경이 일반화되지 않은 시기에 자원을 효율적으로 이용하고 상대 이익을 높이기 위해 풍부한 해양

표Ⅵ-4. 1973년 1월 호주 안바라 원주민의 식재료와 열량(Meehan 1982, p.154)(P=측정불가)

식량자원	총중량		실중량		단백질량		열량	
	kg	%	kg	%	kg	%	kcal	%
패류	800	48.5	168	19.7	34	26.2	134,000	8.9
맹그로브벌레	-	-	-	-	-	-	-	-
갑각류	20	1.2	11	1.3	2	1.5	10,000	0.7
유충류	-	-	-	-	-	-	-	-
어류	354	21.5	283	33.2	57	43.8	388,000	25.8
파충류	32	2.0	22	2.6	4	3.1	33,000	2.2
조류	15	0.9	10.5	1.2	2	1.5	31,500	2.1
포유류	91	5.5	68	8.0	13	10.0	204,000	13.6
과일/견과류	120	7.3	114	13.4	1	0.8	68,000	4.5
야채류	6	0.4	6	0.7	P	P	8,000	0.5
개미집	-	-	-	-	-	-	-	-
꿀	-	-	-	-	-	-	-	-
구입식품	212	12.8	170	19.9	17	13.1	629,000	41.8
합계	1,650		853		130		1,506,000	

자원을 적극적으로 활용했을 것으로 예상된다. 하지만 취락 유적의 증가에도 불구하고 수렵과 어로에 이용되었을 것으로 보이는 도구는 소수에 불과하며, 주로 굴지구나 식량가공구가 출토되고 있다. 어류의 포획이나 처리와 관련 되었을 것으로 추정되는 야외노지 유적에서도 어류뼈나 이와 관련된 도구는 거의 출토되지 않고 있다. 따라서 어로구를 통해 이 지역 어로 문화에 접근하는 것은 대단히 어려운 일이다. 어류뼈가 출토된 패총도 연평도 일대와 안면도 고남리B-3 패총 등 일부 지역에 국한되어 나타나며, 경기 해안 지역의 패총에서 어류뼈는 거의 출토되지 않았다. 패류의 구성도 매우 단순하여 굴이 대부분을 차지한다. 따라서 고고학적 자료는 당시 해안 및 도서 지역 신석기인들의 해양자원 이용은 겨울과 봄 사이에 패류 채집에 집중된 것으로 볼 수 있다.

패류는 안정적으로 손쉽게 채집할 수 있어 중요한 식량자원으로 평가되지만 식

표Ⅵ-5. 1973년 5월 호주 안바라 원주민의 식재료와 열량(Meehan 1982, p.155)(P=측정불가)

식량자원	총중량		실중량		단백질량		열량	
	kg	%	kg	%	kg	%	kcal	%
패류	437	20.8	92	6.5	18	8.2	73,000	2.5
맹그로브벌레	-	-	-	-	-	-	-	-
갑각류	48	2.3	26	1.8	5	2.3	25,000	0.9
유충류	1	0.1	1	0.1	p	p	p	p
어류	882	42.0	706	49.5	141	64.1	967,000	33.6
파충류	73	3.5	51	3.6	10	4.5	77,000	2.7
조류	9	0.4	6	0.4	1	0.5	19,000	0.7
포유류	-	-	-	-	-	-	-	-
과일/견과류	25	0.8	24	1.7	p	p	14,000	0.5
야채류	90	4.3	90	6.3	2	0.9	117,000	4.1
개미집	-	-	-	-	-	-	-	-
꿀	2	0.1	1.8	0.1	p	p	3,000	0.1
구입식품	534	25.4	427	30.0	43	19.5	1,580,000	55.1
합계	2,101		1,425		220		2,875,000	

량 기여도는 떨어지는 것으로 알려져 있다. 이는 패류가 채집되는 양에 비해서 실제 식용 가능한 중량이 1/5 정도에 불과하고, 같은 무게의 어류, 포유류 식량자원에 비해 칼로리도 1/2 이하로 떨어지기 때문이다. 물론 겨울철에 부족한 식량을 보충하는 역할과 단백질 공급원으로서의 중요성은 무시할 수 없다. 하지만 낮은 식량 기여도로 볼 때 해안 및 도서 지역에 인구가 집중되고 대규모 취락이 증가하는 원인으로 보기에는 부족하다.

호주 아르넴(Arnhem) 북쪽 해안의 북쪽에 거주하는 안바라(Anbara)부족의 민족지 자료를 보면 전체 식량 1,650kg 중 800kg의 패류에 채집된 1973년 1월의 경우에도 칼로리 기여도는 8.9%이며, 전체식량 2,101kg 중 437kg이 채집된 1973년 5월의 경우에 기여도는 2.5%에 불과하다(Meehan 1982). 어류는 1973년 1월의 경우 칼로리 기여도는 25.8%, 5월에는 33.6%를 차지하고 있어 구입 식량을 제외하면 가장 높은 칼로리 기여도를 보이고 있다. 이는 해안 지역에서 어류 포획이 안정된 생계 경제를 유지하는 것과 깊은 관련이 있음을 보여준다.

일반적으로 정주취락은 농경의 시작과 깊은 상관관계가 있는 것으로 알려져 있다. 하지만 연해주와 환동해권에서는 신석기시대에 이동성이 줄고 정주성이 증가한 집단이 출현한 사례도 있다(안승모 2006). 여러 민족지 사례로 볼 때 대부분의 수렵채집민은 이동 생활을 하지만, 온대와 아한대 지방에서는 정주나 정주성이 높은 생활을 하는 경우도 있으며, 이 경우 해양자원(특히 어류)에 대한 식량 의존도와 상관관계가 높다(Binford 1980, Erlandson, 2001, Kelly 1995).

〈표Ⅵ-6〉은 머독(Murdock)이 168개 집단의 주거 패턴과 기후대와의 상관관계를 표로 정리한 것이다(Binford 1980, Kelly 1995). 주거 패턴은 이동 생활, 반이동 생활, 반정주 생활, 정주 생활로 평가하였다. 이에 따르면 온대와 아한대 지역의 주거 패턴 지수가 2.31~2.46으로 평가되어 다른 기후대 보다 정주성이 강한 것으로 나타난다. 〈표 Ⅵ-7〉은 온대와 아한대 수렵·채집 집단의 연중 거주지 이동과 어류 자원의존도의 관계를 정리한 것으로 어류 의존도가 높을수록 연중 거주지 이동이 현저 하게 줄어드는 것을 알 수 있다. 이로 미루어 볼 때 우리나라 신석기시대 중서부 지방 해안 및 도서 지역에 대규모 취락이 집중되는 것에서 어류자원에 대한 의존도가 정주성의 강

기후대	실효온도 (ET)	주거패턴 (집단수/%)				평균
		이동 Fully nomadic	반이동 Semi-nomadic	반정주 Semi-sedentary	정주 sedentary	
열대우림	26-21	9/75	2/16.7	1/8.3	0/0	1.33
열대/아열대사막	20-16	9/64.2	4/28.5	1/7.1	0/0	1.42
온대사막	15-14	3/9.3	21/65.6	3/9.3	5/15.6	2.31
온대	13-12	4/7.5	32/60.3	12/22.6	5/9.4	2.33
아한대	11-10	5/11.1	21/46.4	12/26.6	7/15.4	2.46
북극	9-8	5/41.6	4/33.3	2/16.6	1/8.3	1.91

화와 깊은 상관관계가 있음을 알 수 있다. 그러나 앞서 설명했듯이 낚시도구는 거의 출토되지 않고 어망추도 연평도일대 패총을 제외하면 매우 희소하다. 따라서 이 지역의 어로 문화를 이해하기 위해서는 낚시와 어망을 사용하지 않는 다양한 어로 방법을 검토하는 것이 필요하다. 우리나라의 중서부 해안은 조수간만의 차이가 매우 크며, 하루에 비슷한 크기의 두 번의 고조와 저조가 일어나는 반일주조권이다. 이러한 지역에서 매우 효과적인 어로방법은 어량(魚梁)으로 통칭할 수 있는 어살, 돌살 등을 이용한 함정어로법이다. 조수간만의 차이를 이용한 어량은 현대적인 어업의 발달로 지금은 널리 이용되지 않지만 북극에서 적도에 이르기까지 전 세계적으로 분포하며, 우리나라에서도 서해안을 중심으로 이용 되었다. 이러한 함정어로법은 고고학 자료로 남기 어려운 특성 때문에 그 기원을 밝히기는 어렵다. 그러나『시경(詩經)』에 어량24에 대한 내용이 언급되어 있는 것으로 보아 늦어도 기원전 6세기 이전부터 중

---

24 『詩經』에 나오는 어량에 대한 내용은 다음과 같다.
1. "毋逝我梁 毋發我笱(내가놓은 어살에는 가지말고 내가 놓은 통발 건드리지 마라)" 國風, 邶風, 谷風條.
2. "敝笱在梁 其魚魴鰥, 敝笱在梁 其魚魴鱮, 敝笱在梁 其魚唯唯(어살위에 뚫어진 통발 방어 환어 넘나드네, 어살위에 뚫어진 통발 방어 연어 넘나드네, 어살 위에 뚫어진 통발 커다란고기 넘나드네)" 國風, 齊風, 敝笱條. 원문 및 해석은 1994년 明文堂에서 출간한

표 Ⅵ-7. 온대와 아한대 수렵채집집단의 이동성과 어류자원 의존도(Kelly 1995, p.125)

집단	생물총량(kg/㎡)	어류의존도(%)	연중거주지이동
Kidütökadö	0.7	30	40
Cheyenne	0.7	0	33
Crow	1.5	0	38
Ona	17.8	20	60
Montagnais	18.2	20	50
Mistassini Cree	18.7	30	10
Aleut	low	60	1
Klamath	0.6	50	11
Sanpoil	0.7	50	10
Chilkat	18.4	high	>2
Other Gulf Salish	18.7	high	3
Straits Salish(E.Saanich)	19.2	high	4-5
Straits Salish(W.Saanich)	19.2	high	3-5
Ainu	19.4	50	2
Wiyot	19.5	high	0-2
Yurok	19.6	50	0-2
Twana	19.6	60	4
Makah	19.8	60	2
S. Tlingit	20.1	60	3
Tolowa	20.1	40	2?
S.Kwakiutl(Ft.Rupert)	20.3	50	3>4
Tsimshian	20.5	60	3-5
Squamish	20.5	high	0-4
Nuuchahnulth	21.0	60	>3

국에서는 어살이나 돌살이 사용된 것을 알 수 있으며, 신석기시대 이전까지 소급될
가능성은 충분하다고 하겠다(주강현 2006).

『四書三經』을 참조하였다.

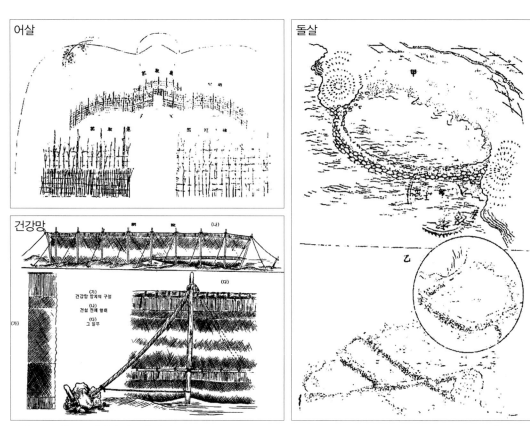

그림 Ⅵ-3. 한국수산지에 기록된 어량[농상공부 수산국(이근우 역) 2010]

　　우리나라에서 현재 이용되는 대표적인 어살은 대연평도 일대의 당도와 모이도 사
이 안목의 '버클그물'이라고 불리는 건강망이다. 이 버클그물은 48개의 칸살로 이루
어져 있으며, 모두 개인 소유로 운영되고 있다. 주 어기는 음력 1월 하순부터 5월 하
순까지이며, 1월 하순~2월 하순에는 주로 농어가 포획되고, 3월에는 홍어, 4~5월
에는 조기가 잡혔으나 현재 어획량은 많이 줄어 든 상태라고 한다(옥동석 외 2011, 주강
현 2006). 까치산, 소연평도, 모이도 패총에서 출토된 어종이 매가오리, 참돔, 농어 등
임을 감안할 때 어종의 차이는 있으나, 매가오리와 비슷한 회유 습성을 가진 홍어와
모이도 패총에서 출토된 농어가 주 어종임은 시사하는 바가 크다. 대연평도 일대에

는 안목의 버클그물 외에 미기 돌살, 다라이 돌살, 맨드라끼 돌살이 잔존하나 현재는 운영되고 있지 않다. 〈그림Ⅵ-4〉는 대연평도와 모이도에 위치한 패총 유적과 어살, 돌살의 위치를 표시한 것이다. 이를 통해 볼 때 신석기시대 사람들도 비슷한 위치에서 어살과 돌살을 설치하여 운영했을 가능성을 충분히 엿볼 수 있다.

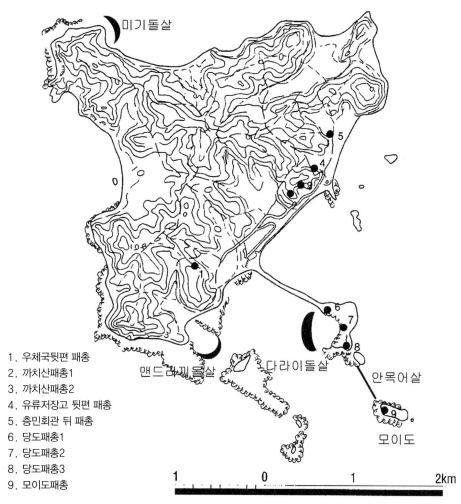

1. 우체국뒷편 패총
2. 까치산패총1
3. 까치산패총2
4. 유류저장고 뒷편 패총
5. 충민회관 뒤 패총
6. 당도패총1
7. 당도패총2
8. 당도패총3
9. 모이도패총

그림Ⅵ-4. 대연평도의 어살(건강망)과 돌살의 위치(소상영 2012a, p.85)

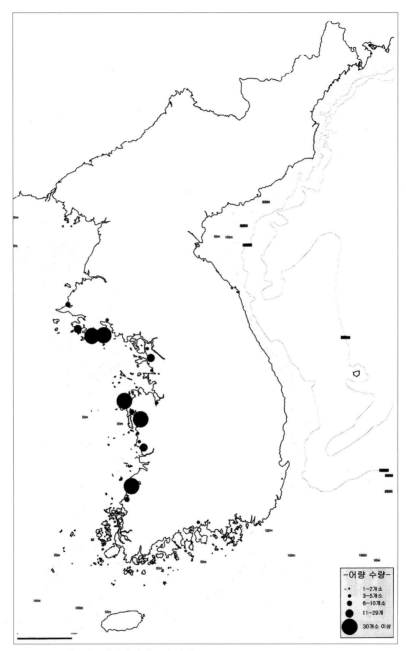

그림 Ⅵ-5. 세종실록지리지에 기록된 어량분포도(이영덕 2006a, p.129)

돌살에서 맨손으로 고기잡는 모습
[힐러리 스튜어트(주강현 역)
2010, p.132]

작살을 이용한 고기잡이(Balikci 1970)

반두와 사둘을 이용한 제주도 돌살(원담)의 멸치잡이(주강현 2006, p.341)

그림 Ⅵ-6. 돌살에서의 고기잡이 모습(소상영 2012a, p.87, 일부 수정)

현재는 어량이 거의 운영되지 않기 때문에 과거에 어획량이 얼마나 됐는지를 정확히 알 수는 없다. 하지만 고려 현종 7년에 왕자를 낳은 궁인 김씨에게 금은보화와 논밭, 노비와 함께 어량을 하사했다는 기사가 나오고, 조선시대 어량을 관리하고 규모와 수확량 등에 따라 세금을 거둔 기사가 자주 등장하는 것으로 보아 어획량은 안정적이었다는 것을 알 수 있다(정연학 2008, 주강현 2006). 또한 본격적으로 나일론 그물이 도입되어 연근해의 어자원이 급속히 감소하기 시작하는 1970년대 이전까지 돌살에서 잡힌 고기를 우마차나 수레로 실어 날랐다는 어민들이 증언이 있는 것으로 보아 최근까지도 어획량은 상당한 수준이었을 것을 알 수 있다(주강현 2006).

민족지 자료를 통해 보면 우리나라에서는 어살이나 돌살에 갇힌 물고기는 맨손으

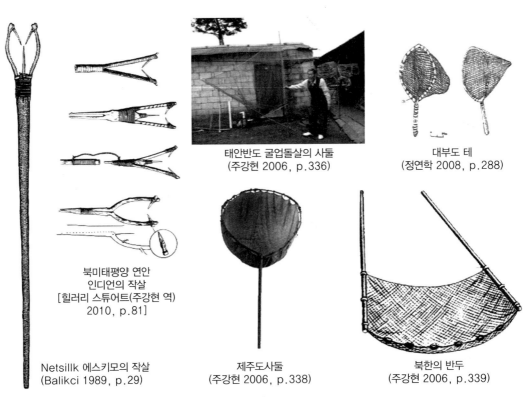

태안반도 굴업돌살의 사둘
(주강현 2006, p.336)

대부도 테
(정연학 2008, p.288)

북미태평양 연안
인디언의 작살
[힐러리 스튜어트(주강현 역)
2010, p.81]

Netsillk 에스키모의 작살
(Balikci 1989, p.29)

제주도사둘
(주강현 2006, p.338)

북한의 반두
(주강현 2006, p.339)

그림 Ⅵ-7. 돌살에서 사용되는 어로구(소상영 2012a, p.86)

로 잡거나, 테, 사둘, 반두 등을 이용해서 잡는다. 화살촉이나 작살을 이용하여 포획하는 예는 알려져 있지 않다(정연학 2008, 주강현 2006). 그러나 북극권의 에스키모와 아메리카 인디언들은 작살을 이용하여 돌살에 갇힌 연어를 포획한다[Balikci, A. 1989, 힐러리 스튜어트(주강현 역) 2010]. 여러 가지 형태의 작살 중에서 주목되는 것은 끝이 두 가닥으로 갈라진 작살이다. 넷실릭 에스키모의 작살은 긴 장대에 북극사향소의 뿔을 달고 가죽끈으로 묶은 후 곰뼈로 만든 날카로운 자돌구를 뿔의 양쪽에 달고 그 사이에 곰뼈로 만든 자돌구를 삽입하여 완성한다. 북미 태평양 연안의 인디언들도 이와 유사한 형태의 작살을 이용하고 있다. 이와 같은 작살은 연어와 같은 대형어류를 빠르게 포획하는데 매우 효과적으로 사용된다. 이와 같은 민족지 자료로 볼 때 우리나라에서 출토되는 화살촉이나 골제자돌구 등도 유사한 형태의 작살도 사용되었을 가능성을 생각해 볼 수 있다. 비교적 크기가 작은 물고기를 잡을 때는 사둘이나 반두가 효과적이나 매가오리와 같이 큰 물고기를 포획하기 위해서는 작살이 매우 효과적이기 때문이다. 포획된 어류는 고남리 패총이나 연평도일대의 패총들과 같이 패류 채집 장소에서 처리되거나 송산, 남북동 등과 같이 야외노지에서 처리되어 취락으로 옮겨지기도 하고, 처음부터 취락으로 옮겨져 처리되기도 했을 것이다. 이는 각 집단의 근거지와 자원 조달 장소간의 거리와 상관관계가 높을 것으로 판단된다. 포획된 어류가 야외노지나 취락에서 처리되었을 경우 산성도가 높은 우리나라의 토양상 고고학 자료로 남겨지기는 어렵다. 하지만 남북동 유적 토양의 지방산 분석에서 어류의 지방이 식물 및 패류와 함께 잔류하고 있는 것으로 확인된 바 있어 야외노지가 포획된 어류의 처리에 이용되었을 가능성을 보여준다.

이와 같이 신석기시대 중서부 해안 및 도서 지역의 어로 방법은 어량이 중심이었음을 추론할 수 있다. 이는 민족지와 역사 자료를 이용한 간접적인 해석이며, 아직 직접적인 증거를 제시하기는 어렵다. 어량을 이용한 어로방법이 서해안 지역에서 신석기시대부터 사용되었을 것이라는 지적이 여러 학자들에 의해 있었지만(김경규 2003, 소상영 2002, 이영덕 2006a), 그동안 별다른 논의가 없었던 것도 이러한 이유 때문일 것이다. 하지만 이 지역에서 해양자원의 활용가능성에 비해 어로구가 희소하게 출토되는 이유를 설명하기 위해서는 합리적인 추론이라고 판단된다. 초기농경의 적극적인 증거가 증가하고 있음에도 불구하고 내륙 지역 취락이 오히려 분산되고 축소되는 경향을 보이는데 비해 해안 및 도서 지역에 대규모 취락이 형성되는 경향은 해양자원의 적극적인 이용을 제외하고 이해하기는 어렵다. 향후 신석기시대 유적 주변에 잔존하는 어살, 돌살과 갯벌에 대한 발굴조사가 실시되어 위와 같은 해석을 뒷받침 할 수 있는 자료가 출토되기를 기대해 본다.

이와 같은 분석 결과로 볼 때 Ⅱ기 전반 해안 및 도서 지역에 대규모 취락이 집중되는 양상은 풍부한 해양자원(특히 어류)을 기반으로 식량자원의 안정적인 공급에 기

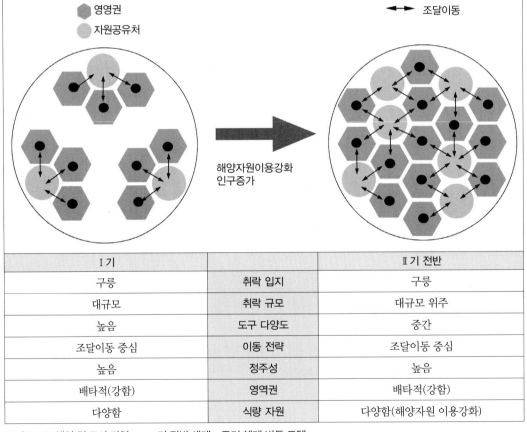

Ⅰ기		Ⅱ기 전반
구릉	취락 입지	구릉
대규모	취락 규모	대규모 위주
높음	도구 다양도	중간
조달이동 중심	이동 전략	조달이동 중심
높음	정주성	높음
배타적(강함)	영역권	배타적(강함)
다양함	식량 자원	다양함(해양자원 이용강화)

그림Ⅵ-8. 해안 및 도서 지역 Ⅰ~Ⅱ기 전반 생계 · 주거 체계 변동 모델

인 한 것으로 볼 수 있다. 물론 초기농경과 채집을 통한 식물성 자원의 공급도 무시할 수 없는 요인일 것이다. 본격적인 식량 생산 단계가 아닌 당시 상황에서 다양한 식량자원의 균형이 깨지면 정주성이 높은 대규모 취락을 유지 할 수 없었을 것이다.

결론적으로 당시 해안 및 도서 지역의 신석기사회의 성격은 풍부한 해양자원을 바탕으로 초기농경과 수렵·채집을 통해 다양한 식량자원의 활용하여 정주성이 높은 취락을 운용한 사회를 형성한 것으로 판단된다. 또한 주거지만으로 이루어진 단순한 취락의 구성과 비교적 낮은 도구 다양도로 볼 때 해안 및 도서 지역 Ⅱ기 전반의 취락에서는 주로 식량의 처리와 소비가 이루어지고 자원은 다양한 장소에서 조달 이동을 통해 공급하는 생계 전략이 이용되었을 것이다. 이를 모델화하면 〈그림Ⅵ-8〉과 같다.

3. 취락의 축소와 거주 이동의 증가
-Ⅱ기 전반~중반 이후

해안 지역에서 Ⅰ~Ⅱ기 전반의 대규모 취락은 Ⅱ기 중반에 들어서면서 해체되고 전반적으로 취락의 규모가 축소되는 경향을 보인다. 특히 충청 지역에서는 Ⅱ기 후반으로 편년되는 신월리를 제외하면 취락은 나타나지 않고 해안 및 도서 지역에 패총만이 분포하는 양상을 보인다. 이는 정주성이 낮아지고 거주 이동이 증가하는 현상을 반영하는 것이라고 판단된다.

중산동(한강) 유적은 21지점에 10기 23지점에 21기의 주거지가 분포하고 있어 Ⅱ기 전반의 대규모 취락과 유사한 규모를 유지하고 있는 유일한 취락이다. 하지만 주거군이 1~4개의 소규모 군집을 이루며 일정한 배치 없이 넓은 지역에 산개되어 있어 등고선을 따라 선상취락(능곡동)을 이루거나 10기 내외의 주거지로 구성된 2~3개의 군집(석교리, 신길동, 삼목도Ⅲ)이 합쳐져 면상취락을 이루는 Ⅱ기 전반의 공간 구조와는 확연히 다른 양상을 보인다. 또한 주거지간의 중복이 거의 없는 것은 Ⅱ기 전반과 같지만 2~3기의 노지가 중복되는 현상으로 볼 때 여러 차례 반복 사용된 것을 알 수 있다. 또한 Ⅱ기 전반의 대규모 취락이 주거지만으로 구성된 단순한 구조를 보이는데 비해 중반 이후의 취락은 야외노지와 수혈유구가 주거지와 복합된 구조를 가지고 있다. 이와 같은 취락의 점유 양상은 호평동, 운북동, 중산동(중앙, 고려), 을왕동 Ⅲ 유적 등 전반적으로 내륙과 해안 지역에서 동일하게 전개된다. 이러한 현상은 내륙 지역 Ⅰ~Ⅱ기 전반의 생계·주거 체계의 변동 과정에서 검토한 바와 같이 기후의 한랭화 경향에 따른 식량자원 공급의 안정성이 무너져 집단의 규모가 축소·분산되어 이동성이 증가하는 현상이 Ⅱ기 중반 이후에는 중서부 지방 전역으로 확산된 결과로 해석 할 수 있다.

그러나 Ⅴ장에서 이미 언급했듯이 이 같은 현상을 다르게 해석 하는 견해도 있다(유지인 2012). 유지인은 경기 해안 및 도서 지역 취락의 점유 양상과 석기 다양도의 차이를 비교 검토하여 Ⅱ기 중반의 취락이 Ⅱ기 전반의 취락 보다 다양한 행위가 있었으며 정주성이 높았다는 견해를 주장하였다. 주거지의 내부 구조가 Ⅱ기 전반의 취락이 단순한 구조를 보이지만 Ⅱ기 중반 이후에는 복잡해지고 반복 사용의 증거가 나타나는 것으로 볼 때 Ⅱ기 전반 보다 장기간 점유가 이루어졌다고 보는 것이다. 또한 Ⅱ기 전반의 취락이 주거지로만 이루어진 단순한 구조를 보이지만 중반 이후의 주거지는 야외노지와 수혈유구와 복합된 양상이 나타나며, 도구의 다양도도 Ⅱ기 전반 보다 높게 측정된 점을 들었다. 이는 기존의 연구가 단순히 취락의 규모가 정주 기간과 비례한다는 설명에 대한 비판으로 유구 및 유물복합체에 대한 다양한 분석을 통해 취락의 점유 기간에 대한 추정을 했다는 점에서 주목된다. 하지만 유구 및 유물 복합체에 대한 그의 해석은 다음과 같은 이유로 받아들이기 어렵다.

먼저 Ⅱ기 중반 이후의 주거지의 내부 구조가 복잡한 양상을 띠는 것이 상대적으로 오랜 기간 한 공간에 머물게 되면서 내부 시설을 수리하고 보수한 증거로 본 해석이다. 이는 일견 타당한 견해로 보인다. 그렇다면 신석기시대 보다 상대적으로 정주 기간이 길고 정착 생활 단계로 접어든 청동기시대의 수혈 주거지에서도 이러한 양상이 보편적으로 나타나야 설득력이 있다. 하지만 청동기시대에 이러한 양상을 보이는 주거지는 찾아 볼 수 없다. 주거지의 증축이 이루어진 경우에도 토층의 변화나 주공위치의 미세한 변화정도로만 파악 될 뿐이다. 이는 점유 기간이 길수록 오히려 수혈 주거지의 내부 구조는 더욱 정형화되고 단순화 된다는 것을 보여준다. 점유 기간이 장기간이라면 주거지의 내부는 지속적인 정비와 보수를 통해 유지되고 상부 구조의 경우도 부분적인 보수를 통해 지속적으로 이용될 수 있을 것이다. 화재나 자연적인 재해로 인해 기둥이 훼손되거나 수혈이 토사에 묻혀 재건축 하는 경우라도 수혈과 기둥의 위치를 쉽게 파악 할 수 있기 때문에 기둥의 위치나 노지의 위치 등을 변화시킬 이유는 없다. 계절적 이동과 같은 주기적인 점유가 반복된 경우나 단기 점유에 따른 주거지라면 상대적으로 내부 구조의 정형성과 상부 구조의 견고함은 장기 점유 주거지에 비해 떨어지는 것으로 보는 것이 합리적이며, 일부가 훼손될 경우 임시적인 보수를 통해 사용하였을 가능성이 높다. Ⅱ기 중반 이후의 주거지 바닥에 남겨진 다수의 주공들은 이러한 보수의 흔적으로 볼 수 있다. 주공 배치와 크기 깊이 등이 불규칙한 점도 이러한 사실을 반증한다. 2~3기씩 중복된 노지와 수혈식, 위석식 노지가 혼재되어 사용되는 양상도 이와 같은 행위의 결과일 가능성이 높다. 따라서 복잡한 주거지의 내부 구조는 주기적인 반복 사용의 증거로 정주성이 낮아지는 양상을 반영하는 것이지 정주성이 높아지는 증거는 될 수 없다.

다음으로 취락 구성에 있어서 유구의 복합성에 대한 문제이다. 앞서 살펴보았듯이 Ⅱ기 전반의 취락은 대부분 주거지로만 이루어진 단순한 구성을 보이며, Ⅱ기 중반이후의 취락은 주거지에 야외노지와 수혈 유구가 부가된 복합 구조의 양상이다. Ⅱ기 전반 취락의 경우 야외노지가 침식에 의해 유실되었을 경우도 가정할 수 있지만, 석교리와 삼목도Ⅲ에서 확인된 야외노지도 층위 상 주거지 폐기 이후에 조성된 것으로 기타 유구가 주거지와 복합적으로 구성되었을 가능성은 희박하다. 따라서 Ⅱ기 중반 이후에 주거지와 기타 유구가 동시기의 취락을 구성했다면 다양한 행위가 복합적으로 이루어졌을 것이다. 하지만 유구 구성의 동시기성에 대한 검증 없이 복합성을 정주기간의 길고 짧음으로 바로 연결시킬 수 있을지는 의문이다. Ⅱ기 중반 이후의 취락에서 주거지가 야외노지를 파괴하고 조성된 경우는 없지만 주거지 폐기 후에 조성된 야외노지는 다수 존재하는 것으로 보아 대체로 야외노지가 주거지 보다 후행하는 양상을 보여준다. 수혈 유구는 주거군과는 다른 공간에 군집을 이루는 경우가 많다. 수혈 유구를 저장용으로 본다면 정주성이 상대적으로 높다는 증거가

될 수 있다. 그러나 유구의 규모나 구조, 토층 등으로 볼 때 저장용인지 유무는 확실치 않으며, 유물의 출토가 빈약하거나 없는 경우도 많아 주거지와의 동시기성 여부가 명확하지도 않다. 주거지와 기타 유구의 동시기성과 관련성이 불명확한 상황에서 이를 근거로 점유 기간의 장기 지속을 주장하는 것은 설득력이 떨어진다.

마지막으로 도구의 다양도 측정 결과 Ⅱ기 중반 이후의 취락이 Ⅱ기 전반 보다 높은 것을 다양한 행위와 장기 거주의 근거로 해석한 점이다. 이는 양 시기의 석기구성이 갈돌, 갈판 등 식량 처리 도구가 주류를 이루는 점은 동일하지만 Ⅱ기 중반 이후의 취락에 화살촉의 출토수가 많고 Ⅱ기 전반 취락에서는 출토되지 않은 장신구류가 확인된다는 차이가 있다. 정주성이 높은 유적에서 도구의 다양도가 높고 장신구류와 같이 생계와 직접적인 관련이 없는 유물이 존재할 가능성이 높다는 것은 주지의 사실이다. 하지만 도구의 다양도에 대한 평가는 유구의 폐기, 유물의 출토 맥락에 대한 종합적인 검토가 필요할 것이다.

Ⅱ기 전반 취락의 경우 유물은 대부분 주거지 내부에서 출토되며, 지표에서 채집된 유물은 극소수이다. 석기는 주거지의 수에 비해 출토수가 빈약하며 다양도도 떨어진다. 세트를 이루어 출토되어야 할 갈돌과 갈판도 주거지별로 2~3점씩 개별적으로 존재하며, 제작에 상당한 시간과 노력이 필요하며 이동이 용이한 화살촉, 마제석부, 장신구류의 출토는 희소하고, 제작 과정에 큰 노력이 필요 없고 무거워 이동이 어려운 갈돌, 갈판, 고석, 대석 등이 주로 출토되는 현상을 보여준다. 이는 유물의 폐기가 취락의 폐기와 함께 인위적으로 이루어졌을 가능성이 높음을 의미한다.

한편 Ⅱ기 중반 이후의 취락은 상대적으로 지표에서 많은 유물이 출토되는 양상을 보인다. 특히 운북동 유적은 전체 54점의 출토 석기 중 19점만이 유구에서 출토되었으며(주거지 16, 야외노지 1, 수혈 2), 35점은 지표에서 출토되었다. 토기도 주거지당 10점 이하인 경우가 대부분이다. 이를 지점별로 살펴보면 유물의 빈약함은 더욱 두드러짐을 알 수 있다(한강문화재연구원 2012b). 물론 운북동 유적의 주거지의 절반이상이 반파된 주거지임을 감안하면 폐기 이후 교란에 의한 영향도 있었음을 알 수 있다. 하지만 비교적 보존 상태가 양호한 1지점 1호, 2지점 3호 주거지 등에서도 비슷한 출토 양상을 보이는 것으로 볼 때 전체적인 유물의 수는 Ⅱ기 전반의 취락에 비해 빈약했음을 알 수 있으며, 내륙 지역의 취락에서도 유사한 양상을 보여주고 있다. 이는 단순히 전체 유적에서 출토된 도구의 다양성만으로 정주 기간을 평가 할 수 없음을 보여준다. 이와 같은 이유로 Ⅱ기 중반 이후의 취락이 Ⅱ기 전반에 비해 정주성이 높다는 해석은 주거지의 내부 구조, 취락의 구성에 대한 잘못된 해석과 전체 유물의 출토 양상 및 폐기 맥락에 대한 검토 없이 도구 다양성에 대한 과도한 의미를 부여한 결과로 판단된다.

　Ⅱ기 중반 이후 취락이 축소되고 이동성이 증가하는 양상은 내륙 지역 Ⅰ～Ⅱ기 전반의 생계·주거 체계 변동에서 이미 설명한 바와 같이 지속적인 기후의 한랭·건조화 경향에 따른 육상 자원 환경의 악화를 원인으로 들 수 있다. 또한 당시 신석기인의 초기농경이 화전과 같은 이동 농법의 형태로 구릉 지역을 중심으로 행해졌다면, 식생의 파괴로 인해 이러한 현상은 더욱 가속화 되었을 것이다. 화전은 일반적으로 1～3년간은 높은 수확을 보장하지만 이후에는 지력이 크게 떨어져 인공적인 시비를 하지 않는다면 경작지를 이동해야 한다. 열대 우림 지역에서 화전 경작지는 경작이 포기되면 90% 이상 8～10년 안에 원래의 숲 형태로 돌아가기 때문에 생태계를 유지하고 보존하는데 별다른 영향을 미치지 않는다(Moran 2000). 하지만 온대 지역에서는 원래의 숲 형태로 돌아가는데 훨씬 더 많은 기간이 걸리며, 토양의 침식 작용이 강한 경사진 구릉 지대는 원래 숲의 형태로 돌아가지 못하고 초원 지대로 변하게 되어 생태계에 심각한 파괴를 불러온다. 이러한 이유 때문에 조선시대부터 화전은 규제의 대상이었으며, 대한민국 정부 수립 이후 1966년 화전 정리에 관한 법률이 제정되었고, 1974년부터는 화전정리 사업이 본격적으로 실행되어 1978년에 우리나라에서 화전은 자취를 감추게 되었다(정운하·김세빈 1999, 신민정 2011). 초기농경의 방법이 화전이 아니었다고 해도 정도의 차이는 있지만 지속적인 식생의 파괴는 피할 수 없었을 것이다. 구릉 지역에서 주거와 경작에 필요한 지역을 확보하기 위해서 일정 공간의 벌목은 필수적이며 잦은 거주 이동으로 인해 식생이 파괴되는 범위는 지속적으로 확대될 수밖에 없기 때문이다.

　Ⅰ기에 도입된 초기농경은 식량자원의 공급을 안정화 하여 정주성이 높은 대규모 취락을 형성하여 유지하고 중서부 지방의 신석기 문화가 남한 전역으로 확산되

는 주요 요인이 된다. Ⅱ기 전반 기후의 한랭·건조화 경향으로 육상자원 환경이 악화됨에 따라 내륙 지역에서 초기농경에 대한 의존도가 높아져 거주 이동에 드는 비용을 최소화하기 위해 집단의 축소와 분산화가 초래 된다. 이러한 경향은 Ⅱ기 중반 이후에는 가속화되어 내륙에서는 취락이 거의 소멸하고, 해안 및 도서 지역에서도 다양한 식량자원을 활용하는 식량 공급 체계의 균형이 깨지고 해양자원에 대한 의존도를 심화시키는 결과를 초래하여 거주 이동이 증가하고 취락의 규모가 축소되는 것으로 이해된다. 이를 모델화 하면 〈그림Ⅵ-9〉와 같다. Ⅱ기 후반의 모델에 집단의 영역권과 자원 공유처를 모두 겹쳐지게 표시한 것은 Ⅱ기 중반부터 거주 이동이 증가하면서 토지에 대한 배타적 점유권이 약화되어 집단의 영역권이 붕괴되어 자원을 공유하는 상황을 표현한 것이다.

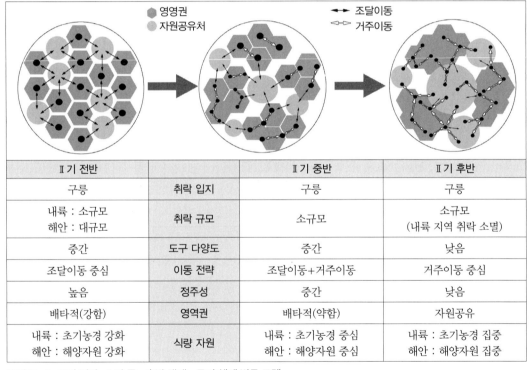

Ⅱ기 전반		Ⅱ기 중반	Ⅱ기 후반
구릉	취락 입지	구릉	구릉
내륙 : 소규모 해안 : 대규모	취락 규모	소규모	소규모 (내륙 지역 취락 소멸)
중간	도구 다양도	중간	낮음
조달이동 중심	이동 전략	조달이동+거주이동	거주이동 중심
높음	정주성	중간	낮음
배타적(강함)	영역권	배타적(약함)	자원공유
내륙 : 초기농경 강화 해안 : 해양자원 강화	식량 자원	내륙 : 초기농경 중심 해안 : 해양자원 중심	내륙 : 초기농경 집중 해안 : 해양자원 집중

그림Ⅵ-9. Ⅱ기 전반~Ⅱ기 중·후반 생계·주거 체계 변동 모델

4. 신석기사회의 해체와 청동기사회로의 전환
-Ⅱ기 후반

중서부 Ⅱ기 후반에 이르면 취락은 현저히 줄어들고 1,500 calBC경에는 해안 및 도서 지역에도 야외노지와 패총만이 잔존하는 양상을 보인다. 현재의 고고학 자료만으로 본다면 2,000 calBC를 전후한 시기부터 내륙 지역의 신석기사회는 거의 해체되어 공동화 되는 현상을 보인다. 이는 마치 후기구석기시대 이후 신석기시대 전기 시작 이전까지 오랜 기간 유적이 발견되지 않는 것과 유사한 양상이다. 성춘택(2009)은 이 기간 동안 유적이 거의 발견되지 않는 현상을 후빙기의 급격한 기온 상승으로 인한 서해의 형성과 같은 환경 변화가 수렵·채집 집단의 이동성을 높이고, 집단의 수가 현저하게 감소되는 것과 연관 지어 설명하고 있다. Ⅱ기 중반 이후에 지속적으로 정주성이 약화되고 거주 이동이 증가하는 현상을 감안하면 정도의 차이는 있겠지만 이와 유사한 상황에 있었을 것으로 추측된다. 따라서 2,000 calBC 이후에 유적이 급감하는 것은 집단의 축소와 이동성의 증가에 따라 당시 인간의 행위가 가시적인 고고학적 자료로 남겨지기 어려웠던 것으로 풀이 될 수 있다. 또한 전반적인 자원 환경 악화로 인해 인구수가 이전 시기보다 크게 감소했을 가능성도 있을 것이다. 남한 지역에서 청동기시대의 상한이 기원전 1,500년경임을 감안하면 이 시기는 신석기문화가 해체되고 청동기문화로 전환되는 과도기적인 시기라고 할 수 있다.

우리나라에서 신석기-청동기문화의 전환 과정에 대한 제 견해는 양시기의 문화가 단절적인가 아니면 연속적인가에 따른 입장의 차이는 있지만, 수렵·채집사회에서 농경사회로의 전환이 이루어져 생계·주거 체계의 근본적인 변화가 이루어졌음에는 동일한 입장을 보이고 있으며, 필자도 이에 동의한다.

1970~1990년대에 남한 지역에서 양 시기의 전환 과정에 대한 설명은 양시기 문화의 이질성에 근거하여 신석기인과 청동기인을 다른 종족으로 파악하는 주민 대체설(김원용 1973·1983, 김정배 1973)과 이를 비판하며 양시기의 계승적 관계의 가능성을 찾는 입장으로 구분된다(신숙정 1998, 이선복 1991). 주민 대체설은 양시기의 문화적 차이가

연결고리를 찾기 힘들 정도로 크고, 그 전환 과정이 매우 빠르다는 점에서 일견 설득력이 있어 보인다. 하지만 수 천년을 이어서 살아온 신석기인들이 어떤 이유로 멸종되거나 청동기인의 이주가 백인의 아메리카 대륙 정복과 같은 과정을 겪었다는 전제가 없는 한 한순간에 다른 종족으로 대체된다는 것은 납득할 수 없다. 아마도 이런 논리적 모순 때문에 김원용은 한국고고학개설 제3판(1986)에서는 신석기인을 고아시아족이 지역화된 원시한족으로, 청동기인은 古아시족의 다른 갈래인 퉁구스족으로 설정하여 두 종족이 잡거(雜居)에서 혼혈의 과정을 거쳐 동화 되었을 것이라는 수정된 견해를 제시한 듯하다. 하지만 여전히 고아시아족이나 퉁구스족 등은 그 실체가 불투명 한 것으로 이를 입증할 증거는 찾아 볼 수 없다(이선복 1991). 양 시기의 전환 과정을 계승적인 시각에서 보려는 시도는 주민 대체설에 대한 비판에서 비롯되었지만, 원론적인 차원에서 문제를 제기하는데 머물렀을 뿐 구체적인 논증은 이루어지지 못했다.

2000년대에 들어서면서 양 시기의 전환 과정에 대한 해석은 수렵·채집사회에서 농경사회로의 전환이라는 관점에서 진행되고 있으며 다수의 견해는 전환 과정을 계승적인 입장에서 찾는 것이다. 최소한 남부 지방에서의 본격적인 농경사회로의 전환은 강안 충적지에서 꾸준히 지속된 조 경작이 배경이 되어 신석기사회가 새로운 작물과 재배 기술을 수용한 점진적인 발전 과정이라는 주장(송은숙 2002)과 가도 패총과 고남리 패총의 굴과 어류뼈의 층위별 크기 변화를 바탕으로 인구압 모델을 통해 양 시기의 전환 과정을 설명하는 견해(Lee 2001, Norton 2000)가 대표적이다. 전자의 견해는 최근 증가하는 신석기시대의 재배작물 자료를 볼 때 설득력이 있으나, 양 시기 문화의 이질성과 청동기문화의 급속한 확산을 설명하기에는 부족하다. 후자의 견해는 인구 증가에 따른 자원의 남획과 고갈에서 농경의 기원을 찾는 일반론적인 인구압 모델이라고 할 수 있는데, 실제 신석기시대 II기 후반의 사회가 집단의 축소와 인구의 감소를 보여주는 현상과는 배치되는 것으로 받아들이기 어렵다. 적어도 우리나라 신석기시대의 해체 과정은 기후의 한랭화에 따른 자원 환경의 악화로 인해 이동성이 증가하면서 수렵·채집과 초기농경의 복합이라는 소위 저차원 식량 생산 방식이 붕괴되면서 해체된다는 견해가 고고학 자료에 부합된다(임상택 2006).

안재호(2006)는 남해안 지역 신석기시대 말기 토기로 인식된 이중구연토기를 돌대문토기와 함께 청동기시대 조기에 편입하여 이를 요동 지방으로부터 농경의 유입과 함께 들어온 것으로 보고 있다. 하지만 이중구연토기의 절대 연대가 대부분 기원전 2,000년을 상회하고 있어 시기적으로도 청동기시대와 연결시키기는 어려우며, 이 시기에 본격적인 농경이 이루어졌다는 고고학적 증거도 찾을 수 없어 수용할 수 없다.

양 시기의 전환 과정을 단절적으로 파악하는 대표적인 학자는 김장석(2002, 2006)으로 토지를 공유하는 수렵 · 채집사회(신석기)에 토지를 배타적으로 점유하는 농경사회(청동기)가 유입됨으로써 물질 문화와 생계 · 주거 체계의 급속한 변화가 일어나며 청동기문화로 대체된다고 주장하고 있다. 그의 설명은 청동기 전기 문화가 남한 전역으로 급속하게 확산되는 현상을 설명하는데 매우 적합하며, 물질문화 상으로도 단절적인 양상을 보이는 양 시기의 전환을 설명하는데도 설득력이 있다. 필자는 기본적으로 양 시기의 전환 과정이 단절적이라는데 동의하며 큰 이견은 없다. 또한 자원 집중처를 공유하던 내륙의 수렵 · 채집사회에 자원을 배타적으로 점유하는 도작농경 집단이 유입됨으로써 급격한 청동기사회로의 전환이 이루어졌다는 해석도 신석기시대 Ⅱ기 후반의 현상으로 볼 때 타당한 논리라고 판단된다. 하지만 우리나라 신석기시대 전 시기를 자원의 공유를 바탕으로 이동성이 강한 수렵 · 채집사회로 보는 시각에는 동의하기 어렵다.

인간이 토지를 이용하는 방식은 공유와 사유로 구분할 수 있다. 이러한 구분은 토지에 대한 개인이나 특정 집단의 소유권의 문제이기도 하지만 토지에서 생산되는 자원을 어떻게 소유하고 분배하느냐의 문제이기도 하다. 사유재산권이 아직 확립되지 않은 선사시대에는 전자보다는 후자가 주된 토지 이용 전략이라고 할 수 있다. 일반적으로 잦은 이동을 하는 수렵 · 채집사회는 산재한 자원 집중처를 여러 집단이 공유하고, 정주 생활을 하는 농경사회는 토지를 한 집단이 배타적으로 점유하는 경향이 강하다. 그러나 민족지 자료를 통해 볼 때 해양자원이나 식물성자원을 주식량자원으로 하는 복합수렵채집사회는 단순수렵채집사회에 비해 강한 영역권을 가지고 있으며, 자원 소유권에 대한 배타적 점유를 통해 엄격한 관리를 하는 사례도 다수 있음을 알 수 있다(Kelly 1995).

앞서 살펴보았듯이 중서부 지방 신석기 집단은 Ⅰ기와 Ⅱ기 전반에는 경기 지역을 중심으로 정주성이 높은 복합수렵채집사회의 성격을 가지고 있다.[25] 특히 경기 해안 및 도서 지역의 신석기집단은 Ⅰ기에서 Ⅱ기 전반으로 넘어가는 과정에서 나타나는 대규모 취락의 증가는 정주화 경향이 해안 및 도서 지역에서 전반적으로 일어났음을 보여준다. 경기 해안 도서 지역 신석기집단의 전반적인 정주화 경향은 집단의 영역권을 강화 시키고 자원 집중처에 대한 배타적 점유권 강화로 이끌어졌을 것이다. 앞서 중서부 지방 어로에 주로 이용되었을 것으로 추정한 어량은 축조과정에 여러 사람의 노동력이 필요하며, 유지 보수를 위한 지속적인 관리가 필요하다. 또한 포획된 어자원의 수확을 위해서도 여러 사람의 공동 작업이 필요하다. 고려·조선시대의 어살은 일정한 소득을 창출할 수 있는 경제성을 가지고 있어 염전과 함께 국가관리의 대상이 되었다(나승만 2005). 현재 돌살은 근해 어족 자원의 고갈로 거의 운영되고 있지 않지만 최근까지는 대부분 개인 소유로 운영되었다. 현재까지 운용되는 대표적인 어살인 연평도 안목의 '버클그물'은 48칸의 그물이 1칸마다 개인 소유로 운영되고 있다(옥동석 외 2011. 주강현 2006), 이와는 달리 갯벌은 대부분 마을 공동의 소유로 마을에 속하는 사람은 누구나 패류를 채취 할 수 있다. 수렵·채집사회에서는 아직 개인의 사유 재산권이 확립되었다고 보기는 어렵기 때문에 어량은 집단의 공동 소유로 운영되었을 것이며, 축조와 유지에 일정한 경제력과 노동력이 투입됨을 감안 한다면 배타적 점유를 통해 엄격히 관리되었음은 당연하다고 하겠다. 갯벌의 경우에는 주변의 여러 집단에 의해 공동 점유되었을 것으로 판단된다. 그러나 내륙 집단이 아무런 제한 없이 갯벌을 방문하여 자원을 채취했다고 보기는 어렵다. 높은 정주성과 자원

---

25 당시 신석기사회를 복합수렵채집사회 규정하기 위해서는 정주성외에 공동체의 복잡성, 계급화의 형성과 같은 사회·정치 조직의 발달 정도를 고려해야 할 것이다. 하지만 현재의 고고학 자료로 이와같은 발달 정도를 가늠하기는 어렵다. 따라서 엄밀한 의미에서 중서부 지방 Ⅰ~Ⅱ기 전반을 복합수렵채집사회로 정의할 수 있을지에 대해서는 좀 더 면밀한 분석이 필요할 것이다. 하지만 초기농경의 도입과 해양자원 이용의 강화, 대규모 취락의 형성, 높은 정주성으로 볼 때 단순수렵채집사회로 볼 수는 없다. 신석기시대 수렵채집사회 성격에 대한 논의는 임상택(2015)의 글이 참고가 된다.

의 배타적 점유를 바탕으로 유지되는 복합수렵채집사회는 넓은 지역에 대한 사회적 영역권을 유지 관리하기보다 비교적 좁은 영역권의 경계선을 방어하기 때문에 내륙에 위치한 집단이 쉽게 갯벌의 자원 집중처에 접근하기는 어려웠을 것이다. 또한 패류의 낮은 칼로리 기여도로 볼 때 내륙 집단이 도서 지역의 갯벌까지 이동하여 자원을 조달하는 것은 투입 비용에 비해 얻을 수 있는 효율이 너무 낮다.

Ⅱ기 전반 내륙 지역은 집단의 축소 경향으로 볼 때 Ⅰ기에 비해 정주성이 떨어지고 거주 이동이 증가된 것으로 판단된다. 하지만 초기농경이 주 생계 전략이었음은 분명하며 적어도 1년 이상 한곳에 거주하거나 계절에 따라 반복적으로 거주지를 이동하는 전략이 사용되었을 것으로 추정된다. 이로 미루어 볼 때 Ⅱ기 전반까지는 내륙 지역에서도 자원 집중처에 대한 배타적 점유권이 유지되었을 것이다.

Ⅱ기 중반이 되면 대규모 취락은 대부분 해체되고 집단의 규모는 크게 축소된다. 이러한 경향은 충청 내륙 지역에서 특히 두드러진다. 경기 해안 및 도서 지역은 중산동(한강) 21, 23지점, 운북동 6지점과 같이 10기 이상의 주거군으로 형성된 취락도 존재하지만, 대부분의 취락은 1~4기 정도의 주거지로 구성되어 Ⅱ기 전반에 비해 취락의 규모는 크게 축소된다. 또한 주거지의 내부 구조로 볼 때 반복적인 재 점유가 있었던 것을 알 수 있다. 이와 같은 고고학 자료로 볼 때 Ⅱ기 중반 이후에는 집단의 정주성은 지속적으로 낮아지는 것을 알 수 있다. 이에 따라 자원 집중처에 대한 배타적 점유권도 지속적으로 낮아졌을 것이다. 특히 내륙 지역에서는 Ⅱ기 후반이 되면 거주 이동이 증가하면서 수혈주거지와 같은 가시적인 유구의 축조가 크게 줄어들어 현재의 고고학 자료로 볼 때 거의 공동화에 가까운 현상을 보이는 것으로 판단된다. 이상의 내용을 요약하면 〈표Ⅵ-8〉과 같이 정리할 수 있다. 결국 중서부 지방 신석기집단의 생계·주거 체계의 변화 양상으로 볼 때 양 시기의 전환 과정은 내륙 지역을 중심으로 단절적이고 급속하게 이루어진 것으로 보는 견해가 가장 설득력이 높다고 하겠다(김장석 2002). Ⅱ기 후반 이후 내륙 지역의 신석기집단은 초기농경을 통한 식량 공급 체계의 붕괴로 인해 잦은 거주 이동을 통해 식량자원을 공급하고 이로 인해 자원 집중처는 배타적 점유에서 여러 집단이 공동으로 점유하는 방식으로 토지이용 전략은 변화하여 영역권은 크게 약화되고 인구도 크게 줄어들었을 가능성이

표Ⅵ-8. 중서부 지방 생계·주거 체계의 변화 양상

시기			정주성	주 이동전략	자원점유권(영역권)
Ⅰ기			높음	조달이동	배타적(강함)
Ⅱ기	전반	내륙	중간	거주이동+조달이동	배타적(약함)
		해안	높음	조달이동	배타적(강함)
	중·후반	내륙	낮음	거주이동	공유
		해안	중간	거주이동+조달이동	배타적(약함)

높다. 이와 같은 상황에서 도작농경을 주 생계 전략으로 하여 토지를 배타적 점유하는 청동기집단은 별다른 저항 없이 내륙 지역으로 유입되었을 것이다. 청동기집단이 자원 집중처를 배타적으로 점유하며 확산됨에 따라 내륙 지역의 신석기집단은 자원을 조달할 수 있는 영역은 계속 줄어들어 더 이상 집단을 유지하기 어려운 상황에 놓이게 되었을 것이다. 이제 내륙 지역의 신석기집단이 택할 수 있는 길은 청동기집단에 흡수 되거나 도작농경을 받아들이는 방법이었을 것이다. 하지만 양 시기 물질문화의 이질성과 단절성으로 볼 때 대부분의 신석기집단은 청동기집단에 흡수되었을 가능성이 높은 것으로 판단된다. 신석기집단이 도작농경을 받아들여 스스로 농경 집단으로 변화했다면 양 시기의 물질문화(특히 토기)에서 나타나는 이질성을 설명하기 어렵기 때문이다(김장석 2002). 이와 같은 과정을 통해 내륙 지역의 신석기문화는 해체·소멸의 길을 걷게 되고 빠르게 청동기 사회로 흡수되어 전환되는 것으로 설명된다.

〈그림Ⅵ-10〉은 집단의 영역권이 약화된 신석기사회에 도작농경을 바탕으로 토지를 배타적으로 이용하는 집단이 유입됨에 따라 청동기사회로 전환되는 과정을 3단계로 도식화하여 표현한 것이다. 먼저 거주 이동의 증가에 따라 신석기집단의 영역권이 해체되며(1단계), 다음으로 외부에서 유입된 청동기집단이 토착민과의 마찰을 최소화 할 수 있는 자원 공유처를 배타적으로 점유하면서 신석기집단의 자원 획득 장소가 축소되고(2단계), 청동기집단이 점차 주변으로 확산됨에 따라 신석기집단의 이동 전략을 통한 자원 획득 체계가 붕괴되어 청동기사회로 전환되는 것으로 이해된다(3단계).

하지만 해안 및 도서 지역의 상황은 내륙 지역과는 다소 다른 양상으로 전개된 것으로 판단된다. Ⅱ기 중반 이후부터 정주성이 약화되고 취락의 규모는 축소되지만 Ⅱ기 후반까지 취락은 존재한다. 1,500 calBC 이후에도 야외노지와 패총이 잔존하며, 고남리B-3과 모이도 패총에서 출토된 동물유체와 도구 양상으로 볼 때 여전히 연중 거주를 바탕으로 한 집단이 도서 지역을 중심으로 잔존 하여 상당 기간 내륙의 청동기집단과 공존한 것으로 판단된다. 운서동Ⅲ 유적(중앙문화재연구원 2010)의 청동기시대 2, 5호 주거지의 ^{14}C연대가 3,140±50 BP(1,520~1,290 calBC) 3,370±50 BP(1,780~1,520 calBC)로 측정되어 이른 시기부터 일부 청동기 집단이 도서 지역에 진출했을 가능성이 있지만 이는 예외적인 경우이며, 본격적인 확산은 전기 후반부터이기 때문이다. 이는 도작농경을 주 생계수단으로 하는 청동기 집단이 굳이 조·전기 단계부터 해안 및 도서 지역을 점유할 필요성이 없기 때문이기도 하겠지만 내륙 지역에 청동기집단이 빠르게 확산되는 과정중에도 아직 일부 신석기집단이 해안 및 도서 지역을 중심으로 배타적 영역권을 유지하여 청동기집단이 쉽게 유입되기 어려웠던 이유도 있을 것이다.

선사시대에 농경인과 수렵·채집집단이 서로 다른 공간을 점유하는 사례는 많이 알려져 있으며, 민족지 자료를 통해 두 집단이 다른 공간을 점유하며 공존하는 사례도 있다. 예를 들어 필리핀 팔라난(Palanan) 만의 북부 해안에 위치한 수렵·채집인

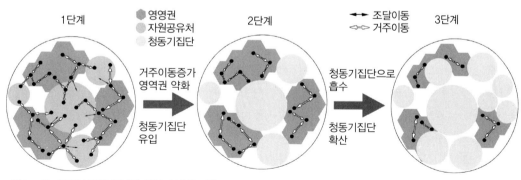

그림Ⅵ-10. 중서부 지방 신석기-청동기 전환 모델

인 아그타(Agta) 집단과 농경인인 팔라난(Palanan) 집단과의 교역관계에 대한 민족지 조사를 보면 두 집단은 서로의 주 식량자원을 교역을 통해 주고받으며 공존 관계를 유지하고 있다. 수렵·채집을 주 생계 양식으로 하는 아그타 집단은 그들이 획득한 사슴이나 물고기를, 농경을 주 생계방식으로 하는 팔라난 집단이 생산한 옥수수나 구근류와 교환하는 방식을 통해 서로에게 부족한 단백질과 탄수화물 자원을 보충하고 있다. 또한 수확이나 농경지 확장 등 노동력이 집중되는 시기에는 팔라난 집단은 아그타 집단의 사람을 임시 인부로 고용하는 경우도 있다(Peterson 1978). 우리나라 중서부 지방에서 양 시기의 집단이 어떤 형태로 공존했는지는 현재의 고고학 자료로는 명확히 파악 할 수 없지만, 도서 지역의 신석기시대 Ⅱ기 후반 유적에서 청동기시대 조·전기와 중복되는 ^{14}C연대측정치가 존재하는 것으로 보아 양 집단이 상당 기간 공존했음은 분명하다고 하겠다. 결론적으로 중서부 지방에서 조·전기 청동기문화는 초기농경을 주 생계 전략으로 이용하던 신석기 집단의 식량 공급 체계가 붕괴하면서 이동성이 증가하고 집단이 축소되어 인구가 줄어든 내륙 지역을 중심으로 확산되며, 해안 및 도서 지역을 중심으로 잔존한 신석기 집단과 점유공간을 달리하며 일정기간 공유했을 것으로 추정된다. 도서 지역을 중심으로 잔존한 신석기집단의 청동기문화의 확산에 따라 점점 더 먼 바다의 섬으로 이동했을 것이며, 청동기문화가 본격적으로 해안 지역으로 확산되는 청동기시대 전기 후반경에는(약 1,000 calBC 전후) 소멸하여 청동기시대로 전환된 것으로 판단된다.

한반도 중서부 지방 신석기 문화 변동

우리나라 중서부 지방에서 신석기시대 유적은 2000년대 이후 발굴조사가 꾸준히 증가하였고 그동안 취락이 발견되지 않았던 해안 및 도서 지역에서도 다수의 유적이 발견되어 많은 연구가 진행되었다. 본 연구는 이러한 자료의 증가 추세에 맞추어 이 지역 신석기문화의 변동 과정을 환경에 대한 적응과 생계·주거 체계의 변화를 중심으로 설명하고자 한 것이다. 본문의 논의를 요약하면 다음과 같다.

중서부 지방 홀로세의 화분대는 4기로 구분되며 이중 화분대 CW-Ⅱ, Ⅲ기가 신석기시대의 환경과 관련이 깊다. 특히 CW-Ⅲ기의 기준이 되는 4,600 BP는 기온의 한랭화가 내륙 지역의 자원 환경을 일정정도 악화시켰고, 그 결과에 Ⅱ기에 신석기인의 활동 중심 지역이 해안 및 도서 지역으로 이동하는 것과 깊은 관련이 있는 것으로 판단된다. 서해의 해수면은 7,000~6,000 BP를 전후한 시기에 급격한 상승을 멈추고 안정되었으며, 이에 따른 갯벌의 형성과 강 하류 지형의 안정화가 중서부 Ⅰ기 신석기집단이 본격적으로 활동하는 토대가 된 것으로 판단된다.

본고에서 중서부 신석기시대는 크게 Ⅰ(3,600 calBC 이전), Ⅱ(3,600 calBC이후)기로 구분하였으며, Ⅱ기는 다시 전·중·후반으로 세분하였다. 이는 기존의 편년이 전, 중, 후기의 3분기를 기본으로 한 것과 달리 중, 후기를 통합한 2분기안으로 토기문양의 변화를 시간적인 속성으로 파악하여 형식학과 순서배열법에 따라 분기를 설정하는 것이 객관적으로 검증할 수 없다는 인식에서 출발한 것이다. 이에 필자는 ^{14}C연대측정 자료의 분석 결과와 생계·주거 체계의 변화 양상을 토대로 분기 설정을 시도하였으며, 이는 3,600 calBC를 전후로 하여 내륙 지역의 신석기집단의 규모가 축소되고 해안 및 도서 지역에 신석기집단이 집중되는 현상과도 일치한다.

Ⅰ기는 기존의 중서부 전기에 해당하는 시기이다. 이 시기는 내륙의 자연제방과 해안 및 도서 지역의 구릉에 대규모 취락이 입지한다. 주거지의 평면 형태는 원형이나 방형으로 기둥은 4주식이 기본이다. 주거지 내부의 노지는 내륙에서는 위석식, 해안 지역에서는 수혈식이 설치되며, 운서동Ⅰ의 예로 볼 때 해안 지역은 단 시설을 갖춘 경우가 많다. Ⅰ기는 대규모 취락의 존재와 높은 도구 다양도로 볼 때, 이전의 수렵·채집을 중심으로 하는 이동성이 높은 단순수렵채집사회에 어로와 초기농경이 생계 전략에 추가되어 식량자원의 안정화를 바탕으로 정주성이 높은 복합수렵채집사회를 형성한 것으로 판단된다.

Ⅱ기 전반은 기존의 중서부 중기에 해당하며 중서부 지방의 빗살무늬토기문화가 남한 전 지역으로 확산되는 시기이기도 하다. 내륙 지역에서는 취락의 규모가 축소되어 큰 강 주변의 자연제방에서 지류 주변의 구릉으로 이동한다. 특히 충청 내륙에서는 대천리식주거지로 명명된 장방형 주거지 1~2기가 구릉상에 독립적으로 입지하는 양상을 보인다. 해안 및 도서 지역에서는 대규모 취락이 증가하고 밀집되는 양상을 보인다. 이와 같은 현상은 홍수 피해로 인한 자연제방 취락의 해체와 3,600 calBC 이후 기온의 한랭화 경향으로 인한 육상 자원 환경의 악화와 관련된다. 내륙 지역은 Ⅰ기부터 생계 전략에 추가된 초기농경이 전반적인 자원 환경의 악화에 따른 식량 부족 현상을 극복하기 위해 강화된 것으로 판단된다. 초기농경은 조, 기장이 중심이 되며, 습기에 약한 조 기장의 생태적 특성으로 볼 때 주로 구릉 지역에서 재배되었을 것이다. 재배 방식은 화전과 같은 이동 농법을 사용했을 것으로 추정되며 이에 따라 거주 이동에 필요한 비용을 줄이고 효율을 높이기 위해 집단의 규모를 작게 유지한 것으로 판단된다. 해안 및 도서 지역은 풍부한 해양자원의 배타적 점유를 바탕으로 정주성이 높은 대규모 취락이 유지되며, 내륙 지역과 같이 초기농경을 통한 식물성 식량자원도 중요한 비중을 차지한 것으로 판단된다. 주거지의 내부 구조

는 4주식의 기둥에 내부에 수혈식 노지를 갖춘 정연한 구조를 띠며 재사용의 흔적은 보이지 않는다. 취락의 구성은 대부분 주거지만으로 구성된 단순한 구조를 보인다. 도구 다양도는 Ⅰ기보다 낮으며, 갈돌, 갈판과 같은 식물성자원의 처리 도구가 주를 이루는 특징을 보인다. 이로 미루어 볼 때 Ⅱ기 전반 해안 및 도서 지역에 입지한 취락에서는 식량의 처리와 소비가 주로 이루어졌으며, 식량은 주로 조달 이동 전략을 통해 공급된 것으로 판단된다.

Ⅱ기 중반은 기존 편년의 후기에 해당하는 시기이다. 이 시기가 되면 해안 및 도서 지역 취락의 규모도 현저히 축소된다. 중산동(한강) 21, 23지점, 운북동 6지점과 같이 10기 이상의 주거지로 구성된 취락도 일부 존재하지만, 취락의 소규모화 경향은 뚜렷해진다. 중산동(한강)과 운북동의 경우도 Ⅱ기 전반의 취락 형태가 집촌형의 선상취락 또는 면상취락인 것과는 다르게 산촌형의 괴상취락으로 변화한다. 주거지의 구조는 Ⅱ기 전반과 유사하지만 내부에 다수의 기둥자리가 무질서하게 배치되고 노지가 2~3차례 중복되어 반복적으로 재사용되었음을 알 수 있다. 도구의 다양도는 Ⅱ기 전반과 유사하거나 다소 높은 경향이 나타나지만, 주거지 내부에서 출토된 도구는 매우 빈약하다. 이와 같은 상황을 종합해 볼 때 이 시기에는 Ⅱ기 전반의 기후 한랭ㆍ건조화 경향이 지속되어 식량자원의 균형이 무너지면서 생계 전략의 중심이 조달 이동에서 거주 이동으로 변화하는 것으로 이해된다.

Ⅱ기 후반은 기존 편년의 말기에 해당한다. 이 시기에 이르면 취락의 규모는 더욱 축소되고 야외노지가 증가하는 양상을 보인다. 1,500 calBC를 전후한 시기에 이르면 취락 유적은 거의 찾아 볼 수 없고, 해안 및 도서 지역에 일부 패총만이 잔존하는 양상을 보인다. 이는 거주 이동이 빈번해 짐에 따라 정주성이 더욱 약화된 결과이다. 기후의 한랭ㆍ건조화 경향과 화전으로 인한 육상 생태계의 악화로 초기농경은 더 이상 주 생계전략으로의 역할을 하지 못하게 된다. 이로 인해 내륙 집단은 더욱 빈번한 거주 이동을 통해 식량자원을 획득해야하는 상황에 처하게 되며, 그 결과로 집단의 규모는 더욱 축소되고 효율적인 이동을 위해 수혈 주거지와 같이 고고학 자료로 남겨질 수 있는 가시적인 구조물의 축조는 극히 제한된 것으로 추정된다. 이와 같은 상황에서 도작농경을 주 생계 전략으로 하여 토지를 배타적 점유하는 청동

기집단이 유입되면서 내륙 지역의 신석기사회는 소멸하여 빠르게 청동기사회로 흡수되는 것으로 설명된다.

하지만 해안 및 도서 지역의 상황은 내륙 지역과는 다소 다른 양상으로 전개된 것으로 이해된다. 도서 지역에서는 1,500 calBC 이후에도 야외노지와 패총이 존재하며, 고남리B-3와 모이도 패총에서 출토된 동물유체와 도구 양상으로 볼 때 여전히 연중거주를 바탕으로 한 집단이 도서 지역을 중심으로 활동했음을 보여주고 있기 때문이다. 해안 및 도서 지역의 신석기사회도 Ⅱ기 후반에 이르면 육상자원의 악화로 인해 해양자원에 대한 이용도가 더욱 집중되면서 집단은 축소되고 정주성은 약화된다. 하지만 여전히 해양자원을 중심으로 한 자원집중처에 대해서는 배타적 점유권과 영역권을 유지했을 가능성이 높으며, 이를 바탕으로 내륙 지역을 중심으로 빠르게 확산되는 도작농경집단과 거주 영역을 달리하며 청동기시대 전기 후반(1,000 calBC 전후)까지 공존한 것으로 이해된다.

본 연구는 중서부 지방 신석기문화를 고고학 자료의 분석과 민족지·역사적 접근 방법을 통해 고찰 하였다. 이를 통해 중서부 신석기시대를 편년하고 시기에 따른 문화변동 과정을 파악 할 수 있었다. 하지만 취락 내 주거지를 포함한 유구의 동시기성 문제와 주변 지역과의 관계 등 제대로 파악되지 않거나 다루어지지 못한 부분도 많다. 또한 본 연구는 기본적으로 환경의 변화에 대한 인간의 적응과 선택을 통한 자원의 최적화된 이용이라는 기능적 관점을 바탕으로 하였다. 이에 사회·정치적, 상징적인 측면을 포함한 총체적인 문화 변동 과정의 해석에는 한계가 있음을 시인할 수밖에 없다. 이러한 문제는 향후 진전된 연구를 통해 보완하도록 하겠다.

부록1. ¹⁴C연대분석을 통해 본 남한지방 신석기시대 편년[1]

한반도 중서부 지방 신석기 문화 변동

I. 서론

우리나라 신석기시대에 편년 연구에 ¹⁴C연대가 처음 사용된 것은 모아(A. More)와 샘플(L.L. Sample)이 1962~1964년에 조사한 부산 동삼동 패총이다. 하지만 당시 한국 고고학계는 ¹⁴C연대를 편년 연구에 적극적으로 활용하는 것에 대체로 부정적이었다. 이러한 기조는 현재까지도 큰 변화는 없는 듯하다. 여전히 신석기시대 편년 연구는 토기의 문양변화를 주요 기준으로 하고 있으며, ¹⁴C연대측정치는 상한과 하한을 결정하는데 보조적으로 사용하는 경향이 강하다. ¹⁴C연대측정 자료를 활용하는 경우에 있어서도 연구자의 편년관과 맞지 않으면 아무런 검증없이 무시되기도 한다.

2000년대 이후 서구학계에서는 ¹⁴C연대를 활용하여 취락과 인구변동을 파악하는 연구가 증가하는 추세이며, 우리나라에서 이와 관련된 연구들이 증가하고 있다. 특히 신석기-청동기 시대 전환기의 문화변동을 ¹⁴C연대를 통해 분석하는 연구들이 주

---

1 이 글은 2014년 한국신석기학회 정기학술대회에서 발표한 '¹⁴C연대분석을 통해 본 한국 신석기시대 편년'을 수정 보안한 것이다.

목된다(Bae et al. 2013. Ahn and Hwang 2015. Ahn et al. 2015). 그러나 ^{14}C연대가 기본적으로 편년연구의 기본자료임을 고려하면 여전히 형식학, 순서배열법 등의 상대연대결정법이 주류를 이루는 한국학계의 편년연구의 경향은 받아들이기 어렵다.

기록이 없는 선사시대 연구에서 역연대를 추정할 수 있는 방법은 절대연대측정을 통해 제시된 자료일 수밖에 없다는 것은 자명하다. 형식학, 순서배열법 등에 따른 편년은 고고학적 자료의 상대서열을 정할 수는 있지만 역연대를 결정할 수는 없기 때문이다.

이에 본 고에서는 최근 대규모 발굴조사의 증가와 함께 빠르게 축적되고 있는 ^{14}C연대 자료를 분석하여 우리나라 신석기시대 편년을 설정해 보고자 한다. ^{14}C연대측정 방법은 다양한 원인에 따른 오류 가능성도 상존하고 아직 오차 범위가 100~300년 정도로 넓어 세밀한 구분은 어렵지만, 중복 관계가 없거나 층위상의 차이를 보이지 않는 동일 유적 내 유구간의 상대 편년을 설정하는데도 활용 될 수 있다.

현재 우리나라 신석기시대 유적에서 측정된 ^{14}C연대측정 자료는 1,000여 건에 이른다. 하지만 아쉽게도 북한지역의 자료는 알려진 바 없으며 모두 남한지역에서 측정된 것이다. 따라서 본 고는 남한지역만을 대상으로 한다.

II. ^{14}C연대 분석 기준

1. 지역권 설정

우리나라 신석기시대 지역권은 빗살무늬토기의 저부 형태를 기준으로 보면 크게 굽달린 평저 중심의 북부지역과 원저 또는 첨저 중심의 남부지역으로 구분할 수 있다. 이를 좀 더 세분하면 동북지역(두만강 유역 및 강원도 북부지역), 서북지역(압록강 유역), 중서부지역(대동강. 한강. 금강 유역 및 서해 도서 지역), 남부지방(낙동강 유역 및 남해 도서 지역)으로 구분된다(한영희 1978). 1990년대 이후에 유적의 조사례가 증가 하면서 지역권 내에서 소지역 차이에 주목하는 연구가 시작되었으며, 특히 해안과 내륙 지역의 문화차이에 주목하여 소지역권을 설정하고 있다(동삼동패총전시관 2009). 그러나 여전히 경상북도와 전라남도의 내륙 지역에서는 신석기 유적의 보고가 다른 지역에 비해 현저히 드물고, 접변지대에 대한 조사가 많지 않아 지역권 및 소지역권의 경계를 확정하는 것은 쉽지 않은 것이 현실이다.

필자도 우리나라 신석기시대 지역권을 크게 4개의 지역권으로 설정하는데 별다른 문제는 없다고 본다. 하지만 이 글의 목적이 ^{14}C연대 분석을 통해 신석기시대 역연대를 추정하기 위한 것이기 때문에 연대측정자료가 없는 북한지역은 연구대상에 포함 될 수 없다. 따라서 여기에서는 남한지역을 중서부, 중동부, 남부 3개의 광역지역권으로 구분하고 이를 지역권과 소지역권으로 구분하여 살펴보고자 한다. 중서부지역은 행정구역으로 볼 때 경기도, 충청남북도(전북 일부 포함)에 속하며, 수계로는 크게 임진강, 한강, 금강 유역 일대이다. 중서부지역 내 소지역권의 설정은 경기 내륙(임진강, 한강 유역), 경기해안 및 도서, 충청 내륙(금강 유역), 충남 해안 및 도서 지역으로 구분하고자 한다. 중동부지역은 행정구역상 강원도 일대에 해당하며 대관령을 기준으로 영동과 영서지역을 소지역권으로 설정하고자 한다. 영동지역의 경우 해안과 내륙의 유적을 다시 구분할 필요성도 있으나 아직 내륙 지역의 유적의 조사례가 많지 않아 하나의 소지역을 설정하여 분석을 실시하였다.

남부지역은 행정구역상 전라남북도(전북 일부 제외), 경상남북도, 제주도 일대를 포함한다. 남부지역은 남서부(전라도), 남동부(경상도), 제주도를 별개의 지역권으로 설정할 수도 있으나, 전라도와 제주도는 ^{14}C연대측정치가 많지 않고 문화적으로도 유사한 점이 많아 하나의 지역권으로 묶어 분석하였다. 소지역권은 중서부지역과 같이 내륙과 해안 및 도서 지역으로 구분하였으나, 제주도는 구분없이 하나의 소지역권으로 분석하였다.

현재의 행정구역을 기준으로 지역권을 구분하는 것은 엄밀한 의미로 당시의 문화적 범위나 경계를 반영한다고 볼 수는 없다. 하지만 앞서 언급한 바와 같이 접변지대에 대한 발굴조사가 부족한 상황에서 명확한 지역적 범위를 떠올릴 수 있고 고고학적 자료와도 대체로 일치하고 있어 큰 문제는 없을 것으로 판단된다. 지역권 설정과 분석에 포함된 유적은 〈표 1〉과 같다.

표 1. 지역권 설정과 ^{14}C연대가 측정된 유적

광역지역권	지역권	소지역권	유적
중서부	경기도	내륙	암사동, 횡산리, 미사리, 사송동, 농서리, 호평동, 덕송리, 화접리, 덕소리, 당동리, 신갈동, 가장동
		해안 및 도서	외1리, 송산, 중산동, 는들, 운서동, 운북동, 삼목도Ⅲ, 을왕리I·ⅢA, 남북동, 대연평도, 소연평도, 소야도, 모이도, 석교리, 향남2, 능곡동, 신길동, 대부북동, 오이도, 구래리, 시도, 초지리
	충청도	내륙 (전북 일부)	조동리, 상서동, 관평동, 장재리, 백암리, 금석리, 봉명동, 대천리, 노은동, 신관동, 장원리, 학암리, 신월리, 신룡리, 효림리 영하리
		해안 및 도서 (전북 일부)	가도, 노래섬, 띠섬, 장암, 관산리, 관창리, 성내리, 석우리, 송월리, 왕정리, 상정리, 대죽리, 송학리, 선유도, 고남리, 달산리, 내흥동Ⅲ, 목리·신리
중동부	강원도	영동	오산리, 송전리, 가평리, 지경리, 문암리, 철통리, 초당동, 금진리Ⅱ, 안현동, 증산동
		영서	주천리, 용항리, 천전리, 성산리, 외삼포리, 용암리, 연당 쌍굴, 역내리, 반곡동, 송암동
남부	전라도	내륙	진그늘, 갈머리, 마륜리, 노대동
		해안 및 도서	여서도, 오사리 돈탁, 안도, 송도, 대흑산도, 도두동, 삼양초등학교, 한동리
	제주도		고산리, 이호동, 하모리, 사계리, 오등동, 북촌리
	경상도	내륙	지좌리, 송죽리, 오진리, 달천리135, 중산동139, 궁근정리, 살내, 평거4-1, 3-2, 상촌리, 봉계리
		해안 및 도서	황성동, 세죽리, 비봉리, 동삼동, 수가리, 범방, 농서리, 연대도, 상노대도(상리, 산등), 율리, 목도, 죽변리, 죽림동, 가덕도

2. 기준 편년 및 ^{14}C연대 분석 기준

　　남한지방에서 신석기시대 편년연구는 중서부지역과 남동부지역을 중심으로 연구되고 있으며 중동부와 남서부지역은 상대적으로 조사된 유적이 많지 않아 부진하다.

　　중서부지역에서는 김정학(1968)이 문양 시문부위의 축소가 시간의 흐름을 반영한다는 전제를 바탕을 전기-중기-후기로 구분한 상대편년안이 처음 제시되었다. 이후

에 한영희(1978, 1999), 임효재(1983) 등에 의해 본격적인 편년연구가 시작되었고, 2000년대 들어 임상택에 의해 전기-중기-후기-말기의 4기 편년안으로 정리되었다.

남동부지역에서 신석기시대 편년은 모아와 샘플이 동삼동 패총 발굴조사를 통한 층위를 기준으로 조도기-목도기-부산기-두도기-영도기라는 5기 편년안을 제시한 것이 처음이라고 할 수 있다. 이후 동삼동 패총의 층위는 국립중앙박물관의 발굴조사를 통해 재확인되었으며, 수가리 패총의 발굴조사를 통해 남부지역의 조기-전기-중기-후기-말기(만기)의 5기 편년안이 수립되었다. 이후 융기문토기 보다 선행하는 고산리식 토기가 제주도에서 출토됨에 따라 초창기가 추가되었지만 전체적인 골격은 현재까지도 유시되고 있다.

2000년대 들어 다수의 신석기시대 유적이 발굴조사되고 ^{14}C연대가 축적되면서 지역권 내의 편년은 점점 세분화되고 있지만, 지역별 병행관계를 고려한 전체적인 편년은 큰 진전을 보이지 못하고 있는 실정이다. 이는 강원도와 전라도지역에서 조사된 유적의 수가 상대적으로 적고 접변지대의 조사 부진에 기인한 바가 크다. 또한 대부분의 연구자들이 지역권을 중심으로 연구를 진행하고 병행관계나 지역간 비교에는 상대적으로 관심이 적은 것도 하나의 이유일 것이다. 따라서 현재 남한지방 전체를 포괄하는 종합편년은 설정하기는 어렵다.

여기에서는 잠정적으로 남부지역의 편년을 기준으로 설정하고자 한다. 중서부지역의 편년은 층위를 이루는 유적이 거의 없어 연구자간의 의견차이가 비교적 크고 조기 유적도 발견되지 않아 전체 편년의 기준으로 삼기에는 무리가 있다. 이에 비해 남부지역의 편년은 수립단계부터 층위의 선후 관계와 ^{14}C연대를 기준으로 설정되어 현재까지 전체적인 골격에는 큰 변화가 없으며 일부 세부적인 차이를 제외하면 연구자간의 이견도 적은 편이기 때문이다. 이에 본고에서는 남부지역의 편년안 중 가장 일반적으로 인정되는 것으로 볼 수 있는 하인수(2006)의 편년안을 기준으로 하며 내용은 〈표 2〉와 같다.

^{14}C연대의 분석기준은 이 책의 Ⅲ장에서 제시된 것과 같으며, 패각시료의 경우 제주도를 포함한 서남해안은 172±46, 동남해안은 129±36의 리저브 연대를 적용하여 교정연대를 산출하였다.

표 2. 남부지역 신석기시대 편년표(하인수 2006, p.37)

시기	초창기 BC12,000	조기 BC6,000	전기 BC4,500	중기 BC3,500	후기 BC2,700	말기 BC2,000
형식	고산리식 오진리식	융기문토기	영선동식 (자돌압인문토기)	수가리I식 (태선침선문)	수가리II식	수가리III식
유적	고산리 오진리 성하동	동삼동패총 (8·9층) 세죽패총 범방패총 (I·II기층) 우봉리	영선동패총 목도패총 동삼동 3호 주거지 범방6층 살내	수가리I기 동삼동 1호 주거지 범방H피트 신암리II 갈머리 진그늘	수가리II기 동삼동패총 (3·4층) 봉계리 목도2층	율리패총 동삼동패총 (2층) 범방패총 (2층)

III. 지역별 ^{14}C연대 분석[2]

1. 중동부지역

1) 영동

표 3. 중동부(영동)지역 ^{14}C연대와 교정연대

단계	번호	유적명	유구	시료 종류	^{14}C연대 (BP)	교정연대(calBC) (2σ, IntCal 13)		중심연대 (calBC)
I	1	양양 오산리C 1	황갈색점토층 상면	목탄	7005±30	5990-5810	95.4%	5900
	2	양양 오산리C 2	황갈색점토층 상면	목탄	6935±30	5890-5730	95.4%	5810
	3	양양 오산리C 3	1호 주거지(노지)	목탄	6750±30	5720-5620	95.4%	5660
	4	양양 오산리C 4	황갈색점토층 상면	목탄	6723±22	5700-5690	90.4%	5640
						5680-5610	5.0%	
						5590-5570	2.6%	
	5	양양 오산리C 5	2호 주거지	목탄	6600±25	5620-5480	95.4%	5540

---

2 중서부지역의 ^{14}C연대분석은 본 책의 III장과 같다.

단계	번호	유적명	유구	시료 종류	¹⁴C연대 (BP)	교정연대(calBC) (2σ, IntCal 13)		중심연대 (calBC)
	6	고성 문암리 1	02-7호 주거지	목탄	6595±40	5620-5480	95.4%	5540
Ⅱ	7	고성 문암리 2	전기 유물층	목탄	6240±50	5320-5050	95.4%	5220
	8	고성 문암리 3	02-3호 주거지	목탄	6200±50	5310-5020	95.4%	5150
	9	양양 오산리C 6	3호 주거지(오산리식토기)	토기	6150±25	5210-5010	95.4%	5120
Ⅲ	10	고성 문암리 4	02-7호 주거지	목탄	6030±50	5060-4790	95.4%	4930
	11	양양 오산리C 7	흑갈색사질토층	목탄	6005±30	4990-4800	95.4%	4890
	12	고성 문암리 5	3호 야외노지	목탄	5970±50	4990-4720	95.4%	4860
	13	양양 오산리A 1	V-⑦	목탄	5950±50	4960-4710	95.4%	4830
	14	고성 문암리 6	02-6호 주거지	목탄	5920±70	4990-4610	95.4%	4800
	15	양양 오산리A 2	Ⅵ	목탄	5890±30	4840-4700	95.4%	4760
	16	양양 오산리C 8	6호 주거지	목탄	5850±25	4800-4670	92.6%	4720
						4640-4610	2.8%	
	17	양양 오산리C 9	북쪽구릉 점토층 상면	목탄	5835±25	4700-4710	95.4%	4710
	18	양양 오산리C 10	7호 주거지	목탄	5805±35	4770-4750	1.2%	4660
						4730-4540	94.2%	
	19	고성 문암리 7	1호 야외노지	목탄	5780±40	4730-4530	95.4%	4630
	20	양양 오산리C 11	3,4,5호 주거지	목탄	5750±15	4690-4540	95.4%	4600
	21	고성 문암리 8	2호 야외노지	목탄	5710±40	4690-4450	95.4%	4550
Ⅳ	22	양양 오산리C 12	2호 야외노지	목탄	5335±25	4260-4050	95.4%	4160
	23	고성 문암리 9	10호 야외노지	목탄	5195±36	4220-4210	0.3%	4000
						4150-4130	1.3%	
						4060-3940	93.8%	
	24	고성 문암리 10	중기 유물층	목탄	5120±50	4040-4010	2.9%	3900
						4000-3790	92.5%	
Ⅴ	25	삼척 증산동 1	14호 야외노지	목탄	4860±50	3770-3620	72.6%	3650
						3610-3520	22.8%	
	26	고성 문암리 11	3호 주거지 주변 (갈색사질토)	목탄	4840±60	3770-3510	93.5%	3630
						3430-3380	1.9%	
	27	양양 오산리C 13	1호 야외노지	목탄	4765±25	3640-3510	95.4%	3570
	28	강릉 초당동(247번지)	4호 주거지	목탄	4720±60	3640-3370	95.4%	3510

단계	번호	유적명	유구	시료 종류	14C연대 (BP)	교정연대(calBC) (2σ, IntCal 13)		중심연대 (calBC)
	29	고성 문암리 12	7호 주거지	목탄	4675±29	3620-3610	2.2%	3450
						3530-3360	93.2%	
	30	양양 송전리 1	2호 주거지	도토리	4632±27	3520-3420	74.1%	3460
						3390-3350	21.3%	
	31	고성 문암리 13	4호 주거지	목탄	4600±50	3520-3310	71.3%	3370
						3300-3260	1.5%	
						3240-3100	22.7%	
	32	양양 지경리 1	7호 주거지	목탄	4600±80	3640-3560	4.7%	3360
						3540-3080	90.3%	
						3050-3030	0.4%	
	33	양양 지경리 2	4호 주거지	목탄	4590±70	3630-3590	1.8%	3340
						3530-3090	93.6%	
	34	고성 문암리 14	4,5,6호 야외노지	목탄	4525±36	3370-3260	33.8%	3210
						3250-3090	61.6%	
	35	고성 문암리 15	2,3호 주거지	목탄	4469±25	3340-3210	55.6%	3230
						3200-3150	12.3%	
						3140-3080	18.8%	
						3070-3020	8.8%	
	36	양양 송전리 2	1호 주거지	목탄	4465±25	3340-3210	53.8%	3230
						3200-3150	11.0%	
						3140-3080	19.0%	
						3070-3020	11.6%	
	37	고성 문암리 16	7,8호 야외노지	목탄	4460±50	3350-3000	90.7%	3170
						2990-2930	4.7%	
	38	고성 문암리 17	12호 야외노지	목탄	4440±50	3340-3150	40.9%	3110
						3140-2920	54.5%	
	39	양양지경리 3	6호 주거지	목탄	4420±60	3340-3150	32.1%	3080
						3140-2910	63.3%	
	40	양양가평리 1	1호 주거지	목탄	4390±60	3340-3210	15.8%	3030
						3190-3150	2.9%	
						3130-2890	76.8%	

단계	번호	유적명	유구	시료종류	¹⁴C연대(BP)	교정연대(calBC)(2σ, IntCal 13)		중심연대(calBC)
	41	고성 철통리 1	2호 주거지	목탄	4285±25	2930-2880	95.4%	2900
	42	고성 문암리 18	추정야외노지(11년)	목탄	4270±60	3090-3060	1.4%	2890
						3030-2830	65.9%	
						2820-2660	28.1%	
	43	고성 문암리 19	하층밭(MAR-D-370)	토양	4260±50	3020-2840	64.3%	2880
						2820-2670	31.1%	
	44	고성 철통리 2	3호 주거지	목탄	4253±24	2920-2870	92.9%	2890
						2810-2770	2.6%	
	45	고성 철통리 3	4호 주거지	목탄	4242±27	2910-2860	77.3%	2880
						2810-2750	17.7%	
						2720-2710	0.4%	
VI	46	양양 가평리 2	신석기 가 제V층	목탄	4240±60	3020-2620	95.3%	2810
	47	고성 철통리 3	1호 주거지	목탄	4240±30	2920-2860	68.3%	2880
						2810-2750	24.0%	
						2720-2700	3.1%	
	48	양양 오산리B	B-2호 주거지	목탄	4230±50	2930-2830	39.4%	2800
						2820-2630	56.1%	
	49	삼척 증산동 2	1호 야외노지	목탄	4190±50	2900-2620	95.4%	2770
	50	강릉 안현동 1	5호 야외노지	목탄	4150±25	2880-2630	95.4%	2750
	51	고성 문암리 20	하층밭(MAR-D-360)	토양	4130±50	2880-2570	95.4%	2720
	52	고성 문암리 21	1호 주거지	목탄	4120±40	2880-2570	95.4%	2710
	53	삼척 증산동 3	13호 야외노지	목탄	4120±50	2880-2570	94.8%	2710
						2520-2500	0.6%	
	54	고성 문암리 22	하층밭(MAR-D-350)	토양	3980±50	2630-2300	95.4%	2500
	55	강릉 금진리II	야외노지	목탄	3940±60	2590-2270	92.5%	2430
						2260-2200	2.9%	
VII	56	강릉 안현동 2	29호 야외노지	목탄	3855±25	2460-2270	82.4%	2330
						2260-2200	13.0%	
	57	강릉 안현동 3	3호 야외노지	목탄	3790±15	2290-2190	77.0%	2230
						2180-2140	18.4%	

단계	번호	유적명	유구	시료 종류	¹⁴C연대 (BP)	교정연대(calBC) (2σ, IntCal 13)		중심연대 (calBC)
	58	강릉 안현동 4	17호 야외노지	목탄	3715±25	2200-2030	95.4%	2090
Ⅷ	59	양양 가평리 3	북쪽 야외노지	목탄	3630±60	2200-2160	2.4%	2000
						2150-1870	90.8%	
						1850-1820	1.4%	
						1800-0.9%	0.9%	
	60	강릉 안현동 5	8호 야외노지	목탄	3540±25	1950-1770	95.4%	1880
	61	강릉 안현동 6	21호 야외노지	목탄	3485±20	1890-1740	95.4%	1810
	62	강릉 안현동 7	53호 야외노지	목탄	3475±20	1890-1740	93.3%	1810
						1710-1700	2.1%	
	63	강릉 안현동 8	50호 야외노지	목탄	3425±20	1870-1850	2.0%	1720
						1780-1660	93.4%	
	64	강릉 안현동 9	34호 야외노지	목탄	3270±20	1620-1500	95.4%	1550

영동지역의 대상 유적은 10개소이며, 정리된 ¹⁴C연대는 모두 64개이다. 〈표 3〉과 〈그림 1·2〉에 제시된 교정연대의 범위와 중첩 양상을 파악하면 Ⅰ~Ⅷ단계로 구분할 수 있다.

Ⅰ단계에 속하는 자료는 모두 6개이며 오산리 C지구와 문암리에서 측정된 것이다. 오산리 A·B지구에서도 이와 유사한 측정치가 있으나 오차범위가 너무 넓어 제외하였다. 또한 오산리 A지구에서는 11,730±50BP연대가 측정되기도 했으나, 이는 오산리 유적 최하층인 후기구석기시대 문화층과 관련된 것으로 보여 제외하였다. Ⅰ단계의 교정연대 범위는 6,000~5,500 calBC 사이이다. Ⅱ단계에 속하는 연대는 3개이며 Ⅰ단계와 마찬가지로 오산리 C지구와 문암리에서 측정된 것으로 교정연대 범위는 5,300~5,000 calBC 내외이다. Ⅰ, Ⅱ단계는 고동순(2012)의 시기구분에 따르면 조기 및 오산리식 토기문화층에 해당한다. Ⅲ단계는 오산리 A·C지구, 문암리에서 측정되었으며 교정연대 범위는 5,000~4,100 calBC 사이로 융기문토기 문화층에 해당한다. Ⅳ단계도 오산리와 문암리에서 측정되었으며 교정연대 범위는 4,200~3,800 calBC 내외이다. Ⅳ단계에 속하는 연대는 야외노지와 유물포함층에

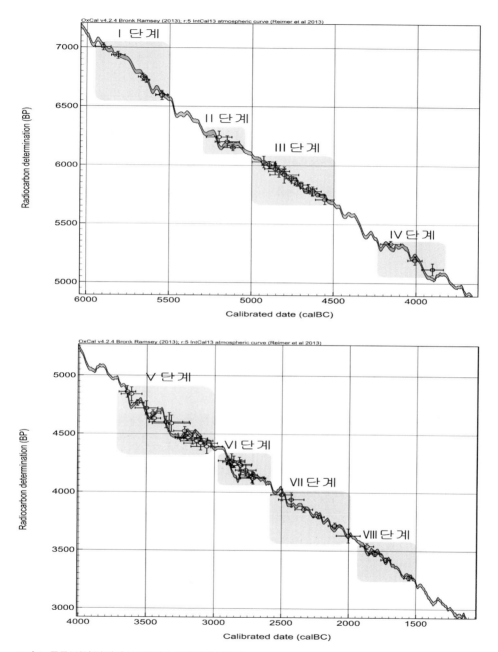

그림 1. 중동부(영동)지역 ^{14}C연대와 교정연대 그래프

서만 측정되었는데 이 시기와 관련된 문화양상은 불분명하다. V단계는 문암리⁽주거지⁾, 지경리, 가평리, 초당동, 송전리 등 가장 많은 유적의 위치한다. 이 단계는 중서부와 남부지역의 침선문계 빗살무늬토기가 영동지역에 유입되는 시기이다. 교정연대의 범위는 3,700~2,900 calBC에 해당한다. VI단계에는 고성 철통리, 오산리B 2호 주거지, 가평리 1호 주거지 등이 속한다. 철통리는 대부분의 영동지역 유적이 모두 해안사구에 입지한 것과는 달리 내륙의 구릉사면에 위치하며, 주거지의 형태도 방형이며 토기 문양의 퇴화와 시문부위의 축소경향도 뚜렷하다. 교정연대의 범위는 2,900~2,500 calBC에 해당한다. VII단계에는 문암리⁽하층밭⁾, 금진리, 안현동의 야외노지에서 측정되었으며, 교정연대 범위는 2,600~2,000 calBC이다. VIII단계에는 가평리와 안현동의 야외노지에서 측정되었으며 해당하며 교정연대 범위는 2,200~1,500 calBC 내외이다.

2) 영서

영서지역의 대상 유적은 11개소이며 정리된 ¹⁴C연대는 모두 29개이다. 평창 용항리 9호 야외노지에서 측정된 7,420±50BP 2호 야외노지의 연대와 비교해 볼 때 지나치게 이른 연대로 판단되어 분석에서 제외하였다. 〈표 4〉〈그림 2〉에 제시된 교정연대의 범위와 중첩 양상을 파악하면 I~IV단계로 구분할 수 있다. I단계에는 영월 주천리⁽예맥⁾ 1·2호 주거지와 연당 쌍굴⁽1굴 IV층⁾이 속하며 교정연대는 3,700~3,400 calBC 내외이다. II단계에는 연당쌍굴⁽1굴 III층⁾, 홍천 성산리, 영월 주천리⁽375번지⁾ 4호 야외노지 등이 속하며 교정연대는 3,500~2,900 calBC 내외이다. III단계에는 영월 주천리 375, 1619번지, 용항리, 원주 반곡동 유적 등이 속한다. 교정연대는 2,900~2,300 calBC 내외이다. IV단계는 주천리 1619번지 1·3호 야외노지, 용암리 1호 야외노지, 천전리 74호 주거지 등이 속하며 교정연대는 2,400~2,000 calBC 내외이다.

표 4. 중동부(영서)지역 ^{14}C연대와 교정연대

번호	번호	유적명	유구	시료 종류	^{14}C연대 (BP)	교정연대(calBC) (2σ, IntCal 13)		중심연대 (calBC)
I	1	영월 주천리(예맥) 1	2호 주거지	목탄	4840±50	3750-3740	0.2%	3630
						3720-3510	95.2%	
	2	영월 연당쌍굴 1	1굴 IV층(10ㄷ)	목탄	4690±80	3650-3330	93.7%	3470
						3220-3190	1.0%	
						3160-3130	0.7%	
	3	영월 주천리(예맥) 2	1호 주거지	목탄	4670±50	3640-3560	12.0%	3460
						3540-3350	83.4%	
II	4	영월 연당쌍굴 2	1굴 III층(10ㄷ)	목탄	4570±80	3630-3600	0.9%	3280
						3530-3020	94.5%	
	5	홍천 외삼포리	야외노지	토양	4470±50	3360-3010	93.8%	3180
						2980-2940	1.7%	
	6	영월 주천리(375) 1	4호 야외노지	목탄	4450±50	3340-3000	87.0%	3150
						2990-2930	8.4%	
	7	영월 연당쌍굴 3	2굴 IV층(4ㄷ)	토양	4440±40	3340-3210	32.7%	3100
						3200-3150	6.8%	
						3140-2920	55.9%	
	8	영월 주천리(375) 2	2,5호 야외노지	목탄	4380±50	3330-3230	7.2%	3000
						3180-3160	0.5%	
						3120-2890	87.7%	
	9	홍천 성산리	주거지	목탄	4380±40	3270-3240	1.4%	2990
						3110-2900	94.0%	
	10	영월 주천리(375) 3	그리드내 강자갈층	목탄	4360±50	3310-3300	0.1%	2990
						3270-3240	1.9%	
						3110-2880	93.4%	
	11	홍천 역내리 1	3호 주거지	목탄	4350±60	3330-3230	5.6%	2990
						3180-3160	0.4%	
						3120-2870	89.5%	
	12	영월 주천리(375) 4	1,3호 야외노지	목탄	4330±40	3090-3060	3.4%	2950
						3030-2880	92.0%	

번호	번호	유적명	유구	시료 종류	¹⁴C연대 (BP)	교정연대(calBC) (2σ, IntCal 13)		중심연대 (calBC)
Ⅲ	13	홍천 역내리 2	2호 주거지	목탄	4190±60	2910-2580	95.4%	2770
	14	영월 주천리(1619) 1	8호 야외노지	목탄	4180±60	2900-2580	95.4%	2760
	15	원주 반곡동 1	9호 수혈	목탄	4170±20	2880-2830	18.8%	2770
						2820-2670	76.6%	
	16	영월 주천리(375) 5	6호 야외노지	목탄	4160±50	2890-2580	95.3%	2750
	17	영월 연당쌍굴 4	1굴 Ⅲ층(12ㄴ)	목탄	4160±80	2910-2560	92.8%	2740
						2530-2490	2.6%	
	18	평창 용항리	2호 야외노지	목탄	4140±40	2880-2580	95.4%	2730
	19	홍천 역내리 3	1호 주거지	목탄	4100±80	2880-2480	95.4%	2680
	20	영월 연당쌍굴 5	2굴 Ⅲ층(8ㄷ)	목탄	4010±80	2870-2800	7.7%	2550
						2770-2290	87.7%	
Ⅳ	21	영월 주천리(1619) 2	3호 야외노지	목탄	3920±70	2580-2190	95.3%	2400
						2160-2150	0.1%	
	22	춘천 송암동	2호 야외노지	목탄	3890±25	2470-2290	95.4%	2390
	23	영월 주천리(1619) 3	1호 야외노지	목탄	3860±60	2480-2140	95.4%	2330
	24	영월 연당쌍굴 6	1굴 Ⅲ층(12ㄴ)	목탄	3830±40	2460-2190	91.5%	2290
						2170-2140	3.9%	
	25	원주 반곡동 2	3호 야외노지	목탄	3825±20	2350-2190	95.4%	2250
	26	화천 용암리 2	1호 야외노지	목탄	3820±60	2470-2130	93.5%	2270
						2090-2060	1.9%	
	27	영월 연당쌍굴 7	2굴 Ⅲ층(7ㄹ)	목탄	3800±100	2550-2540	0.3%	2250
						2490-1950	95.1%	
	28	원주 반곡동 3	2호 주거지	목탄	3790±20	2290-2190	74.4%	2230
						2180-2140	21.0%	
	29	춘천 천전리	74호 주거지	목탄	3730±60	2340-2320	0.4%	2130
						2300-1940	95.0%	

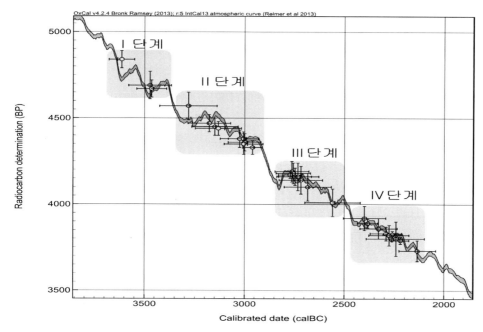

그림 2. 중동부(영서)지역 ^{14}C연대와 교정연대 그래프

2. 남부지역

1) 전라 내륙

전라 내륙 지역은 신석기 유적의 조사례가 매우 적으며, ^{14}C연대가 보고된 유적도 4곳에 불과하다. 이 지역에서는 모두 18개의 연대측정치가 보고되었으며, 이를 13개로 정리하여 분석을 실시하였다. 연대측정치가 많지 않아 단계설정에 어려움이 있지만 〈표 5〉〈그림 3〉에 제시되 교정연대의 중첩범위로 볼 때 크게 4단계로 구분할 수 있다. I단계는 진안 갈머리 유적에서 조사된 주거지들이 속하며 교정연대는 3,500 ~3,000 calBC 내외이다. II단계에는 갈머리 53호 적석유구, 진그늘 1호 적석유구 광주 노대동 수혈 등 이 속하며 교정연대는 3,000~2,300 calBC 내외이다. III단계에는 갈머리 1,4,9호 적석유구가 해당되며 교정연대는 2,300~1,900 calBC 내외

표 5. 남부(전라내륙)지역 14C연대와 교정연대

단계	번호	유적명	유구	시료 종류	14C연대 (BP)	교정연대(calBC) (2σ, IntCal 13)		중심연대 (calBC)
I	1	진안 갈머리 1	파괴주거지	목탄	4650±30	3520-3360	95.4%	3460
	2	진안 갈머리 2	2호 주거지	목탄	4540±80	3520-3010	94.2%	3230
						2980-2940	1.2%	
	3	진안 갈머리 3	1호 주거지	목탄	4535±29	3370-3260	32.3%	3230
						3250-3100	63.1%	
	4	진안 갈머리 4	3호 특수	목탄	4510±80	3500-3460	2.5%	3200
						3380-2920	92.9%	
	5	진안 갈머리 5	1,2,3호 특수/타원형 수혈	목탄	4468±37	3350-3020	95.4%	3200
II	6	진안 갈머리 6	1호 특수/타원형 수혈	목탄	4200±100	3030-2550	92.4%	2770
						2540-2490	3.0%	
	7	광주 노대동	1호 수혈	목탄	4135±36	2880-2580	95.4%	2730
	8	진안 갈머리 7	53호 적석	목탄	4050±40	2850-2810	7.6%	2580
						2750-2730	1.0%	
						2700-2470	86.8%	
	9	진안 진그늘	1호 적석유구	목탄	4040±100	2890-2300	95.4%	2600
III	10	진안 갈머리 8	9호 적석	토양	3840±40	2470-2190	94.7%	2300
						2160-2150	0.7%	
	11	진안 갈머리 9	1호 적석	목탄	3760±80	2460-1970	95.4%	2180
	12	진안 갈머리 10	4호 적석	토양	3650±40	2140-1910	95.4%	2020
IV	13	순천 마륜리	주거지	목탄	3010±40	1400-1120	95.4%	1250

이다. Ⅳ단계에는 순천 마륜리 주거지에서 측정된 1개의 연대가 속하며 교정연대는 1300 calBC 내외이다.

14C연대가 측정된 유적이 적기는 하지만 대체로 주거지가 야외노지보다 이른 연대를 보이는 점은 중서부지역과 유사하다.

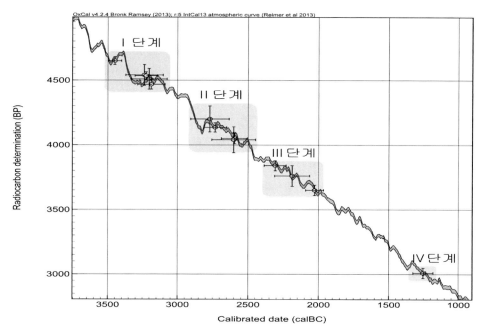

그림 3. 남부(전라 내륙)지역 ¹⁴C연대와 교정연대

2) 전라 해안 및 도서

전라도 해안 및 도서 지역에서 ¹⁴C연대가 측정된 유적은 5개소이며 정리된 ¹⁴C연대는 모두 18개이다. 대흑산도 패총에서 측정된 연대는 시료나 채취위치 등이 불명확하여 분석에서 제외하였다. 대상 유적이 모두 패총으로 주로 패각을 시료로 연대측정이 실시되었다. 〈표 6〉〈그림 4〉에 제시된 교정연대의 중첩범위를 통해 볼 때 4단계로 구분할 수 있지만 Ⅱ단계를 제외하면 측정치가 2~3개에 불과해 정확한 양상을 파악하기는 어렵다.

Ⅰ단계는 여수 안도패총(구지표 상면, Ⅰ층)이 속하며 교정연대 범위는 6,400~5,300 calBC 내외이다. 2개의 연대의 차이가 넓어 2단계로 구분할 수 있지만 측정치가 적

표 6. 남부(전라해안 및 도서)지역 ^{14}C연대와 교정연대

단계	번호	유적명	유구	시료 종류	^{14}C연대 (BP)	교정연대(calBC) (2σ, IntCal 13)		중심연대 (calBC)
I	1	여수 안도 1	pit5구지표상면	뼈	7420±43	6430-6100	95.4%	6310
	2	여수 안도 2	pit2I층	패각	6660±80	5590-5260	95.4%	5430
II	3	완도 여서도 1	S1W2-탐색TR V층	패각	6050±60	4980-4610	95.4%	4790
	4	완도 여서도 2	S1W1-S2W1 V층	패각	5760±80	4660-4260	95.4%	4450
	5	완도 여서도 3	S1W1-S2W1 IV층	패각	5650±60	4490-4180	95.4%	4330
	6	완도 여서도 4	S1W1-탐색TR III층	패각	5630±80	4520-4120	95.4%	4310
	7	완도 여서도 5	S1W1-탐색TR V층	패각	5610±80	4490-4090	95.4%	4290
	8	완도 여서도 6	S1W1-S2W1 III층	패각	5600±60	4440-4130	95.4%	4280
	9	돌산 송도 1	III-C층	목탄	5440±170	4690-3940	95.4%	4270
	10	돌산 송도 2	IV층	목탄	5430±170	4690-3940	95.0%	4260
						3860-3820	0.4%	
	11	완도 여서도 7	S1W1-탐색TR IV층	패각	5480±80	4340-3950	95.4%	4150
	12	완도 여서도 8	S1W2-탐색TR V층	패각	5460±60	4290-3960	95.4%	4130
	13	여수 안도 3	1호 노지	패각	5370±60	4220-3880	95.4%	4040
	14	광양 오사리 돈탁 1	2GridII-9층	패각	5270±80	4150-3710	95.4%	3920
III	15	광양 오사리 돈탁 2	4GridIII층	패각	5010±50	3830-3550	95.4%	3490
	16	여수 안도 4	pit2II층	패각	4490±60	3280-2870	95.4%	2840
IV	17	광양 오사리 돈탁 3	2GridII-5층	패각	3910±50	2410-2050	95.4%	2230
	18	광양 오사리 돈탁 4	2GridII-4층	패각	3760±50	2190-1840	95.4%	2010
	19	광양 오사리 돈탁 5	2GridII-6층	패각	3690±70	2140-1700	95.4%	1920

어 하나의 단계로 설정하였다. II단계에는 완도 여서도, 돌산 송도 패총 등이 속하며 교정연대 범위는 교정연대 범위는 4700~3,900 calBC 내외이다. III단계에는 오사리 돈탁패총(9층), 여수안도(II층)이 속하며 교정연대 범위는 3,800~2,900 calBC 내외이다. IV단계에는 오사리 돈탁패총(4~6층. II층)이 속하며 교정연대는 2,300~1700 calBC 내외이다.

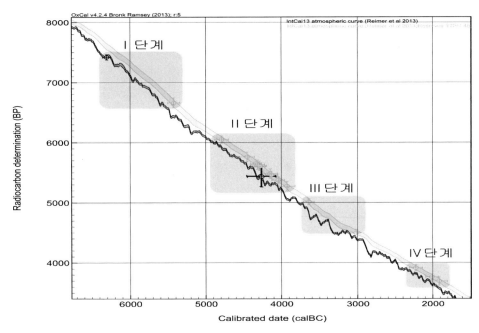

그림 4. 남부(전라해안 및 도서)지역 ^{14}C연대와 교정연대

3) 제주도

제주도에서 ^{14}C연대가 측정된 유적은 고산리 유적을 비롯해 10개소이며 이를 50개로 정리하여 분석하였다. 〈표 7〉〈그림 5·6〉에서 제시된 교정연대의 중첩범위를 고려하면 전체 10단계로 구분할 수 있다.[3] Ⅰ단계 사계리 유적에서 측정된 것으로 교정연대는 9,000 calBC 내외로 가장 이른 연대로 보인다. 하지만 토양을 시료로 한 것으로 유적의 형성연대를 반영한다고 보기는 어렵다. 고산리 유적 퇴적층의 OSL 연대측정결과 유적의 하부층인 화산물쇄설층(5층)의 연대가 11,000 calBC, 유

---

3 제주대학교 박물관 조사 당시 고산리 유적에서 측정된 10,180±65의 연대는 제주문화유산연구원의 발굴조사를 통해 측정된 ^{14}C연대 및 OSL 연대와 비교할 때 지나치게 이른 연대로 판단되어 분석에서 제외 하였다.

표 7. 남부(제주도)지역 14C연대와 교정연대

단계	번호	유적명	유구	시료종류	14C연대(B.P.)	교정연대(calBC) (2σ, IntCal 13)		중심연대(calBC)
I	1	사계리 1	S3E1북측벽(JS1-1) 10층	토양	9650±60	9260-9100	41.9%	9050
						9090-8820	53.5%	
II	2	고산리 1	S2E1 수혈유구-2, 11	목탄	8672±32	7750-7590	95.4%	7660
	3	고산리 2	S1W1 수혈유구-4, 야외노지-3,4	목탄	8655±36	7740-7590	95.4%	7650
	4	고산리 3	S2W1 야외노지-1	목탄	8631±32	7720-7580	95.4%	7630
	5	고산리 4	S3W1 수혈유구-3	목탄	8630±50	7760-7570	95.4%	7640
	6	고산리 5	N2W1 주거지-1, 야외노지-1	목탄	8590±36	7680-7540	95.4%	7590
	7	고산리 6	S3W1 수혈유구-14, N4W1 17호 수혈	목탄	8560±50	7680-7520	95.4%	7580
	8	고산리 7	S1W1 야외노지-5	목탄	8480±40	7590-7490	95.4%	7550
	9	고산리 8	N2W1 수혈유구-18 고산리식토기, N4W1 48호 수혈	토기	8310±50	7510-7180	95.4%	7380
III	10	고산리 9	N4W1 1호 주거지	목탄	7580±40	6500-6380	95.4%	6440
	11	고산리 10	N3E1 3호 수혈	목탄	7310±50	6340-6310	1.6%	6160
						6260-6050	93.8%	
	12	도두동 1	주거지토층6 생토층	토양	7100±60	6080-5840	95.4%	5980
	13	사계리 2	N2E2 탐색트렌치 11층	토양	6950±50	5980-5940	6.0%	5830
						5920-5730	89.4%	
IV	14	하모리 1	III-b(지표하230cm)	토양	6450±60	5520-5310	95.4%	5420
	15	고산리 11	N3W1 37호 수혈	목탄	6370±40	5480-5290	93.9%	5360
						5250-5230	1.5%	
	16	이호동	34호 수혈	목탄	6360±50	5470-5220	95.4%	5350
	17	고산리 12	N3E1 55호 수혈	목탄	6160±50	5290-5270	1.0%	5120
						5230-4950	94.4%	
	18	도두동 2	주거지토층5	토양	6110±60	5220-4890	93.7%	5040
						4870-4850	1.7%	
	19	사계리 3	S3E2북측벽(JS1-2) 10층	토양	6070±60	5210-4830	95.4%	4980
V	20	도두동 3	주거지토층4 소토	토양	5900±60	4940-4610	95.4%	4770
	21	고산리 13	N2W1 수혈유구-18 고산리식토기	토기	5760±40	4710-4500	95.4%	4610

단계	번호	유적명	유구	시료 종류	14C연대 (B.P.)	교정연대(calBC) (2σ, IntCal 13)		중심연대 (calBC)
	22	사계리 4	N2E1 탐색트렌치 6층	토양	5741±60	4720-4450	95.4%	4590
	23	사계리 5	S3E3북측벽(JS2-1) 8층	토양	5740±60	4720-4450	95.4%	4590
	24	도두동 4	주거지토층4	토양	5740±60	4720-4450	95.4%	4590
	25	고산리 14	N3E1 4호 수혈	목탄	5704±25	4610-4460	95.4%	4530
	26	고산리 15	S2W1 수혈유구-4 무문양토기	토기	5680±40	4670-4630	1.8%	4510
						4620-4440	91.7%	
						4420-4390	1.8%	
	27	고산리 16	N1E1 구상유구-1	목탄	5610±40	4520-4350	95.4%	4430
	28	고산리 17	S4E2 주거지-1	목탄	5440±40	4360-4230	95.4%	4290
	29	오등동 1	Ⅱ-3층	목탄	5440±80	4450-4050	95.4%	4280
Ⅵ	30	삼양초교	북편신석기층	목탄	5250±60	4240-3960	95.4%	4080
	31	사계리 6	S3E4북측벽(JS2-2) 8층	토양	5210±50	4230-4190	5.8%	4020
						4180-3940	89.6%	
	32	도두동 5	주거지토층3	토양	5190±60	4230-4190	4.7%	4010
						4180-3920	81.2%	
						3880-3800	9.6%	
	33	하모리 2	Ⅲ-a(지표하220cm)	토양	5150±50	4050-3790	95.4%	3960
	34	고산리 18	S2W1 수혈유구-5	목탄	5070±40	3970-3770	95.4%	3870
	35	고산리 19	N2W1 수혈유구-14	목탄	5040±40	3960-3760	90.0%	3860
						3750-3710	5.4%	
	36	한동리 1	융기문문화층	목탄	5030±40	3950-3710	95.4%	3850
	37	고산리 20	S4W1 수혈유구-1	목탄	4930±40	3790-3640	95.4%	3700
Ⅶ	38	고산리 21	N3W1 1호 주거지	목탄	4750±40	3640-3490	76.6%	3560
						3440-3370	18.6%	
	39	고산리 22	N2W1 수혈유구-18 고산리식토기	토기	4710±30	3640-3560	24.5%	3470
						3540-3490	21.1%	
						3470-3370	49.7%	
	40	사계리 7	N2W1②11층	토양	4600±60	3620-3600	0.8%	3370
						3530-3260	68.4%	
						3250-3100	26.2%	
						3250-3100	26.4%	

단계	번호	유적명	유구	시료 종류	14C연대 (B.P.)	교정연대(calBC) (2σ, IntCal 13)		중심연대 (calBC)
	41	고산리 23	S2W1 수혈유구-3	목탄	4560±40	3500-3460	4.1%	3230
						3380-3260	39.0%	
						3250-3100	52.2%	
	42	오등동 2	Ⅱ층	목탄	4330±50	3100-2880	95.4%	2960
Ⅷ	43	도두동 6	주거지토층2 소토	토양	4020±50	2860-2810	4.6%	2550
						2750-2720	1.0%	
						2700-2450	89.5%	
						2420-2400	0.3%	
	44	사계리 8	S3E5북측벽(JS3)7층	토양	3950±50	2580-2290	95.4%	2450
Ⅸ	45	도두동 7	주거지토층2 토양	토양	3590±60	2140-1760	95.4%	1950
	46	한동리 2	3층 추정	목탄	3340±40	1740-1710	5.5%	1630
						1700-1520	89.9%	
Ⅹ	47	도두동 8	주거지토층1 토양	토양	3160±50	1530-1310	95.4%	1430
	48	한동리 3	하층패각층	목탄	3140±40	1500-1290	95.4%	1410
	49	사계리 9	S3E1북측벽(JS5) 5층	토양	3070±50	1450-1190	95.1%	1330
						1150-1130	0.3%	
	50	한동리 4	야외노지	목탄	2980±40	1380-1350	3.2%	1200
						1310-1050	92.2%	

적이 형성된 암갈색사질점토층(4층)의 연대가 9,000 calBC 전후인 것으로 보아 사계리에서 측정된 연대는 지형의 형성시기를 반영하는 것으로 보는 것이 타당할 것이다. Ⅱ단계는 모두 고산리에서 측정된 것으로 교정연대 범위는 7,700~7,200 calBC 내외이다. Ⅲ단계는 6,500~5,800 calBC, Ⅳ단계는 5,500~4,800 calBC, Ⅴ단계는 4,900~4,100 calBC Ⅵ단계는 4,100~3,700 calBC, Ⅶ단계는 3,600~2,900 calBC 내외의 교정언대 범위를 보인다. 하지만 대부분의 14C연대가 고산리에서 측정된 것이고 고산리식 토기에서 측정된 연대가 너무 느리게 나온 경우(고산리 13, 22 등)들도 있어 신뢰도가 낮은 문제가 있다. 3,000 calBC 이후의 교정연대범위에 속하는 Ⅷ~Ⅹ단계는 토양으로 측정된 연대(사계리, 하모리)이거나, 너무 늦은 연대(이호동, 북촌리)가 측

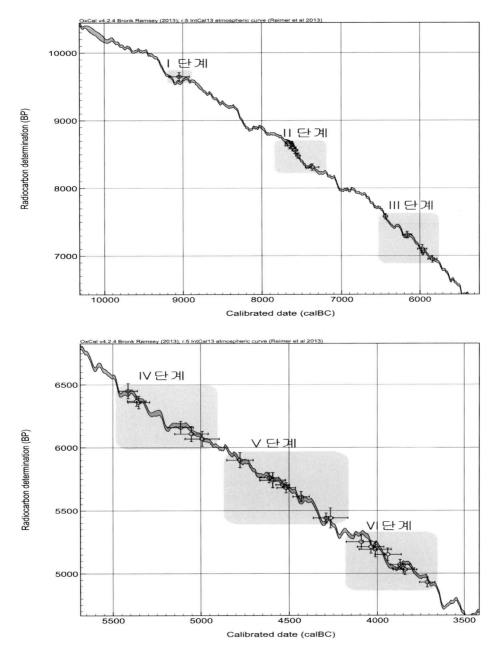

그림 5. 남부(제주도)지역 ^{14}C연대와 교정연대 그래프 1

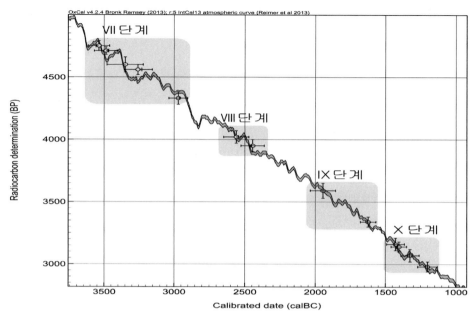

그림 6. 남부(제주도)지역 ^{14}C연대와 교정연대 그래프 2

정되어 유적의 형성연대를 반영한다고 보기에는 무리가 있다.

4) 경상 내륙

이 지역에서 ^{14}C연대가 측정된 유적은 12개소이며, 분석에 사용된 자료는 27개이다. 〈표 8〉〈그림 7〉에 제시된 교정연대의 중첩범위를 고려할 때 5단계로 구분할 수 있지만 대부분의 연대는 3,300~2,500 calBC 사이에 집중된다. Ⅰ단계는 밀양 살내 유적 1개소이며 교정연대범위는 3,900~3,600 calBC 내외이다. Ⅱ단계에는 김천 지 좌리 5, 6호 가마, 송죽리 3호 주거지, 진주 평거 4-1지구, 울산 궁근정리 2호 야외 노지가 해당되며 교정연대 범위는 3,200~2,900 calBC 이다. Ⅲ단계는 김천 지좌리 4호 주거지, 1, 2호 가마, 송죽리 3호 주거지, 합천 봉계리 9호 주거지 등 가장 많은 유적과 유구가 해당한다. 교정연대 범위는 2,900~2,400 calBC 내외이다. Ⅳ단계에

표 8. 남부(경상내륙)지역 ^{14}C연대와 교정연대

단계	번호	유적명	유구	시료 종류	14C연대 (B.P.)	교정연대(calBC) (2σ, IntCal 13)		중심연대 (calBC)
I	1	밀양 살내	13호 수혈 (야외노지)	목탄	4960±40	3910-3870	4.6%	3740
						3810-3650	90.8%	
II	2	울산 궁근정리 1	E구역토기산포지	목탄	4495±25	3350-3090	95.4%	3220
	3	진주 평거(4-1) 1	5호 주거지	목탄	4450±50	3340-3000	87.0%	3150
						2990-2930	8.4%	
	4	김천 지좌리 1	5,6호 가마	목탄	4415±36	3330-3230	13.3%	3050
						3180-3160	1.0%	
						3120-2910	81.0%	
	5	울산 궁근정리 2	야외노지 2호	목탄	4405±20	3100-2920	95.4%	3020
	6	김천 송죽리 1	3호 주거지	목탄	4380±60	3330-3210	12.8%	3020
						3180-3150	1.7%	
						3130-2890	80.9%	
	7	진주 평거(4-1) 2	111호 적석유구	목탄	4370±50	3320-3230	4.3%	2990
						3110-2890	91.1%	
	8	울산 궁근정리 3	야외노지 5호	목탄	4345±20	3020-2900	95.4%	2950
	9	진주 상촌리(동의)	61호 수혈	목탄	4290±30	3020-2970	4.9%	2900
						2950-2870	90.5%	
III	10	김천 지좌리 2	4호 주거지	목탄	4220±50	2920-2830	34.3%	2790
						2820-2630	61.1%	
	11	김천 지좌리 3	2호 가마	목탄	4160±50	2890-2580	95.4%	2750
	12	진주 상촌리(동아) 1	6-1호 구상유구	목탄	4150±60	2890-2570	95.4%	2740
	13	대구 달천리 1	1호 야외노지	목탄	4100±60	2880-2560	87.8%	2680
						2540-2490	7.6%	
	14	합천 봉계리	9호 주거지	호두	4060±150	3010-2980	0.7%	2610
						2940-2190	93.9%	
						2180-2140	0.7%	
	15	울산 궁근정리 4	야외노지 3호	목탄	4045±20	2630-2480	95.4%	2550
	16	김천 지좌리 4	1호 가마	목탄	4040±40	2840-2810	4.9%	2560
						2680-2460	90.5%	

단계	번호	유적명	유구	시료 종류	14C연대 (B.P.)	교정연대(calBC) (2σ, IntCal 13)		중심연대 (calBC)
	17	진주 상촌리(동아) 2	22호 주거지	목탄	4030±40	2840-2810	2.9%	2550
						2670-2460	92.5%	
	18	울산 중산동	야외노지 2호	목탄	4005±30	2580-2460	95.4%	2530
	19	김천 송죽리 2	6호 주거지	니탄	3990±70	2860-2810	3.9%	2520
						2750-2720	1.1%	
						2700-2290	90.4%	
IV	20	대구 달천리 2	20TR뻘층	목탄	3620±50	2140-1870	94.8%	1990
						1840-1820	0.6%	
	21	진주 평거(3-1) 1	2호 주거지	목탄	3620±60	2200-2170	1.2%	1990
						2150-1870	89.5%	
						1850-1770	4.7%	
	22	진주 평거(3-1) 2	7호 야외노지	목탄	3550±60	2120-2100	0.7%	1890
						2040-1730	93.4%	
						1710-1690	1.3%	
	23	울산 궁근정리 5	야외노지 6호	목탄	3500±20	1890-1750	95.4%	1820
	24	청도 오진리 1	노지	목탄	3480±100	2120-2090	1.0%	1810
						2040-1530	94.4%	
	25	울산 궁근정리	야외노지 1호	목탄	3475±20	1890-1740	93.3%	1810
						1710-1700	2.1%	
	26	울산 궁근정리 6	야외노지 4호	목탄	3455±20	1880-1690	95.5%	1760
V	27	청도 오진리 2	노지	목탄	2970±60	1390-1010	95.4%	1190

는 대구 달천리(뻘층), 청도 오진리 1호 노지, 울산 궁근정리 1호 야외노지 등의 측정
치가 있으며, 교정연대범위는 2,000~1,600 calBC 내외이다. V단계에는 오진리 2
호 야외노지 1개만이 있으며 교정연대범위는 1,300~1,000 calBC 내외로 너무 늦은
연대가 측정되어 오류일 가능성을 배제할 수 없다.

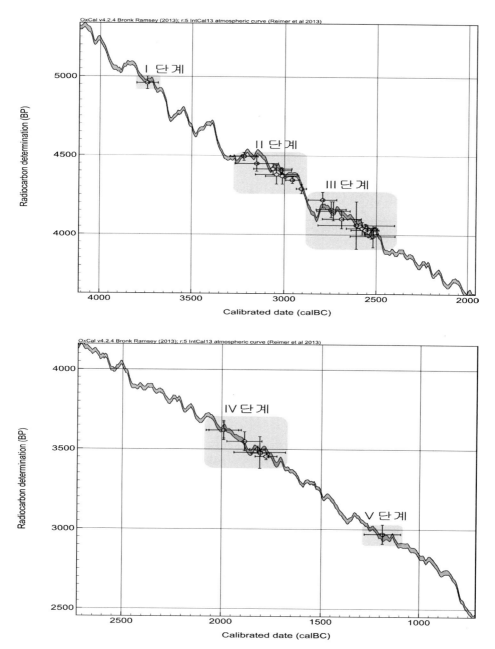

그림 7. 남부(경상내륙)지역 ^{14}C연대와 교정연대 그래프

5) 경상 해안 및 도서

이 지역은 경기 해안 및 도서 지역과 함께 가장 많은 ^{14}C연대가 측정되었다. ^{14}C
연대가 측정된 유적은 모두 16개소이며 분석에 사용된 측정치는 모두 115개이다. 이
지역은 장기간에 걸쳐 형성된 유적이 많아 편년 설정이 다른 지역에 비해 비교적 유
리하다. 하지만 유적의 대부분이 패총이고 주거 유적은 거의 발견되지 않아 연구자
에 따라 층위해석에 대한 논란도 상존한다.

〈표 9〉〈그림 8·9〉에 제시된 교정연대의 중첩범위를 고려할 때 10단계로 구분
할 수 있다. Ⅰ~Ⅲ단계는 울산 세죽리 측정치의 대부분과 부산 동삼동, 창녕 비봉리
하층 등의 연대가 속한다. 교정연대의 범위는 Ⅰ단계 5,900~5,500 calBC, Ⅱ단계
5,500~5,000 calBC, Ⅲ단계 5,000~4,500 calBC 내외이다. Ⅳ, Ⅴ단계는 울산 황
성동 유적의 측정치 대부분과 동삼동 정화지역 3호 주거지 등이 포함된다. 교정연대

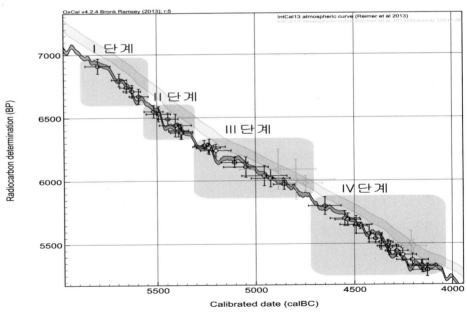

그림 8. 남부(경상해안 및 도서)지역 ^{14}C연대와 교정연대 그래프 1

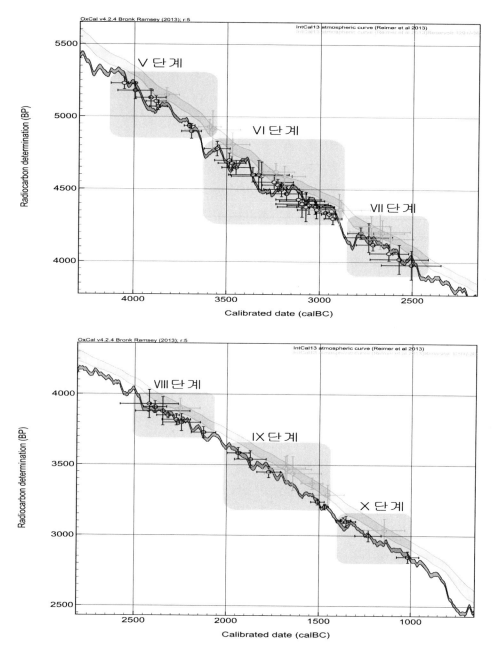

그림 9. 남부(경상해안 및 도서)지역 ^{14}C연대와 교정연대 그래프 2

표 9. 남부(경상해안 및 도서)지역 ^{14}C연대와 교정연대

단계	번호	유적명	유구	시료 종류	14C연대 (B.P.)	교정연대(calBC) (2σ, IntCal 13)		중심연대 (calBC)
I	1	부산 동삼동(정화) 1	9층	뼈	6910±60	5980-5950	2.3%	5800
						5920-5670	93.1%	
	2	창녕 비봉리 1	목주편	목탄	6800±50	5780-5620	95.4%	5690
	3	부산 동삼동(정화) 2	8층	뼈	6740±40	5730-5610	91.6%	5650
						5590-5560	3.8%	
	4	창녕 비봉리 2	?	목탄	6710±50	5720-5540	95.4%	5630
	5	창녕 비봉리 3	44층	목탄	6670±60	5710-5690	1.6%	5590
						5680-5480	93.8%	
II	6	창녕 비봉리 4	제5패층	목탄	6550±50	5620-5460	91.7%	5510
						5440-5420	1.1%	
						5410-5380	2.6%	
	7	울진 죽변리 1	문화층4	토기	6530±60	5620-5370	95.4%	5500
	8	창녕 비봉리 5	?	목탄	6490±50	5550-5340	95.4%	5440
	9	울산 세죽리 1	B3PitⅢ-2b하층 (DK11,융대문)	토기	6440±90	5560-5220	95.4%	5410
	10	부산 동삼동(국박) 1	DXXI3층(1970,2차조사)	뼈	6400±50	5480-5300	95.4%	5390
	11	창녕 비봉리 6	제4패층	목탄	6390±60	5480-5290	91.4%	5380
						5270-5220	4.0%	
	12	울진 죽변리 2	문화층3	목탄	6380±50	5480-5290	93.1%	5370
						5260-5230	2.3%	
III	13	울산 세죽리 2	B2PitⅢ-1층(DK1,2)	토기	6280±40	5320-5210	95.4%	5260
	14	창녕 비봉리 7	제3패층	목탄	6270±60	5370-5050	95.4%	5250
	15	울산 세죽리 3	A8~9PitⅢ-6층 (DK12,무문양)	토기	6260±40	5320-5200	81.9%	5250
						5170-5070	13.5%	
	16	울산 세죽리 4	B5PitⅢ-3a층	목재	6240±50	5320-5050	95.4%	5220
	17	울진 죽변리 3	문화층2	목탄	6146±39	5220-4990	95.4%	5110
	18	울산 세죽리 5	A2~3PitⅢ-2b층 (DK3,구순각목)	토기	6110±80	5290-5250	1.6%	5050
						5230-4830	93.7%	
						4820-4800	0.1%	

단계	번호	유적명	유구	시료종류	14C연대(B.P.)	교정연대(calBC)(2σ, IntCal 13)		중심연대(calBC)
	19	울산 세죽리 6	B5PitⅢ-1층	목재	6040±80	5210-4770	95.4%	4950
	20	울산 세죽리 7	B5PitⅢ-2층	목재	6020±70	5210-5160	2.8%	4920
						5080-4720	92.6%	
	21	통영 연대도 1	SpitⅢ층	패각	6090±160	5270-4500	95.4%	4890
	22	창녕 비봉리 9	?	목탄	5970±40	4960-4720	95.4%	4860
	23	창녕 비봉리 8	제2패층	목탄	5970±60	5000-4710	95.4%	4860
	24	통영 연대도 2	T1pitⅢ층	패각	6010±160	5190-4420	95.4%	4790
	25	부산 죽림동 1	BJ-01(-0.55m)	패각	5980±60	4920-4580	95.4%	4750
Ⅳ	26	부산 동삼동(국박) 2	FV3층(1969, 1차조사)	뼈	5800±70	4830-4490	95.4%	4650
	27	울산 세죽리 8	B2PitⅢ-3c층(DK5, 침상자돌문)	토기	5700±60	4710-4440	92.0%	4540
						4430-4370	3.4%	
	28	부산 죽림동 2	E피트 3층 토기	토기	5690±50	4690-4440	93.4%	4530
						4420-4400	2.0%	
	29	부산 동삼동(정화) 3	7층	뼈	5650±70	4680-4630	4.8%	4490
						4620-4350	90.6%	
	30	창녕 비봉리 10	1패층	뼈	5640±25	4540-4440	84.9%	4470
						4430-4370	10.5%	
	31	부산 동삼동(국박) 3	FV4층(1969, 1차조사)	뼈	5580±70	4580-4570	0.2%	4420
						4560-4320	93.9%	
						4290-4260	1.3%	
	32	부산 동삼동(정화) 4	3호 주거지	뼈	5540±40	4460-4330	95.4%	4390
	33	울산 황성동 1	B구간Ⅷ-1층	목탄	5510±60	4470-4240	95.4%	4360
	34	울산 황성동 2	B구간Ⅷ-2층	목탄	5482±39	4450-4250	95.4%	4340
	35	울산 황성동 3	B구간Ⅵ-2층	목탄	5480±50	4450-4240	95.4%	4330
	36	부산 가덕도 1	집석유구 62	목탄	5470±50	4450-4230	95.4%	4320
	37	울산 황성동 4	B구간Ⅵ-1층	목탄	5440±50	4440-4420	0.8%	4290
						4380-4220	88.1%	
						4210-4160	4.3%	
						4130-4110	0.7%	
						4100-4070	1.5%	

단계	번호	유적명	유구	시료 종류	14C연대 (B.P.)	교정연대(calBC) (2σ, IntCal 13)		중심연대 (calBC)
	38	울산 황성동 5	A구간Ⅶ층	목탄	5410±50	4360-4220	75.9%	4270
						4210-4150	10.7%	
						4140-4060	8.8%	
	39	부산 동삼동(sample) 1	5층	패각	5500±100	4430-3970	95.4%	4220
	40	울산 황성동 6	A구간Ⅷ층	목탄	5370±50	4340-4050	95.4%	4210
	41	부산 가덕도 2	PG-07(-140cm)	패각	5480±50	4320-4080	95.4%	4210
	42	창녕 비봉리 11	제1패총하부	목탄	5330±40	4320-4290	3.1%	4160
						4270-4040	92.3%	
	43	울산 황성동 7	B구간Ⅵ-3층	목탄	5320±50	4330-4290	4.3%	4150
						4270-4030	88.8%	
						4020-3990	2.3%	
	44	부산 가덕도 3	집석유구 54	목탄	5290±50	4260-3980	95.4%	4130
V	45	창녕 비봉리 12	?	목탄	5230±40	4230-4200	6.6%	4030
						4170-3960	88.8%	
	46	부산 동삼동(정화) 5	5-2층	뼈	5180±60	4230-4200	3.3%	3990
						4170-3900	78.3%	
						3880-3800	13.8%	
	47	부산 죽림동 3	BJ-01(-0.55m)	목탄	5130±60	4050-3770	95.4%	3920
	48	울산 황성동 8	A구간Ⅵ-2층	목탄	5105±36	3980-3790	95.4%	3870
	49	창녕 비봉리 13	1패층	뼈	5070±25	3960-3790	95.4%	3870
	50	부산 죽림동 4	BJ-01(-0.55m)	패각	5150±50	3960-3690	95.4%	3830
	51	부산 동삼동(sample) 2	-	목탄	4950±100	3970-3620	90.0%	3750
						3600-3520	5.4%	
	52	창녕 비봉리 14	1패층	뼈	4938±16	3770-3650	95.4%	3700
	53	창녕 비봉리 15	9호 저장공	목탄	4900±50	3800-3630	93.6%	3690
						3560-3530	1.8%	
	54	부산 죽림동 5	FpitXII층3-1	목탄	4900±50	3800-3630	93.6%	3690
						3560-3530	1.8%	
	55	부산 죽림동 6	BJ-01(-0.55m)	패각	4930±50	3720-3470	95.4%	3600
	56	하동 목도 1	Ⅳ층	패각	4910±130	3900-3300	95.4%	3580

단계	번호	유적명	유구	시료 종류	14C연대 (B.P.)	교정연대(calBC) (2σ, IntCal 13)		중심연대 (calBC)
	57	부산 죽림동 7	FpitXII층-2	목탄	4780±50	3660-3490	83.2%	3560
						3440-3370	12.2%	
	58	울산 황성동 9	A구간VI-1층	목탄	4700±50	3640-3560	23.5%	3480
						3540-3360	71.9%	
	59	부산 가덕도 4	PG-07(-80cm)	패각	4810±80	3610-3340	95.4%	3480
	60	창녕 비봉리 16	12호 저장공	목탄	4680±50	3640-3560	15.3%	3460
						3540-3360	80.1%	
	61	부산 동삼동(국박) 4	FV2층 (1969,1차조사)	뼈	4650±50	3630-3580	7.3%	3450
						3540-3340	88.1%	
VI	62	부산 동삼동(국박) 5	HXIII3층 (1971,3차조사)	뼈	4600±100	3640-3080	92.5%	3350
						3070-3020	2.9%	
	63	부산 죽림동 8	FpitXII층3-2	목탄	4600±50	3520-3310	71.3%	3370
						3300-3260	1.5%	
						3240-3100	22.7%	
	64	부산 동삼동(정화) 6	5C층	뼈	4600±50	3520-3310	71.3%	3370
						3300-3260	1.5%	
						3240-3100	22.7%	
	65	부산 가덕도 5	PG-07(-90cm)	패각	4620±60	3420-3050	95.4%	3250
	66	부산 동삼동(정화) 7	4층	뼈	4550±50	3500-3460	4.3%	3220
						3380-3090	91.1%	
	67	창녕 비봉리 17	11호저장공	목탄	4530±40	3370-3090	95.4%	3210
	68	창녕 비봉리 18	?	목탄	4500±50	3370-3080	89.5%	3210
						3070-3020	5.9%	
	69	부산 범방 1	범방11층	패각	4590±70	3410-2950	95.4%	3190
	70	부산 동삼동(정화) 8	5-1층	뼈	4470±50	3360-3010	93.8%	3180
						2980-2940	1.7%	
	71	부산 동삼동(정화) 9	5-4층	뼈	4430±50	3340-3210	28.1%	3090
						3200-3150	6.4%	
						3140-2910	60.9%	

단계	번호	유적명	유구	시료 종류	14C연대 (B.P.)	교정연대(calBC) (2σ, IntCal 13)		중심연대 (calBC)
	72	창녕 비봉리 19	2호 저장공	목탄	4420±50	3340-3210	23.5%	3070
						3190-3150	4.6%	
						3130-2910	67.4%	
	73	부산 동삼동(sample) 3	Ⅲ지표하150cm	목탄	4400±90	3350-2890	95.4%	3070
	74	울산 세죽리 9	C3pitⅡ-2층	목재	4390±60	3340-3210	15.8%	3030
						3190-3150	2.9%	
						3130-2890	76.8%	
	75	부산 동삼동(정화) 10	5-3층	뼈	4380±50	3330-3230	7.2%	3000
						3180-3160	0.5%	
						3120-2890	87.7%	
	76	부산 수가리 1	E1PitV층	목탄	4380±100	3370-2860	94.1%	3050
						2810-2760	1.3%	
	77	부산 동삼동(정화) 11	1호 주거지	목탄	4360±60	3330-3230	7.5%	3000
						3180-3160	0.7%	
						3120-2880	87.3%	
	78	창녕 비봉리 20	1호 저장공	목탄	4340±40	3090-3060	5.5%	2960
						3030-2890	89.9%	
	79	부산 동삼동(국박) 6	Ⅳ3층(1969,1차조사)	뼈	4330±29	3020-2890	95.4%	2940
	80	부산 동삼동(정화) 12	2호 주거지	뼈	4300±40	3030-2870	95.4%	2910
	81	통영 산등	Ⅱ지구 Ⅵ층	패각	4360±110	3250-2570	95.4%	2890
	82	부산 수가리 2	E1PitV층	패각	4360±70	3120-2650	95.4%	2880
Ⅶ	83	부산 동삼동(국박) 7	HXⅢ2층 (1971,3차조사)	뼈	4200±40	2900-2830	27.4%	2780
						2820-2660	67.1%	
						2650-2630	0.9%	
	84	부산 동삼동 (sample) 4	Ⅱ지표하140cm	목탄	4170±100	3010-2980	1.1%	2740
						2940-2470	94.3%	
	85	부산 수가리 3	B1PitⅢ층	패각	4250±70	2900-2520	95.4%	2730
	86	부산 동삼동(정화) 13	3층	뼈	4120±40	2880-2570	95.4%	2710
	87	하동 목도 2	Ⅲ층	패각	4210±120	3010-2340	95.4%	2680
	88	부산 수가리 4	D1PitV층	패각	4200±90	2890-2420	95.4%	2670

단계	번호	유적명	유구	시료종류	14C연대 (B.P.)	교정연대(calBC) (2σ, IntCal 13)		중심연대 (calBC)
	89	부산 수가리 5	C1PitⅢ층	패각	4160±90	2860-2380	95.4%	2620
	90	부산 가덕도 6	집석유구 41	목탄	4060±50	2870-2800	12.4%	2610
						2760-2470	83.1%	
	91	부산 동삼동(sample) 5	Ⅲ지표하140cm	목탄	4020±100	2880-2290	95.4%	2560
	92	부산 동삼동(sample) 6	Ⅲ지표하140cm	목탄	3980±100	2870-2800	5.9%	2500
						2770-2200	89.5%	
VIII	93	부산 동삼동(sample) 7	Ⅲ지표하160cm	목탄	3930±100	2860-2810	2.2%	2420
						2750-2720	0.8%	
						2700-2130	92.5%	
	94	부산 동삼동(정화) 14	2층	목탄	3910±40	2550-2530	1.0%	2390
						2500-2280	93.3%	
						2250-2230	1.1%	
	95	부산 동삼동(sample) 8	Ⅲ지표하170cm	목탄	3880±100	2630-2030	95.4%	2350
	96	부산 가동 1	1호 야외노지	목탄	3850±20	2460-2270	77.8%	2320
						2260-2200	17.6%	
	97	부산 가덕도 7	집석유구 8	목탄	3820±40	2460-2140	95.5%	2270
	98	부산 범방 2	범방H·Ⅴ층	패각	3900±70	2460-2030	95.4%	2260
	99	부산 동삼동(국박) 8	Ⅳ2층 (1969,1차조사)	뼈	3800±60	2470-2120	88.9%	2250
						2100-2040	6.5%	
	100	부산 가덕도 8	집석유구 13	목탄	3730±40	2290-2020	95.0%	2130
						1990-1980	0.3%	
IX	101	창녕 비봉리 21	2호 야외노지	목탄	3584±39	2120-2100	0.6%	1940
						2040-1870	87.9%	
						1850-1770	6.9%	
	102	창녕 비봉리 22	4호 야외노지	목탄	3540±60	2040-1730	93.4%	1880
						1720-1690	2.0%	
	103	창녕 비봉리 23	?	목탄	3450±40	1890-1660	95.4%	1770
	104	부산 율리	패총	패각	3480±80	1900-1460	95.4%	1680
	105	부산 동삼동(sample) 9	2층	패각	3470±100	1940-1410	95.4%	1670
	106	김해 농소리	패총	패각	3440±120	1960-1340	95.4%	1640

단계	번호	유적명	유구	시료종류	14C연대(B.P.)	교정연대(calBC)(2σ, IntCal 13)		중심연대(calBC)
	107	통영 상노대도 상리	1·2패층(1)	패각	3370±40	1660-1420	95.4%	1540
	108	부산 가동 2	C3pitⅢ-2층	종실	3240±20	1610-1580	8.5%	1510
						1560-1440	86.9%	
	109	부산 수가리 6	A1PitⅠ층	패각	3290±70	1640-1270	95.4%	1450
	110	부산 가동 3	C3pitⅢ-2층	목탄	3205±20	1510-1430	95.4%	1430
X	111	부산 가동 4	B2pitⅡ-1층	목탄	3110±20	1440-1370	55.6%	1390
						1360-1300	39.8%	
	112	부산 가덕도 9	집석유구 45	목탄	3100±40	1450-1250	95.4%	1350
	113	부산 가덕도 10	집석유구 87	목탄	3000±40	1400-1110	95.4%	1240
	114	부산 수가리 7	E2PitⅠ층	패각	3040±80	1370-920	95.4%	1150
	115	부산 가덕도 11	집석유구 27	목탄	2850±40	1130-900	95.4%	1010

의 범위는 Ⅳ단계 4,500~4,000 calBC, Ⅴ단계 4,000~3,600 calBC 내외이다.

Ⅵ, Ⅶ 단계에는 가장 많은 자료가 집중되어 있다. 동삼동 패총 정화지역 2~4층과 남부지역 중기 편년의 기준이 되는 수가리 패총 Ⅲ, Ⅴ층 등이 속한다. 교정연대범위는 Ⅵ단계 3,600~2,900 calBC, Ⅶ단계 2,900~2,400 calBC 내외이다.

Ⅷ~Ⅹ단계는 부산 수가리 Ⅰ층, 율리, 가동 패총 등이 속한다. Ⅹ단계에 속하는 5개의 연대중 1,000 calBC 내외의 교정연대를 보이는 수가리 7과 가덕도 11은 너무 늦은 연대가 측정되어 오류일 가능성을 배제할 수 없다. 교정연대의 범위는 Ⅷ단계 2,400~2,100 calBC, Ⅸ단계 2,000~1,400 calBC 내외이다.

Ⅳ. 지역별 신석기시대 역연대

앞장에서 14C연대 분석을 통해 지역별 단계를 설정한 것은 교정연대의 중첩범위를 고려하여 임의로 구분한 것이며 이를 상대편년에 그대로 적용할 수는 없다. 따라서 본 장에서는 교정연대 분석결과에 토기문양의 변화 등에 대한 기존 연구성과를 참조하여 지역별 역연대를 제시하고 이를 종합하여 남한지역 신석기시대 병행관계를 설정하겠다.

1. 중서부지역

〈그림 10〉은 앞장에서 분석한 중서부지역 교정연대 중앙값의 히스토그램이다. 이를 통해 보면 전체 교정연대의 범위는 5,300~600 calBC 내외이다. 하지만 5,000 calBC를 상회하는 연대와 1,000 calBC 미만의 연대는 각 1개에 불과해 오류의 가능성을 배제할 수 없어 신뢰하기 어렵다. 따라서 중서부지역의 신석기시대는 4,500~1,400 calBC 사이로 설정하는 것이 안정적이다.

교정연대 분석을 통해 설정된 경기지역의 Ⅰ · Ⅱ단계와 이후 단계를 구분 짓는 3,600 calBC 전후는 취락 유적의 입지가 자연제방에서 구릉지역으로 이동하여 내

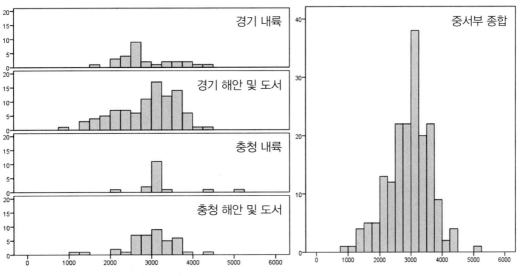

그림 10. 중서부지역 교정연대 히스토그램

표 10. 중서부지역 신석기시대 역연대

		주요특징	주요유적	역연대(calBC)
I기		3부위구분계 종주어골문(경기) 영선동식(충남해안)	암사동, 미사동, 횡산리, 운서동I, 외1리, 송산, 까치산, 조동리, 가도, 노래섬(가지구)	4500-3600
II기	전반	2부위구분계, 동일계 횡주어골문, 집선문, 능격문	석교리, 신길동, 능곡동, 대부북동, 삼목도III, 대천리, 장재리, 성내리, 관창리	3600-3000
	중반	동일계위주 구분계 쇠퇴	농서리, 신갈동, 중산동(한강, 고려, 중앙), 오이도 가운데살막	3000-2600
	후반	동일계 위주, 구분계 일부 잔존, 난삽화 및 무문양 구순각목 공열문	덕송리, 화접리, 호평동, 당동리, 운북동, 남북동, 시도, 모이도 신월리, 고남리(A, B)	2600-1500

륙 지역의 취락은 축소·분산화 되고 해안 및 도서 지역에 대규모 취락이 집중되는 시기와 일치한다(소상영 2011). 이는 생계·주거 체계의 근본적인 변화가 일어나는 것을 보여주는 것으로 3,600 calBC를 기준으로 이전 시기를 중서부 I기, 이후 시기를 중서부 II기로 구분되며, II기는 다시 전반~후반으로 세분 할 수 있다. 이는 구분계토기의 문양이 3부위에서 2부위로 축소되는 경향과 종주어골문에서 횡주어골문으로의 변화 등 기존의 문양 형식학적 편년과도 대체로 일치하는 경향을 보인다. 이를 정리하면 〈표 10〉과 같다.[4]

2. 중동부지역

〈그림 11〉은 중동부지역 교정연대 중앙값의 히스토그램이다. 자료의 수가 많지 않은 탓도 있지만 전체적으로 연속적이지 않고 단절된 형태를 보이는 것이 특징이다. 전체적인 교정연대의 범위는 6,000~1,500 calBC 이다. 중동부지역은 무문양토

---

4 중서부 편년의 세부적인 내용은 본 책 III장을 참고하기 바란다.

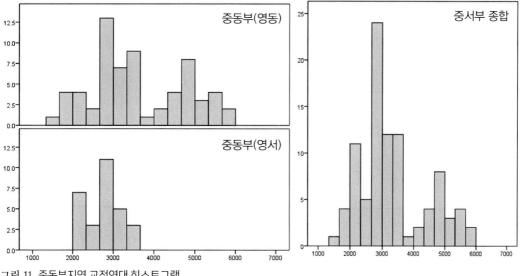

그림 11. 중동부지역 교정연대 히스토그램

기, 오산리식 토기, 융기문토기가 주체를 이루는 영동지역 Ⅰ~Ⅲ단계(4,500 calBC 이전)과 침선문 토기가 주체를 이루는 이후 단계(4,000 calBC 이후)로 크게 구분 할 수 있다. 따라서 이글에서는 전자를 중동부Ⅰ~Ⅲ기, 후자를 중동부Ⅳ기로 크게 구분한 후 토기문양의 변화와 비교하여 시기구분을 제시하고자 한다.

1) 중동부Ⅰ~Ⅲ기(4,500 calBC 이전)

중동부Ⅰ~Ⅲ기에 양양 오산리, 고성 문암리 유적이 있으며 모두 영동지역의 사구지대에 위치한다. 중동부Ⅰ~Ⅲ기는 기존 편년에 따르면 조기에 해당하며 Ⅰ기 5,900~5,500 calBC, Ⅱ기 5,200~5,100 calBC, Ⅲ기 4,900~4,500 calBC의 교정연대에 속한다.

중동부Ⅰ기는 무문양토기가 주류를 점하는 시기로 문암리에서는 유문양토기가 거의 출토되지 않았지만 오산리 C지구 최하층에서는 압날점열문이 시문된 유문양 토기와 공반된다. 중동부Ⅱ기는 오산리식 토기가 주류를 점하는 시기로 오산리 C지구에서는 융기문토기와 공반하지 않고 그 아래층에서 출토되며, 문암리의 경우에는

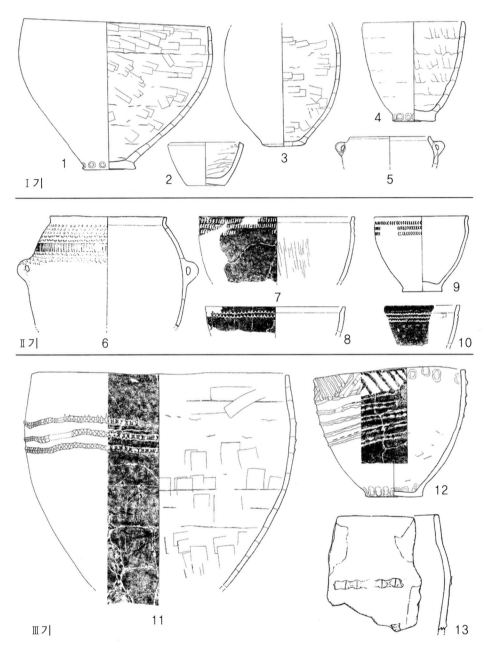

I 기

II 기

III 기

그림 12. 중동부 I~III기 주요 토기(1~5,7,8,10~12.문암리 6,9,13.오산리)

융기문토기가 공반된다. 고동순(2012)은 토기기형과 문양의 변화로 볼 때 오산리 C지구에서 출토된 융기문토기보다 문암리 유적 출토 융기문토기의 출현시기가 빠른 것으로 파악하고 있다. 오산리식 토기 단순기가 있었는지에 대해서는 앞으로 자료의 증가를 기다려야겠지만 오산리 C지구의 층위관계로 볼 때 오산리식 토기가 융기문토기 보다 선행하는 것은 분명해 보인다. 중동부Ⅲ기는 오산리식 토기가 퇴조하고 융기문토기가 주류를 점하는 시기이다.

중동부Ⅰ~Ⅲ기는 소시기별로 토기양식의 변화가 크고 ¹⁴C연대도 200~300년간의 공백이 있어 시기별로 단절된 듯한 양상을 보이는 것이 특징이다. 이는 측정된 연대가 많지 않은 이유가 큰 것으로 판단되지만 이 시기의 토기가 출토되는 유적이 이후 시기에 비해 현저히 적은 것으로 보아 아직 신석기인의 활동이 본격화 되지 않고 지속시간도 비교적 짧은 것으로 판단된다.

2) 중동부Ⅳ기(4,000 calBC 이전)

중동부Ⅲ기와 Ⅳ기 사이에는 약 400년 정도의 공백기가 존재한다. 또한 4,000 calBC 내외의 교정연대를 보이는 측정치도 오산리 C지구와 문암리의 각 1개에 불구하고 문화상도 명확하지 않아 이를 제외한다면 공백기는 1,000년 내외로 볼 수 있다. 토기문양에 있어서도 Ⅰ~Ⅲ기와의 계승관계를 거의 찾아 볼 수 없으며 중서부와 남부의 침선문계토기가 주류를 이룬다.

중동부Ⅳ기는 3,000 calBC와 2,500 calBC를 기준으로 전·중·후반으로 세분될 수 있다. Ⅳ기 전반은 4,000~3,000 calBC 사이지만 문암리를 10호 야외노지를 제외하면, 중심시기는 3,600~3,000 calBC 내외로 중서부 Ⅱ기 전반과 병행하는 시기이다. 영서지역은 2부위 구분계토기가 주류를 이루며 동일계 횡주어골문토기가 공반하는 양상이며, 조사례가 많지 않아 확실하지는 않지만 영월 주천리(예맥) 유적의 예로 볼 때 주거지의 평면형태도 방형을 띠고 있다는 점에서 중서부Ⅱ기 전반과 거의 유사한 양상이다. 영동지역은 중서부지역의 세선침선문계와 남부지역의 태선침선문계(수가리Ⅰ식)가 혼재하는 양상을 보인다. 양양 지경리(강릉대학교박물관 2002)와 강릉 초당동(강원문화재연구소 2006) 유적의 보고자는 지경리 4, 7호 주거지와 6호 주거지의

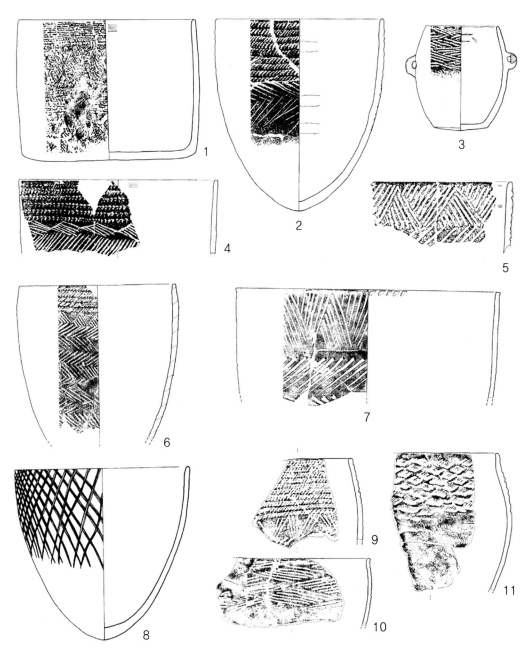

그림 13. 중동부 Ⅳ기 전반 주요 토기(1~5.지경리, 6,7.송전리, 8.가평리, 9~11.초당동)

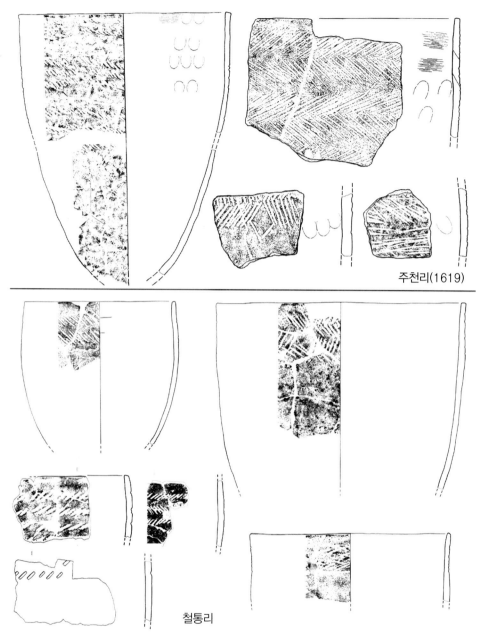

주천리(1619)

철통리

그림 14. 중동부 Ⅳ기 중·후반 주요 토기

		주요특징	주요유적	역연대(calBC)
I기		무문양토기	오산리C, 문암리	6,000-5,500
II기		오산리식 토기	오산리A,B,C, 문암리	5,200-5,000
III기		융기문토기	오산리A,B,C, 문암리	4,800-4,500
IV기	전반	2부위 구분계 세침선문 태선침선문	지경리, 송전리, 가평리(주거지), 초당동, 주천리(예맥), 주천리(375), 연당 쌍굴(IV층)	3600-3000
	중반	동일계 위주 문양의 남삽화와 무문화	외삼포리, 철통리, 가평리(V층), 연당쌍굴(III층)	3000-2500
	후반		가평리(야외노지), 안형동, 금진리II, 용암리, 천전리, 주천리(1619), 반곡동, 송암동	2500-1500

¹⁴C연대를 근거로 세침선문계가 태선침선문계에 선행하는 것으로 보고 있으나, 측정치가 3개에 불과하고 연대폭도 차이가 크지 않아 시기를 구분하기는 어렵다. 주거지의 평면형태는 영서지역과는 달리 원형이 주류를 이룬다.

중동부IV기 중·후반은 고성 철통리 유적 외에 뚜렷한 양상을 파악하기 어렵다. 하지만 토기 문양의 난삽화와 무문화 경향이 뚜렷하고 동일문계 토기가 주류를 이루는 것으로 보아 대체로 중서부II기 중·후반과 병행하는 시기로 볼 수 있다

3. 남부지역

〈그림 15〉는 남부지역의 교정연대 중앙값의 히스토그램이다. 남부지역은 우리나라에서 신석기시대 편년이 가장 안정된 지역으로 층위를 이루는 유적이 많고 ¹⁴C연대도 다수가 축적되어 있다. 하지만 경상도 해안 및 도서 지역에 유적이 집중되어 있고 다른 지역은 상대적으로 자료가 많지 않다.

교정연대가 7,000 calBC를 넘는 유적은 모두 제주도에서 측정된 것이다. 이중 9,000 calBC를 초과하는 연대는 사계리에서 측정된 것인데, 앞서 언급한 바와 같이 유적의 형성연대를 반영한다고 보기는 어렵다. 7,000~6,000 calBC에 속하는 연대

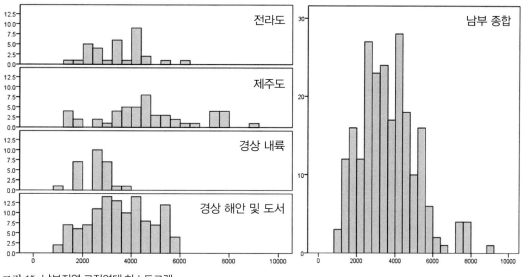

그림 15. 남부지역 교정연대 히스토그램

는 여수 안도패총에서 1개가 측정되었는데, 다른 연대와 비교할 때 오류의 가능성이 높은 것으로 판단된다. 1,000 calBC를 전후한 연대는 창녕 비봉리와 제주도 하모리 등에서 측정되었는데, 시료가 청동기시대와 관련되거나 오류의 가능성이 높아 신뢰하기 어렵다. 따라서 남부지방의 편년은 8,000~1,400 calBC 사이로 보는 것이 타당하다고 판단된다.

이 책에서는 교정연대의 중첩범위와 토기문양의 변화를 고려하여 크게 5기로 구분 하여 시기별 편년을 설정하고자 한다.

1) 남부 I 기(7,800~7,300 calBC)

남부 I 기에 해당하는 연대는 제주도 고산리 유적에서 측정되었다. 주지하다시피 고산리 유적은 융기문토기에 선행하는 고산리식 토기가 출토되는 유적으로 우리나라 신석기시대 초창기 설정에 표식이 되는 유적이다. 고산리 유적은 그동안 ^{14}C연대가 1개밖에 알려져 있지 않아 편년적 위치가 애매했지만 최근 30여 개의 ^{14}C연대와 OSL 연대가 측정되어 그 중심연대를 알 수 있게 되었다. 아직 융기문토기와의 공반

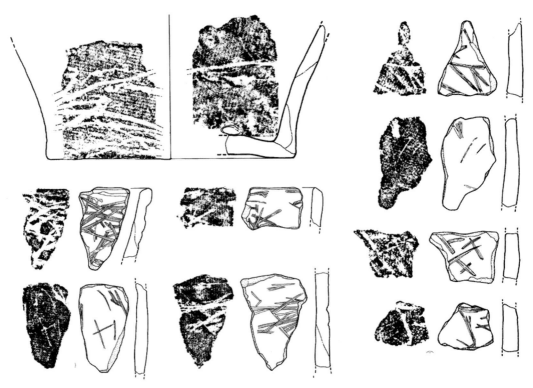

그림 16. 남부 I기 주요 토기(고산리)

관계 등 층위상에 불분명한 부분이 남아 있지만 현재까지 우리나라에서 가장 오래
된 신석기시대 유적으로 인정된다.

  2) 남부 II기(6,000~4,500 calBC)

  남부 II기는 경상도 해안 지역의 I ~III단계, 전라도 II단계, 제주도 III단계 속하는
유적과 유구가 포함되며 경상도 내륙 지역에는 유적이 발견되지 않았다. 창녕 비봉
리 유적을 내륙 지역의 유적으로 볼 수도 있지만 유적 형성 당시의 환경을 감안하면
해안 지역으로 보는 것이 타당할 것이다(황상일 2012).

  남부 II기는 융기문토기가 주류를 점하는 시기이며 교정연대의 범위는 5,900~

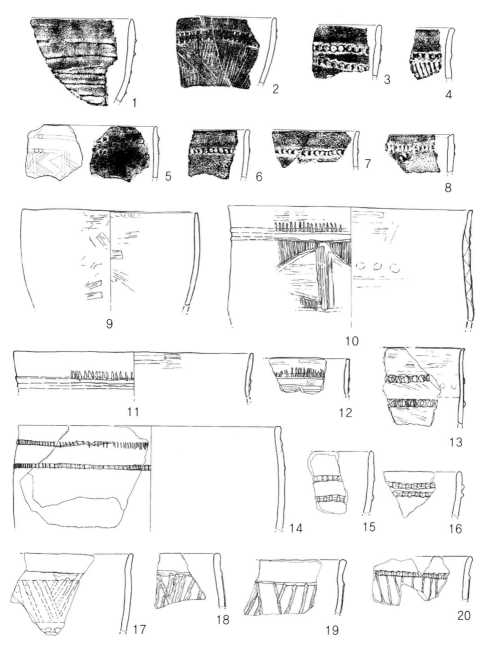

그림 17. 남부 Ⅱ기 주요 토기(1~8.동삼동, 9~14.비봉리, 15~20.세죽리)

4,500 calBC 내외로 남부지역 기존의 조기편년과 대체로 일치한다. 청도 오진리 4층 출토 무문양토기 등을 융기문토기보다 선행하는 것으로 보기도 하지만(하인수 2006), 비교할 수 있는 자료가 거의 없고 ¹⁴C연대도 측정되지 않아 편년적 위치는 불분명하다.

융기문토기는 융기문의 특징과 타문양과의 복합양상에 따라 융대문, 융선문, 복합융기문 등으로 구분할 수 있고(하인수 2006), 각 토기군은 연구자에 따라 여러 형식으로 구분된다. 일반적으로 융대문의 발생이 융선문보다 약간 선행하는 것으로 이해되기도 하지만 ¹⁴C연대상으로는 시기차를 구분하기 어렵다. 융기문토기의 발생시기는 러시아와 일본의 융기문토기의 ¹⁴C연대와 고산리식 토기와의 공반 관계 등을 볼 때 기원전 10,000년까지 소급해 보는 견해가 있다(이동주 1996·2011). 이는 우리나라의 융기문토기를 연해주, 일본을 포함하는 동북아시아 초기 신석기문화에 포함하여 이해하려는 입장이다. 이 점은 이 지역의 융기문토기의 기본적인 모티브가 유사하다는 점에서 일견 타당한 면도 있으나, 세부적인 문양구성이나 기형에서 차이를 무시했다는 비판이 있다. 결정적으로 러시아나 일본에서 10,000 calBC 전후의 자료가 다수 있지만 남동부지역은 6,000 calBC를 넘어서기 어려워 4,000년에 가까운 시기차를 보여 초창기에 포함하기는 어려울 것으로 보인다.

이 시기는 교정연대의 중첩범위로 볼 때 5,900~5,500 calBC(전반), 5,500~5,000 calBC(중반), 5,000~4,500 calBC(후반)의 3기로 세분 할 수 있다. 여러 학자들은 토기문양과 기형의 변화 등을 통해 4~5기로 구분하고 있는(이동주 2011, 하인수 2006, 황철주 2012 등) 점과도 일정부분 합치된다.

3) 남부Ⅲ기(4,500~3,600 calBC)

남부Ⅲ기는 경상 내륙의 Ⅰ단계, 해안의 Ⅳ·Ⅴ단계가 이에 해당한다. 해안 지역에서는 Ⅰ기의 유적과 거의 중복되며, 내륙 지역에는 밀양 살내 1개소 만이 조사되었다. 비록 ¹⁴C연대가 측정되지는 않았지만 영선동식 토기가 청도 오진리, 경주 황성동 등에서도 출토되고 있어 해안 및 도서 지역이 중심이던 신석기 문화가 내륙으로 확산되는 시기로 이해된다. 전라도지역에서는 여서도 패총, 돌산송도 패총 등이 이

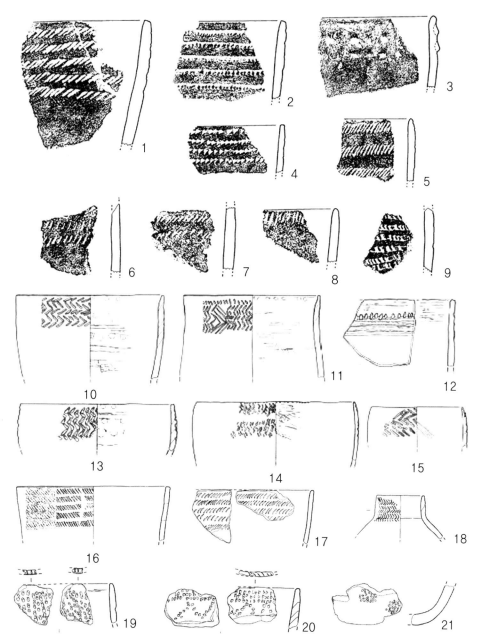

그림 18. 남부 Ⅲ기 주요 토기(1~9.동삼동, 10~15.비봉리, 16~21.살내)

와 병행하는 시기로 판단된다. 또한 제주도 고산리 유적에서도 이 시기에 해당하는 연대가 다수 측정되었다.

Ⅱ기는 기존 남부지역 편년의 전기로 영선동식 토기를 중심으로 다양한 침선문계 토기가 공반하는 시기이다. 영선동식 토기는 1930년대 부산 영선동 패총에서 출토된 압인문토기를 표식으로 설정되었다. 그러나 발굴조사를 통해 출토된 자료가 아니었기 때문에 구체적인 내용에 대해서는 불분명한 점이 많다. 최근에는 자료의 증가에 따라 압인문과 함께 자돌문을 대표적인 영선동식 토기로 인식하는 것이 일반적이다.

남부Ⅱ기의 교정연대 범위는 4,500~3,600 calBC로 중서부 Ⅰ기와 병행하는 시기이다. 교정연대의 중첩범위로 볼 때 4,000 calBC를 기준으로 2기로 세분할 수 있다. Ⅱ기 전반은 동삼동 정화지구 3호 주거지가 조사된 동삼동 Ⅱ문화층, 후반은 전형적인 영선동식 토기가 퇴화된 밀양 살내가 대표적인 유적이다.

4) 남부Ⅳ기(3,600~2,400 calBC)

남부Ⅳ기는 경상 내륙의 Ⅱ·Ⅲ단계 해안의 Ⅵ·Ⅶ단계, 전라도지역의 Ⅴ·Ⅵ단계의 유적과 유구들이 이에 속한다. 2,900 calBC를 기준으로 전반과 후반으로 세분 할 수 있다. Ⅳ기 전반은 기존편년의 중기, 후반은 중기 후반과 후기 전반에 해당한다.

Ⅳ기 전반은 태선침선문토기를 표식으로 하는 수가리 Ⅰ기(Ⅴ·Ⅵ층)로 대표되며 동삼동 패총 Ⅲ문화층(1,2호 주거지, 5층), 김천 송죽리 등이 주요 유적이다. 기존 편년의 중기는 일반적으로 기원전 2,700년을 획기의 기준으로 삼고 있다. 이는 수가리 Ⅴ층에서 측정된 4380±100의 하한을 고려한 것으로 보인다. 그러나 교정연대가 95.4% 신뢰수준에서 3,370~2,860 calBC 사이에 위치할 확률이 94.0%이며, 2,810~2,760 calBC에 속할 확률은 1.3%에 불과해 기원전 2,700년을 하한으로 보는 것은 무리가 있다고 판단된다. 수가리 Ⅰ기와 유사한 시기의 유적으로 판단되는 동삼동 패총 정화지구 1, 2호 주거지, 김천 송죽리 3호 주거지의 교정연대 하한도 2,800 calBC 후반대인 것으로 보아 2,900 calBC를 획기로 보는 것이 안정적이다.

Ⅳ기 후반은 수가리 Ⅱ기(Ⅲ·Ⅳ층)로 대표되며, 일반적으로 퇴화침선문으로 불리는

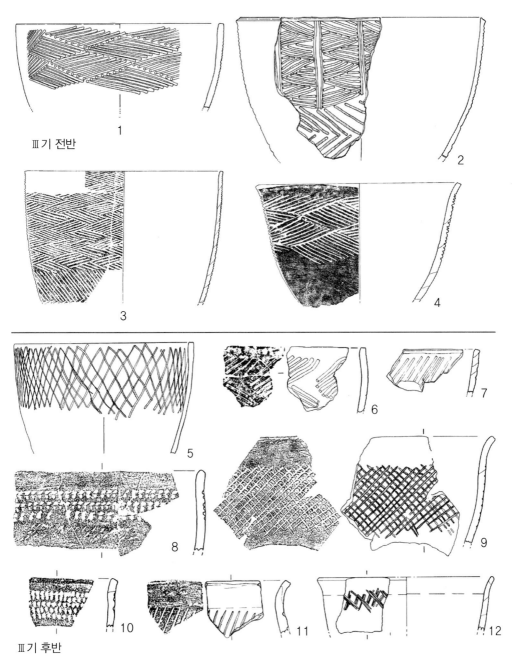

Ⅲ기 전반

Ⅲ기 후반

그림 19. 남부 Ⅳ기 주요 토기(1,2,5∼7.수가리, 3,4.송죽리, 8∼12.봉계리)

수가리Ⅱ식 토기를 표식으로 한다. 이 시기의 편년적 위치에 대해서는 크게 중기 후반으로 보는 견해(小原哲 1987, 신숙정 1994)와 후기로 보는 견해(田中聰一 2000, 하인수 2006)로 나누어 볼 수 있다. 또한 최근 발간된 수가리 패총 보고서에서는 토기의 재검토를 통해 수가리 Ⅲ · Ⅳ층의 토기가 중기에 유행하던 요소가 확실히 단절되고, 구연단 형태변화가 뚜렷하므로 수가리Ⅰ기와 분리하여 후기에 위치시키는 것이 타당하다고 주장하고 있다(부산대학교박물관 2011). 물론 토기의 중심문양이 변화하고 Ⅱ기로 갈수록 시문부위가 축소되고 문양의 정연성과 조밀도가 떨어진다. 하지만 수가리Ⅰ기와 Ⅱ기는 문양형태와 구성에서 공통점이 많아 밀접한 계승관계에 있는 것을 알 수 있다. 수가리Ⅰ식 토기의 큰 특징 중 하나인 비후구연도 비율이 줄어들기는 하지만 수가리 Ⅱ기에도 꾸준히 나타난다. 따라서 남부 해안 지역만을 기준으로 할 때 수가리Ⅰ기와 Ⅱ기를 중기와 후기를 구분하는 기준으로 보기에는 설득력이 부족하다.

남부Ⅳ기 후반 내륙 지역은 봉계리식 토기가 표지가 된다. 봉계리식 토기에 대해서는 수가리Ⅱ식 토기와 지역적인 차이(이동주 1991 등), 시간적인 차이(田中聰一 2000 등)로 보는 견해가 있다. 하지만 ¹⁴C연대로 볼 때 수가리Ⅱ식과의 시간적인 차이는 없으며 거의 동시기인 것으로 보인다. 봉계리식과 수가리Ⅱ식 토기를 지역적인 차이를 본다면 이 시기 남동부지역은 내륙과 해안에서 독자적인 형태로 발전한 것으로 이해 할 수 있다. 그러나 하인수(2006)는 수가리Ⅱ식의 주요 문양인 사격자문과 삼각집선문 등이 봉계리식 토기에 채용되고 두 형식의 토기가 공반되는 사례를 들어 지역적인 차이보다는 동시기 수평적인 관계를 가지는 두 가지 형식의 토기로 보고 있다. 수가리Ⅱ식 토기와 봉계리식 토기에 대해 어떤 견해가 타당한지를 검토하는 것은 이 글의 주제에서 벗어나기도 하며 이에 대한 필자의 이해도 부족하다. 다만 하인수의 견해를 수용한다면 남부Ⅳ기 후반은 수가리Ⅰ식 토기를 계승한 수가리Ⅱ식에 봉계리식 토기가 새로운 요소로 추가된 것으로 파악할 수 있어 남부지역 후기로 편년하는 것도 가능하다는 점만을 제시하고자 한다.

5) 남부Ⅴ기(2,400~1,400 calBC)

남부Ⅴ기는 경상 내륙의 Ⅳ · Ⅴ단계, 경상 해안의 Ⅷ · Ⅸ단계가 해당한다. 전라도

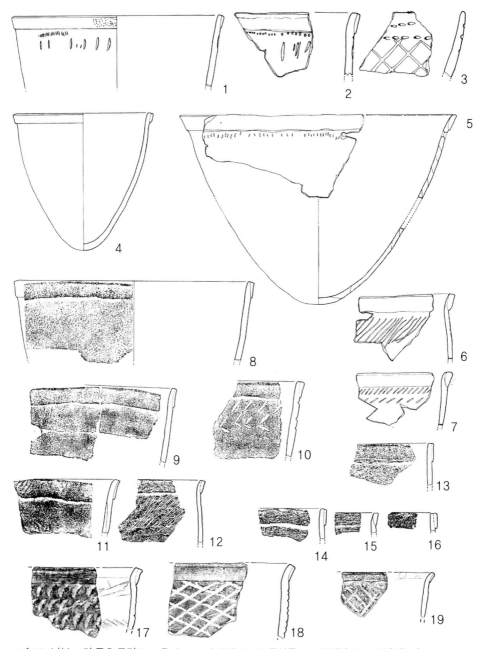

그림 20. 남부 V기 주요 토기(1~4.율리, 5~7.수가리, 8~10.동삼동, 11~16.범방, 17~19.평거3-1)

표 12. 남부지역 신석기시대 편년

		주요특징	주요유적	편년(calBC)
I기		고산리식 토기	고산리	7,800~7,300
II기	전반	융기문토기	동삼동(8·9층), 비봉리(2~4패층, 44층), 세죽리, 상리, 연대도, 안도, 사계리	5,900~5,500
	중반			5,500~5,000
	후반			5,000~4,500
III기	전반	영선동식 (자돌·압인문) 토기	동삼동(3호 주거지, 5층), 황성동, 비봉리(1패층), 살내, 여서도, 송도, 오등동 돈탁(6,9층)	4,500~4,000
	후반			4,000~3,600
IV기	전반	수가리I식 (태선침선문)	수가리(V층), 동삼동(1호 주거지), 범방(11층), 지좌리, 송죽리, 궁근정리, 평거4-1, 갈머리(주거지)	3,600-2,900
	후반	수가리II식(퇴화침선문) 봉계리식 토기	수가리(III층), 동삼동(3,4층)봉계리, 상촌리, 갈머리(적석유구), 진그늘	2,900-2,400
V기	전반	율리식(이중구연토기) 무문양 토기	율리, 수가리(I층), 동삼동(2층), 농소리, 범방(V층), 평거3-1, 오진리, 돈탁(4,5층), 가동	2,400-2,000
	후반			2,000-1,400

의 VII단계에 속하는 유적과 유구들이 해당된다. 경상 해안 X단계는 비봉리 유적에서 출토된 목재를 시료로 측정된 것인데, 1,000~500 calBC의 교정연대를 보이는 것으로 보아 청동기문화층과 관계된 것으로 추정된다.

남부 V기는 기존 편년의 후기 후반과 말기의 연대에 해당한다. 이 시기는 무문양 토기의 비율이 크게 증가하고 율리식 토기(이중구연토기)의 등장을 표식으로 한다. 교정연대의 중첩범위로 볼 때 2,000 calBC를 기준으로 전반과 후반으로 구분할 수 있다.

이중구연토기는 형태적인 유사성을 근거로 청동기시대 이중구연토기와 계승적으로 연결되는 것으로 보기도 하며, 청동기시대 조기의 돌대문토기와 공존하는 과도기적인 시기로 보는 견해도 있다(배진성 2003, 안재호 2006 등). 아직 자료가 충분하지 않고 양시기 이중구연토기의 계승관계가 불분명하지만 3,000 BP를 상회하는 청동기시대의 자료가 증가하여 양 시기의 연대폭이 점차 줄어들고 있어 앞으로 면밀한 검토가 필요하다.

V. 결론

이상으로 교정연대 분석과 기존의 연구 성과를 검토하여 지역권별로 시기 구분을 시도하였다. 지역별로 설정된 시기를 기존 남부지역의 편년과 비교하여 정리하면 〈표 6〉과 같다.

필자가 설정한 편년 및 분기는 남부Ⅳ기 전반(중기, 수가리Ⅰ기) 2,700 calBC에서 2,900 calBC로 200년 정도 상향한 것을 제외하면 기존의 안과 전체적인 흐름에서 유사하며 크게 배치되지는 않는다. 가장 크게 다른 점은 중·후기 설정에 대한 부분이다. 중서부지역에서 중기는 본 글의 Ⅱ기 전반에 해당한다. 필자는 한시대 내에서 전-중-후기와 같이 시기를 구분하기 위해서는 토기 문양의 변화와 같은 특정 요소의 변화가 아니라 전반적인 문화변동 과정에서 이전 시기와 구분할 수 있는 뚜렷한 변화의 기준이 제시되어야 설득력이 있다고 생각한다. 중서부Ⅱ기는 취락의 입지가 자연제방에서 구릉으로 이동하고 해안 및 도서 지역으로 유적이 집중하는 등 Ⅰ기와 뚜렷한 차이를 보인다. 이는 전반적인 생계·주거 체계에 근본적인 변화를 의미하는 것으로 시기를 구분하는 데 문제가 없다. 하지만 중서부Ⅱ기 내에서는 토기 문양 부위의 축소, 문양의 난삽화, 취락규모의 축소 등이 꾸준히 진행되지만 시기를 나눌 만한 결정적인 변화를 찾아보기 어렵다. 이에 필자는 중·후기를 Ⅱ기로 통합하고 이를 전-중-후반으로 세분 한 것이다(소상영 2013a).

남부지역의 경우에도 가장 문제가 되는 것은 중·후기의 구분이다. 일반적으로 중기와 후기를 구분하는 기준은 수가리Ⅰ식(태선침선문)과 수가리Ⅱ식(퇴화침선문) 토기이다. 그러나 두 양식의 토기에는 계승관계가 뚜렷하고 문양 조합에도 유사점이 많아 명확한 구분이 가능한 지는 의문이다. 물론 봉계리식 토기라는 새로운 요소의 출현을 기준으로 한다면 시기를 구분하는 것이 타당하기는 하다. 하지만 봉계리식 토기 역시 태선침선문이라는 수가리Ⅰ식의 요소가 잔존하고 있어 기본적으로 남해안 토기문화의 전통을 잇고 있다. 과연 이러한 현상을 융기문 → 자돌·압인문 → 태선침선문 → 이중구연으로의 변화와 같이 시기를 구분하는 기준이 될 수 있는 지에 대해

표 13. 남한지방 신석기시대 병행 편년

calBC	기준편년	중 서 부	중 동 부	남 부	calBC
8,000					8,000
	초창기			Ⅰ기	
7,000					7,000
6,000					6,000
	조 기		Ⅰ기	Ⅱ기 전반	
				Ⅱ기 중반	
5,000			Ⅱ기	Ⅱ기 후반	5,000
			Ⅲ기		
	전 기	Ⅰ기		Ⅲ기 전반	
4,000				Ⅲ기 후반	4,000
	중 기	Ⅱ기 전반	Ⅳ기 전반	Ⅳ기 전반	
3,000		Ⅱ기 중반	Ⅳ기 중반	Ⅳ기 후반	3,000
	후 기	Ⅱ기 후반	Ⅳ기 후반	Ⅴ기 전반	
2,000				Ⅴ기 후반	2,000
	말 기				
1,000					1,000

서는 재고가 필요하다고 생각된다. 또한 앞서 언급한 바와 같이 남동부지역에서도 생계·주거 체계의 변화 등 전반적인 문화변동을 고려한 시기구분이 필요하다.

부록 2. 한반도 신석기시대
¹⁴C 연대 집성표

한반도 중서부 지방 신석기 문화 변동

* 교정연대의 산출은 OxCal V4.2 프로그램을 이용하였으며, 교정곡선은 IntCal13을 적용하였다.

* 패각시료의 교정연대 산출은 한반도 남부 연안 해역에서 1942년 이전 채집된 조개를 이용한 해양리저브값을 적용하여 계산하였다

[남서해안 172±46, 남동해안 129±36, http://calib.qub.ac.uk/marine 및 공기수·이치원(2005) 참조]

측정기관:
AERIK(KAERI) − 한국원자력연구소
KCP − 국립문화재연구소보존과학실
KIGAM − 한국지질자원연구원
KR − 충청문화재연구원 부설 한국고환경연구소
SNU − 서울대학교공동기기원
N(NIKEN) − 日本理化學研究所
KSU − 京都産業大學

NUTA - 名古屋大學年代測定資料研究센타

PLD - Paleo Labo

Beta - Beta Analytic

AA - NSF Arizona AMS Center

GX - Geochron Laboratiories

TO - IsoTrace Radiocarbon Laboratory

1. 중서부(경기 내륙) 지역 ^{14}C연대와 교정연대

유적명	유구	측정기관번호	시료종류	δ13C (‰)	14C연대 (B.P.)	교정연대(calBC) (2σ, IntCal 13)		평균연대 (calBC)	중심연대 (calBC)	참고문헌
암사동	74-5(84-1)호 주거지	-	목탄	-	4610±200	3910-3880 / 3810-2870	0.5% / 94.9%	3320	3330	
	75-1호 주거지	KCP-135	목탄		4660±70	3640-3330 / 3220-3180 / 3160-3120	91.7% / 1.9% / 1.8%	3450	3450	국립중앙박물관 1994: 226~228
	75-2호 주거지	KAERI-189	목탄	-	5000±70	3950-3650	95.4%	3800	3790	
	75-4호 주거지	-	목탄	-	4730±200	3950-3000 / 2990-2930	93.9% / 1.5%	3470	3480	
	75-10호 주거지	KAERI-188	목탄	-	5510±100	4560-4050	95.4%	4350	4360	
	-1975	-	-	-	6230±110	5470-4930	95.4%	5170	5180	
	-1975	-	-	-	6050±105	5290-5270 / 5230-4710	0.2% / 95.2%	4970	4970	
	-1974	-	-	-	4160±200	3350-2200	95.4%	2750	2200	
	-1967	-	-	-	3430±250	2470-1120	95.3%	1790	1780	
황산리 적석층	야외노지 (나구역)	KR10-133	토양	-40.28	5300±70	4330-4290 / 4270-3970	4.5% / 90.9%	4140	4140	국방문화재연구원 2012:119-127
마사리	IV층	-	-	-	4950±140	4050-3490 / 3460-3370	91.7% / 3.7%	3760	3760	강형태 외 1993:41
성남 사송동	24-1지점 10호 주거지	SUN08-363	목탄	-14.44	4140 50	2880-2580	95.4%	2730	2730	
	21-2지점 문화층	NZA27371	목탄	-26.2	4980 30	3920-3870 / 3810-3660	6.6% / 88.8%	3760	3750	고려문화재연구원 2009: 904~908, 955
	문화층	NZA27372	목탄	-26.1	4960 30	3800-3650	95.4%	3740	3740	
	문화층	NZA27373	목탄	-25.6	4947 30	3790-3650	95.4%	3720	3720	
	문화층	NZA27395	목탄	-27	4885 30	3710-3630	95.4%	3670	3670	
용인 농서리	1호 주거지	SNU07-466	목탄	-26.19	4670±50	3640-3560 / 3540-3350	12.0% / 83.0%	3470	3460	기호문화재연구원 2009:216~227

유적명	유구	측정기관 번호	시료 종류	δ13C (‰)	14C연대 (B.P.)	교정연대(calBC) (2σ, IntCal 13)	평균연대 (calBC)	중심연대 (calBC)	참고문헌
	2호 주거지	SNU07-463	목탄	-29.19	4360±50	3310-3300 0.1% / 3270-3240 1.9% / 3110-2880 93.4%	3000	2990	
		SNU07-462	목탄	-29.94	4340±50	3100-2880 95.4%	2980	2970	
		SNU07-464	목탄	-23.36	4190±50	2900-2620 95.4%	2770	2770	
		SNU07-465	목탄	-25.76	4270±60	3090-3060 1.4% / 3030-2830 65.9% / 2820-2660 28.1%	2870	2890	
	3호 주거지	SNU07-467	목탄	-30.51	4830±50	3710-3510 94.6% / 3400-3380 0.8%	3600	3600	
	5호 주거지	SNU07-461	목탄	-28.98	4390±60	3340-3210 15.8% / 3190-3150 2.9% / 3130-2890 76.8%	3060	3030	
		SNU07-468	목탄	-33.09	4530±60	3500-3460 2.3% / 3380-3020 93.1%	3230	3220	
		SNU07-469	목탄	-28.83	4480±50	3360-3010 95.4%	3190	3200	
		SNU07-470	목탄	-29.77	4370±50	3320-3230 4.3% / 3110-2890 91.1%	3010	2990	
	8호 주거지	SNU07-475	목탄	-28.53	4400±60	3340-3210 18.9% / 3190-3150 3.8% / 3130-2900 72.8%	3070	3050	
		SNU07-474	목탄	-27.07	4370±50	3320-3230 4.3% / 3110-2890 91.1%	3010	2990	
		SNU07-471	목탄	-31.75	4590±60	3520-3090 95.4%	3320	3350	
		SNU07-473	목탄	-30.05	4350±50	3270-3250 0.6% / 3100-2880 94.8%	2990	2980	

유적명	유구	측정기관 번호	시료 종류	δ13C (‰)	14C연대 (B.P.)	교정연대(calBC) (2σ, IntCal 13)	평균연대 (calBC)	중심연대 (calBC)	참고문헌
남양주 호평 지세울	8호 주거지	SNU07-472	목탄	-30.71	4360±50	3330-3230 7.5% 3180-3160 0.7% 3120-2880 87.3%	3020	3000	기전문화재연구원 2007: 303~315
	5호 수혈	SNU07-476	목탄	-26.99	4510±60	3490-3470 0.6% 3380-3010 94.8%	3210	3210	
	35호 수혈	SNU07-477	목탄	-29.51	4360±60	3330-3230 7.5% 3180-3160 0.7% 3120-2880 87.3%	3020	3000	
	1호 주거지	SNU06-173	목탄	-24.75	3930±60	2580-2270 91.7% 2260-2200 3.7%	2410	2410	
	2호 주거지	SNU06-176	목탄	-26.53	3860±50	2470-2190 94.5% 2160-2150 0.5%	2330	2340	
	3호 주거지(2호 노지)	SNU06-177	목탄	-29.9	4040±60	2870-2800 10.2% 2780-2450 85.2%	2600	2580	
	3호 주거지(3호 노지)	SNU06-178	목탄	-27.08	4050±60	2870-2800 11.9% 2780-2460 83.5%	2620	2600	
	3호 주거지(4호 노지)	SNU06-179	목탄	-27.77	3990±60	2840-2810 2.0% 2680-2290 93.4%	2520	2520	
	4호 주거지	SNU06-180	목탄	-31.06	4020±60	2860-2800 6.6% 2760-2720 2.5% 2710-2400 84.2% 2390-2340 2.1%	2570	2550	
		SNU06-?	목탄	-	2890±50	1220-920 95.4%	1080	1080	
		SNU06-182	목탄	-34.17	2850±60	1210-890 93.9% 880-850 1.5%	1030	1020	
		SNU06-183	목탄	-28.83	2880±60	1230-900 95.4%	1070	1060	
	1호 야외노지	SNU06-184	목탄	-34.67	3820±60	2470-2130 93.5% 2090-2060 1.9%	2280	2270	

유적명	유구	측정기관 번호	시료 종류	δ13C (‰)	14C연대 (B.P.)	교정연대(calBC) (2σ, IntCal 13)	평균연대 (calBC)	중심연대 (calBC)	참고문헌
	1호 야외노지	SNU06-185	목탄	-23.98	3700±60	2290-1920 95.4%	2090	2090	
	2호 야외노지	SNU06-186	목탄	-31.93	3930±60	2580-2270 91.7% / 2260-2200 3.7%	2410	2410	
		SNU06-187	목탄	-39.93	3560±120	2280-2250 1.0% / 2230-1610 94.4%	1920	1910	
		SNU06-188	목탄	-31.41	4220±120	3320-3230 1.7% / 3110-2470 93.7%	2810	2790	
	3호 야외노지	SNU06-189	목탄	-24.13	4090±50	2880-2800 19.4% / 2780-2490 76.0%	2680	2660	
		SNU06-?	목탄	-	4100±50	2880-2560 90.6% / 2530-2490 4.8%	2690	2680	
		SNU06-191	목탄	-30.45	4130±50	2880-2570 95.4%	2720	2720	
		SNU06-192	목탄	-24.14	4080±50	2870-2800 16.9% / 2780-2480 78.5%	2660	2640	
	4호 야외노지	SNU06-193	목탄	-27.41	4220±50	2920-2830 34.3% / 2820-2630 61.1%	2790	2790	
		SNU06-194	목탄	-24.29	4080±50	2870-2800 16.9% / 2780-2480 78.5%	2660	2640	
	2호 수혈	SNU06-195	목탄	-23	3980±60	2840-2810 1.4% / 2670-2290 94.0%	2500	2500	
		SNU06-196	목탄	-22.51	4170±60	2900-2580 95.4%	2750	2750	
		SNU06-197	목탄	-22.89	4070±50	2870-2800 14.6% / 2760-2470 80.8%	2650	2620	
문산 당동리	1-주거지	SNU07-525	목탄	-77.3	3390±100	1950-1450 95.4%	1700	1700	
	1-야외노지	SNU08-479	목탄	-24.59	3740±50	2300-2010 94.1% / 2000-1980 1.3%	2150	2150	경기문화재연구원 2009: 271~276

유적명	유구	측정기관 번호	시료 종류	δ13C (‰)	14C연대 (B.P.)	교정연대(calBC) (2σ, IntCal 13)		평균연대 (calBC)	중심연대 (calBC)	참고문헌
	7-1야외노지	SNU08-480	목탄	-23.23	3910±50	2570-2530 / 2500-2270 / 2260-2200	3.8% / 87.0% / 4.6%	2390	2390	
	7-2야외노지	SNU08-481	목탄	-23.68	3960±50	2590-2290	95.4%	2460	2470	
	7-3야외노지	SNU08-482	목탄	-25.1	3730±50	2290-2010 / 2000-1970	93.2% / 2.2%	2130	2130	
남양주 덕송리 (1-1 지점)	1-1호 주거지	OWd110109	목탄		4040±50	2860-2810 / 2750-2720 / 2700-2460	7.9% / 2.3% / 85.2%	2590	2570	한백문화재 연구원 2012(IV) :345~358
	1-2호 주거지	OWd110110	목탄		4000±50	2840-2810 / 2670-2340	1.7% / 93.7%	2530	2530	
	2호 주거지노지①	OWd110002	목탄		3940±50	2580-2290	95.4%	2430	2430	
	2호 주거지노지②	OWd110111	목탄		3640±40	2140-1900	95.4%	2020	2010	
	3호 주거지	OWd110112	목탄		4080±50	2870-2800 / 2780-2480	16.9% / 78.5%	2660	2640	
	2호 집석유구	OWd110115	목탄		4050±50	2860-2800 / 2760-2720 / 2710-2460	10.1% / 3.6% / 81.7%	2610	2590	
	1호 야외노지①	OWd110117	목탄		3970±50	2620-2290	95.5%	2480	2490	
	1호 야외노지②	OWd110118	목탄		4080±50	2870-2800 / 2780-2480	16.9% / 78.5%	2660	2640	
	1호 야외노지③	OWd110119	목탄		4060±50	2870-2800 / 2760-2470	12.4% / 83.1%	2630	2610	
	2호 야외노지	OWd110120	목탄		3950±50	2580-2290	95.4%	2450	2450	
	3호 야외노지	OWd110121	목탄		4010±50	2840-2810 / 2680-2400 / 2390-2340	2.8% / 90.8% / 1.8%	2550	2540	

유적명	유구	측정기관 번호	시료 종류	δ13C (‰)	14C연대 (B.P.)	교정연대(calBC) (2σ, IntCal 13)		평균연대 (calBC)	중심연대 (calBC)	참고문헌
	4호 야외노지	OWd110122	목탄		3830±50	2470-2190	88.4%	2290	2290	
						2180-2140	7.0%			
남양주 화접리 (3지점)	1호 주거지	OWd110102	목탄		4030±50	2860-2810	6.1%	2580	2560	고려문화재연구원 2007; 2008:165~166
						2750-2720	1.5%			
						2700-2460	87.8%			
남양주 덕소리	D-4호 수혈	SNU07-328	목탄	-30.56	3900±50	2560-2530	1.8%	2380	2380	
						2500-2200	93.5%			
신길동 만을	수혈	SNU06-791	목탄	-25.22	4020±60	2860-2800	6.6%	2570	2550	명지대박물관 2007: 283~314
						2760-2720	2.5%			
						2710-2400	84.2%			
						2390-2340	2.1%			
		SNU06-792	목탄	-23.31	4160±80	2910-2560	92.8%	2730	2740	
						2530-2490	2.6%			
		SNU00-794	목탄	-25.85	4200±60	2910-2600	95.4%	2770	2770	
오산 가장동	5-1지점 1호 주거지		목탄	-27.5	4110±40	2880-2570	94.5%	2700	2690	서경문화재 연구원 2013: 470
						2520-2500	0.9%			
			목탄	-27.4	4080±40	2870-2800	16.6%	2660	2630	
						2760-2480	78.8%			
			목탄	-28.4	4110±40	2880-2570	94.5%	2700	2690	
						2520-2500	0.9%			

2. 중서부(경기 해안 및 도서) 지역 14C연대와 교정연대

유적명	유구	측정기관 번호	시료 종류	δ13C (%)	14C연대 (B.P.)	교정연대(calBC) (2σ, IntCal 13)		평균연대 (cal BC)	중심연대 (cal BC)	참고문헌
영종도 외 1리	1호 패총	SNU03-k049	패각	1.5	5630±30	4420-4200	95.4%	4310	4310	한양대 박물관 2005: 91~100
		SNU03-k050	패각	-8.2	5680±60	4520-4210	95.4%	4360	4360	
		SNU03-k051	패각	0.6	5680±40	4480-4240	95.4%	4360	4360	
		SNU03-k052	패각	0.7	5200±50	3980-3680	95.4%	3840	3840	
		SNU03-k053	패각	-14	4260±60	2870-2520	95.4%	2700	2710	
		SNU03-k054	패각	5.2	5310±120	4250-3680	95.4%	3970	3970	
		SNU03-k055	패각	-9.8	5280±80	4170-3720	95.4%	3940	3940	
		SNU03-k056	패각	-1.5	5570±60	4410-4080	95.4%	4250	4250	
		SNU03-k057	패각	0.3	5100±120	4030-3470	95.4%	3740	3740	
		SNU03-k058	패각	4.3	5540±80	4370-4040	95.4%	4220	4220	
영종도 송산	2호 야외노지	GX-21995	목탄	-	5365±240	4720-3660	95.4%	4200	4190	염정화 2000: 149
	10호 야외노지	GX-21998	목탄	-	5110±200	4360-3510 / 3400-3380	95.2% / 0.2%	3930	3930	
	4호 야외노지	GX-21997	목탄	-	5080±100	4230-4210 / 4160-4130 / 4060-3650	0.4% / 0.8% / 94.2%	3870	3870	
영종도 운서동 I-2	3호 주거지	SNU-09-R209	목탄	-22.36	5040±50	3960-3710	95.4%	3840	3850	중앙 문화재 연구원 2010 (본문2): 537~542
	16호 주거지	SNU-09-R210	목탄	-21.49	4550±80	3520-3010	95.4%	3250	3240	
	21호 주거지	SNU-09-R211	목탄	-40.12	4920±80	3950-3620 / 3590-3530	89.3% / 6.1%	3730	3720	
	30호 주거지	SNU-09-R212	목탄	-23.23	4990±60	3950-3650	95.4%	3790	3650	
	57호 주거지	SNU-09-R213	목탄	-23.23	3360±60	1880-1840 / 1820-1800 / 1780-1500	2.2% / 0.6% / 92.6%	1650	1650	
	11호 주거지	OWd090007	목탄	-24.1	4880±50	3780-3620 / 3580-3530	86.7% / 8.7%	3670	3670	

유적명		유구	측정기관 번호	시료 종류	δ13C (‰)	14C연대 (B.P.)	교정연대(calBC) (2σ, IntCal 13)		평균연대 (cal BC)	중심연대 (cal BC)	참고문헌
		18호 주거지	OWd090008	목탄	-24.5	4390±70	3340-3210 / 3200-3150 / 3140-2890	19.0% / 4.5% / 71.9%	3070	3040	
		25호 주거지	OWd090009	목탄	-26	4870±50	3780-3620 / 3590-3520	81.1% / 14.3%	3660	3660	
		26호 주거지	OWd090010	목탄	-25.9	4910±50	3800-3630 / 3560-3540	94.7% / 0.7%	3700	3690	
		40호 주거지	OWd090011	목탄	-27.4	4680±50	3640-3560 / 3540-3360	15.3% / 80.1%	3470	3460	
		42호 주거지	OWd090012	목탄	-26.1	4750±70	3660-3370	95.4%	3520	3540	
		45호 주거지	OWd090013	목탄	-27.2	4680±50	3640-3560 / 3540-3360	15.3% / 80.1%	3470	3460	
		48호 주거지	OWd090014	목탄	-27.4	4780±50	3660-3490 / 3440-3370	83.2% / 12.2%	3550	3560	
		56호 주거지	OWd090015	목탄	-26.4	4630±50	3630-3580 / 3530-3330 / 3220-3180 / 3160-3120	3.7% / 87.2% / 2.3% / 2.1%	3430	3450	
		14호 주거지 (상층)	OSa090036	목탄	-24.1	4560±50	3500-3450 / 3380-3090	7.1% / 88.3%	3260	3240	
		14호 주거지 (하층)	OSa090037	목탄	-22	4930±50	3910-3880 / 3810-3630	2.5% / 92.9%	3720	3710	
		패총	OWd090016	목탄	-26.3	3600±50	2140-2080 / 2070-1870 / 1850-1770	7.7% / 81.5% / 6.2%	1960	1960	
	Ⅲ	1호 노지	SNU08-R094	목탄	-25.72	4490±60	3370-3010 / 2980-2940	93.9% / 1.6%	3190	3200	
		1호 주거지	SNU08-R095	목탄	-33.29	4780±60	3660-3490 / 3470-3370	77.1% / 18.3%	3550	3560	

유적명	유구	측정기관 번호	시료 종류	δ13C (‰)	14C연대 (B.P.)	교정연대(calBC) (2σ, IntCal 13)	평균연대 (cal BC)	중심연대 (cal BC)	참고문헌
대연평도 까치산 패총	D3pitD4pit둑V-15층	SNU05-A021	패각	-10.96	5090±50	3890-3590 95.4%	3730	3720	국립문화재연구소 2005: 277-280
	B3pit서벽VII-1층	SNU05-A020	패각	-4.23	5060±110	3960-3450 95.4%	3700	3700	
	B3pit서벽IX-5층	SNU05-A019	패각	1.77	5370±70	4230-3860 95.4%	4040	4040	
	B3pit서벽IX-6층	SNU05-A018	패각	0.97	5250±70	4110-3700 95.4%	3900	3900	
	B3pit서벽X-2층	SNU05-A017	패각	0.78	5020±40	3780-3520 95.4%	3650	3650	
화성 석교리	2호 주거지	SNU11-530	목탄	-36.97	4400±70	3340-3210 21.7% 3200-3150 5.4% 3140-2890 68.3%	3080	3060	중부문화재연구소 2013: 214~227
	5호 주거지	SNU11-531	목탄	-23.73	4970±50	3940-3860 15.7% 3820-3640 79.7%	3760	3750	
	6호 주거지	SNU11-532	목탄	-27.02	4630±40	3620-3610 0.7% 3530-3340 94.7%	3440	3450	
	7호 주거지	SNU11-533	목탄	-28.12	4850±50	3770-3520 95.4%	3630	3640	
	13호 주거지	SNU11-534	목탄	-25	4540±50	3500-3460 2.1% 3380-3090 93.3%	3230	3220	
	15호 주거지	SNU11-542	목탄	-25.51	4720±50	3640-3370 95.4%	3500	3510	
	18호 주거지	SNU11-536	목탄	-27.89	4730±50	3640-3490 61.0% 3470-3370 34.4%	3510	3520	
	19호 주거지	SNU11-537	목탄	-21.45	4650±40	3630-3600 2.0% 3530-3350 93.4%	3450	3450	
	23호 주거지	SNU11-538	목탄	-29.93	4700±50	3640-3560 23.5% 3540-3360 71.9%	3490	3480	
		SNU11-543	목탄	-25.2	4620±50	3530-3320 84.0% 3240-3110 9.1%	3410	3440	
	24호 주거지	SNU11-539	목탄	-27.9	4700±50	3640-3560 23.5% 3540-3360 71.9%	3490	3480	

유적명	유구	측정기관 번호	시료 종류	δ13C (‰)	14C연대 (B.P.)	교정연대(calBC) (2σ, IntCal 13)	평균연대 (cal BC)	중심연대 (cal BC)	참고문헌
화성 향남2	25호 주거지	SNU11-544	목탄	-25.07	4780±50	3660-3490 83.2% / 3440-3370 12.2%	3550	3560	
		SNU11-540	목탄	-26.85	4690±50	3640-3560 19.4% / 3540-3360 76.0%	3480	3470	
	1호 야외노지	SNU11-541	목탄	-23.95	4310±50	3100-2870 95.4%	2950	2940	
	3-2지점 주거지	Beta-277903	목탄	-27.4	4590±40	3520-3420 30.7% / 3390-3310 37.8% / 3300-3260 0.9% / 3240-3100 26.1%	3340	3360	중원문화재연구원 2011: 480-490
		Beta-277904	목탄	-27.5	4650±40	3630-3600 2.0% / 3530-3350 93.4%	3450	3450	
		Beta-277905	목탄	-27.8	4700±40	3640-3560 21.1% / 3540-3370 74.3%	3480	3460	
		Beta-277906	목탄	-28.5	4680±40	3630-3580 10.3% / 3530-3360 85.1%	3470	3450	
		Beta-277901	목탄	-27.9		3630-3580 14.6%			
		Beta-277901	목탄	-27	4690±40	3540-3360 80.8%	3470	3460	
		Beta-277899	목탄	-26.9					
		Beta-277902	목탄	-27	4640±40	3620-3610 0.9% / 3530-3350 94.5%	3450	3450	
시흥 능곡동	2호 주거지	PLD-10630	목탄	-26.35	4600±30	3510-3430 44.6% / 3390-3330 45.4% / 3220-3190 3.2% / 3160-3130 2.2%	3400	3370	경기문화재연구원 2010 (분석자료): 71-91
		SNU08-238	목탄	-27.68	4730±50	3640-3490 61.0% / 3470-3370 34.4%	3510	3520	
	4호 주거지	PLD-10631	목탄	-27.41	4660±30	3520-3360 95.4%	3450	3450	

유적명	유구	측정기관 번호	시료 종류	δ13C (‰)	14C연대 (B.P.)	교정연대(calBC) (2σ, IntCal 13)		평균연대 (cal BC)	중심연대 (cal BC)	참고문헌
	5호 주거지	SNU08-239	목탄	-32.84	4690±70	3640-3350	95.4%	3480	3480	
		PLD-10632	목탄	-27.02	4640±30	3520-3350	95.4%	3450	3460	
	6호 주거지	SNU08-240	목탄	-26.26	4870±50	3780-3620 / 3590-3520	81.1% / 14.3%	3660	3660	
	7호 주거지	PLD-10633	목탄	-27.5	4650±30	3520-3360	95.4%	3450	3460	
		SNU08-241	목탄	-23.66	4830±50	3710-3510 / 3400-3380	94.6% / 0.8%	3600	3600	
	9호 주거지	PLD-10634	목탄	-29.87	4665±30	3530-3360	95.4%	3450	3450	
		SNU08-242	목탄	-27.69	4580±60	3520-3090	95.4%	3300	3320	
	10호 주거지	PLD-10635	목탄	-28.48	4585±25	3500-3460 / 3380-3330 / 3220-3180 / 3160-3120	18.5% / 63.3% / 7.6% / 6.1%	3350	3360	
	11호 주거지	PLD-10636	목탄	-25.83	4670±25	3520-3360	95.4%	3450	3450	
		SNU08-243	목탄	-31.95	4750±60	3650-3490 / 3470-3370	67.0% / 28.4%	3520	3540	
	12호 주거지	PLD-10637	목탄	-26.81	4730±25	3640-3550 / 3540-3490 / 3440-3370	47.0% / 20.5% / 27.9%	3520	3530	
		SNU08-244	목탄	-37.57	4520±80	3500-3430 / 3380-3000 / 2990-2930	4.8% / 86.9% / 3.7%	3210	3210	
	13호 주거지	PLD-10638	목탄	-27.67	2895±20	1190-1170 / 1160-1140 / 1130-1000	1.7% / 1.5% / 92.2%	1080	1080	청동기 주거지와 중복
		SNU08-245	목탄	-26.17	4970±50	3940-3860 / 3820-3640	15.7% / 79.7%	3760	3750	

유적명	유구	측정기관 번호	시료 종류	δ13C (‰)	14C연대 (B.P.)	교정연대(calBC) (2σ, IntCal 13)		평균연대 (cal BC)	중심연대 (cal BC)	참고문헌
	15호 주거지	PLD-10639	목탄	-28.32	4665±25	3520-3360	95.4%	3450	3450	
	16호 주거지	PLD-10640	목탄	-26.55	4740±25	3640-3500	77.6%	3540	3540	
						3430-3380	17.8%			
		SNU08-247	목탄	-23.8	4900±50	3800-3630	93.6%	3690	3690	
						3560-3530	1.8%			
	18호 주거지	PLD-10641	목탄	-26.75	4635±25	3520-3420	75.7%	3450	3470	
						3390-3350	19.7%			
		SNU08-248	목탄	-17.5	4840±50	3750-3740	0.2%	3610	3630	
						3720-3510	95.2%			
	19호 주거지	SNU08-249	목탄	-27.86	4780±50	3660-3490	83.2%	3550	3560	
						3440-3370	12.2%			
		PLD-10642	목탄	-29.42	4605±25	3500-3430	50.5%	3420	3440	
						3380-3340	44.9%			
		SNU08-250	목탄	-23.98	4860±50	3770-3620	72.6%	3640	3650	
						3610-3520	22.8%			
	20호 주거지	PLD-10643	목탄	-25.89	4630±25	3510-3420	73.3%	3450	3470	
						3390-3350	22.1%			
		SNU08-251	목탄	-24.78	4800±50	3700-3680	1.1%	3570	3570	
						3670-3500	87.5%			
						3430-3380	6.8%			
	21호 주거지	PLD-10644	목탄	-26.96	4545±25	3370-3310	31.6%	3230	3210	
						3300-3260	2.2%			
						3240-3100	61.6%			
		PLD-10645	목탄	-27.58	4815±25	3660-3620	31.6%	3580	3560	
						3590-3520	63.8%			
	23호 주거지	SNU08-253	목탄	-36.81	4620±70	3630-3580	5.8%	3380	3410	
						3540-3260	71.2%			
						3250-3100	18.3%			

유적명	유구	측정기관 번호	시료 종류	δ13C (‰)	14C연대 (B.P.)	교정연대(calBC) (2σ, IntCal 13)		평균연대 (cal BC)	중심연대 (cal BC)	참고문헌
안산 신길동	1호 주거지	SNU07-107	목탄		4720±50	3640-3370	95.4%	3500	3510	고려문화재연구원 2009 (Ⅱ): 276-280
	2호 주거지	SNU07-108	목탄		4700±50	3640-3560	23.5%	3490	3480	
						3540-3360	71.9%			
	4호 주거지	SNU07-109	목탄		4710±50	3640-3370	95.4%	3500	3500	
	5호 주거지	SNU07-110	목탄		4760±50	3650-3490	75.1%	3540	3560	
						3460-3370	20.3%			
	6호 주거지	SNU07-111	목탄		4620±50	3630-3590	2.3%	3410	3440	
						3530-3320	84.0%			
						3240-3110	9.1%			
	7호 주거지	SNU07-112	목탄		4600±50	3520-3310	71.3%	3360	3370	
						3300-3260	1.5%			
						3240-3100	22.7%			
	10호 주거지	SNU07-113	목탄		4710±50	3640-3370	95.4%	3500	3500	
	11호 주거지	SNU07-114	목탄		4530±50	3490-3470	0.5%	3230	3220	
						3370-3080	93.3%			
						3060-3030	1.6%			
	21호 주거지	SNU07-115	목탄		4610±50	3630-3600	1.0%	3390	3410	
						3530-3310	78.8%			
						3280-3260	0.3%			
						3240-3110	15.3%			
	22호 주거지	SNU07-116	목탄		4650±50	3630-3580	7.3%	3450	3450	
						3540-3340	88.1%			
삼목도Ⅲ	1호 주거지 내부퇴적토	-	목탄	-	4700±40	3640-3560	21.1%	3480	3460	서울대박물관 2007: 87-95
						3540-3370	74.3%			
	1호 주거지바닥	-	목탄	-	4780±40	3650-3510	88.8%	3560	3570	
						3430-3380	6.6%			

유적명	유구	측정기관 번호	시료 종류	δ13C (‰)	14C연대 (B.P.)	교정연대(calBC) (2σ, IntCal 13)		평균연대 (cal BC)	중심연대 (cal BC)	참고문헌
	2호 주거지 내부퇴적토	-	목탄	-	4800±80	3760-3740	0.9%	3560	3570	
						3720-3370	94.4%			
	2호 주거지노지	-	목탄	-	4670±80	3650-3320	89.8%	3450	3460	
						3240-3110	5.5%			
	3호 주거지 내부퇴적토	-	목탄	-	4610±40	3520-3330	88.1%	3410	3440	
						3220-3180	3.9%			
						3160-3120	3.4%			
	4호 주거지내부퇴적토	-	목탄	-	4340±50	3100-2880	95.4%	2980	2970	
	4호 주거지바닥		목탄	-	4310±80	3330-3210	6.2%	2960	2950	
						3180-3150	0.7%			
						3130-2830	75.6%			
						2820-2670	12.8%			
	5호 주거지상층	-	목탄	-	4540±50	3500-3460	2.1%	3230	3220	
						3380-3090	93.3%			
	5호 주거지바닥	-	목탄	-	4510±50	3370-3080	91.5%	3210	3210	
						3070-3020	3.9%			
	8호 주거지 내부퇴적토	-	목탄	-	4480±60	3370-3000	92.0%	3180	3190	
						2990-2930	3.4%			
	9호 주거지3층	SNU05-200	목탄	-25.28	4480±50	3360-3010	95.4%	3190	3200	
		SNU05-202	목탄	-26.18	4460±40	3350-3010	94.7%	3170	3180	
						2980-2970	0.5%			
						2950-2940	0.3%			
	9호 주거지4층	SNU05-201	목탄	-25.99	4620±40	3520-3330	92.8%	3430	3450	
						3210-3190	1.6%			
						3160-3130	1.1%			
		SNU05-203	목탄	-27.52	4740±60	3650-3370	95.4%	3520	3530	

유적명	유구	측정기관 번호	시료 종류	δ13C (‰)	14C연대 (B.P.)	교정연대(calBC) (2σ, IntCal 13)	평균연대 (cal BC)	중심연대 (cal BC)	참고문헌
	11호 주거지 3층	SNU05-204	목탄	-27.37	4770±60	3660-3490 74.2% / 3470-3370 21.2%	3540	3560	
	1호 집석유구	SNU05-741	목탄	-33.12	4530±50	3490-3470 0.5% / 3380-3080 93.3% / 3060-3030 1.6%	3230	3220	
		SNU05-742	목탄	-15.93	3830±50	2470-2190 88.4% / 2180-2140 7.0%	2290	2290	
		SNU05-743	목탄	-30.98	3840±50	2470-2190 91.4% / 2180-2140 4.0%	2310	2310	
대부북동	1호 주거지 노지	SNU12-724	목탄	-25.68	4640±50	3630-3580 5.3% / 3540-3330 88.7% / 3210-3190 0.9% / 3150-3140 0.5%	3440	3450	한국문화유산연구원 2014: 461-492
	3호 주거지바닥 (6번 주혈)	SNU12-725	목탄	-27.4	4620±50	3630-3590 2.3% / 3530-3320 84.0% / 3240-3110 9.1%	3410	3440	
	4호 주거지바닥 (목탄2)	SNU12-727	목탄	-26.3	4690±50	3640-3560 19.4% / 3540-3360 76.0%	3480	3470	
	4호 주거지바닥 (목탄5)	SNU12-728	목탄	-27.31	4590±50	3520-3260 65.1% / 3250-3100 30.3%	3330	3350	
	5호 주거지내부	SNU12-729	목탄	-26.28	4460±50	3350-3000 90.7% / 2990-2930 4.7%	3170	3170	
	6호 주거지바닥 (목탄1)	SNU12-730	목탄	-28.44	4370±60	3330-3210 9.9% / 3180-3160 1.1% / 3120-2880 84.4%	3030	3000	
	8호 주거지바닥	SNU12-731	목탄	-27.24	4630±50	3630-3580 3.7% / 3530-3330 87.2% / 3220-3180 2.3% / 3160-3120 2.1%	3430	3450	

유적명	유구	측정기관 번호	시료 종류	δ13C (‰)	14C연대 (B.P.)	교정연대(calBC) (2σ, IntCal 13)		평균연대 (cal BC)	중심연대 (cal BC)	참고문헌
	9호 주거지바닥	SNU12-732	목탄	-25.76	4650±50	3630-3580 / 3540-3340	7.3% / 88.1%	3450	3450	
	10호 주거지 2차바닥	SNU12-734	목탄	-26.6	4670±50	3640-3560 / 3540-3350	12.0% / 83.4%	3470	3460	
	11호 주거지내부	SNU12-735	목탄	-27.55	4520±50	3370-3080 / 3060-3030	92.9% / 2.5%	3220	3210	
	14호 주거지노지	SNU12-737	목탄	-26.16	4060±50	2870-2800 / 2760-2470	12.4% / 83.1%	2630	2610	
	17호 주거지바닥 (목탄5)	SNU12-738	목탄	-28.26	4350±50	3270-3250 / 3100-2880	0.6% / 94.8%	2990	2980	
	17호 주거지 노지	SNU12-739	목탄	-27.98	4390±50	3330-3230 / 3180-3160 / 3120-2900	10.4% / 1.0% / 84.1%	3040	3020	
	18호 주거지 바닥 (목탄1)	SNU12-740	목탄	-25.97	4420±50	3340-3210 / 3190-3150 / 3130-2910	23.5% / 4.6% / 67.4%	3100	3070	
	18호 주거지 바닥 (목탄3)	SNU12-741	목탄	-25.13	4440±50	3340-3150 / 3140-2920	40.9% / 54.5%	3130	3110	
오이도 북 부패총군	?	KSU-617	목탄	-30.56	3900±50	2560-2530 / 2500-2200	1.8% / 93.5%	2380	2380	강형태 외 1993:41
오이도 가운데 살막	N2E1바닥	SNU99-128	니탄	-23.5	4270±60	3090-3060 / 3030-2830 / 2820-2660	1.4% / 65.9% / 28.1%	2870	2890	서울대 박물관 2001: 100
	1호 노지	SNU00-143	목탄	-21	4790±80	3710-3370	95.4%	3550	3560	
오이도유적 (주가단지내)	A지구 2호 노지	SNU -?	목탄		4880±60	3800-3620 / 3610-3520	80.7% / 14.7%	3670	3670	

유적명	유구	측정기관 번호	시료 종류	δ13C (‰)	14C연대 (B.P.)	교정연대(calBC) (2σ, IntCal 13)	평균연대 (cal BC)	중심연대 (cal BC)	참고문헌
영종도 는들	A지구24호 노지	SNU – ?	목탄	–	5140±80	4230-4200 1.8% 4170-4090 4.2% 4080-3710 89.4%	3930	3940	
	A지구27호 노지	SNU – ?	목탄	–	4690±60	3640-3360 95.4%	3480	3470	
	A지구29호 노지	SNU – ?	목탄	–	4700±60	3640-3360 95.4%	3490	3480	
	A지구30호 노지	SNU – ?	목탄	–	4710±60	3640-3360 95.4%	3500	3500	
	주거지(벽면)	SNU00-137	목탄	-20	4270±60	3090-3060 1.4% 3030-2830 65.9% 2820-2660 28.1%	2870	2890	서울대 박물관 2001: 100
	주거지(주공)	SNU00-138	목탄	-22	4790±80	3710-3370 95.4%	3550	3560	
	주거지(바닥)	SNU00-139	목탄	-29	4480±30	3350-3080 90.8% 3060-3030 4.6%	3210	3220	
영종도 중산동	1호 주거지	PLD-11555	목탄	-29.5	4160±25	2880-2830 19.2% 2820-2660 73.8% 2650-2630 2.4%	2760	2760	한강 문화재 연구원 2012: 685-707
	10호 주거지	PLD-11556	목탄	-26.21	4085±25	2860-2810 16.9% 2750-2720 3.0% 2700-2560 72.2% 2520-2490 3.3%	2660	2630	
	5호 주거지	SNU10-823	목탄	-24.21	4180±50	2900-2620 95.4%	2760	2760	
	4호 주거지	SNU10-822	목탄	-24.85	3990±50	2840-2810 0.9% 2660-2650 0.3% 2640-2340 94.2%	2520	2520	
	6호 주거지	SNU10-824	목탄	-25.13	4410±50	3340-3210 18.9% 3190-3150 3.3% 3130-2900 73.2%	3080	3050	
	12호 주거지	SNU10-825	목탄	-29.7	4190±50	2900-2620 95.4%	2770	2770	

유적명	유구	측정기관 번호	시료 종류	δ13C (‰)	14C연대 (B.P.)	교정연대(calBC) (2σ, IntCal 13)		평균연대 (cal BC)	중심연대 (cal BC)	참고문헌
	1호 노지	SNU10-826	목탄	-23.83	3780±50	2440-2420 / 2410-2380 / 2350-2030	0.6% / 1.8% / 93.0%	2210	2210	
	3호 노지	SNU10-827	목탄	-33.1	4170±50	2900-2600	95.4%	2750	2760	
	5호 노지	SNU10-828	목탄	-23.78	4070±50	2870-2800 / 2760-2470	14.6% / 80.8%	2650	2650	
	6호 노지	SNU10-829	목탄	-21.1	4040±50	2860-2810 / 2750-2720 / 2700-2460	7.9% / 2.3% / 85.2%	2590	2570	
	7호 노지	SNU10-830	목탄	-24.48	4270±50	3030-2850 / 2820-2740 / 2730-2680	73.8% / 16.8% / 4.8%	2880	2890	
	22호 주거지 (2차생활면)	SNU10-834	목탄	-31.21	3740±50	2300-2010 / 2000-1970	94.1% / 1.3%	2150	2150	
	24호 주거지	SNU10-835	목탄	-25.82	4030±50	2860-2810 / 2750-2720 / 2700-2460	6.1% / 1.5% / 87.8%	2580	2560	
	25호 주거지	SNU10-836	목탄	-23.62	4260±50	3020-2840 / 2820-2670	64.3% / 31.1%	2860	2880	
	27호 주거지(2차생활면)	SNU10-837	목탄	-26.07	4140±50	2880-2580	95.4%	2730	2730	
	27호 주거지 (위석식노지)	SNU10-838	목탄	-25.56	3690±50	2270-2260 / 2210-1930	0.5% / 94.9%	2080	2080	
	26호 노지	SNU10-839	목탄	-25.98	3820±50	2460-2130	95.4%	2280	2270	
	29호 주거지	SNU10-840	목탄	-26.16	4240±50	3010-2990 / 2930-2830 / 2820-2630	0.6% / 45.3% / 49.6%	2820	2810	
	30호 주거지(노지)	SNU10-841	목탄	-26.07	4330±50	3100-2880	95.4%	2970	2960	

유적명	유구		측정기관 번호	시료 종류	δ13C (‰)	14C연대 (B.P.)	교정연대(calBC) (2σ, IntCal 13)		평균연대 (cal BC)	중심연대 (cal BC)	참고문헌
	31호 주거지		SNU10-842	목탄	-32.16	4460±50	3350-3000	90.7%	3170	3170	
							2990-2930	4.7%			
	2-1주거지		SNU08-191	목탄	-27.12	4250±60	3020-2830	51.5%	2830	2860	고려문화재연구원 2009: 174-187
							2820-2660	42.8%			
							2650-2630	1.1%			
			SNU08-192	목탄	-26.69	4220±50	2920-2830	34.3%	2790	2790	
							2820-2630	61.1%			
	7-1주거지		SNU08-197	목탄	-31.5	4140±50	2880-2580	95.4%	2730	2730	
	2-1 지점	1호 주거지	SNU08-774	목탄	-39.5	3730±80	2460-2370	3.3%	2140	2140	
							2350-1910	92.2%			
		2호 주거지	SNU09-R014	목탄	-24.43	3650±60	2210-1880	95.4%	2030	2030	
			SNU09-R015	목탄	-21.64	3670±50	2200-1920	95.4%	2060	2050	
		3호 주거지	SNU09-R016	목탄	-27.92	4260±60	3080-3070	0.2%	2850	2880	
							3030-2830	58.9%			
							2820-2660	35.8%			
							2650-2630	0.6%			
		1호 노지	SNU09-R013	목탄	-24.76	3620±50	2140-1870	94.8%	1990	1990	중앙문화재연구원 2011: 290-315
							1840-1820	0.6%			
		2호 노지	SNU09-012	목탄	-21.5	3940±80	2840-2810	0.9%	2430	2430	
							2670-2190	94.0%			
							2170-2150	0.5%			
		3호 노지	SNU09-R017	목탄	-23.65	4220±60	2930-2610	95.4%	2790	2790	
	2-2 지점	1호 주거지	OWd090961	목탄	-26.1	4400±50	3330-3210	14.7%	3060	3030	
							3180-3150	1.7%			
							3130-2900	79.1%			
		2호 노지	-	목탄	-	3840±50	2470-2190	91.4%	2310	2310	
							2180-2140	4.0%			

유적명		유구	측정기관 번호	시료 종류	δ13C (‰)	14C연대 (B.P.)	교정연대(calBC) (2σ, IntCal 13)		평균연대 (cal BC)	중심연대 (cal BC)	참고문헌
		4호 노지	-	목탄	-	3730±50	2290-2010 / 2000-1970	93.2% / 2.2%	2130	2130	
		5호 노지	-	목탄	-	3350±40	1750-1710 / 1700-1520	8.8% / 86.6%	1640	1640	
		6호 노지	OWd090960	목탄	-27.1	3370±50	1870-1850 / 1780-1520	1.5% / 93.9%	1660	1660	
		7호 노지	OWd090959	목탄	-25.9	3360±50	1750-1530	95.4%	1650	1650	
	2-3지점	2호 노지	-	목탄	-	3390±50	1880-1840 / 1830-1530	4.7% / 90.7%	1690	1690	
		4호 노지	SNU08-775	목탄	-20.6	4060±80	2890-2450 / 2420-2400 / 2380-2350	94.5% / 0.5% / 0.5%	2640	2620	
	3지점	6호 노지	SNU09-013	목탄	-20.63	3820±60	2470-2130 / 2090-2060	93.5% / 1.9%	2280	2270	
		7호 노지	SNU09-014	목탄	-21.5	3430±50	1890-1620	95.4%	1750	1740	
		8호 노지	SNU09-015	목탄	-35.99	4220±50	2920-2830 / 2820-2630	34.3% / 61.1%	2790	2790	
		9호 노지	SNU09-016	목탄	-32.57	3390±50	1880-1840 / 1830-1530	4.7% / 90.7%	1690	1690	
		10호 노지	SNU09-017	목탄	-32.57	3560±50	2030-1750	95.4%	1900	1910	
	4-3지점	1호 노지	SNU09-R018	목탄	-21.04	3290±50	1690-1450	95.4%	1570	1570	
	7지점	1호 주거지	OWd090964	목탄	-26.8	3690±50	2270-2260 / 2210-1930	0.5% / 94.9%	2080	2080	
			OWd091140	목탄	-22.8	3710±50	2280-2250 / 2230-1950	3.1% / 92.3%	2100	2100	
		8호 노지	OWd090965	목탄	-26.6	3720±50	2290-1960	95.4%	2120	2120	

유적명	지점	유구	측정기관 번호	시료 종류	δ13C (‰)	14C연대 (B.P.)	교정연대(calBC) (2σ, IntCal 13)		평균연대 (cal BC)	중심연대 (cal BC)	참고문헌
영종도 운서동	8-1지점	9호 노지	OWd091142	목탄	-24	3300±40	1690-1490	95.4%	1580	1580	한강문화재연구원 2012: 426-455
		14호 노지	OWd091143		-24.9	3860±50	2480-2190	94.9%	2330	2340	
							2160-2150	0.5%			
				목탄		3300±50	1730-1720	0.3%	1580	1580	
							1700-1450	95.1%			
		2호 노지	OWd0900967	목탄	-24.1	3760±50	2350-2020	95.4%	2180	2180	
		3호 노지	OWd0901146	목탄	-24.7	4740±50	3640-3490	66.3%	3520	3540	
							3470-3370	29.1%			
	1지점	1호 주거지	SNU02-462	목탄		4500±60	3370-3010	95.0%	3200	3200	
							2980-2970	0.3%			
							2950-2940	0.2%			
		3호 주거지	SNU02-463	목탄		4240±50	3010-2990	0.6%	2820	2810	
							2930-2830	45.3%			
							2820-2630	49.6%			
	2지점	19호 야외노지		목탄		3590±50	2130-2080	5.0%	1950	1950	
							2050-1770	90.4%			
		24호 야외노지		목탄		3540±50	2030-1740	95.4%	1870	1880	
		28호 야외노지		목탄		3150±50	1520-1280	95.4%	1410	1420	
		47호 야외노지		목탄		3770±50	2400-2380	0.7%	2190	2190	
							2350-2030	94.7%			
	6지점	3호 주거지	SNU02-464	목탄		4380±50	3330-3230	7.2%	3030	3000	
							3180-3160	0.5%			
							3120-2890	87.7%			
		7호 주거지		목탄		3480±50	1940-1680	95.4%	1800	1810	
		10호 주거지		목탄		4430±60	3340-2910	95.4%	3120	3090	

유적명	유구	측정기관 번호	시료 종류	δ13C (‰)	14C연대 (B.P.)	교정연대(calBC) (2σ, IntCal 13)	평균연대 (cal BC)	중심연대 (cal BC)	참고문헌
용유도 을왕리II	5호 노지	SNU02-462	목탄	-28	3810±40	2460-2130 95.4%	2260	2250	서울대 박물관 2007: 235-238
	NS-II트렌치	SNU02-463	패각	0.3	4010±60	2560-2160 95.4%	2360	2360	
	NS-IV트렌치	SNU02-464	패각	-0.2	4080±60	2680-2260 95.4%	2470	2460	
용유도 을왕리 IIIA	A-1호 주거지	SNU04-789	목탄	-26	4510±90	3500-3430 4.9% 3380-2920 90.5%	3200	3200	중앙문화재 연구원 2006: 235-238
	A-3호 주거지	SNU04-790	목탄	-26.6	4220±70	3010-2980 1.3% 2940-2570 94.1%	2790	2790	
김포 구래리	2-1(J)9호 주거지	SNU10-550	목탄	-18.46	4020±50	2860-2810 4.6% 2750-2720 1.0% 2700-2450 89.5% 2420-2400 0.3%	2560	2550	고려 문화재 연구원 2013 (본문): 527-556
	2-1(F)4호 주거지	SNU11-196	목탄	-20.23	4530±50	3490-3470 0.5% 3380-3080 93.3% 3060-3030 1.6%	3230	3220	
	2-1(F)5호 주거지	SNU11-197	목탄	-23.17	4550±50	3500-3460 4.3% 3380-3090 91.1%	3240	3220	
용유도 남북동	3호 노지	-	목탄	-	3500±40	1940-1730 92.2% 1710-1690 3.2%	1820	1820	서울대 박물관 2007: 12-13
	9호 노지	-	목탄	-	3840±40	2470-2190 94.7% 2160-2150 0.7%	2310	2300	
	32-1호 노지	-	목탄	-	4440±50	3340-3150 40.9% 3140-2920 54.5%	3130	3110	
	32호 노지	-	목탄	-	4450±50	3340-3000 87.0% 2990-2930 8.4%	3150	3150	
	50호 노지	-	목탄	-	4650±40	3630-3660 2.0% 3530-3350 93.4%	3450	3450	

유적명	유구	측정기관 번호	시료 종류	δ13C (‰)	14C연대 (B.P.)	교정연대(calBC) (2σ, IntCal 13)		평균연대 (cal BC)	중심연대 (cal BC)	참고문헌
용유도 남북동	50호 연접노지	-	목탄	-	4700±60	3640-3360	95.4%	3490	3480	서경 문화재 연구원
	52호 노지	-	목탄	-	4620±60	3630-3580 3540-3310 3300-3260 3240-3100	4.3% 75.2% 1.0% 14.9%	3400	3420	
	4호 노지 1	KCL15-078	목탄	-37.48	3910±60	2570-2510 2500-2200	6.7% 88.7%	2390	2390	
	4호 노지 3	KCL15-080	목탄	-22.5	3990±50	2840-2810 2660-2650 2640-2340	0.9% 0.3% 94.2%	2520	2520	
	4호 폐총 1	kcl15-086	목탄	-17.99	3590±50	2130-2080 2050-1770	5.0% 90.4%	1950	1950	
	4호 폐총 2	KCL15-087	목탄	-25.57	3670±50	2200-1920	95.4%	2060	2050	
	55호 노지2	KCL15-082	목탄	-22.54	4180±50	2900-2620	95.4%	2760	2760	
	56호 노지1	KCL15-079	목탄	-23.14	4240±50	3010-2990 2930-2830 2820-2630	0.6% 45.3% 49.6%	2820	2810	
	56호 노지2	KCL15-081	목탄	-23.9	4200±50	2910-2630	95.4%	2780	2780	
	59호 노지1	KCL15-083	목탄	-21.83	4220±50	2920-2830 2820-2630	34.3% 61.1%	2790	2790	
	59호 노지2	KCL15-084	목탄	-22.09	4240±50	3010-2990 2930-2830 2820-2630	0.6% 45.3% 49.6%	2820	2810	
	62호 노지	KCL15-085	목탄	-25.45	3790±50	2460-2370 2360-2110 2100-2030	6.2% 81.6% 7.6%	2230	2230	

유적명	유구	측정기관 번호	시료 종류	δ13C (‰)	14C연대 (B.P.)	교정연대(calBC) (2σ, IntCal 13)		평균연대 (cal BC)	중심연대 (cal BC)	참고문헌
소연평도 패총	제2패층S26W50	KCP539	패각	-	4030±60	2590-2190	95.4%	2390	2390	국립문화재연구소 2002: 293-303
	제1패층제1패각	KCP540	패각	-	3980±60	2510-2120	95.4%	2510	2120	
소야도 패총	패층	KSU-442	패각		3750±40	2150-1850	95.4%	2000	2000	강형태 외 1993:41
시도패총	3지구	-	목탄	-	3040±60	1440-1110	95.4%	1290	1290	강형태 외 1993:41
	석층	-	목탄	-	3100±60	1500-1210	95.4%	1350	1350	
	석층	-	목탄	-	3040±60	1440-1120	95.4%	1290	1290	
		-	목탄	-	2870±60	1230-900	95.4%	1050	1050	
모이도	Gpit1호 주거지	KCP592	패각	-	2790±60	980-650	95.4%	810	800	국립문화재연구소 2003: 215-217
죽지리 별망패총	야외노지		목탄		10548±64	10750-10420	92.3%	10560	10570	서울대학교 1978: VII-41
						10390-10350	0.9%			
						10330-10280	2.1%			
			목탄		10440±95	10670-10060	95.4%	10370	10370	

3. 중서부(충청 내륙) 지역 14C연대와 교정연대

유적명	유구	측정기관 번호	시료 종류	δ13C (‰)	14C연대 (B.P.)	교정연대(calBC) (2σ, IntCal 13)	평균연대 (calBC)	중심연대 (calBC)	참고문헌
충주 조동리	포함층	-	목탄1		4580±175	3700-2890 95.4%	3290	3290	충북대박물관 2001: 457 2002: 128-131
	포함층	-	목탄2		5295±545	5470-5440 0.2% / 5430-5400 0.1% / 5390-2900 95.1%	4150	4150	
		-	목탄3		5540±40	4460-4330 95.4%	4390	4390	
		-	목탄4		5150±270	4560-3360 95.4%	3970	3970	
	51호 야외노지	-	목탄5		6200±40	5300-5040 95.4%	5150	5140	
		-	목탄6		6140±40	5220-4980 95.4%	5100	5100	
대전 상서동	고상구조물주공1	BETA125031	목탄1	-	4570±40	3500-3460 9.2% / 3380-3260 40.6% / 3250-3100 45.5%	3280	3290	충남대박물관 2006: 175
	고상구조물주공2	BETA125032	목탄2	-					
아산장재리 안강골	2호 주거지	KR06-059	목탄1	-28.9	4550±50	3500-3460 4.3% / 3380-3090 91.1%	3240	3220	충청문화재 연구원 2008: 351-360
	4호 주거지	KR06-100	목탄2	-25.1	4500±80	3490-3470 1.2% / 3380-2920 94.2%	3190	3200	
아산배방읍 갈매리	KC-002 주거지	SNU08-452	목탄1	-25.28	4470±60	3360-3000 90.1% / 2990-2930 5.3%	3170	3180	한국고고환경 연구소 2010: 64-68
	KC-003 주거지	SNU08-453	목탄2	-25.95	4610±80	3640-3560 6.1% / 3540-3090 89.3%	3360	3370	
음성 금석리	주거지(내곽)	SNU06-623	목탄1	-30.34	4510±50	3370-3080 91.5% / 3070-3020 3.9%	3210	3210	충원문화재 연구원 2008: 73-78
	주거지(외곽)	SNU06-624	목탄2	-27.31	4300±60	3100-2850 86.8% / 2820-2740 6.8% / 2730-2690 1.8%	2940	2930	
청주 봉명동	4지구 1호 주거지	GX-27001	목탄	-	4490±100	3500-3430 4.0% / 3380-2900 91.4%	3190	3190	충북대박물관 2004:343-350

유적명	유구	측정기관 번호	시료 종류	δ13C (‰)	14C연대 (B.P.)	교정연대(calBC) (2σ, IntCal 13)		평균연대 (calBC)	중심연대 (calBC)	참고문헌
옥천 대천리	주거지	SNU-?	목탄1		4400±60	3340-3210 / 3190-3150 / 3140-2900	18.9% / 3.8% / 72.8%	3070	3050	한남대 중앙박물관 2003: 169
		SNU-?	목탄2		4240±110	3320-3230 / 3110-2550 / 2540-2490	2.1% / 91.3% / 2.0%	2830	2820	
		SNU-?	목탄3		4590±70	3630-3590 / 3530-3090	1.8% / 93.6%	3320	3340	
		SNU-?	목탄4		4490±40	3360-3080 / 3070-3020	90.5% / 4.9%	3210	3210	
		SNU-?	보리5		4380±60	3330-3210 / 3180-3150 / 3130-2890	12.8% / 1.7% / 80.9%	3040	3020	
		SNU-?	밀6		4590±80	3630-3580 / 3530-3080 / 3060-3030	3.0% / 90.8% / 1.6%	3320	3330	한창균 외 2014: 48
대전 관평동	II지구 1호 주거지	SNU-?	목탄	-	4490±70	3370-3000 / 2990-2930	90.5% / 4.9%	3190	3190	중앙문화재 연구원 2002: 316-322
대전 노은동	A-2지구 1호 수혈바닥	GX-?	목탄	-	4430±60	3340-2910	95.4%	3120	3090	한남대박물관
공주 신관동 관골	주거지	OWd080217	목탄1	-26.2	4500±50	3370-3080 / 3070-3020	89.5% / 5.9%	3210	3210	충청남도 역사문화연구원 2009: 329-342
		OWd080218	목탄2	-27	4480±50	3360-3010	95.4%	3190	3200	

유적명	유구	측정기관 번호	시료 종류	δ13C (‰)	14C연대 (B.P.)	교정연대(calBC) (2σ, IntCal 13)	평균연대 (calBC)	중심연대 (calBC)	참고문헌
		OWd080219	목탄3	-25.3	4510±50	3370-3080 91.5% 3070-3020 3.9%	3210	3210	
		OWd080220	목탄4	-25.4	4530±50	3490-3470 0.5% 3370-3080 93.3% 3060-3030 1.6%	3230	3220	
		OWd080221	목탄5	-26.1	4500±50	3370-3080 89.5% 3070-3020 5.9%	3210	3210	
		OWd080222	목탄6	-27.3	4580±50	3510-3420 20.6% 3390-3260 36.2% 3250-3090 38.7%	3300	3330	
		OWd080223	목탄7	-27.2	4450±50	3340-3000 87.0% 2990-2930 8.4%	3150	3150	
		OWd080224	목탄8	-27					
		OWd080225	목탄9	-28.2	4440±50	3340-3150 40.9% 3140-2920 54.5%	3130	3110	
		OWd080226	목탄10	-26.9	4420±50	3340-3210 23.5% 3190-3150 4.6% 3130-2910 67.4%	3100	3070	
		OWd080227	목탄11	-27.1	4480±50	3360-3010 95.4%	3190	3200	
		OWd080228	목탄12	-26.5	4590±50	3520-3260 65.1% 3250-3100 30.3%	3330	3350	
		OWd080229	목탄13	-27.6	4520±50	3370-3080 92.9% 3060-3030 2.5%	3220	3210	
공주 장원리	유물포함층	GX-26982	목탄	-26.3	4880±220	4230-4190 1.0% 4180-3090 94.4%	3660	3670	충청문화재 연구원2001:212
청양 학암리	주거지	AA1970	목탄1	-	4415±54	3340-3210 22.4% 3190-3150 4.5% 3140-2910 68.5%	3090	3060	공주대박물관 2002: 305~309

유적명	유구	측정기관 번호	시료 종류	δ13C (%)	14C연대 (B.P.)	교정연대(calBC) (2σ, IntCal 13)		평균연대 (calBC)	중심연대 (calBC)	참고문헌
제천 신월리	Ⅲ지구 주거지	AA1972	목탄2	-	4409±47	3330-3210 / 3180-3150 / 3130-2910	17.1% / 2.2% / 76.1%	3070	3040	한국문화재보호재단 2003: 267-268
익산 신룡리	1호 주거지	SNU02-074	목탄	-25.5	3670±50	2200-1920	95.4%	2060	2050	마한백제문화연구소 2014: 343-348
		PLD-24320	목탄1	-28.21	4475±20	3340-3210 / 3200-3150 / 3140-3080 / 3060-3030	60.8% / 13.5% / 18.0% / 3.0%	3220	3240	
		PLD-24321	목탄2	-30.36	4395±20	3090-2920	95.4%	3000	3000	
예산 효림리	I-1지점 주거지	SNU12-536	목탄	-27.29	4390±50	3330-3230 / 3180-3160 / 3120-2900	10.4% / 1.0% / 84.1%	3040	3020	중앙문화재연구원 2014: 556-558
		SNU12-537	목탄	-28.78	4330±50	3100-2880	95.4%	2970	2960	
청원 영하리	주거지	Owd090719	목탄	-26.4	4420±50	3340-3210 / 3190-3150 / 3130-2910	23.5% / 4.6% / 67.4%	3100	3070	한국선사문화연구원 2011: 121-124
		Owd090720	목탄	-26.5	4020±50	2860-2810 / 2750-2720 / 2700-2450 / 2420-2400	4.6% / 1.0% / 89.5% / 0.3%	2560	2550	
		Owd090721	목탄	-28.1	4200±50	2910-2630	95.4%	2780	2780	
		Owd090722	목탄	-28.2	4360±50	3310-3300 / 3270-3240 / 3110-2880	0.1% / 1.9% / 93.4%	3000	2990	

4. 중서부(충청 해안 및 도서) 지역 14C연대와 교정연대

유적명	유구	측정기관 번호	시료 종류	δ13C (‰)	14C연대 (B.P.)	교정연대(calBC) (2σ, IntCal 13)		평균연대 (calBC)	중심연대 (calBC)	참고문헌
군산 가도 패총	S4W46패총	Beta-92371	목탄	-29.7	4060±60	2870-2800	13.6%	2640	2610	중남대박물관 2001: 496-503
						2780-2460	81.8%			
	남서Tr.26패총	Beta-92372	목탄	-26.7	4830±50	3710-3510	94.6%	3600	3600	
						3400-3380	0.8%			
	S5W5점토층	Beta-92373	목탄	-29.3	4160±60	2890-2580	95.4%	2740	2740	
	남서Tr.2점토층	Beta-92374	목탄	-26	5460±60	4460-4220	90.5%	4300	4310	
						4210-4160	3.6%			
						4130-4120	0.4%			
						4100-4070	0.9%			
군산 노래섬 패총	S6-S7W26층	KCP 115	패각	-	3840±70	2360-1900	95.4%	2130	2130	원광대박물관 2002(I): 369-371
	S6-S7W37층	KCP 116	패각	-	4640±70	3450-2980	95.4%	3210	3220	
	S1W48층	KCP 117	패각	-	3160±60	1430-1070	95.4%	1260	1260	
	S5-S6W28층	KCP 150	패각	-	3830±70	2340-1890	95.4%	2110	2110	
	C2피트III층 (가지구)	KCP 128	패각	-	5180±70	3990-3630	95.4%	3820	3820	
	C4-III층	KCP 237	패각	-	4541±60	3290-2890	95.4%	3090	3090	
	B4-II,C4-I사이두III층	KCP 238	패각	-	5046±63	3860-3520	95.4%	3680	3680	
	C2-II,C3-I 사이두III층	KCP 239	패각	-	4090±58	2680-2280	95.4%	2480	2480	
		KCP 240	패각	-	4976±64	3780-3440	95.4%	3600	3600	
	A패총 (마지구)	SNU00-244	패각	-	4380±40	3010-2720	95.4%	2860	2860	
	A패총	NUTA2-1993	패각	-	4245±25	2830-2570	95.4%	2700	2700	
	B패총	SNU00-245	패각	-	3930±40	2410-2110	95.4%	2260	2260	
	B패총	NUTA2-1994	패각	-	3895±25	2340-2080	95.4%	2210	2210	
군산 띠섬 패총	II지구N1W1IV층	KCP 111	패각	-	4280±60	2890-2540	95.4%	2730	2730	원광대박물관 2001: 153

유적명	유구	측정기관 번호	시료 종류	δ13C (‰)	14C연대 (B.P.)	교정연대(calBC) (2σ, IntCal 13)	평균연대 (calBC)	중심연대 (calBC)	참고문헌
서천 장암 패총	1호 야영지	BETA-85257	목탄	-26.6	5000±60	3950-3660 95.4%	3800	3790	충남대박물관 2008: 79-83
	2호 야영지	BETA-85258	목탄	-28.5	4810±80	3770-3490 79.6% 3470-3370 15.8%	3580	3580	
	C1-D1사이패각층	BETA-85259	패각	-1.3	4560±80	3340-2870 95.4%	3110	3110	
	C3-D3사이혼패층	BETA-85260	패각	-1.1	4200±80	2850-2410 95.4%	2630	2630	
보령 관산리	수혈		목탄	-	4810±80	3770-3490 79.6% 3470-3370 15.8%	3580	3580	구자진 2011: 236
			목탄	-	4770±60	3660-3490 74.2% 3470-3370 21.2%	3540	3560	
			목탄	-	4740±70	3650-3370 95.4%	3520	3530	
			목탄	-	4710±80	3660-3340 95.4%	3490	3500	
			목탄	-	4210±130	3330-3230 2.7% 3180-3160 0.3% 3120-2460 92.4%	2800	2790	
아산 성내리	2호 주거지노지	SNU06-1133	목탄	-23.38	4640±50	3630-3580 5.3% 3540-3330 88.7% 3210-3190 0.9% 3150-3140 0.5%	3440	3450	충청남도역사문화연구원 2007: 204-206
	4호 주거지	SNU06-1136	목탄	-29.38	4660±60	3640-3340 95.4%	3460	3460	
보령 관창리	2호 주거지		목탄	-	4690±90	3660-3320 90.0% 3240-3110 5.5%	3470	3470	구자진 2011: 236
			목탄	-	4450±70	3350-2920 95.4%	3140	3140	
			목탄	-	4420±70	3340-2900 95.4%	3110	3090	
	47호 주거지		목탄	-	4360±50	3310-3300 0.1% 3270-3240 1.9% 3110-2880 93.4%	3000	2990	
			목탄	-	4620±90	3640-3090 95.4%	3370	3390	
			목탄	-	4140±110	3020-2450 95.4%	2710	2710	

유적명	유구	측정기관번호	시료종류	δ13C (‰)	14C연대 (B.P.)	교정연대(calBC) (2σ, IntCal 13)	평균연대 (calBC)	중심연대 (calBC)	참고문헌
당진 석우리·소소리	II-1A주거지	OWd090583	목탄	-30.1	4600±70	3630-3590 2.5% / 3530-3090 92.9%	3340	3360	충청남도 역사문화연구원 2011: 204-206
	II-1A6호 수혈유구	OWd090584	목탄	-20.2	4340±50	3100-2880 95.4%	2980	2970	
홍성 송월리	주거지	KR06-008	목탄	-27.15	4360±40	3090-2900 95.4%	2990	2980	충청문화재연구원 2007: 177-185
		KR06-007	목탄	-28.09	4580±50	3510-3420 20.6% / 3390-3260 36.2% / 3250-3090 38.7%	3300	3330	
서산 왕정리II	1호 주거지	SNU10-R033	목탄	-31.45	4520±60	3490-3470 1.2% / 3380-3020 94.2%	3220	3210	중앙문화재연구원2012:336
홍성 상정리	1호 주거지	Beta-188909	목탄	-28	4440±110	3500-3460 1.7% / 3380-2880 93.7%	3140	3130	충청문화재연구원 2005: 109-115
		Beta-188912	목탄	28.4	4390±40	3310-3230 4.0% / 3110-2900 91.3%	3020	3000	
		Beta-188910	목탄	25.9	4260±40	3010-2980 2.0% / 2940-2850 71.9% / 2820-2740 17.7% / 2730-2690 3.8%	2870	2890	
서산 대죽리 패총	패총	GX-?(I)	목탄		4530±60	3500-3460 2.3% / 3380-3020 93.1%	3230	3220	충청매장문화재연구원 2000: 167-190
		GX-?(II)	목탄		5150±150	4330-4290 1.9% / 4270-3650 93.5%	3970	3960	
		GX-?(III)	목탄		3960±170	2910-2010 95.1% / 2000-1980 0.3%	2470	2470	
	패총3층	KCP527	패각		4170±60	2800-2410 95.4%	2590	2590	한서대박물관 2001:139-143
	패총5층	KCP530	패각		4140±60	2770-2360 95.4%	2550	2550	

유적명	유구	측정기관 번호	시료 종류	δ13C (‰)	14C연대 (B.P.)	교정연대(calBC) (2σ, IntCal 13)		평균연대 (calBC)	중심연대 (calBC)	참고문헌
서산 대죽리 패총	1패총A구역	KR08-219	목탄	-23.86	4480±60	3370-3000	92.0%	3180	3190	백제문화제 연구원 2010: 49-58
						2990-2930	3.4%			
		KR08-220	목탄	-24.51	4460±60	3350-3000	87.8%	3160	3160	
						2990-2930	7.6%			
보령 송학리 패총	1패총 II층7	SNU12-197	목탄	-26.51	4240±40	2920-2840	53.2%	2830	2870	한강문화재 연구원 2014: 194-201
						2820-2670	42.2%			
	V층8	SNU12-198	목탄	-28.57	4120±50	2880-2570	94.8%	2710	2710	
						2520-2500	0.6%			
	VII층5	SNU12-200	목탄	-29.79	4340±60	3330-3230	4.3%	2990	2980	
						3180-3160	0.3%			
						3120-2870	90.9%			
	X층2	SNU12-201	목탄	-24.42	4540±40	3370-3090	95.4%	3230	3210	
	3패총 I(1층)6	SNU12-202	목탄	-27.51	4290±40	3030-2870	93.7%	2920	2910	
						2810-2770	1.7%			
	I(2층)4	SNU12-203	목탄	-28.58	4340±50	3100-2880	95.4%	2980	2970	
	VII층3	SNU12-204	목탄	-26.19	4470±40	3350-3020	95.4%	3190	3200	
	IX층1	SNU12-205	목탄	-29.53	4940±50	3920-3870	4.3%	3730	3720	
						3810-3630	91.1%			
신유도 패총	패총	AERIK	목탄	-	4810±40	3700-3680	0.5%	3580	3570	김원용 1971:12
						3670-3510	94.9%			
안면 고남리 패총	B-1(12층)	-	패각	-	4150±250	3280-1890	95.4%	2560	2560	한양대박물관 1993: 195-199
	B-2(6층)	-	패각	-	3200±200	1810-800	95.4%	1810	800	
	B-3	-	패각	-	3130±60	1400-1040	95.4%	1220	1220	
	A-2(5층)	-	패각	-	3150±200	1740-760	95.4%	1250	1240	

유적명	유구	측정기관 번호	시료 종류	δ13C (‰)	14C연대 (B.P.)	교정연대(calBC) (2σ, IntCal 13)		평균연대 (calBC)	중심연대 (calBC)	참고문헌
태안 달산리	수혈유구	PLD-22359	목탄	-27.01	5900±25	4840-4710	95.4%	4770	4770	가경고고학연구소2012: 275-277
	주거지	PLD-22360	목탄	-27.5	7010±30	5990-5810	95.4%	5910	5910	
군산 내흥동 III	원형수혈유구	GX-29418	토양	-27.6	5340±110	4450-4420	0.7%	4170	4170	충청문화재연구원 2006(II): 109-115
						4380-3950	94.7%			
		GX-29418	토양	-28.1	5210±80	4260-3900	86.6%	4050	4030	
						3880-3800	8.8%			
		SNU03-894	나무	-31.92	4960±40	3910-3870	4.6%	3740	3740	
						3810-3650	90.8%			
		SNU03-899	목탄	-33.3	3880±60	2560-2530	1.5%	2350	2360	
						2500-2190	92.5%			
						2170-2140	1.4%			
예산 목리 신리 (3-4)	1호 주거지	KR12-146	목탄	-21.6	4710±40	3640-3550	27.7%	3490	3490	충청문화재연구원 2014(5권): 139-174
						3540-3370	67.6%			
		KR12-147	목탄	-24.5	4810±40	3700-3680	0.5%	3580	3570	
						3670-3510	94.9%			
		KR12-148	목탄	-25.7	4860±40	3720-3620	79.3%	3650	3650	
						3590-3520	16.1%			
		KR12-149	목탄	-26.8	4700±40	3640-3560	21.1%	3480	3460	
						3540-3370	74.3%			

5. 중도부(영동) 지역 14C연대와 교정연대

유적명	유구	측정기관 번호	시료 종류	δ13C (%)	14C 연대 (BP)	교정연대(calBC) (2σ, IntCal 13)		평균연대 (calBC)	중심연대 (calBC)	참고문헌
양양 오산리 (A, B지구) [A지구]	상층	KSU	목탄	–	3260±180	2020-1050	95.4%	1550	1550	최성락 1982:91
	V-①	KSU-492	목탄	–	6910±700	7560-4440	95.4%	5950	5890	서울대박물관 1984: 63
	V-①	KSU-494	목탄	–	6580±1000	8280-3510 3430-3380	95.2% 0.2%	5720	5620	
	V-②	KSU-619	목탄	–	5900±210	5300-4350	95.4%	4810	4800	
	V-③	KSU-620	목탄	–	5570±210	4910-3960	94.5%	4430	4430	
	V-⑦	KSU-616	목탄	–	5950±50	4960-4710	95.4%	4830	4830	
	Ⅵ	KSU-615	목탄	–	5890±30	4840-4700	95.4%	4760	4760	
	주거지(6차조사)	–	목탄	–	11650±50	11640-11430	95.4%	11530	11530	
[B지구]	옹기문토기층	KSU-515	목탄	–	6840±120	5990-5550	95.4%	5750	5750	서울대박물관 1988: 56-57
	B-2호 주거지	–	목탄	–	4230±50	2930-2830 2820-2630	39.4% 56.1%	2810	2800	
	B-3호 적석유구	–	목탄	–	5520±120	4660-4640 4620-4040	0.4% 95.0%	4360	4370	
양양 오산리 (C지구)	1호 주거지(노지)	PLD-10576	목탄	-25.6	6750±30	5720-5620	95.4%	5660	5660	예맥문화재 연구원 2010a: 590-601
	2호 주거지	PLD-7797	목탄	-28.12	6600±25	5620-5480	95.4%	5550	5540	
	3호 주거지	PLD-7793	목탄	-25.78	5750±25	4690-4530	95.4%	4600	4600	
	4호 주거지	PLD-7794	목탄	-25.75	5760±25	4690-4540	95.4%	4610	4610	
	5호 주거지	PLD-7795	목탄	-24.76	5770±25	4770-4540	95.4%	4620	4630	
	6호 주거지	PLD-7796	목탄	-24.69	5850±25	4800-4670 4640-4610	92.6% 2.8%	4720	4720	
	7호 주거지	PLD-7645	목탄	-28.17	4735±25	3640-3550 3540-3500 3430-3370	52.6% 20.2% 22.5%	3530	3560	

유적명	유구		측정기관 번호	시료 종류	δ13C (‰)	14C 연대 (BP)	교정연대(calBC) (2σ, IntCal 13)		평균연대 (calBC)	중심연대 (calBC)	참고문헌
			PLD-7646	목탄	-27.87	5805±35	4770-4750	1.2%	4650	4660	
							4730-4540	94.2%			
	1호 야외노지		PLD-10571	목탄	-26.92	4765±25	3640-3510	95.4%	3570	3570	
	2호 야외노지		PLD-10572	목탄	-23	5335±25	4260-4050	95.4%	4160	4160	
	3호 주거지 (요산리식토기)		PLD-7799	토기	-26.03	6150±25	5210-5010	95.4%	5120	5120	
	북쪽구릉 점토층 상면		PLD-7798	목탄	-27.36	5835±25	4700-4710	95.4%	4700	4710	
	황갈색점토층 상면		PLD-10573	목탄	-26.34	6725±30	5710-5610	90.4%	5640	5640	
							5590-5560	5.0%			
			PLD-10575	목탄	-26.98	6720±30	5710-5610	86.6%	5640	5640	
							5590-5560	8.8%			
	흑갈색사질토층		PLD-10577	목탄	-24.35	6005±30	4990-4800	95.4%	4890	4890	
	황갈색점토층 상면		PLD-10653	목탄	-26.06	7005±30	5990-5810	95.4%	5900	5900	
			PLD-10654	목탄	-24.16	6935±30	5890-5730	95.4%	5810	5810	
양양 지경리	4호 주거지		Beta-120738	목탄	-25	4590±70	3630-3590	1.8%	3320	3340	강릉대박물관 2002: 191~194
							3530-3090	93.6%			
	6호 주거지		Beta-120739	목탄	-25	4420±60	3340-3150	32.1%	3100	3080	
							3140-2910	63.3%			
	7호 주거지		Beta-120740	목탄	-25	4600±80	3640-3560	4.7%	3340	3360	
							3540-3080	90.3%			
							3050-3030	0.4%			
양양 송전리	1호 주거지	1	PLD-7647	목탄	-28.54	4465±25	3340-3210	53.8%	3200	3230	예맥문화재 연구원 2008: 213~217
							3200-3150	11.0%			
							3140-3080	19.0%			
							3070-3020	11.6%			
							3620-3600	0.8%			
		2	KR06-129	목탄	-25.25	4600±60	3530-3260	68.4%	3350	3370	
							3250-3100	26.2%			

유적명	유구		측정기관 번호	시료 종류	δ13C (‰)	14C 연대 (BP)	교정연대(calBC) (2σ, IntCal 13)		평균연대 (calBC)	중심연대 (calBC)	참고문헌
양양 가평리	2호 주거지	1	PLD-7648	도토리	-26.17	4625±30	3520-3420	70.1%	3440	3460	
							3390-3350	25.3%			
	2호 주거지	2	KR06-130	도토리	-24.78	4660±60	3640-3340	95.4%	3460	3460	
	1호 주거지서남편		KCP-145	목탄	-	4570±60	3520-3090	95.4%	3280	3280	
	1호 주거지		KCP-151	목탄	-	4390±60	3340-3210	15.8%	3060	3030	국립문화재연구소 1999: 168-174
							3190-3150	2.9%			
							3130-2890	76.8%			
	북쪽 야외노지		KCP-146	목탄	-	3630±60	2200-2160	2.4%	2000	2000	
							2150-1870	90.8%			
							1850-1820	1.4%			
							1800-0.9%	0.9%			
	신석기 가 제IV층		KCP-144	목탄	-	4240±60	3020-2620	95.3%	2810	2810	
고성 문암리	1호 주거지		SNU12-R009	목탄	-18.27	4120±40	2880-2570	95.4%	2720	2710	국립문화재연구소 2013: 268-269, 2014: 392-410
	2호 주거지		SNU12-R008	목탄	-20.51	3780±50	2440-2420	0.6%	2210	2210	
							2410-2380	1.8%			
							2350-2030	93.0%			
			SNU12-R201	목탄	-23.7	4480±40	3350-3080	87.3%	3200	3210	
							3070-3020	8.1%			
	3호 주거지		SNU12-R010	목탄	-17.83	4450±40	3340-3000	89.7%	3150	3150	
							2990-2930	5.7%			
			SNU12-R202	목탄	-23.7	4480±50	3360-3010	95.4%	3190	3200	
	3호 주거지 주변 (갈색사질토)		SNU12-R013	목탄	-28.16	4840±60	3770-3510	93.5%	3610	3630	
							3430-3380	1.9%			
	4호 주거지		SNU12-R203	목탄	-23.7	4600±50	3520-3310	71.3%	3360	3370	
							3300-3260	1.5%			
							3240-3100	22.7%			

유적명	유구	측정기관 번호	시료 종류	δ13C (‰)	14C 연대 (BP)	교정연대(calBC) (2σ, IntCal 13)		평균연대 (calBC)	중심연대 (calBC)	참고문헌
	7호 주거지	Beta-284063	목탄	-25.4	4690±40	3630-3580	14.6%	3470	3460	
						3540-3360	80.8%			
		Beta-288909	목탄	-26.5	4660±40	3630-3600	4.1%	3460	3450	
						3530-3360	91.3%			
	1호 야외노지	Beta-288910	목탄	-25.9	5780±40	4730-4530	95.4%	4630	4630	
	2호 야외노지	Beta-288911	목탄	-23.7	5710±40	4690-4450	95.4%	4560	4550	
	3호 야외노지	SNU12-R003	목탄	-17.43	5970±50	4990-4720	95.4%	4860	4860	
	4호 야외노지	SNU12-R011	목탄	-16.91	4530±50	3490-3470	0.5%	3230	3220	
						3380-3080	93.3%			
						3060-3030	1.6%			
	5,6호 야외노지	SNU12-R004	목탄	-21.98	4520±50	3370-3080	92.9%	3220	3210	
						3060-3030	2.5%			
	7호 야외노지	SNU12-R005	목탄	-14.39	4540±50	3500-3460	2.1%	3230	3220	
						3380-3090	93.3%			
	8호 야외노지	SNU12-R006	목탄	-21.46	4460±50	3350-3000	90.7%	3170	3170	
						2990-2930	4.7%			
	7,8호 야외노지	SNU12-R199	목탄	-23.7	4460±50	3350-3000	90.7%	3170	3170	
						2990-2930	4.7%			
		SNU12-R001	목탄	-21.46	5220±50	4230-4190	7.2%	4050	4030	
						4180-3950	88.2%			
	10호 야외노지	SNU12-R200	목탄	-23.7	5170±50	4230-4200	0.9%	3980	3980	
						4160-4130	1.8%			
						4070-3900	77.5%			
						3880-3800	15.2%			
	12호 야외노지	SNU12-R197	목탄	-28.99	4440±50	3340-3150	40.9%	3130	3110	
						3140-2920	54.5%			

유적명	유구	측정기관번호	시료종류	δ13C (%)	14C 연대(BP)	교정연대(calBC) (2σ, IntCal 13)		평균연대 (calBC)	중심연대 (calBC)	참고문헌
	축정아외노지 (11년)	SNU12-R002	목탄	-18.62	4270±60	3090-3060	1.4%	2870	2890	
						3030-2830	65.9%			
						2820-2660	28.1%			
	중기 유물층	SNU12-R014	목탄	-25.91	5120±50	4040-4010	2.9%	3900	3900	
						4000-3790	92.5%			
	전기 유물층	SNU12-R007	목탄	-15.29	6240±50	5320-5050	95.4%	5200	5220	
	하층밭(MAR-D-350)	SNU12-R113	토양	-26.05	3980±50	2630-2300	95.4%	2500	2500	
	하층밭(MAR-D-360)	SNU12-R114	토양	-28.79	4130±50	2880-2570	95.4%	2720	2720	
	하층밭(MAR-D-370)	SNU12-R115	토양	-25.39	4260±50	3020-2840	64.3%	2860	2880	
						2820-2670	31.1%			
	02-3호 주거지	SNU12-R193	목탄	-33.18	6200±50	5310-5020	95.4%	5150	5150	
	02-6호 주거지	SNU12-R194	목탄	-32.74	5920±70	4990-4610	95.4%	4800	4800	
	02-7호 주거지	SNU12-R195	목탄	-35.68	6030±50	5060-4790	95.4%	4930	4930	
	02-7호 주거지	TKa-13909	목탄	-22.9	6595±40	5620-5480	95.4%	5550	5540	國木田大+吉田邦夫2007:431-438
고성 철통리	1호 주거지	SNU07-133	목탄	-29.09	4400±50	3330-3210	14.7%	3060	3030	예맥문화재연구원 2009: 249-262
						3180-3150	1.7%			
						3130-2900	79.1%			
		PLD-7636	목탄	-29.29	4240±30	2920-2860	68.3%	2850	2880	
						2810-2750	24.0%			
						2720-2700	3.1%			
	2호 주거지	SNU07-135	목탄	-27.35	4380±60	3330-3210	12.8%	3040	3020	
						3180-3150	1.7%			
						3130-2890	80.9%			
	3호 주거지	PLD-7638	목탄	-26.34	4285±25	2930-2880	95.4%	2900	2900	
		SNU07-136	목탄	-30.7	4210±60	2920-2610	95.4%	2780	2780	
		PLD-7639	목탄	-27.89	4260±25	2920-2870	95.4%	2890	2890	

유적명	유구	측정기관 번호	시료 종류	δ13C (‰)	14C 연대 (BP)	교정연대(calBC) (2σ, IntCal 13)		평균연대 (calBC)	중심연대 (calBC)	참고문헌
	4호 주거지	SNU07-137	목탄	-27.61	4290±60	3100-2850 / 2820-2740 / 2730-2690	82.0% / 10.3% / 3.1%	2920	2910	강원문화재연구소2005:277
	4호 주거지	PLD-7640	목탄	-26.52	4230±30	2910-2850 / 2820-2750 / 2730-2700	54.8% / 34.3% / 6.3%	2830	2870	
강릉초당동 (247번지)	4호 주거지	SNU04-950	목탄	-34.2	4720±60	3640-3370	95.4%	3500	3510	
강릉 금진리 II	야외노지	SNU07-122	목탄	-32.33	3940±60	2590-2270 / 2260-2200	92.5% / 2.9%	2430	2430	예맥문화재 연구원 2008: 243-257
	야외노지	PLD-7625	목탄	-25.93	4065±25	2840-2810 / 2680-2550 / 2540-2490	8.3% / 68.3% / 18.8%	2610	2600	
	3호 야외노지	PLD-17371	목탄	-25.05	3790±15	2290-2190 / 2180-2140	77.0% / 18.4%	2220	2230	
	5호 야외노지	PLD-17372	목탄	-27.33	4150±25	2880-2630	95.4%	2750	2750	
	8호 야외노지	PLD-17373	목탄	-26.12	3540±25	1950-1770	95.4%	1870	1880	
	17호 야외노지	PLD-17374	목탄	-27.6	3715±25	2200-2030	95.4%	2100	2090	예맥문화재 연구원 2011: 257-263
강릉 안현동	21호 야외노지	PLD-17375	목탄	-26.02	3485±20	1890-1740	95.4%	1810	1810	
	29호 야외노지	PLD-17376	목탄	-26.12	3855±25	2460-2270 / 2260-2200	82.4% / 13.0%	2330	2330	
	34호 야외노지	PLD-17377	목탄	-26.67	3270±20	1620-1500	95.4%	1550	1550	
	50호 야외노지	PLD-17378	목탄	-23.44	3425±20	1870-1850 / 1780-1660	2.0% / 93.4%	1730	1720	
	53호 야외노지	PLD-17379	목탄	-27.12	3475±20	1890-1740 / 1710-1700	93.3% / 2.1%	1810	1810	

유적명	유구	측정기관 번호	시료 종류	δ13C (%)	14C 연대 (BP)	교정연대(calBC) (2σ, IntCal 13)		평균연대 (calBC)	중심연대 (calBC)	참고문헌
삼척 종산동	1호 야외노지	SNU13-098	목탄	-26.47	4190±50	2900-2620	95.4%	2770	2770	예맥문화재연구원 2015: 255-257
	13호 야외노지	SNU13-100	목탄	-28.55	4120±50	2880-2570	94.8%	2710	2710	
						2520-2500	0.6%			
	14호 야외노지	SNU13-101	목탄	-27.01	4860±50	3770-3620	72.6%	3640	3650	
						3610-3520	22.8%			

6. 중동부(영서) 지역 14C연대와 교정연대

유적명	유구	측정기관 번호	시료 종류	δ13C (%)	14C연대 (B.P.)	교정연대(calBC) (2σ, IntCal 13)		평균연대 (calBC)	중심연대 (calBC)	참고문헌
영월 주천리 (1619번지)	1호 야외노지	SNU06-1138	목탄	-35.88	3860±60	2480-2140	95.4%	2330	2330	강원문화재연구소 2009: 157-159
	3호 야외노지	SNU06-1139	목탄	-30.96	3920±70	2580-2190	95.3%	2400	2400	
						2160-2150	0.1%			
	8호 야외노지	SNU06-1140	목탄	-27.5	4180±60	2900-2580	95.4%	2750	2760	
영월 주천리 (375번지)	1호 야외노지	OWd080018	목탄	-23.8	4330±40	3090-3060	3.4%	2960	2950	강원문화재연구소 2009: 221-224
						3030-2880	92.0%			
	2호 야외노지	OWd080019	목탄	-25.8	4380±50	3330-3230	7.2%	3030	3000	
						3180-3160	0.5%			
						3120-2890	87.7%			
	3호 야외노지	OWd080020	목탄	-22.7	4330±40	3090-3060	3.4%	2960	2950	
						3030-2880	92.0%			
	4호 야외노지	OWd080021	목탄	-25.5	4450±50	3340-3000	87.0%	3150	3150	
						2990-2930	8.4%			
	5호 야외노지	OWd080022	목탄	-24.3	4380±50	3330-3230	7.2%	3030	3000	
						3180-3160	0.5%			
						3120-2890	87.7%			

유적명	유구	측정기관 번호	시료 종류	δ13C (%)	14C연대 (B.P.)	교정연대(calBC) (2σ, IntCal 13)	평균연대 (calBC)	중심연대 (calBC)	참고문헌
	6호 야외노지	OWd080023	목탄	-26.1	4160±50	2890-2580 95.3%	2750	2750	
영월 주천리	그리드내 강자갈층	OWd080056	목탄	-25.6	4360±50	3310-3300 0.1% / 3270-3240 1.9% / 3110-2880 93.4%	3000	2990	예맥문화재 연구원 2010: 563-564
	1호 주거지	OWd090049	목탄	-24.3	4670±50	3640-3560 12.0% / 3540-3350 83.4%	3470	3460	
	2호 주거지	OWd090050	목탄	-24.5	4840±50	3750-3740 0.2% / 3720-3510 95.2%	3610	3630	
평창 용항리	2호 야외노지	OWd090693	목탄	-26.2	4140±40	2880-2580 95.4%	2740	2730	예맥문화재연구원 2010:297-302
	9호 야외노지	OWd090694	목탄	-26.9	7420±50	6430-6210 95.4%	6300	6310	
춘천 천전리	74호 주거지	SNU	목탄	-34.2	3730±60	2340-2320 0.4% / 2300-1940 95.0%	2140	2130	강원문화재연구소 2009:192-211
홍천 성산리	주거지	Owd090223	목탄	-23.3	4380±40	3270-3240 1.4% / 3110-2900 94.0%	3010	2990	강원문화재연구소 2012(2권): 475-476
	주거지	Owd090224	목탄	-27.2	4480±40	3350-3080 87.3% / 3070-3020 8.1%	3200	3210	
홍천 외삼포리	야외노지	SNU07-207	토양	-27.46	4920±80	3950-3620 89.3% / 3590-3530 6.1%	3730	3720	강원문화재연구소 2008: 209-217
	야외노지	SNU07-207	토양	-27.41	4470±50	3360-3010 93.8% / 2980-2940 1.7%	3180	3180	
화천 용암리2	1호 야외노지	SNU03-125	목탄	-24.2	3820±60	2470-2130 93.5% / 2090-2060 1.9%	2280	2270	강원문화재연구소 2005:129~130
영월 연당쌍굴	1굴 Ⅲ층(12ㄴ)	SNU			3830±40	2460-2190 91.5% / 2170-2140 3.9%	2290	2290	연세대박물관 2009
		SNU	목탄		4160±80	2910-2560 92.8% / 2530-2490 2.6%	2730	2740	

유적명	유구	측정기관 번호	시료 종류	δ13C (‰)	14C연대 (B.P.)	교정연대(calBC) (2σ, IntCal 13)	평균연대 (calBC)	중심연대 (calBC)	참고문헌
홍천 역내리	1굴 III층(10ㄷ)	SNU	목탄		4570±80	3630-3600 0.9% / 3530-3020 94.5%	3280	3280	
	1굴 IV층(10ㄷ)	SNU	목탄		4690±80	3650-3330 93.7% / 3220-3190 1.0% / 3160-3130 0.7%	3470	3470	
	2굴 III층(7ㄹ)	SNU	목탄		3800±100	2550-2540 0.3% / 2490-1950 95.1%	2240	2250	
	2굴 III층(8ㄷ)	SNU	목탄		4010±80	2870-2800 7.7% / 2770-2290 87.7%	2560	2550	
	2굴 IV층(4ㄷ)	SNU	토양		4440±40	3340-3210 32.7% / 3200-3150 6.8% / 3140-2920 55.9%	3130	3100	
홍천 역내리	1호 주거지	SNU-04-698	목탄	-38.75	4100±80	2880-2480 95.4%	2680	2680	강원문화재연구소 2005b: 182-187
	2호 주거지	SNU-04-699	목탄	-38.71	4190±60	2910-2580 95.4%	2760	2770	
	3호 주거지	SNU04-700	목탄	-17.3	4350±60	3330-3230 5.6% / 3180-3160 0.4% / 3120-2870 89.5%	3010	2990	
원주 반곡동	2호 주거지	PLD-16110	목탄	-26.65	3790±20	2290-2190 74.4% / 2180-2140 21.0%	2220	2230	한강문화재연구원 2013: 31~36
	9호 수혈	PLD-16111	목탄	-27.36	4170±20	2880-2830 18.8% / 2820-2670 76.6%	2770	2770	
	3호 야외노지	PLD-16112	목탄	-26.96	3825±20	2350-2190 95.4%	2260	2250	
춘천 송암동	2호 야외노지	PLD-15435	목탄	-27.42	3890±25	2470-2290 95.4%	2380	2390	예맥문화재연구원 2010b:401-409

7. 남서부(전라 내륙) 지역 14C연대와 교정연대

유적명	유구	측정기관 번호	시료 종류	δ13C (‰)	14C연대 (B.P.)	교정연대(calBC) (2σ, IntCal 13)	평균연대 (calBC)	중심연대 (calBC)	참고문헌
진안 진그늘	1호 적석유구	SNU01-182	목탄	-	4040±100	2890-2300 95.4%	2600	2600	조선대박물관 2005: 217-221
	ㄷ절유구	SNU01-183	목탄	-	4500±120	3520-2900 95.4%	3200	3200	
	도토리저장구역	SNU01-027	도토리	-	4500±300	3960-2460 95.4%	3190	3190	
	1호 주거지(-30)	SNU01-132	목탄	-22.73	4510±40	3370-3090 95.4%	3220	3210	
	1호 주거지(-30)	SNU01-133	목탄	-24.02	4560±40	3500-3460 4.1% / 3380-3260 39.0% / 3250-3100 52.2%	3260	3230	
	2호 주거지(-50)	SNU01-138	도토리	-18.54	4700±80	3660-3330 95.0% / 3210-3190 0.4%	3480	3490	
	2호 주거지(-30)	SNU01-141	목탄	-24.8	4540±80	3520-3010 94.2% / 2980-2940 1.2%	3240	3230	
	파괴주거지(-100)	SNU01-137	목탄	-18.72	4650±30	3520-3360 95.4%	3450	3460	
	1호특수/타원형수혈(-30)	SNU01-139	목탄	-21.5	4200±100	3030-2550 92.4% / 2540-2490 3.0%	2770	2770	
	1,2호특수/타원형수혈(-60)	SNU01-134	목탄	-28.5	4470±40	3350-3020 95.4%	3190	3200	
	3호 특수(-50)	SNU01-136	목탄	-18	4510±80	3500-3460 2.5% / 3380-2920 92.9%	3200	3200	
진안 갈머리	3호특수/타원형수혈(-90)	SNU01-140	목탄	-28.9	4460±90	3370-2910 95.4%	3160	3160	호남문화재 연구원 2003: 235-248
	1호 적석(-30)	SNU01-131	목탄	-22.8	3760±80	2460-1970 95.4%	2190	2180	
	4호 적석(-30)	SNU01-143	토양	-26.7	3650±40	2140-1910 95.4%	2030	2020	
	9호 적석(-30)	SNU01-142	토양	-25.6	3840±40	2470-2190 94.7% / 2160-2150 0.7%	2310	2300	
	53호 적석(-100)	SNU01-135	목탄	-20.2	4050±40	2850-2810 7.6% / 2750-2730 1.0% / 2700-2470 86.8%	2600	2580	

유적명	유구	측정기관번호	시료종류	δ13C(‰)	14C연대(B.P.)	교정연대(calBC)(2σ, IntCal 13)		평균연대(calBC)	중심연대(calBC)	참고문헌
순천 마륜리	주거지	SNU11-441	목탄	-12.2	3010±40	1400-1120	95.4%	1250	1250	동북아지석묘연구소 2013:153-154
광주 노대동	1호 수혈	SNU06-1027	목탄	-25.89	4130±50	2880-2570	95.4%	2720	2720	전남문화재연구원 2011: 185-196
		SNU06-1028	목탄	-24.24	4140±50	2880-2580	95.4%	2730	2730	

8. 남서부(전라 해안 및 도서) 지역 14C연대와 교정연대

유적명	유구	측정기관번호	시료종류	δ13C(‰)	14C연대(B.P.)	교정연대(calBC)(2σ, IntCal 13)		평균연대(calBC)	중심연대(calBC)	참고문헌
완도 여서도 패총	S1W2-탐색TRV층	SNU06-A006	패각	-12.69	5460±60	4290-3960	95.4%	4130	4130	목포대학교박물관 2007: 457-465
	S1W1-S2W1V층	SNU06-A007	패각	-12.1	6050±60	4980-4610	95.4%	4790	4790	
	S1W1-탐색TRV층	SNU06-A008	패각	-6.19	5760±80	4660-4260	95.4%	4450	4450	
	S1W1-탐색TRIV층	SNU06-A009	패각	-13.93	5610±80	4490-4090	95.4%	4290	4290	
	S1W1-탐색TRIV층	SNU06-A0010	패각	-1.7	5480±80	4340-3950	95.4%	4150	4150	
	S1W1-S2W1IV층	SNU06-A0011	패각	-16	5650±60	4490-4180	95.4%	4330	4330	
	S1W1-탐색TRⅢ층	SNU06-A0012	패각	4.81	5630±80	4520-4120	95.4%	4320	4310	
	S1W1-S2W1Ⅲ층	SNU06-A0013	패각	-10.74	5600±60	4440-4130	95.4%	4280	4280	
광양 오사리 돈탁패총	2GridⅡ-4층	SNU11-A016	패각	0.08	3760±50	2190-1840	95.4%	2010	2010	목포대학교박물관 2012: 145-159
	2GridⅡ-5층	SNU11-A017	패각	0.18	3910±50	2410-2050	95.4%	2230	2230	
	2GridⅡ-6층	SNU11-A018	패각	-12.03	3690±70	2140-1700	95.4%	1920	1920	
	2GridⅡ-9층	SNU11-A019	패각	-10.11	5270±80	4150-3710	95.4%	3930	3920	
	4GridⅢ층	SNU11-A020	패각	0.42	5010±50	3830-3550	95.4%	3780	3490	
여수 안도패총	pit5구지표상면	SNU07-633	뼈	-20.82	7410±60	6430-6100	95.4%	6290	6300	국립광주박물관 2009: 349-362
		SNU07-634	뼈	-14.8	7430±60	6440-6210 / 6140-6110	94.0% / 1.4%	6310	6310	

유적명	유구	측정기관 번호	시료 종류	δ13C (‰)	14C연대 (B.P.)	교정연대(calBC) (2σ, IntCal 13)		평균연대 (calBC)	중심연대 (calBC)	참고문헌
	pit2I층	SNU07-635	뼈	-56.83	6620±110	5730-5360	95.4%	5560	5560	
	pit2II층	SNU07-A024	패각	-0.88	4490±60	3280-2870	95.4%	3250	2840	
	pit2II층	SNU07-A025	패각	-8.46	6660±80	5590-5260	95.4%	5420	5430	
	1호 노지	SNU07-A026	패각	-8.48	5370±60	4220-3880	95.4%	4040	4040	
		SNU07-A027	패각	-1.5	6780±60	5660-5390	95.4%	5520	5520	
돌산 송도 패총	III-C층	NUTA-1334	목탄		5440±170	4690-3940	95.4%	4270	4270	국립광주박물관 1990: 100
	IV층	NUTA-1335	목탄	-	5430±170	4690-3940 / 3860-3820	95.0% / 0.4%	4260	4260	
대죽산도패총(도예리)	-	-	-		3420±120	2030-1450	95.4%	1740	1740	강형태 외 1993:43 재인용

9. 남서부(제주도) 지역 14C연대와 교정연대

유적명	유구	측정기관 번호	시료 종류	δ13C (‰)	14C연대 (B.P.)	교정연대(calBC) (2σ, IntCal 13)		평균연대 (calBC)	중심연대 (calBC)	참고문헌
고산리	-	-	목탄	-	10180±65	10180-9650 / 9580-9550 / 9480-9460	94.2% / 1.0% / 0.2%	9910	9920	박근태 2012:24
이호동	11호 수혈	SNU11-R152	목탄	-9.23	2510±40	800-500	95.4%	650	640	제주문화유산연구원 2013: 115-122
	18호 수혈중보주혈	SNU11-R153	목탄	3.85	2480±40	780-430	95.4%	620	630	
	33호 수혈	SNU11-R154	목탄	-7.87	2280±50	410-200	95.4%	320	310	
	34호 수혈	SNU11-R155	목탄	-8.95	6360±50	5470-5220	95.4%	5350	5350	
하모리	III-a(지표하220cm)	GX-32447	토양	-20.4	5150±50	4050-3790	95.4%	3940	3960	제주문화예술재단 2006:179
	III-b(지표하230cm)	GX-32448	토양	-19	6450±60	5520-5310	95.4%	5410	5420	

유적명	유구	측정기관 번호	시료 종류	δ13C (%)	14C연대 (B.P.)	교정연대(calBC) (2σ, IntCal 13)		평균연대 (calBC)	중심연대 (calBC)	참고문헌
사계리	S3E1북측벽(JS1-1)10층	SNU08-868	토양	-39.6	9650±60	9260-9100	41.9%	9050	9050	제주문화유산연구원 2010: 254-273
						9090-8820	53.5%			
	S3E2북측벽(JS1-2)10층	SNU08-869	토양	-24	6070±60	5210-4830	95.4%	4990	4980	
	S3E3북측벽(JS2-1)8층	SNU08-870	토양	-31.8	5740±60	4720-4450	95.4%	4590	4590	
	S3E4북측벽(JS2-2)8층	SNU08-871	토양	-24	5210±50	4230-4190	5.8%	4040	4020	
						4180-3940	89.6%			
	S3E5북측벽(JS3)7층	SNU08-872	토양	-23.2	3950±50	2580-2290	95.4%	2450	2450	
	S3E1북측벽(JS5)5층	SNU08-874	토양	-21.4	3070±50	1450-1190	95.1%	1330	1330	
						1150-1130	0.3%			
	N2E1탐색트렌치6층	SNU08-875	토양	-25.8	5741±60	4720-4450	95.4%	4590	4590	
	N2E2탐색트렌치11층	SNU08-876	토양	-26.6	6950±50	5980-5940	6.0%	5830	5830	
						5920-5730	89.4%			
	N2W1②11층	SNU08-877	토양	-34.4	4600±60	3620-3600	0.8%	3350	3370	
						3530-3260	68.4%			
						3250-3100	26.2%			
						3250-3100	26.4%			
오등동	II층	SNU09-R097	목탄	-36.38	4330±50	3100-2880	95.4%	2970	2960	제주문화유산연구원2012: 185-189
	II-3층	SNU09-R098	목탄	-29.38	5440±80	4450-4050	95.4%	4270	4280	
복촌리	최하층	KSU-1512	패각	-	2920±25	1110-880	95.4%	990	990	제주대박물관 1988:28
고산리	N2W1 주거지-1	KGM-OWd-130233	목탄	-27.3	8570±50	7710-7520	95.4%	7590	7590	제주문화유산연구원 2014(부록): 426~428
	N2W1 수혈유구-14	KGM-OWd-130234	목탄	-27.6	5040±40	3960-3760	90.0%	3850	3860	
						3750-3710	5.4%			

유적명	유구	측정기관 번호	시료 종류	δ13C (%)	14C연대 (B.P.)	교정연대(calBC) (2σ, IntCal 13)		평균연대 (calBC)	중심연대 (calBC)	참고문헌
	N2W1 야외노지-1	KGM-OWd-130235	목탄	-24.6	8610±50	7750-7550	95.4%	7640	7630	
		Beta-349640	목탄	-24	8700±40	7910-7900	0.3%	7700	7690	
						7840-7590	95.1%			
	S1W1 수혈유구-4	KGM-OWd-130236	목탄	-20	8650±50	7790-7580	95.4%	7670	7660	
	S1W1 야외노지-3,4	KGM-OWd-130237	목탄	-22.5	8660±50	7820-7580	95.4%	7680	7670	
	S1W1 야외노지-5	KGM-OWd-130238	목탄	-20.9	8540±50	7650-7510	95.4%	7570	7570	
		Beta-349641	목탄	-21.7	8480±40	7590-7490	95.4%	7550	7550	
	S2W1 수혈유구-3					3500-3460	4.1%			
		KGM-OWd-130239	목탄	-23.4	4560±40	3380-3260	39.0%	3260	3230	
						3250-3100	52.2%			
	S2W1 수혈유구-5	KGM-OWd-130240	목탄	-21.8	5070±40	3970-3770	95.4%	3870	3870	
	S2W1 야외노지-1	KGM-OWd-130241	목탄	-19.6	8600±50	7740-7540	95.4%	7630	7610	
		Beta-349642	목탄	-22.2	8650±40	7750-7580	95.4%	7660	7650	
	S3W1 수혈유구-3	KGM-OWd-130242	목탄	-24.5	8630±50	7760-7570	95.4%	7650	7640	
	S3W1 수혈유구-14	KGM-OWd-130243	목탄	-21.6	8560±50	7680-7520	95.4%	7580	7580	
	S4W1 수혈유구-1	KGM-OWd-130244	목탄	-23.4	5070±40	3970-3770	95.4%	3870	3870	
		Beta-349643	목탄	-26	4930±40	3790-3640	95.4%	3710	3700	
	N1E1 구상유구-1	KGM-OWd-130245	목탄	-27.6	5610±40	4520-4350	95.4%	4430	4430	
	S2E1 수혈유구-2	KGM-OWd-130246	목탄	-20.8	8690±50	7940-7890	1.8%	7700	7690	
						7870-7590	93.6%			
	S2E1 수혈유구-11	KGM-OWd-130247	목탄	-26.8	8660±50	7820-7580	95.4%	7680	7670	
	S4E2 주거지-1	KGM-OWd-130248	목탄	-22.4	5440±40	4360-4230	95.4%	4290	4290	
	N2W1 수혈유구-18 교산리식토기	KGM-OPy-140001	토기	-27	8310±50	7510-7180	95.4%	7370	7380	

유적명	유구	측정기관 번호	시료 종류	δ13C (‰)	14C연대 (B.P.)	교정연대(calBC) (2σ, IntCal 13)	평균연대 (calBC)	중심연대 (calBC)	참고문헌
		Beta-379044	토기	-20.5	4710±30	3640-3560 24.5% 3540-3490 21.1% 3470-3370 49.7%	3490	3470	제주문화유산연구원 2015: 269~272
		KGM-OPy-140004	토기	-22.3	5760±40	4710-4500 95.4%	4610	4610	
	S2W1수혈유구-4 무문양토기	KGM-OPy-140003	토기	-23.6	5680±40	4670-4630 1.8% 4620-4440 91.7% 4420-4390 1.8%	4520	4510	
	N3W1 1호 주거지	CAL	목탄	-23.05	4750±40	3640-3490 76.6% 3440-3370 18.8%	3540	3560	
		Beta-402813	목탄	-25.8	5020±30	3950-3710 95.4%	3830	3820	
	N3E1 55호 수혈	CAL	목탄	-37.66	7180±50	6210-5980 94.4% 5940-5930 1.0%	6060	6050	
		Beta-402812	목탄	-24.9	6160±50	5290-5270 1.0% 5230-4950 94.4%	5110	5120	
	N4W1 17호 수혈	CAL	목탄	-26.65	8560±50	7680-7520 95.4%	7580	7580	
	N4W1 48호 수혈	CAL	목탄	-24.52	8310±50	7510-7180 95.4%	7370	7380	
	N3E1 3호 수혈	CAL	목탄	-33.01	7310±50	6343-6310 1.6% 6263-6050 93.8%	6160	6160	
	N3E1 4호 수혈	CAL	목탄	-28.28	5730±40	4690-4480 94.9% 4470-4460 0.5%	4580	4580	
		Beta-402811	목탄	-26.5	5690±30	4610-4450 95.4%	4520	4520	
	N3W1 37호 수혈	CAL	목탄	-29.32	6370±40	5480-5290 93.9% 5250-5230 1.5%	5360	5360	
	N4W1 1호 주거지	CAL	목탄	-27.64	7580±40	6500-6380 95.4%	6440	6440	

유적명	유구	측정기관 번호	시료 종류	δ13C (‰)	14C연대 (B.P.)	교정연대(calBC) (2σ, IntCal 13)		평균연대 (calBC)	중심연대 (calBC)	참고문헌
도두동 (제주 국제 공항 남측 토취장)	주거지토층1토양	SNU10-350	토양	-19.77	3160±50	1530-1310	95.4%	1430	1430	제주문화유산 연구원 2011: 127-142
	주거지토층2토양	SNU10-351	토양	-22.42	3590±60	2140-1760	95.4%	1950	1950	
	주거지토층2소토	SNU10-352	토양	-20.12	4020±50	2860-2810	4.6%	2560	2550	
						2750-2720	1.0%			
						2700-2450	89.5%			
						2420-2400	0.3%			
	주거지토층3	SNU10-353	토양	-21.54	5190±60	4230-4190	4.7%	4010	4010	
						4180-3920	81.2%			
						3880-3800	9.6%			
	주거지토층4	SNU10-354	토양	-24.55	5740±60	4720-4450	95.4%	4590	4590	
	주거지토층4소토	SNU10-355	토양	-26.85	5900±60	4940-4610	95.4%	4780	4770	
	주거지토층5	SNU10-356	토양	-36.14	6110±60	5220-4890	93.7%	5050	5040	
						4870-4850	1.7%			
						4870-4850	1.7%			
	주거지토층6생토층	SNU10-357	토양	-26.85	7100±60	6080-5840	95.4%	5970	5980	
삼양 초등 학교	북편신석기층	SNU11-R026	목탄	-28.09	5250±60	4240-3960	95.4%	4090	4080	제주고고학 연구소 2012:155
한동리	3층 주정	SNU12-R085	목탄2	-21.29	3340±40	1740-1710	5.5%	1620	1630	제주고고학 연구소
						1700-1520	89.9%			
	야외노지	SNU12-R082	목탄2	-18.36	2980±40	1380-1350	3.2%	1200	1200	
						1310-1050	92.2%			
	용기문문화층(지표하95cm)	SNU12-R083	목탄3	-18.06	5030±40	3950-3710	95.4%	3840	3850	
	하층패각층(지표하90cm)	SNU12-R084	목탄4	-21.65	3140±40	1500-1290	95.4%	1400	1410	

10. 남동부(경상내륙) 지역 14C연대와 교정연대

유적명	유구	측정기관 번호	시료 종류	δ13C (‰)	14C연대 (B.P.)	교정연대(calBC) (2σ, IntCal 13)		평균연대 (calBC)	중심연대 (calBC)	참고문헌
김천 지좌리	4호 주거지	SNU10-763	목탄	-28.07	4220±50	2920-2830 / 2820-2630	34.3% / 61.1%	2790	2790	대동문화재연구원 2012(V): 104-111
	1호 가마	SNU10-764	목탄	-23.96	4040±40	2840-2810 / 2680-2460	4.9% / 90.5%	2580	2560	
	2호 가마	SNU10-765	목탄	-28.96	4160±50	2890-2580	95.4%	2750	2750	
	5호 가마	SNU10-766	목탄	-26.61	4420±50	3340-3210 / 3190-3150 / 3130-2910	23.5% / 4.6% / 67.4%	3100	3070	
	6호 가마	SNU10-767	목탄	-22.25	4410±50	3340-3210 / 3190-3150 / 3130-2900	18.9% / 3.3% / 73.2%	3080	3050	
김천 송죽리	3호 주거지	Beta-70663	목탄	-25	4380±60	3330-3210 / 3180-3150 / 3130-2890	12.8% / 1.7% / 80.9%	3040	3020	계명대박물관 2006: 283-288
	6호 주거지	Beta-70664	나탄	-25	3990±70	2860-2810 / 2750-2720 / 2700-2290	3.9% / 1.1% / 90.4%	2520	2520	
청도오진리암음	오진리1(노지)	Beta-65988	목탄	-	3480±100	2120-2090 / 2040-1530	1.0% / 94.4%	1810	1810	부산대박물관 1994:237
	오진리2(노지)	Beta-65989	목탄	-	2970±60	1390-1010	95.4%	1190	1190	
대구 달천리 135	1호 야외노지	SNU09-503	목탄	-24.15	4100±60	2880-2560 / 2540-2490	87.8% / 7.6%	2690	2680	대동문화재연구원 2011: 37-40
	20TR뻘층	SNU09-504	목탄	-26.78	3620±50	2140-1870 / 1840-1820	94.8% / 0.6%	1990	1990	
울산중산동 139	야외노지 2호	PLD-10702	목탄	-27.12	4005±30	2580-2460	95.4%	2530	2530	울산문화재연구원 2009:77-82

유적명	유구	측정기관 번호	시료 종류	δ13C (‰)	14C연대 (B.P.)	교정연대(calBC) (2σ, IntCal 13)		평균연대 (calBC)	중심연대 (calBC)	참고문헌
울산 궁근정리	야외노지 1호	PLD-4107	목탄	-27.49	3475±20	1890-1740	93.3%	1810	1810	울산문화재연구원 2007: 65-79
						1710-1700	2.1%			
	야외노지 2호	PLD-4108	목탄	-23.5	4405±20	3100-2920	95.4%	3020	3020	
	야외노지 3호	PLD-4109	목탄	-25.86	4045±20	2630-2480	95.4%	2550	2550	
	야외노지 4호	PLD-4110	목탄	-25.97	3455±20	1880-1690	95.5%	1780	1760	
	야외노지 5호	PLD-4111	목탄	-26.52	4345±20	3020-2900	95.4%	2960	2950	
	야외노지 6호	PLD-4112	목탄	-26.73	3500±20	1890-1750	95.4%	1820	1820	
	E구역토기산포지	PLD-4113	목탄	-26.13	4495±25	3350-3090	95.4%	3220	3220	
밀양 살내	13호 수혈 (야외노지)	SNU03-296	목탄	-27.5	4960±40	3910-3870	4.6%	3740	3740	경남발전연구원 2005:355-346
						3810-3650	90.8%			
진주 평거 4-1지구	5호 주거지	SNU12-R022	목탄	-30.57	4450±50	3340-3000	87.0%	3150	3150	경남발전연구원 2012(II): 344-347
						2990-2930	8.4%			
	111호 적석유구	SNU12-R023	목탄	-30.75	4370±50	3320-3230	4.3%	3010	2990	
						3110-2890	91.1%			
진주 평거 3-1지구	7호 야외노지	SNU09-R134	목탄	-30.82	3550±60	2120-2100	0.7%	1890	1890	경남발전연구원 2011(VI부록): 353
						2040-1730	93.4%			
						1710-1690	1.3%			
	2호 주거지	SNU09-R130	목탄	-28.61	3620±60	2200-2170	1.2%	1990	1990	
						2150-1870	89.5%			
						1850-1770	4.7%			
진주 상촌리	61호 수혈	SNU00-048	목탄	-19.8	4290±30	3020-2970	4.9%	2910	2900	동의대박물관 2002:161-162
						2950-2870	90.5%			
	22호 주거지	?	목탄	-	4030±40	2840-2810	2.9%	2560	2550	이동주 2011:215
						2670-2460	92.5%			
	6-1호 구상유구	?	목탄	-	4150±60	2890-2570	95.4%	2730	2740	
합천 봉계리	9호 주거지	NUTA-1034	호두	-	4060±150	3010-2980	0.7%	2610	2610	강현태 외 1993:44 재인용
						2940-2190	93.9%			
						2180-2140	0.7%			

11. 남동부(경상 해안 및 도서) 지역 14C연대와 교정연대

유적명	유구	측정기관 번호	시료 종류	δ13C (‰)	14C연대 (B.P.)	교정연대(calBC) (2σ, IntCal 13)		평균연대 (calBC)	중심연대 (calBC)	참고문헌
울산 황성동 부두 (신청만 부두 연결도로)	A구간VI-1층	SNU11-970	목탄	-26.05	4700±50	3640-3560 / 3540-3360	23.5% / 71.9%	3490	3480	
	A구간VI-1층	SNU11-973	목탄	-22.34	5030±50	3960-3700	95.4%	3840	3840	
	A구간VI-1층	SNU11-971	목탄	-25.78	5090±50	3990-3760	95.4%	3880	3870	
	A구간VI-2층	SNU11-974	목탄	-26.49	5120±50	4040-4010 / 4000-3790	2.9% / 92.5%	3900	3900	한국문물연구원 2012: 454-479
	A구간VII층	SNU11-972	목탄	-24.96	5410±50	4360-4220 / 4210-4150 / 4140-4060	75.9% / 10.7% / 8.8%	4250	4270	
	A구간VIII층	SNU11-975	목탄	-21.7	5370±50	4340-4050	95.4%	4200	4210	
	B구간VI-1층	SNU11-976	목탄	-26.69	5440±50	4440-4420 / 4380-4220 / 4210-4160 / 4130-4110 / 4100-4070	0.8% / 88.1% / 4.3% / 0.7% / 1.5%	4290	4290	
	B구간VI-2층	SNU11-977	목탄	-24.21	5480±50	4450-4240	95.4%	4330	4330	
	B구간VI-3층	SNU11-978	목탄	-27.74	5320±50	4330-4290 / 4270-4030 / 4020-3990	4.3% / 88.8% / 2.3%	4150	4150	
	B구간VIII-1층	SNU11-979	목탄	-29.46	5510±60	4470-4240	95.4%	4370	4360	
	B구간VIII-1층	SNU11-980	목탄	-27.97	5280±50	4240-3980	95.4%	4120	4120	
	B구간VIII-2층	SNU11-981	목탄	-24.29	5500±60	4460-4230	95.4%	4350	4350	
	B구간VIII-2층	SNU11-982	목탄	-23.21	5470±50	4450-4230	95.4%	4320	4320	

유적명	유구	측정기관 번호	시료 종류	δ13C (‰)	14C연대 (B.P.)	교정연대(calBC) (2σ, IntCal 13)		평균연대 (calBC)	중심연대 (calBC)	참고문헌
울산 세죽리	B2PitⅢ-1층 (DK1, 융선문)	SNU00-393	토기	-23.2	6280±40	5360-5200	92.9%	5260	5260	김충선 외 2002: 202
						5170-5120	1.6%			
						5100-5080	0.9%			
	B2PitⅢ-1층 (DK2, 융선문+융기문)	SNU00-394	토기	-21.5	6260±40	5320-5200	81.9%	5240	5250	
						5170-5070	13.5%			
	A2~3PitⅢ-2b층 (DK3, 구순각목)	SNU00-395	토기	-22.8	6110±80	5290-5250	1.6%	5050	5050	
						5230-4830	93.7%			
						4820-4800	0.1%			
	B2PitⅢ-3c층 (DK5, 침상자돌문)	SNU00-397	토기	-16.2	6420±110	5620-5200	94.3%	5380	5390	
						5160-5120	0.7%			
						5100-5080	0.5%			
		SNU00-398	토기	-24.6	5700±60	4710-4440	92.0%	4550	4540	
						4430-4370	3.4%			
	B2PitⅢ-3a층 (DK8, 융대문)	SNU00-385	토기	-21.5	6480±120	5640-5210	95.4%	5430	5440	
	B4PitⅢ-2b층 (DK9, 융대문)	SNU00-386	토기	-29	6260±250	5670-4610	95.4%	5170	5180	
	B3PitⅢ-2b하층	SNU00-403	토기	-23.2	6740±30	5720-5610	95.4%	5660	5650	
	(DK11, 융대문)	SNU00-403-1	토기	-23.2	6440±90	5560-5220	95.4%	5410	5410	
	A8~9PitⅢ-6층	SNU00-387	토기	-23.5	6260±40	5320-5200	81.9%	5240	5250	
						5170-5070	13.5%			
	(DK12, 무문양)	SNU00-388	토기	-25.8	6330±40	5470-5440	2.4%	5310	5310	
						5420-5410	1.1%			
						5380-5210	92.0%			
	C1PitⅢ-3a층(DK14)	SNU00-390	도토리	-27.5	5930±110	5210-5160	1.5%	4820	4820	
						5080-4530	93.9%			

유적명	유구	측정기관 번호	시료 종류	δ13C (%)	14C연대 (B.P.)	교정연대(calBC) (2σ, IntCal 13)		평균연대 (calBC)	중심연대 (calBC)	참고문헌
비봉리	C3pitⅡ-2층	Beta-119436	목재	-27.6	4390±60	3340-3210	15.8%	3060	3030	동국대매장문화재연구소 2007:139
						3190-3150	2.9%			
						3130-2890	76.8%			
	B5PitⅢ-1층	Beta-119433	목재	-28.1	6040±80	5210-4770	95.4%	4960	4950	
	B5PitⅢ-2층	Beta-119434	목재	-29.3	6020±70	5210-5160	2.8%	4920	4920	
						5080-4720	92.6%			
	B5PitⅢ-3a층	Beta-119435	목재	-28.3	6240±50	5320-5050	95.4%	5200	5220	
	?	Beta-219086	목탄	-26.6	6710±50	5720-5540	95.4%	5630	5630	
	?	Beta-219087	목탄	-25.5	3450±40	1890-1660	95.4%	1770	1770	
	?	Beta-219088	목탄	-30.4	5970±40	4960-4720	95.4%	4860	4860	
	?	Beta-219089	목탄	-26.1	6490±50	5550-5340	95.4%	5440	5440	
	?	Beta-219090	목탄	-26.7	4500±50	3370-3080	89.5%	3210	3210	
						3070-3020	5.9%			
	?	Beta-219091	목탄	-8.3	5230±40	4230-4200	6.6%	4050	4030	
						4170-3960	88.8%			
	Ⅱ피트소토유구1	SNU05-348	목탄	-24.13	2810±60	1130-820	95.4%	980	970	국립김해박물관 2008: 439~450
	2호 야외노지	SNU06-202	목탄	-25.38	3560±60	2120-2090	2.0%	1900	1910	
						2050-1740	92.9%			
						1710-1700	0.5%			
	2호 야외노지[IV피트]	SNU05-347	목탄	-17.15	3600±50	2140-2080	7.7%	1960	1960	
						2070-1870	81.5%			
						1850-1770	6.2%			
	4호 야외노지	SNU06-207	목탄	-27.74	3540±60	2040-1730	93.4%	1870	1880	
						1720-1690	2.0%			
	1호 저장공	SNU05-344	목탄	-25.47	4340±40	3090-3060	5.5%	2970	2960	
						3030-2890	89.9%			

유적명	유구	측정기관 번호	시료 종류	δ13C (‰)	14C연대 (B.P.)	교정연대(calBC) (2σ, IntCal 13)		평균연대 (calBC)	중심연대 (calBC)	참고문헌
	1호 저장공	SNU06-201	목탄	-30.25	4650±60	3640-3550	11.6%	3450	3450	
						3540-3330	81.4%			
						3220-3190	1.4%			
						3160-3130	1.0%			
	2호 저장공	SNU06-205	목탄	-27.58	4420±50	3340-3210	23.5%	3100	3070	
						3190-3150	4.6%			
						3130-2910	67.4%			
	9호 저장공	SNU06-206	목탄	-26.81	4900±50	3800-3630	93.6%	3690	3690	
						3560-3530	1.8%			
	11호 저장공	SNU05-345	목탄	-22.58	4530±40	3370-3090	95.4%	3230	3210	
	12호 저장공	SNU05-346	목탄	-20.85	4680±50	3640-3560	15.3%	3470	3460	
						3540-3360	80.1%			
	제1패총	SNU06-A001	패각	-15.21	4550±120	3470-2840	95.4%	3140	3140	
	제1패총하부	SNU05-343	목탄	-27.36	5330±40	4320-4290	3.1%	4160	4160	
						4270-4040	92.3%			
	17호 저장공	SNU06-A002	패각	-11.86	5420±150	4460-3780	95.4%	4130	4130	
	제2패총	SNU06-209	목탄	-26.02	5970±60	5000-4710	95.4%	4860	4860	
	제3패총	SNU06-203	목탄	-29.96	6270±60	5370-5050	95.4%	5230	5250	
	제4패총	SNU06-210	목탄	-25.62	6390±60	5480-5290	91.4%	5380	5380	
						5270-5220	4.0%			
	제5패총	SNU06-204	목탄	-29.86	6550±50	5620-5460	91.7%	5520	5510	
						5440-5420	1.1%			
						5410-5380	2.6%			
	44층	SNU06-208	목탄	-27.82	6670±60	5710-5690	1.6%	5590	5590	
						5680-5480	93.8%			
	무주편	SNU06-306	목탄	-26.59	6800±50	5780-5620	95.4%	5690	5690	

유적명	유구	측정기관 번호	시료 종류	δ13C (‰)	14C연대 (B.P.)	교정연대(calBC) (2σ, IntCal 13)		평균연대 (calBC)	중심연대 (calBC)	참고문헌
	1패총	PLD-19843	뼈(멧돼지)	-21.52	5070±25	3960-3790	95.4%	3870	3870	국립김해박물관 2012: 294, 331~334
	1패총	PLD-19844	뼈(사슴)	-22.84	4940±20	3770-3650	95.4%	3710	3700	
	1패총	PLD-19845	뼈(개)	-15.01	5640±25	4540-4440	84.9%	4470	4470	
						4430-4370	10.5%			
	1패총	PLD-19846	뼈(사슴)	-23.03	4935±25	3770-3650	95.4%	3710	3700	
부산 동삼동 패총	III지 표하150cm	AERIK-27	목탄	-	4400±90	3350-2890	95.4%	3100	3070	
	III지 표하140cm	AERIK-23	목탄	-	4020±100	2880-2290	95.4%	2570	2560	
	III지 표하140cm	AERIK-24	목탄	-	3980±100	2870-2800	5.9%	2510	2500	
						2770-2200	89.5%			
	III지 표하160cm	AERIK-25	목탄	-	3930±100	2860-2810	2.2%	2420	2420	
						2750-2720	0.8%			
						2700-2130	92.5%			
	III지 표하170cm	AERIK-26	목탄	-	3880±100	2630-2030	95.4%	2350	2350	Sample 1974 : 102
	II지 표하140cm	AERIK-22	목탄	-	4170±100	3010-2980	1.1%	2740	2740	
						2940-2470	94.3%			
	E지 표하163cm	GX-0378	목탄	-	5890±140	5210-5160	1.8%	4780	4770	
						5140-5090	0.7%			
						5080-4450	92.8%			
	C지 표하125cm	GX-0379	목탄	-	5090±130	4240-4190	2.7%	3900	3890	
						4180-3640	92.7%			
	C지 표하130cm	GX-0493	목탄	-	3400±120	2020-1430	95.4%	1720	1710	
	B지 표하45cm	GX-0492	목탄	-	3400±220	2350-1190	95.0%	1740	1730	
						1180-1160	0.2%			
						1150-1130	0.2%			
	5층	GAK-6666	패각	-	5820±140	4910-4260	95.4%	4570	4570	坂田邦洋 1978:52 (강창화1993: 46재인용)
	5층	GAK-6667	패각	-	5500±100	4430-3970	95.4%	4210	4220	
	5층	GAK-6669	패각	-	5190±130	4200-3600	95.4%	3880	3880	
	5층	GAK-6668	패각	-	5160±120	4150-3590	95.4%	3850	3840	

유적명	유구	측정기관 번호	시료 종류	δ13C (‰)	14C연대 (B.P.)	교정연대(calBC) (2σ, IntCal 13)		평균연대 (calBC)	중심연대 (calBC)	참고문헌
	4층	GAK-6665	패각	-	4490±110	3370-2770	95.4%	3070	3070	
	3층	GAK-6664	패각	-	4490±110	3370-2770	95.4%	3070	3070	
		GAK-6662	패각	-	4510±120	3440-2790	95.4%	3090	3090	
		GAK-6663	패각	-	4140±120	2890-2240	95.4%	2590	2590	
	2층	GAK-6661	패각	-	3800±110	2440-1810	95.4%	2120	2120	
		GAK-6660	패각	-	3470±100	1940-1410	95.4%	1670	1670	이용조 1975:80
	-	N-1132	목탄	-	5180±130	4330-4290 4270-3700	2.1% 93.3%	4000	4000	
	-	N-1213	목탄	-	4880±160	4050-3330 3210-3190 3160-3130	94.9% 0.3% 0.2%	3670	3670	
	-	AERIK-	목탄	-	4950±100	3970-3620 3600-3520	90.0% 5.4%	3760	3750	
부산 동삼동 패총	IV2층(1969,1차조사)	SNU00-086-1	뼈	-17	3800±60	2470-2120 2100-2040	88.9% 6.5%	2250	2250	국립중앙 박물관 2005(III): 198-215
	IV3층(1969,1차조사)	SNU00-087	뼈	-26	4360±40	3090-2900	95.4%	2990	2980	
		SNU00-088	뼈	-25	4300±40	3030-2870	95.4%	2930	2910	
	FV2층(1969,1차조사)	SNU00-089	뼈	-26	4650±50	3630-3580 3540-3340	7.3% 88.1%	3450	3450	
	FV3층(1969,1차조사)	SNU00-090	뼈	-25	5800±70	4830-4490	95.4%	4650	4650	
	FV4층(1969,1차조사)	SNU00-091	뼈	-18	5580±70	4580-4570 4560-4320 4290-4260	0.2% 93.9% 1.3%	4430	4420	
	DXXI3층(1970,2차조사)	SNU00-092	뼈	-18	6400±50	5480-5300	95.4%	5390	5390	
	HXIII2층(1971,3차조사)	SNU00-093	뼈	-22	4200±40	2900-2830 2820-2660 2650-2630	27.4% 67.1% 0.9%	2780	2780	

유적명	유구	측정기관 번호	시료 종류	δ13C (%)	14C연대 (B.P.)	교정연대(calBC) (2σ, IntCal 13)		평균연대(calBC) (calBC)	중심연대(calBC) (calBC)	참고문헌
부산 동삼동 패총 정화지역	HXⅢ3층(1971,3차조사)	SNU00-094	뼈	-23	4600±100	3640-3080	92.5%	3330	3350	
						3070-3020	2.9%			
	1호 주거지	SNU01-144	목탄	-26.6	4360±60	3330-3230	7.5%	3020	3000	
						3180-3160	0.7%			
						3120-2880	87.3%			
		SNU01-145-1	뼈	-15.8	4680±60	3640-3550	19.6%	3470	3470	
						3540-3350	75.8%			
	2호 주거지	SNU01-146	뼈	-12.5	4300±40	3030-2870	95.4%	2930	2910	
	3호 주거지	SNU01-147-1	뼈	-8.37	5640±90	4700-4330	95.4%	4490	4480	
		SNU01-148	뼈	-12.9	5540±40	4460-4330	95.4%	4390	4390	
	2층	SNU01-149-1	뼈	-5.42	4360±50	3310-3300	0.1%	3000	2990	부산박물관 2007: 436-480
						3270-3240	1.9%			
						3110-2880	93.4%			
		SNU01-150	목탄	-22.6	3910±40	2550-2530	1.0%	2390	2390	
						2500-2280	93.3%			
						2250-2230	1.1%			
	3층	SNU01-151	뼈	-11.5	4120±40	2880-2570	95.4%	2720	2710	
	4층	SNU01-152	뼈	-22.5	4550±50	3500-3460	4.3%	3240	3220	
						3380-3090	91.1%			
	5-1층	SNU01-153	뼈	-21	4470±50	3360-3010	93.8%	3180	3180	
						2980-2940	1.7%			
	5-2층	SNU01-154	뼈	-16.4	5180±60	4230-4200	3.3%	3990	3990	
						4170-3900	78.3%			
						3880-3800	13.8%			
	5-3층	SNU01-155	뼈	-19.9	4380±50	3330-3230	7.2%	3030	3000	
						3180-3160	0.5%			
						3120-2890	87.7%			

유적명	유구	측정기관 번호	시료 종류	δ13C (‰)	14C연대 (B.P.)	교정연대(calBC) (2σ, IntCal 13)		평균연대 (calBC)	중심연대 (calBC)	참고문헌
	5-4층	SNU01-156-1	패	-18.59	4430±50	3340-3210 / 3200-3150 / 3140-2910	28.1% / 6.4% / 60.9%	3110	3090	
	5C층	SNU01-157-1	패	-13.06	4600±50	3520-3310 / 3300-3260 / 3240-3100	71.3% / 1.5% / 22.7%	3360	3370	
	7층	SNU01-158	패	-14.7	5650±70	4680-4630 / 4620-4350	4.8% / 90.6%	4490	4490	
		SNU01-159	패	-20	5180±70	4230-4190 / 4180-3790	4.5% / 90.9%	4000	3990	
	8층	SNU01-160	패	-13.8	6740±40	5730-5610 / 5590-5560	91.6% / 3.8%	5660	5650	
		SNU01-161	패	-22.2	4400±40	3330-3230 / 3180-3160 / 3120-2900	8.2% / 0.5% / 86.7%	3040	3020	
	9층	SNU01-162	패	-14.3	6910±60	5980-5950 / 5920-5670	2.3% / 93.1%	5800	5800	
		SNU01-163	목탄	-24.5	5910±50	4940-4680	95.4%	4790	4780	
	1호 주거지	TO-8783	종자(조)		4590±100	3640-3550 / 3540-3020	6.2% / 89.1%	3310	3320	
부산 수가리 패총	E2PitI층	N-3451	패각	-	3040±80	1370-920	95.4%	1150	1150	부산대박물관 1981: 130
	A1PitI층	N-3453	패각	-	3290±70	1640-1270	95.4%	1450	1450	
	B1PitIII층	N-3457	패각	-	4250±70	2900-2520	95.4%	2730	2730	
	C1PitIII층	N-3456	패각	-	4160±90	2860-2380	95.4%	2620	2620	
	D1PitV층	N-3452	패각	-	4200±90	2890-2420	95.4%	2670	2670	
	E1PitV층	N-3448b	패각	-	4360±70	3120-2650	95.4%	2890	2880	

유적명	유구	측정기관번호	시료종류	δ13C (‰)	14C연대 (B.P.)	교정연대(calBC) (2σ, IntCal 13)	평균연대 (calBC)	중심연대 (calBC)	참고문헌
	E1PitV층	N-3448a	목탄	-	4380±100	3370-2860 94.1% / 2810-2760 1.3%	3070	3050	
부산 가동패총 (수가리)	1호 야외노지	PLD-24965	목탄	-24.9	3850±20	2460-2270 77.8% / 2260-2200 17.6%	2320	2320	울산문화재연구원 2014: 55-58
	B2pitII-1층	PLD-24966	목탄	-26.49	3110±20	1440-1370 55.6% / 1360-1300 39.8%	1370	1390	
	C3pitIII-2층	PLD-24967	목탄	-26.45	3205±20	1510-1430 95.4%	1470	1430	
	C3pitIII-2층	PLD-24968	종실	-24.34	3240±20	1610-1580 8.5% / 1560-1440 86.9%	1510	1510	
통영 연대도패총	T1pitIII층	NUTA-2315	패각	-	6010±160	5190-4420 95.4%	4800	4790	국립진주박물관 1993:459-460
	SpitIII층	NUTA-2314	패각	-	6090±160	5270-4500 95.4%	4890	4890	
범방패총	범방H-V층	KCP126	패각	-	3900±70	2460-2030 95.4%	2250	2260	부산광역시립박물관1996:144
	범방11층	KCP127	패각	-	4590±70	3410-2950 95.4%	3190	3190	
통영 상노대도 상리패총	V층		목탄	-	6430±180	5720-4990 95.4%	5360	5380	순보기 1982:35
	1·2패층(1)	KCP-29	패각	-	3370±40	1660-1420 95.4%	1540	1540	
통영 산등패총	II지구 VI층	NUTA-678	패각	-	4660±110	3570-2960 95.4%	3280	3290	부산수산대박물관1989:16
	II지구 VI층	NUTA-679	패각	-	4360±110	3250-2570 95.4%	2900	2890	
김해 농소리패총	패층	TH-1000	패각	-	3440±120	1960-1340 95.4%	1640	1640	강형태 1993:45
부산 율리패총	패층	N-2135	패각	-	3480±80	1900-1460 95.4%	1680	1680	부산대박물관 1980:56
하동 목도패총	III층	?	패각	-	4210±120	3010-2340 95.4%	2680	2680	국립진주박물관 1999:177
	IV층	?	패각	-	4910±130	3900-3300 95.4%	3580	3580	
울진 죽변리 유적	문화층2	KR10-060	목탄	-20.62	6140±60	5290-5260 1.1% / 5230-4910 94.3%	5090	5090	삼한문화재연구원 2012: 181-187
	문화층2	KR10-061	목탄	-23.24	6150±50	5230-4940 95.4%	5100	5110	
	문화층3	KR10-062	목탄	-23.24	6180±50	5300-4990 95.4%	5130	5130	

유적명	유구	측정기관 번호	시료 종류	δ13C (‰)	14C연대 (B.P.)	교정연대(calBC) (2σ, IntCal 13)		평균연대 (calBC)	중심연대 (calBC)	참고문헌
	문화층3	KR10-063	목탄	-24.11	6380±50	5480-5290	93.1%	5370	5370	
						5260-5230	2.3%			
	문화층4	KR10-303	토기	-26.41	6530±60	5620-5370	95.4%	5490	5500	
		SNU10-1150	토기	-21.6	6920±60	5980-5940	4.1%	5810	5810	
						5930-5700	90.7%			
						5690-5670	0.6%			
	BJ-01(-0.55m)	SNU08-A002	패각	7.68	4930±50	3720-3470	95.4%	3590	3600	
		SNU08-A003	패각	2.51	5150±50	3960-3690	95.4%	3830	3830	
		SNU08-R100	목탄	-25.21	5130±60	4050-3770	95.4%	3910	3920	
		SNU08-A004	패각	-10.55	5980±60	4920-4580	95.4%	4750	4750	
		SNU08-A005	패각	-20.09	6490±110	5540-5090	95.4%	5320	5320	
부산 동삼동	E피트 3층 토기	SNU08-R059	토기	-20.55	5690±50	4690-4440	93.4%	4530	4530	경남발전 연구원 역사문화센타 2009
						4420-4400	2.0%			
	FpitXII층3-1	SNU08-327	목탄	-25.45	4900±50	3800-3630	93.6%	3690	3690	
						3560-3530	1.8%			
	FpitXII층3-2	SNU08-328	목탄	-22.02	4600±50	3520-3310	71.3%	3360	3370	
						3300-3260	1.5%			
						3240-3100	22.7%			
	FpitXII층-2	SNU08-326	목탄	-25.4	4780±50	3660-3490	83.2%	3550	3560	
						3440-3370	12.2%			
부산 가덕도 장항	집석유구 8	SNU12-139	목탄	-22.69	3820±40	2460-2140	95.5%	2280	2270	한국문물연구원 2014(하): 201-216, 275-282
	집석유구 13	SNU12-140	목탄	-23.67	3730±40	2290-2020	95.0%	2130	2130	
						1990-1980	0.3%			
	집석유구 27	SNU12-141	목탄	-24.95	2850±40	1130-900	95.4%	1020	1010	

유적명	유구	측정기관 번호	시료 종류	δ13C (‰)	14C연대 (B.P.)	교정연대(calBC) (2σ, IntCal 13)		평균연대 (calBC)	중심연대 (calBC)	참고문헌
	집석유구 41	SNU12-142	목탄	-25.7	4060±50	2870-2800	12.4%	2630	2610	
						2760-2470	83.1%			
	집석유구 45	SNU12-143	목탄	-26.41	3100±40	1450-1250	95.4%	1360	1350	
	집석유구 54	SNU12-144	목탄	-23.11	5290±50	4260-3980	95.4%	4130	4130	
	집석유구 62	SNU12-145	목탄	-31.04	5470±50	4450-4230	95.4%	4320	4320	
	집석유구 87	SNU12-146	목탄	-25.94	3000±40	1400-1110	95.4%	1240	1240	
	PG-07(-35cm)	SNU12-676	패각	0.53	5020±50	3820-3570	95.4%	3690	3680	
	PG-07(-90cm)	SNU12-677	패각		4620±60	3420-3050	95.4%	3240	3250	
	PG-07(-80cm)	SNU12-678	패각		4810±80	3610-3340	95.4%	3470	3480	
	PG-07(-140cm)	SNU12-679	패각	-2.39	5480±50	4320-4080	95.4%	4200	4210	

한반도 중서부 지방 신석기 문화 변동

1. 단행본

구자진, 2011, 「신석기시대 주거와 취락연구」, 서경문화사.

김광언, 2007, 『한·일·동시베리아의 사냥』, 민속원.

김건수, 1999, 『한국 원시·고대의 어로문화』, 학연문화사.

동삼동패총전시관, 2009, 『한반도 신석기시대 지역문화론』.

부경대학교 해양문화연구소, 2009, 『조선시대 해양환경과 명태』, 국학자료원.

서국태, 2009, 『조선신석기시대문화연구』, 사회과학원 고고학연구소.

신숙정, 1994, 『우리나라 남해안지방의 신석기문화 연구』, 학연문화사.

안승모, 1998, 『동아시아 선사시대의 농경과 생업』, 학연문화사.

옥동석 외, 2011, 『한국 어촌사회와 공유자원』, 인천대학교 인천학연구원.

오홍석, 1989, 『취락지리학 -농어촌의 지역성격과 재편성-』, 교학연구사.

이상균, 2010, 『한반도의 신석기문화』, 전주대학교출판부.

임효재, 2000, 『한국 신석기문화』, 집문당.

정문기, 1977, 『한국어도보』, 일지사.

정연학, 2008, 『인천 섬 지역의 어업문화』, 인천대학교 인천학연구원.

주강현, 2006, 『신이 내린 황금그물 돌살』, 들녘.

중앙문화재연구원, 2012, 『한국 신석기문화 개론』, 서경문화사.

최정규, 2005, 『게임이론과 진화 다이내믹스』, 이음.

한주성, 2007, 『인구지리학』, 한울.

형기주, 1993, 『농업지리학』, 법문사.

마이클 오브라이언 · 리 라이맨(성춘택 역), 2009, 『다윈 진화고고학』, 나남.

보우먼 세리든(이선복 역), 2013, 『방사성탄소연대측정법』, 이론과 실천.

브라이언 페이건(윤성옥 역), 2003, 『기후는 역사를 어떻게 만들었는가』, 중심.

스즈키기미오(이준정 · 김성남 역), 2007, 『패총의 고고학』.

일리노 오스트럼(윤홍근 역), 1999, 『집합행동과 자치제도 -집합적 행동을 위한 제도의 진화』, 자유기업센터.

힐러리 스튜어트(주강현 역), 2010, 『인디언의 바다』, 블루&노트.

農商工部 水産局 편(이근외 외 역), 『한국수산지I-1, 2』, 새미.

劉莉, 2007, 『中國新石器時代 -邁向早期國家之路』, 文物出版社.

嚴文明, 2009, 『仰韶文化硏究』, 文物出版社.

張之恒, 2004, 『中國新石器時代考古』, 南京大學出版社.

韓建業, 2003, 『中國北方地區新石器時代文化硏究』, 文物出版社.

安田喜憲, 1998, 『世界史のなかの繩文文化』, 雄山閣.

林謙, 2004, 『繩紋時代史I · II』, 雄山閣.

西田正規, 1989, 『繩文の生態史觀』, UP考古學選書13, 東京大學出版會.

趙賓福(최무장 역), 1996, 『중국동북 신석기문화』, 집문당.

아모스 라포포트(이규목 역), 1993, 『주거형태와 문화』, 열화당.

Krebs, C. J.(이준호 · 이문일 역), 2011, 『생태학』 6판, 바이오사이언스.

Mignon, M. R.(김경택 역), 2006, 『고고학의 이론과 방법론』, 주류성.

Balikci, A., 1970, *The Netsilik Eskimo*, The Natural History Press.

Bettinger, L. R., 1991, *Hunter-Gathers-Archaeological and Evolutionary Theory*, Prenum
    Press, New York.

Bettinger, L. R., 2009, *Hunter-Gatherer Foraging-Five Simple Models*, Eliot Werner
    Publications, inc, New York.

Binford, L. R., 1978, *Nunamiut Ethnoarchaeology*, ACADEMIC PRESS.

Binford, L. R., 2001, *Constructing Frames of Reference*, UNIVERSITY OF CALIFORNIA
    PRESS.

Brandt, A. V., 1984, *Fish Catching Methods of the World*, Fishing News Books Ltd.

Flannery, K. V., 1986, *GUILÁ NAQUITZ : Archaic Foraging and Early Agriculture in OaXaca, Mexico*, ACADEMIC PRESS, INC.

Kelly. R. L., 1995, *The Foraging Spectrum-Diversity in Hunter-Gatherer Lifeways-*, Percherson Press.

Meehan, B., 1982, Shell Bed to Shell Midden, Melbourne, Globe Press Pty Ltd.

Upham. et al, 1989, *The Sociopolitical Structure of Prehistoric Southwestern Societies*, Westview Press.

Yin Shaoting, 2001, *People and Forests-Yunnan Swidden Agriculture in Human-Ecological Perspective*, Yunnan Education Publishing House.

2. 논문

강대현, 1966, 「한강하류 범람원취락의 특질」, 『지리학』 2-1.

강상준·Takahito Yoshioka, 2005, 「대암산 고층습원의 환경변천」, 『한국육수학회지』 38(1).

강세호, 2015, 「임진강유역의 신석기시대 취락유적」, 『빗살무늬』, 경기도자박물관.

강인욱, 2007, 「두만강 유역 청동기시대 문화의 변천과정에 대하여」, 『한국고고학보』 62.

강형태외, 1993, 「방사성탄소연대측정과 고정밀 보정방법」, 『한국고고학보』 30.

고동순, 2012, 「동해안지방의 오산리식토기와 융기문토기의 층위 검토」, 『한국 신석기문화의 양상과 전개』, 서경문화사.

공기수·이치원, 2005, 「한국 남부 연안해역의 탄소동위원소연대 보정」, 『바다』 10-2.

공민규, 2011, 「중부 서해안지역 신석기시대 유적의 입지 고찰」, 『숭실사학』 25.

구자진, 2005, 「옥천대천리의 신석기시대 집자리 연구」, 『한국상고사학보』 47.

구자진, 2006, 「우리나라 중서부지역의 신석기시대 집자리 연구」, 『한국신석기연구』 11.

구자진, 2007, 「우리나라 신석기시대 집자리의 지역권 설정과 변화양상」, 『한국신석기연구』 13.

구자진, 2008, 「중부 서해안지역 신석기시대 마을의 생계·주거방식 검토」, 『한국상고사학보』 60.

구자진, 2009, 「중부내륙지역의 신석기문화」, 『한반도 신석기시대 지역 문화론』, 동삼동패총전시관.

구자진·배성혁 편, 2009, 『한국의 신석기시대집자리』, 한국신석기학회·(재)한강문화재연구원.

구자진, 2010, 「한국 신석기시대의 집자리와 마을연구」, 숭실대학교박사학위논문.

구자진, 2012, 「중부서해안지역 신석기시대 마을의 친연성 검토」, 『한국신석기문화의 양상과 전개』, 중앙문화
　　　재연구원편, 서경문화사.

國木田大·吉田邦夫 2007, 「고성 문암리유적 출토 토기의 연대측정 결과와 소견」, 『문화재』 40.

권태환·신용하, 1977, 「조선왕조시대 인구추정에 관한 일시론」, 『동아문화』 14.

김건수, 2001, 「군산 오래섬패총 식료자원의 계정성 검토」, 『한국신석기연구』 2.

김건수, 2006, 「신석기시대 해안지역의 어로문화」, 『신석기시대의 어로문화』, 동삼동패총 전시관.

김경규, 2003, 「한반도 신석기시대 어로활동 연구 -어망추를 중심으로-」, 충남대학교 석사학위논문.

김남신 외, 2003, 「GIS를 이용한 거창·가조분지의 선사유적 입지 지형요소별 유형화」, 『한국지형학회지』
　　　10-2.

김남신·이창석, 2010, 「해수면 상승에 따른 해안지역 생태환경 변화」, 『한국지리정보학회지』 13-3.

김석훈, 2004, 「신석기시대의 화덕자리 연구 -황해도서지역을 중심으로」, 『선사와 고대』 21.

김석훈, 2001, 「황해 중부 섬 지역의 자연환경과 신석기 유적」, 『호서고고학보』 6·7.

김여상, 1998, 「한국 서해안 천수만 사장포 해안의 조간대층의 퇴적 환경과 진화」, 서울대학교 박사학위논문.

김연옥, 1984, 「한국의 소빙기 기후」, 『지리학과 지리교육』 14.

김원용, 1971, 「한국 마제석검 기원에 관한 일고찰」, 『백산학보』 10.

김은영, 2006, 「신석기시대 연평도지역의 생계·주거체계 연구」, 서울대학교 석사학위논문.

김은영, 2010, 「조몬시대 도교만의 해안 자원 이용 전략 -조몬시대 중기의 패총자료를 중심으로」, 『한강고고』 4.

김장석·양성혁, 2001, 「중서부 신석기시대 편년과 패총 이용전략에 대한 새로운 이해」, 『한국고고학보』 45.

김장석, 2002a, 「이주와 전파의 고고학적 구분 : 시험적 모델의 제시」, 『한국상고사학보』 38.

김장석, 2002b, 「남한지역 신석기-청동기 시대 전환 : 자료의 재검토를 통한 가설의 제시」, 『한국고고학보』 48.

김장석, 2004, 「남한내륙 중기신석기시대 토기문양의 공간적 분포양상」, 『한국고고학보』 54.

김종찬 외, 2002, 「울산세죽유적의 절대연대」, 『한국신석기시대의 환경과 생업』, 동국대학교 매장문화재연구소.

김정학, 1968, 「한국기하문토기의 연구」, 『백산학보』 4.

김진희, 2008, 「한반도 신석기시대 주거지에 관한 연구 -중서부지역 주거 복원을 중심으로」, 원광대학교 석사
　　　학위논문.

김창환·배선학, 2006, 「문화유적의 공간적 입지유형분석」, 『한국지역지리학회지』 12-5.

나승만, 2005, 「중도 갯벌어로의 민속적 고찰」, 『도서문화』 28.

도유호·황기덕, 1957, 「궁산 원시유적 발굴보고」, 『유적발굴보고』 2.

도유호·황기덕, 1961, 「지탑리 원시유적 발굴보고」, 『유적발굴보고』 8.

박근태, 2012, 「신석기시대 초창기 단계의 문화양상」, 『한국 신석기문화의 양상과 전개』, 서경문화사.

박수철·고철환, 2009, 「한국의 갯벌과 세계의 갯벌 : 그 규모와 형성과정」, 『한국의 갯벌』, 서울대학교출판문화원.

박인근, 1993, 「경기도 팽성지역의 토탄의 화분분석」, 『생태학회지』 16(3).

박정재, 2008, 「우리나라의 고기후 복원을 위한 습지 퇴적물의 안정동위원소 분석 가능성 연구」, 『대한지리학회지』 43-4.

박준범, 1998, 「한강유역 출토 간돌화살촉에 대한 연구」, 홍익대학교 석사학위논문.

박준범, 2006, 「한강유역 출토 선사시대 간돌화살촉 연구」, 『한국신석기연구』 12.

박준범, 2008, 「신석기시대 서울·경기·인천지역 출토 간석기에 대한 연구」, 『한국신석기연구』 15.

박지훈, 2002, 「동북 일본 오익산맥 중앙부 작업습지의 화분분석 연구」, 『한국지형학회지』 9-1.

박지훈, 2003, 「폐쇄와지 퇴적물의 층상해석과 화분분석을 통한 동북 일본의 후빙기 환경변화에 대한 연구」, 『한국지형학회지』 10-1.

박지훈, 2004, 「운전리 유적 퇴적층의 화분분석에 의한 식생변천에 관한 연구」, 『한국지형학회지』 11-4.

박지훈, 2005, 「강릉 사천천 곡저 퇴적물의 화분분석」, 『한국지형학회지』 12-3.

박지훈, 2008, 「화분분석을 이용한 고기후 추정의 문제점 -동북일본의 제4기 후기 온난기를 중심으로-」, 『기후연구』 3-1.

박지훈, 2010, 「화분분석을 이용한 아산시 온양천 유역의 후빙기 후기 환경변화」, 『한국지형학회지』 17-1.

박지훈, 2011, 「한국의 제4기 환경연구」, 『한국지형학회지』 18-4.

박지훈·이상헌, 2008, 「화분분석으로 본 충남지역의 후빙기 환경연구」, 『한국지형학회지』 24-1.

박지훈·박경, 2012, 「화분분석에 기초한 후빙기 영종도의 환경변화」, 『한국지형학회지』 19-2.

배기동, 1991, 「안면도의 청동기시대 패총과 진도의 현대조개무지 -민족지고고학적 방법의 적용에 의한 고고학유적의 해석시도-」, 『문화재』 24.

배기동, 1992, 「민족지고고학과 전망 -한국고고학 방법론 확장 가능성에 대하여-」, 『한국상고사학보』 9.

배성혁, 2007a, 「신석기시대의 토기요 연구 -김천 송죽리 토기요지를 중심으로-」, 『한국고고학보』 62.

배성혁, 2007b, 「신석기시대 취락의 공간구조」, 『한국신석기연구』 13.

소상영, 1999, 「안면도 신석기문화 연구」, 한양대학교 석사학위논문.

소상영, 2002, 「고남리패총 유적의 성격 -B-3호패총을 중심으로」, 『한국신석기연구』 3.

소상영, 2006, 「중서부지방 패총유적의 성격」, 『고고학 : 시간과 공간의 흔적』, 여고 김병모 선생 정년퇴임 기념 논문집.

소상영, 2011, 「Holocene 자연환경과 한반도 중서부 신석기시대 유적의 입지변화」, 『한국신석기연구』 21.

소상영, 2012a, 「신석기시대 중서부해안 및 도서지역 어로문화연구」, 『한국신석기연구』 23.

소상영, 2012b, 「^{14}C연대측정치의 고고학적 활용방안 검토 –중서부 신석기시대 ^{14}C연대의 정리와 경기해안 지역 취락의 동시기성 분석」, 『중서부지역의 신석기문화』, 2012 한국신석기학회 학술대회.

소상영, 2013a, 「신석기시대 토기제작과정의 실험적 연구II –흑반과 토기단면색조의 관련성을 중심으로-」, 『한강고고』 8.

소상영, 2013b, 「한반도 중서부지방 신석기시대 생계·주거체계 연구」, 한양대학교 박사학위논문.

소상영, 2013c, 「^{14}C연대 분석을 통한 중서부지방 신석기 시대 편년 연구」, 『한국고고학보』 89.

소상영 외, 2007, 「신석기시대 토기제작과정의 실험적연구 –토기소성흔을 중심으로」, 『야외고고학』 3.

손보기, 1982, 『상노대도의 선사시대 살림』, 수서원.

송은숙, 2002, 「한국 빗살무늬토기문화의 확산과정 연구」, 서울대학교 박사학위논문.

신동혁, 1998, 「한국 서해안 가로림만 조간대 퇴적환경과 홀로세 해수면 변동」, 인하대학교 박사학위논문.

신민정, 2011, 「화전민호수의 변화요인 분석 –강원도를 중심으로-」, 『농업사연구』 10-2.

신숙정, 2001, 「한국 신석기-청동기시대의 전환과정에 대한 일 시론」, 『전환기의 고고학』 I. 한국상고사학회.

신숙정 외, 2007, 「한강 하류 지형의 발달과 고고학 유적의 관련성 고찰」, 『한강고고』 1호.

신숙정, 2008, 「중서부지역 신석기문화 연구의 성과와 전망」, 『한국신석기연구』 15.

안덕임, 1993a, 「물고기유체와 고고학 –안면도 고남리패총 출토자료를 중심으로-」, 『선사와 고대』 4.

안덕임, 1993b, 「패총출토 동물유체 –안면도 고남리패총을 중심으로」, 『한국고고학보』 29.

안덕임, 1997, 「산소동위원소를 이용한 패류 채집활동의 복원」, 『동방학』 2.

안덕임, 1999, 「안면도 고남리패총(8차발굴조사) 출토 척추동물 유체에 관한 연구」, 『선사와 고대』 13.

안덕임, 2006a, 「미량원소분석을 이용한 고남리 및 대죽리유적의 식생활복원연구」, 『한국상고사학보』 53.

안덕임, 2006b, 「동위원소 분석을 통한 식생활 복원연구 –고남리패총을 중심으로-」, 『한국상고사학보』 54.

안덕임, 2009, 「미량원소(Ba, Sr, Zn) 분석법을 이용한 연대도 유적 출토인골에 대한 고식생활 연구」, 『한국상고사학보』 66.

안덕임, 2010, 「고남리패총 출토 바지락을 이용한 계절성연구」, 『한국상고사학보』 69.

안승모, 1999, 「서해안 신석기시대의 편년문제」, 『고문화』 54.

안승모, 2002, 「금탄리I식토기의 재검토」, 『한국신석기연구』 4.

안승모, 2006, 「동아시아 정주취락과 농경출현의 상관관계」, 『한국신석기연구』 11.

안승모, 2012a, 「동아시아 조·기장 기원 연구의 최근 동향」, 『한국신석기문화의 양상과 전개』, 중앙문화재연구원편, 서경문화사.

안승모, 2012b, 「종자와 방사성탄소연대」, 『한국고고학보』 83.

안승모, 2015, 「한국 신석기시대 연구의 최근 성과와 과제」, 2015 국립중앙박물관 학술심포지엄 자료집.

안재호, 2006, 『청동기시대 취락연구』, 부산대학교 박사학위논문.

양성혁, 2001, 「서해안 신석기문화에 대한 일고찰」, 서울대학교 석사학위논문.

양우헌·소광석, 2008, 「우리나라 주변 바다의 이해 : 6. 서해안 홀로세 퇴적층서와 해수면 변동」, 『과학교육
논총』 33.

염경화, 2000, 「영종도 송산유적 빗살무늬토기의 특성」, 『선사와 고대』 15.

오연숙, 2000, 「제주도 신석기시대 토기의 형식과 시기구분」, 『호남고고학보』 12.

오지영, 1971, 「평택지구 토탄의 화분분석」, 『식물학회지』 14-3호.

유지인, 2012, 「신석기시대 중·후기 중서부 해안지역 취락구조연구」, 서울대학교 석사학위논문.

윤정국, 2006, 「진그늘유적에서 나온 신석기시대 뗀석기의 제작수법연구」, 조선대학교 석사학위논문.

윤정국, 2007, 「신석기시대 석기제작체계 연구 -진그늘유적을 대상으로」, 『사림』 28.

윤정국, 2009, 「신석기시대 굴지구의 제작기법에 대한 연구 -진안 진그늘유적과 갈머리유적을 대상으로-」,
『한국신석기연구』 17.

윤순옥, 1995, 「도대천 충적평야의 홀로세 환경변화를 기초로 복원한 고지리」, 『지리학총』 23.

윤순옥, 1997, 「화분분석을 중심으로 본 일산지역의 홀로세 환경변화와 고지리복원」, 『대한지리학회지』 32-1호.

윤응구 외, 1977, 「한반도 후빙기 해면변화의 지형학적 증거」, 『지질학회지』 V.13.

윤지연, 2006, 「한반도 중서부지역 석부에 대한 일고찰」, 서울대학교 석사학위논문.

윤지연, 2007, 「사용흔 분석을 통한 석부의 기능연구」, 『한국고고학보』 63.

이동주, 1991, 「한국 내륙지역의 신석기시대 유문토기 연구」, 『한국상고사학보』 7.

이동주, 1996, 「한국 선사시대 남해안 유문토기연구」, 동아대학교 박사학위논문.

이동주, 1997, 「전면시문 침선문토기의 전개와 편년」, 『고문화』 50.

이동주, 1999, 「빗살문토기 문화의 성격-발생과 확산과정을 중심으로」, 『선사와 고대』 13.

이동주, 2011, 「Ⅲ-4. 남부지역의 토기문화」, 『한국 신석기문화 개론』, 서경문화사.

이문종, 1972, 「한강의 홍수와 그에 대한 적응유형에 관한 연구」, 『대한 지리학회지』 32-1호.

이상균, 2002a, 「한반도 중서부 빗살문양토기의 기원과 전개」, 『한국고고학보』 46.

이상균, 2002b, 「한반도 신석기시대 주거의 현상과 지역적 특징」, 『선사와 고대』 17.

이상균, 2003, 「한반도 신석기시대 주거의 변천과 구조적 양상」, 『고문화』 61.

이선복, 1991, 「신석기-청동기시대 주민교체설에 대한 비판적 검토」, 『한국고대사 논총』 1.

이성주, 2007, 『청동기·철기시대 사회변동론』, 학연문화사.

이승윤, 2008a, 「중서부지방의 신석기시대 주거지에 대한 일연구」, 『고고학』 7-2.

이승윤, 2008b, 「우리나라 중동부지방의 신석기시대 주거지에 관한 일연구」, 『과기고고연구』 14.

이의한, 2000, 「청동기시대 부여지방의 자연환경과 인간생활」, 『대한지리학회지』 35-3.

이의한, 2004, 「한반도 중·서부지역의 신석기시대 생활상에 관한 지리학적 연구」, 『지리학연구』 38-3.

이영덕, 2001, 「군산 노래섬 유적의 신석기시대 토기 연구」, 원광대학교 석사학위논문.

이영덕, 2006a, 「서·남해안 신석기시대 어로구와 어로방법」, 『신석기시대의 어로문화』, 동삼동패총전시관.

이영덕, 2006b, 「신석기시대 잠수작살의 가능성」, 『한국신석기연구』 11.

이영덕, 2013, 「중서부 해안지역의 어로 양상과 동인」, 『한국신석기연구』 25.

이융조, 1975, 「방사성연대측정과 한국의 선사시대 편년문제 -H.E. Suess 이론을 중심으로」, 『역사학보』 68.

이준정, 2001, 「수렵채집경제에서 농경으로의 전이과정에 대한 이론적 고찰」, 『영남고고학』 28.

이준정, 2002a, 「가도패총 신석기·청동기 생계양식의 변화상」, 『한국신석기연구』 3.

이준정, 2002b, 「패총유적의 기능에 대한 고찰 -생계·주거체계연구를 위한 방법론적 모색」, 『한국고고학보』 46.

이태진, 1996, 「소빙기(1500-1750) 천변재이연구와 『조선왕조실록』」, 『역사학보』 149.

이창희, 2008, 「방사성탄소연대측정법의 원리와 활용(I)」, 『한국고고학보』 68.

이창희, 2010, 「늑도 옹관의 실연대와 해양리저버효과」, 『한국고고학보』 75.

이창희, 2011, 「방사성탄소연대측정법의 원리와 활용(II)」, 『한국고고학보』 81.

이형원, 2007, 「남한지역 청동기시대 전기의 상한과 하한」, 『한국청동기학보』 1.

이형원, 2009, 『청동기시대 취락구조와 사회조직』, 서경문화사.

이형원, 2012, 「중부지역 신석기 -청동기시대 취락의 공간 구조와 그 의미」, 『고고학』 11-2.

이홍종, 2007, 「송국리형 취락의 공간배치」, 『호서고고학』 17.

임상택, 1998, 「패총유적의 성격 -적응전략과 관련된 유적의 성격을 중심으로-」, 『과기고고연구』 3, 아주대학교박물관.

임상택, 1999a, 「서해중부지역 빗살무늬토기 편년연구」, 『한국고고학보』 40.

임상택, 1999b, 「한반도 중부지역 신석기시대 중기토기의 양상」, 『선사와 고대』 13.

임상택, 2001a, 「중서부 신석기시대 석기에 대한 초보적 검토I -석기조성을 중심으로」, 『한국신석기연구』 1.

임상택, 2001b, 「빗살무늬토기문화의 지역적전개 -중서부지역과 강원영동지역을 대상으로」, 『한국신석기연구』 1.

임상택, 2003, 「중부지역 신석기시대 상대편년을 둘러싼 문제」, 『한국신석기연구』 5.

임상택, 2006, 「한국 중서부지역 빗살무늬토기문화 연구 -문화변동과정을 중심으로-」, 서울대학교 박사학위논문.

임상택, 2007, 「빗살무늬토기문화 취락구조 변동 연구 -중서부이남을 중심으로」, 『호남고고학보』 23.

임상택, 2008, 「신석기시대 중서부지역 상대편년 형성과정 검토」, 『고고학』 7-1호.

임상택, 2010a, 「신석기시대 취락체계의 변천과 지역적 비교」, 『동북아문화연구』 24.

임상택, 2010b, 「신석기시대 서해중부지역 상대편년과 취락구조의 특징」, 『한국상고사학보』 70.

임상택, 2012, 「신석기시대 중서부지역 상대편년의 종합과 병행관계」, 『한국신석기문화의 양상과 전개』, 중앙
　　　문화재연구원편, 서경문화사.

임상택, 205, 「한반도 신석기시대 복합수렵채집사회 성격 시론」, 『한국신석기연구』 30.

임효재, 1983 「서해안지역의 즐문토기문화 -편년을 중심으로-」, 『한국고고학보』 14·15.

장병오 외, 2006, 「한반도 중서부 지역의 후빙기 식생변천사」, 『한국생태학회지』 29.

장진호 외, 1996, 「한국 서해안 곰소만 조간대의 제4기층서와 해수면 변화」, 『한국해양학회지』 V.1: 59~72.

田中聰一, 2001, 「한국 중·남부지방 신석기시대 토기문화 연구」, 동아대학교 박사학위논문.

전창표 외, 2009, 「경기도 평택지역의 홀로세 고환경 변화연구」, 『지질학회지』 45-4호.

정갑식외, 2009, 「지질조사」, 『안산신길동유적Ⅱ』, 고려문화재연구원.

정운하·김세빈, 1999, 「충주시 산척면 명서리 화전지역의 산림변화에 관한 연구」, 『농업과학연구』 26-1.

정혜경 외, 2010, 「탄소동위원소분석을 이용한 한국 홀로세의 기후환경변화: 서해 영종도지역을 사례로」, 『한
　　　국지구과학회지』 31-4.

조미순, 2014, 「고성 문암리 선사유적의 발굴조사 성과와 의의」, 『고성문암리 유적의 재조명』.

조미순 외, 2015, 「중부 동해안 지역의 신석기시대 식물자원 이용연구」, 『한국신석기연구』 30.

진관훈, 2003, 「제주도 화전연구를 위한 예비적 고찰」, 『제주도사연구』 12.

채현석, 2008, 「한강 본유역의 유적층위 형성과정 연구」, 세종대학교 박사학위논문.

최기룡 외, 2005, 「영산강 유역 범람원 퇴적물의 화분분석 연구」, 『한국생태학회지』 28(1).

최성락, 1982, 「방사성탄소연대 문제의 검토 -이론적 검토 및 활용방법」, 『한국고고학보』 13.

최종모, 2010, 「강원도 청동기문화 전개에 있어서 조기문제의 제기」, 『고고학』 9-1.

최종혁, 2001, 「생산활동에서 본 한반도 신석기문화 -중서부지방과 동북지방의 패총유적을 중심으로-」, 『한
　　　국신석기연구』 2.

최종혁, 2006, 「신석기시대 어로민의 생계유형」, 『신석기시대의 어로문화』, 동삼동패총전시관.

包艶玲, 2009, 『중국 교동반도와 한반도 중서부지역 신석기시대 생업활동 비교 연구』, 전남대학교 석사학위논문.

하인수, 2006a, 「남해안 지역의 신석기문화연구 -편년과 생업을 중심으로-」, 부산대학교 박사학위논문.

하인수, 2006b, 「말기 즐문토기의 성립과 전개」, 『한국신석기연구』 12.

하인수 외, 2011, 「동삼동패총 즐문토기 압흔분석과 곡물」, 『신석기시대 패총문화』, 2011년 한국신석기학회 학술대회.

하인수, 2012, 「남해안지역 융기문토기의 편년」, 『한국 신석기문화의 양상과 전개』, 서경문화사.

하인수, 2014, 「고성 문암리 유적의 즐문토기 검토」, 『고성문암리 유적의 재조명』.

한영희, 1978, 「한반도 중·서부지방의 신석기문화」, 『한국고고학보』 5.

한영희, 1996, 「신석기시대 중·서부지방 토기문화의 재인식」, 『한국의 농경문화』 5, 경희대학교박물관.

황상일 외, 1997, 「Holocene 중기에 있어서 도대천유역의 퇴적 환경 변화」, 『대한지리학회지』 32-4.

황상일, 1998, 「일산충적평야의 홀로세 퇴적환경변화와 해면변동」, 『대한지리학회지』 33-2.

황상일, 2007, 「고대 경주 지역의 홍수 가능성과 인간활동」, 『대한지리학회지』 42-6호.

황상일, 2012, 「창녕군 비봉리 신석기시대 유적지 2차조사 규조분석」, 『비봉리Ⅱ』.

황상일·윤순옥, 2011, 「해수면 변동으로 본 한반도 홀로세 기후변화」, 『한국지형학회지』 18-4.

황상일 외, 2009, 「제4기 환경복원을 위한 식물 규소체의 특성과 연구성과에 대한 논의」, 『한국지형학회지』 17-3호.

황재훈, 2014a, 「무문토기시대 전기 사회의 상호작용과 문화변동 -한반도 중서부지역을 중심으로」, 경희대학교 박사학위논문.

황재훈, 2014b, 「중서부지역 무문토기시대 전기의 시간성 재고 -^{14}C연대 분석을 중심으로」, 『한국고고학보』 92.

황재훈·양혜민, 2015, 「^{14}C연대 분석을 통해 본 청동기시대 전기 편년 시론」, 『호남고고학보』 50.

황철주, 2012, 「한반도 동·남해안지역 융기문토기 연구」, 부산대학교 석사학위논문.

로버트 케이츠(박의준 역), 2001, 「환경변화에 대한 인간의 적응양식」, 『세상을 변화시킨 열가지 지리학 아이디어』, 한울.

內蒙古文物考古硏究所, 1997, 「克什克騰旗南台子遺址」.

石井寬, 1982, 「繩文の繼續と移動」, 『繩文文化の硏究 8 -社會·文化』, 雄山閣.

小原哲, 1987 「朝鮮櫛目文土器の變遷」, 『東アジアの考古と歷史』 上.

戶田哲也, 1992, 「繩文土器と大陸の土器」, 『季刊考古學』 38, 雄山閣.

後藤和民, 1982, 「繩文集落の槪念」, 『繩文文化の硏究 8 -社會·文化』, 雄山閣.

Ahn, Sung-Mo et al, 2015, Sedentism, settlements and radiocarbon dates of Neolithic Korea, *Asian Perspective* 54(1):111-143.

Bae, Kidong et al, 2013, Reconstructing human subsistence strategies during the Korean Neolithic: contributions from zooarchaeology, geosciences, and radiocarbon dating, *Radiocarbon* 55:1350-1357.

Bender, B., 1978, Gatherer-Hunter to Farmer: A Social Perspective, *World Archaeology*, Vol. 10, No. 2, pp.204-222.

Bettinger, L. R., 1979a, Curation, Statistics, and Settlement Studies: A Reply to Munday and Lincoln, *American Antiquity*, Vol. 44 No. 2, pp.352-359.

Bettinger, L. R., 1979b, Multivariate Statistical Analysis of a Regional Subsistence-Settlement Model for Owens Vally, *American Antiquity*, Vol. 44 No. 3, pp.455-470.

Bettinger, L. R., 1981, Settlement Data and Subsistence Systems, *American Antiquity*, Vol. 46 No. 3, pp.640-643.

Binford, L. R., 1980, Willow Smoke and Dogs'Tails: Hunter-Gatherer Settlement Systems and Archaeological Site Formation, *American Antiquity*, Vol. 45 No. 1, pp.4-20.

C. Bronk Ramsey · S. Lee, 2013, Recent and Development of The Program Oxcal, *Radiocarbon*, 55 Nr2-3 : 720-730.

Cobb, H., 2005, Straight down the Line? A Queer Consideration of Hunter-Gatherer Studies in North-West Europe, *World Archaeology*, Vol.37, No.4, pp.630-636.

Crawford, G. W. & Lee. K. A., 2003, Agricultural origins in the Korean Peninsula, *Antiquity*, Vol. 77 Issue 295, pp.87-95.

Erlandson, J. M., 2001, The Archaeology of aquatic Adaptations : Paradigms for a New Millennium, *Journal of Archaeological Research*, Vol. 9, No. 4, pp.287-350.

Erlandson, J. M. & Moss M. L., 2001, Shellfish Feeders, Carrion Eaters, and the Archaeology of Aquatic Adaptations, *American Antiquity*, Vol. 66, No. 3, pp.413-432.

Hall. M. C., 1981, Land-Use Changes in Owens Valley Prehistory: A matter of Statistical Inference, *American Antiquity*, Vol. 46, No. 3, pp.648-656.

Jerardino, A. et al., 2009, Opportunistic Subsistence Strategies among Late Holocene Coastal Hunter-Gatherers, Elands Bay, South Africa, *Journal of Island & Coastal Archaeology*, 4:37-60.

Konrad A Hughen. et al, 2004, Marineo4 Marine Radiocarbon Age Calibration 0-26 Cal Kyr BP, *Radiocarbon*, Vol. 46, No. 3, pp.1059-1086.

Lightfoot, K. G., 1995, Culture Contact Studies : Redefining the Relationship between Prehistoric and Historical Archaeology, *American Antiquity*, Vol. 60 No. 2, pp.199-217.

Lightfoot, K. G., 1998, Daily Practice and Material Culture in Pluralistic Social Settings : An Arcaeological Study of Culture Change and Persistence from Fort Ross, California, *American Antiquity*, Vol. 63 No. 2, pp.199-222.

L.L Sample, 1974, Tongsamdong:acontribution to Korean Neolithic culture history, *Artitic Anthropology* 11-2:1-125.

Malmstr m, H. et al., 2010, High frequency of lactose intolerance in a prehistoric hunter-gatherer population in northern Europe, BMC Evolutionary, 10:89.

Norton, C. J., 1996, *Storage and implications for the advent of rice agticulture in Korea : Konam-ri*. M.A. The University of Arizona.

Park, Y, A., 1969, Submergence of the Yellow Sea coast of Korea and stratigraphy of the Sinpyeong-Cheon Marsh, Kimje, Korea, *Jour. Geol. Soc. Korea*, V.5 : pp.57-66.

Park, Y, A. · Bloom, L. A., 1984, Holocene Sea-Level History in the Yellow Sea, Korea. *Jour. Geol. Soc. Korea*, V. 20 : pp.189-194.

Peterson, J. T., 1978, Hunter-Gatherer/Famer Exchange, *American anthropologist, New Series*, Vol 80 No. 2.

Peterson, N., 1975, Hunter-Gatherer Territoriality : The Perspective from Australia, *American anthropologist*, New Series, Vol 77 No. 1.

Pohl, M., 1985, *Prehistoric Lowland Maya Environment and Subsistence Economy*, Havard University Press.

P. J Reimer. et al, 2009, Intcal09 and Marine09 Radiocarbon Age Calibration Curves, 0-50,000 Years Cal BP, *Radiocarbon*, Vol. 51, No. 4, pp.1111-1150.

Shin, Sook-Chung. et al, 2012, Chulmun Neolithic intensification, complexity, and emerging agriculture in Korea, *Asian Perspective* 51(1):68-109.

Winterhalder, B., 1981, Optimal Foraging Strategies and Hunter-Gatherer Research in Anthropology : Theory and Models, *Hunter-Gatherer foraging strategies*, University of Chicago Press, pp.13~35.

3. 보고서

가경고고학연구소, 2012, 『태안 달산리 유적』.

강릉대학교박물관, 2002, 『양양 지경리 주거지』.

강원문화재연구소, 2005a, 『화천 용암리 유적Ⅱ』.

강원문화재연구소, 2005b, 『강릉 초당동 유적I』.

강원문화재연구소, 2006, 『강릉 초당동 신석기 유적』.

강원문화재연구소, 2008a, 『천전리』.

강원문화재연구소, 2008b, 『홍천 외삼포리 유적』.

강원문화재연구소, 2009, 『영월 주천리 유적』.

강원문화재연구소, 2012, 『홍천 성산리 유적』.

강원문화재연구소, 2005a, 『하화계리 · 철정리 · 역내리 유적』.

강원문화재연구소, 2005b, 『홍천 역내리 고분군』.

경기도박물관, 1999, 『파주 주월리 유적』.

경기도박물관, 2002, 『연천 삼거리유적』.

경기문화재연구원, 2009, 『문산 당동리유적』.

경기문화재연구원, 2010, 『시흥 능곡동유적』.

경남발전연구원, 2005, 『밀양 살내유적』.

경남발전연구원, 2011, 『진주 평거 3-1지구 유적』.

경남발전연구원, 2012, 『진주 평거 4-1지구 유적』.

경남발전연구원 역사문화센타, 2009, 『부산 죽림동 유적』.

고려문화재연구원, 2008, 『남양주 덕소리유적』.

고려문화재연구원, 2009, 『성남 동판교유적I · Ⅱ』

고려문화재연구원, 2009, 『인천 영종도유적』.

고려문화재연구원, 2009, 『안산 신길동유적Ⅱ』.

고려문화재연구원, 2011, 『광교신도시 문화재발굴조사Ⅳ』.

고려문화재연구원, 2013, 『김포 양촌유적』.

공주대학교박물관, 2002, 『학암리 유적』.

공주대학교박물관, 2009, 『해미 기지리유적』.

국방문화재연구원, 2012, 『연천 황산리 적석총』.

국립광주박물관, 1989, 『돌산 송도I』.

국립광주박물관, 1990, 『돌산 송도II』.

국립광주박물관, 2009, 『안도 패총』.

국립김해박물관, 2008, 『비봉리I』.

국립김해박물관, 2012, 『비봉리II』.

국립문화재연구소, 1999, 『양양 가평리』.

국립문화재연구소, 2002, 『소연평도 패총』.

국립문화재연구소, 2003, 『연평 모이도 패총』.

국립문화재연구소, 2004, 『고성 문암리 유적』.

국립문화재연구소, 2005, 『대연평도 까치산 패총』.

국립문화재연구소, 2013, 『고성 문암리 유적II −발굴조사보고서』.

국립문화재연구소, 2014, 『고성 문암리 유적II −분석보고서』.

국립문화재연구소, 2015, 『한국신석기시대 고고식물 압흔분석보고서』.

국립박물관, 1970, 『시도패총』.

국립중앙박물관, 1990, 『휴암리』.

국립중앙박물관, 1994 · 1999 · 2006 · 2007, 『암사동I~IV』.

국립중앙박물관, 2005, 『동삼동 패총I~IV』.

국립진주박물관, 1993, 『연대도I』.

국립진주박물관, 1999, 『목도패총』.

국립청주박물관, 1993, 『청원 쌍청리 주거지』.

계명대학교박물관, 2006, 『김천 송죽리 유적I』.

기전문화재연구원, 2004, 『흘곶패총』.

기전문화재연구원, 2007, 『남양주 호평동 지새울유적』.

기호문화재연구원, 2009, 『남양주 농서리유적』.

대동문화재연구원, 2011, 『달성 달천리 135유적』.

대동문화재연구원, 2012, 『김천 지좌리 유적』.

동국대학교 매장문화재연구소, 2007, 『울산 세죽유적I』.

동북아지석묘연구소, 2013, 『순천 마륜리 마륜유적』.

동아대학교박물관, 1989, 『합천 봉계리 유적』.

동의대학교박물관, 2002, 『상촌리 유적』.

명지대학교박물관, 1998, 『기흥 상갈지구 문화유적 시굴조사보고서』.

명지대학교박물관, 2007, 『용인 신갈동 만골유적 시·발굴조사 보고서』.

목포대학교박물관, 2007, 『완도 여서도 패총』.

목포대학교박물관, 2012, 『광양 오사리 돈탁패총』.

미사리선사유적발굴조사단, 1994, 『미사리1~5』.

백제문화재연구원, 2010, 『서산 대죽리 패총』.

부산광역시립박물관, 1993, 『범방패총I』.

부산광역시립박물관, 1996, 『범방패총II』.

부산박물관, 2007, 『동삼동패총 정화지역 발굴조사보고서』.

부산수산대학박물관, 1989, 『산등패총』.

부산대학교박물관, 1980, 『금곡동 율리 패총』.

부산대학교박물관, 1981, 『김해 수가리패총I』.

부산대학교박물관, 2011, 『수가리패총II』.

부산대학교박물관, 1994, 『청도 오진리 암음 유적』.

삼한문화재연구원, 2012, 『울진 죽변리 유적』.

서울대학교, 1978, 「초지리(별망)패총발굴조사보고」, 「반월지구발굴조사보고」

서울대학교박물관, 1983, 『암사동 유적 긴급발굴 조사보고』.

서울대학교박물관, 1984, 『오산리 유적』.

서울대학교박물관, 1985a, 『오산리 유적II』.

서울대학교박물관, 1985b, 『암사동』.

서울대학교박물관, 1988a, 『오산리 유적III』.

서울대학교박물관, 1988b, 『오이도패총 –신포동A,B패총발굴조사보고–』.

서울대학교박물관, 2001, 『오이도 가운데살막패총』.

서울대학교박물관, 2002, 『오이도 뒷살막패총 –시굴조사보고서–』.

서울대학교박물관, 2006, 『용유도 남북동·을왕동I유적』.

서울대학교박물관, 2007, 『인천 삼목도III유적 학술발굴조사 보고서』.

서울대학교박물관, 2009, 『인천 삼목도III유적 발굴조사 보고서』.

서울대학교박물관, 2013, 『시흥 오이도 유적』.

서울대학교인문학연구소, 1999, 『영종도 는들 신석기유적』.

서울시립대학교박물관, 1996, 『영종도 송산 선사유적』.

예맥문화재연구원, 2008a, 『강릉 금진리 유적Ⅱ』.

예맥문화재연구원, 2008b, 『양양 송전리 유적』.

예맥문화재연구원, 2009, 『고성 철통리 유적』.

예맥문화재연구원, 2010a, 『영월 주천리 유적』.

예맥문화재연구원, 2010b, 『평창 용항리 유적』.

예맥문화재연구원, 2010a, 『양양 오산리 유적』.

예맥문화재연구원, 2010b, 『춘천 송암동 유적』.

예맥문화재연구원, 2011, 『강릉 안현동 유적』.

예맥문화재연구원, 2015, 『삼척 증산동 유적』.

울산문화재연구원, 2007, 『울산 궁근정리 유적』.

울산문화재연구원, 2009, 『울산 중산동 139유적』.

울산문화재연구원, 2014, 『부산 가동 패총』.

원광대학교박물관, 2002, 『노래섬Ⅰ』.

원광대학교박물관, 2001, 『띠섬패총』.

이준정·김은영, 2007, 『연평도지역 패총출토 동물유존체 분석보고서』, 국립문화재연구소.

조선대학교박물관, 2005, 『진안 진그늘 선사유적』.

제주고고학연구소, 2012, 『제주 삼양초등학교 유적』.

제주대학교박물관, 1988, 『북촌리 유적』.

제주대학교박물관, 2003, 『제주 고산리 유적』.

제주문화예술재단, 2006, 『제주 하모리 유적』.

제주문화유산연구원, 2010a, 『제주 사계리 유적』.

제주문화유산연구원, 2010b, 『제주 오등동 유적』.

제주문화유산연구원, 2013, 『제주 이호동 유적』.

제주문화유산연구원, 2014, 『제주도 고산리 유적』.

제주문화유산연구원, 2015, 『제주도 고산리 유적Ⅱ』.

중부고고학연구소, 2013, 『화성 청원리·석교리 유적』.

중앙문화재연구원, 2002, 『대전 관평동유적』.

중앙문화재연구원, 2006, 『인천 을왕동유적』.

중앙문화재연구원, 2010, 『인천 운서동유적Ⅰ』.

중앙문화재연구원, 2010, 『인천 운서동유적Ⅱ』.

중앙문화재연구원, 2011, 『인천 중산동 유적』.

중앙문화재연구원, 2012, 『서산 왕정리유적』.

중앙문화재연구원, 2014, 『예산 효림리유적』.

중원문화재연구원, 2008, 『음성 금석리유적』.

중원문화재연구원, 2009, 『연천 학곡리 신석기유적』.

중원문화재연구원, 2011, 『화성 향남 2지구 유적』.

충남대학교박물관, 1995, 『둔산』.

충남대학교박물관, 2001, 『가도패총』.

충남대학교박물관, 2006, 『대전상서동유적』.

충남대학교박물관, 2008, 『서천 장암패총』.

충북대학교박물관, 2001, 『충주조동리 선사유적I』.

충북대학교박물관, 2002, 『충주조동리 선사유적II』.

충북대학교박물관, 2004, 『청주봉명동유적III』.

충청남도역사문화연구원, 2005, 『아산 풍기동유적』.

충청남도역사문화연구원, 2007, 『서산 기지리유적』.

충청남도역사문화연구원, 2007, 『아산 성내리 신석기유적』.

충청남도역사문화연구원, 2009, 『공주 신관동 관골유적』.

충청남도역사문화연구원, 2010, 『당진 우두리유적II』.

충청남도역사문화연구원, 2011, 『당진 석우리·소소리유적』.

충청매장문화재연구권, 2000, 『서산 대죽리 패총』.

충청문화재연구원, 2005, 『홍성 장척리·상정리 유적』.

충청문화재연구원, 2006, 『군산내흥동유적II(III지역)』.

충청문화재연구원, 2007, 『홍성 송월리·학계리 유적』.

충청문화재연구원, 2008, 『아산 장재리 안강골 유적(I)』.

충청문화재연구원, 2014, 『예산 목리·신리 유적』.

한강문화재연구원, 2012a, 『인천 중산동 유적』.

한강문화재연구원, 2012b, 『인천 운북동 유적』.

한강문화재연구원, 2013, 『원주 반곡동 유적』.

한강문화재연구원, 2014, 『보령 송학리 패총 유적』.

한국고고환경연구소, 2010, 『아산 백암리 점배골 유적』.

한국문물연구원, 2012, 『울산 황성동 신석기시대 유적』.

한국문물연구원, 2014, 『부산 가덕도 장항 유적』.

한국문화유산연구원, 2014, 『안산 대부북동 유적』.

한국문화재보호재단, 2003, 『제천 신월토지구획정리사업지구 문화유적 시·발굴조사 보고서』.

한국선사문화연구원, 2011, 『유적 발굴조사 보고서-청원 영하리 유적』.

한남대학교중앙박물관, 2003a, 『옥천 대천리 신석기유적』.

한남대학교중앙박물관, 2003b, 『대전 노은동 유적』.

하서대학교박물관, 2001, 『대죽리 유적』.

한백문화재연구원, 2012, 『남양주 별내유적I~IV』.

한신대학교박물관, 2007, 『화성가재리 원삼국 토기요지』.

한양대학교박물관, 1990, 1993, 1995, 1997, 1998, 『안면도 고남리패총1~8차』.

한양대학교박물관, 1999, 『영종도 문화유적』.

한양대학교박물관, 2005, 『영흥도 외1리 패총』.

호남문화재연구원, 2003, 『갈머리 유적』.